D1662954

Ellen Thiemann

Stell dich mit den Schergen gut

Ellen Thiemann

Stell dich mit den Schergen gut

Erinnerungen an die DDR

Für mein Kind durch die Hölle des Frauenzuchthauses Hoheneck

Mit 27 Fotos

Herbig

Bildnachweis
Alle Fotos des Bildteils stammen von Mako,
außer Bild der Buchlesung in Stollberg (Autorin).

Besuchen Sie uns im Internet unter
www.herbig-verlag.de

Sonderproduktion 3. Auflage 2010

Umschlaggestaltung: Grafikdesign Storch, München
Umschlagfotos: Mako / dpa/zb-fotoreport
Satz: Filmsatz Schröter GmbH, München
Gesetzt aus: 9,5/11,25 pt. Sabon
Druck und Binden: CPI Moravia Books GmbH
Printed in the EU
ISBN 978-3-7766-5017-4

Inhalt

Meinem Vater

Benjamin Dietrich

gewidmet, der an diesem Terrorregime zugrunde ging.

Meiner Tante »Lola«

Wiltrud Rühl

gewidmet, für ihren selbstlosen Einsatz und ihre moralische wie finanzielle Unterstützung.

Vorwort zur Neuausgabe

Wer hätte das gedacht! Anfang der achtziger Jahre war es schwer, überhaupt einen Verlag zu finden, der ohne Einschränkungen bereit war, über das Nachbarland DDR kritische Bücher zu veröffentlichen. Worte wie Terrorstaat, Folter, Schergen, Diktatur standen auf dem Index. Man wollte nicht der »Buhmann der Nation« sein, wenn alles über Annäherung polemisierte. Nur wenige Autoren und Verleger brachten in dieser Zeit die Courage auf, gegen den allgemeinen Strom zu schwimmen.
1987 wurde der damalige Staatsratsvorsitzende der DDR Erich Honecker regelrecht hofiert in unserem Land. Obwohl sein Polizei- und Spitzelstaat – für jeden sichtbar – nicht weniger brutal als in den Jahren zuvor gegen Andersdenkende und Aufmüpfige vorging. Jeder politisch und gesellschaftskritisch orientierte Mensch konnte den nicht aufzuhaltenden Zerfall des sozialistischen Systems in allen Ostblockländern verfolgen. Aber es paßte einfach nicht ins Konzept, mit dieser Meinung öffentlich zu werden.
Erst Gorbatschow, dann die Ungarn mit der Öffnung ihrer Grenze, und die zu Hunderten in die Botschaften flüchtenden Menschen der DDR sowie die, die in Leipzig, Dresden und Berlin beharrlich auf die Straße gingen und gegen den allmächtigen, gehaßten Unterdrücker-Staat rebellierten, brachten die Wende.
Ich erinnere mich genau. Als die ersten Zehntausend über Ungarn kamen, war ich erstaunt. Die Frage eines Kollegen, ob ich nun Genugtuung empfände, konnte ich damals noch nicht so ohne weiteres bejahen. Zu überraschend war diese Entwicklung. Als die Ereignisse sich dann geradezu überschlugen, begann ich mich zu freuen. Und diese Freude schwoll täglich an. War es doch letztlich die Bestätigung dafür, daß unser Entschluß, 1972 dem stalinistischen Regime den Rücken zu kehren, richtig war. Allerdings: Nachdem Hunderttausende von Menschen kamen, überlief mich eine Gänsehaut.

Den Mauerbau 1961 erlebte ich damals hautnah in Berlin mit. Die erzwungene Öffnung nach fast 30 Jahren konnte ich am Bildschirm verfolgen. Diese unglaubliche und gewaltige Entwicklung hätte keiner je vorausgeahnt. Man konnte sich des Eindrucks nicht erwehren, daß alle nur auf den Startschuß gewartet hatten.

Warum sind sie denn nicht früher auf die Barrikaden gegangen? Warum schafften sie den einst um Ulbricht herrschenden Personenkult erst ab, wenn sie ihn um Honecker dann verstärkt praktizierten?

All die Mitläufer, Opportunisten und Hurra-Schreier können sich von einer Mitschuld nicht freisprechen. Deshalb sollten sie jetzt nicht den Fehler begehen, Hilfe aus dem Westen als Bevormundung oder gar Vereinnahmung abzutun. Denn allein können sie es nicht schaffen, das völlig marode System auf Vordermann zu bringen. Um aus dem wirtschaftspolitischen Chaos zu gelangen, brauchen sie nicht nur die stabile Währung, sondern auch Leute, die etwas von freier Marktwirtschaft und Management verstehen. Und das kann man nur von einem Land lernen, das das schon Jahrzehnte erfolgreich und effektiv durchführt.

Der Herbst 1989 war ein heißer Herbst. Er stieß ein Unrechtssystem aus dem Sattel.

Bei allem Streben nach westlichem Lebensstandard sollten sich unsere östlichen Nachbarn immer eins vor Augen halten: Sie haben erst einmal das höchste Gut errungen, das man besitzen kann – die Freiheit.

Diese Freiheit machte es auch möglich, daß jetzt erstmals Journalisten in Bereiche vordringen können, die bislang in der DDR völlig tabu waren: die Gefängnisse.

Und heute? Die, die den Mut hatten, das Terror-Regime DDR zu entlarven und anzuprangern, können sie heute nur einfach als Hellseher und Weitsichtigere bezeichnet werden? Nein, ihnen gebührt unsere Achtung! Denn ungeachtet der auch auf westlichem Territorium andauernden Verfolgungen, Bespitzelungen, Bedrohungen und Schikanen durch die Staatssicherheit der DDR brachten sie die Zivilcourage auf, offenzulegen, was

viele gar nicht hören wollten. Und was viele bewußt aus ihrem Gesichtskreis bannten.
Die Erfassungsstelle in Salzgitter ist das treffendste Beispiel dafür, daß einige Leute völlig falsch kalkulierten. Wieviele machten sich gerade in den letzten Jahren stark, daß diese wichtige Einrichtung mit all ihren entlarvenden Dokumenten verschwinden sollte. Nicht zuletzt forderte die DDR im Zuge der sogenannten Ost-West-Entspannung die Abschaffung. Und das »Neue Deutschland«, die SED-Gazette, verstieg sich sogar in die Behauptung, es handele sich um eine »amtliche Einrichtung des Revanchismus«. Zu den eifrigsten Forderern der Schließung gehörte auch Wendehals Egon Krenz. Heute hat der Kronprinz Honeckers – wie viele seiner gleichgearteten Waschlappen – von all dem nichts gewußt.
Rund 40 000 Unrechtstaten des anderen Teils von Deutschland sind in Salzgitter registriert. Etwa 80 000 Namen von Richtern, Staatsanwälten, Polizeibeamten, Soldaten, Gefängniswärtern und Denunzianten liegen vor.
Wut erfüllt mich, daß die mutigen Mitmenschen aus Mitteldeutschland, die die Wende einleiteten und Hunderttausenden von Linientreuen und Ja-Sagern durch ihren Einsatz ebenfalls die Freiheit brachten, jetzt so wenig Unterstützung erhalten. Unterstützung dafür, daß die Schuldigen der 40 Jahre dauernden Misere dorthin kommen, wo sie hingehören: hinter Gitter. Wieso werden der Bundesrepublik mit ihren fleißigen Bürgern immer neue Milliarden-Forderungen aufgebrummt? Wieso enteignet man diese Schwerverbrecher nicht kurzerhand? Wer Republikflucht plante, dem nahm man alles ab: Gelder, Häuser, Ländereien, Autos, Familienschmuck, Möbel, Bücher. Alles.
Und die DDR-Bonzokratie ist reich. Sie haben allesamt dicke Konten, Grundbesitz, Antiquitäten, Luxusschlitten (das Ehepaar Margot und Erich Honecker allein besaß 14 Privatautos – vom aufwendig umgebauten Mercedes über einen Toyota bis zum Ranch Rover), Gold, Gemälde, Bungalows und, und, und. Das Ministerium für Staatssicherheit soll nach Ermittlungen über 20 Milliarden Mark verfügen. Rund 10 000 konspirative

Wohnungen, Dienstobjekte, Sport- und Erholungsanlagen wurden von der »operativen Gruppe« des Staatlichen Komitees gezählt. Und wieviele mögen noch unentdeckt sein?
Nachrichten, daß Egon Krenz sich in Baden-Baden nach einem neuen Domizil umgesehen habe, daß der angeblich wegen Krankheit haftunfähige Erich Honecker nach Chile auszuwandern gedenkt und jetzt seine Memoiren für 2,5 Millionen Mark ausgerechnet dem *kapitalistischen Klassenfeind* anbietet, daß Markus Wolf, der als jahrzehntelanger Stellvertreter von Stasiminister Mielke für Greueltaten, Exekutionen und Repressalien gegen Regime-Kritiker mitverantwortlich ist, jetzt für ein Millionen-Honorar seine geschönten »Erinnerungen« im Westen verhökert und für ein einfaches Zeitungs-Interview 5000 Mark verlangt, daß Honeckers Devisenbeschaffer Alexander Schalck-Golodkowski in einem luxuriösen Anwesen am Tegernsee lebt – all das läßt einem schon die Galle aufsteigen. Für diese Missetäter müßte jeder Besuch in unserer Demokratie zum Alptraum werden.
Wir wurden dafür gequält, daß wir ins andere Deutschland übersiedeln wollten. Wieviele wurden kaltblütig wie wilde Kaninchen abgeknallt, erschossen auf der Flucht in die ersehnte Freiheit? Wieviele sind gestorben an den bestialischen Foltern oder an gesundheitlichen Haftschäden? Wie vielen brachte die Todesstrafe, die es bis 1979 in der DDR noch gab, den Tod? Wie viele haben Selbstmord verübt? Wie viele wurden durch Minen verstümmelt? Das Jagen gehörte bei Honecker und Co. zur Freizeitbeschäftigung.
Nein, jetzt darf es kein Verdrängen und Vergessen und Verzeihen geben. Wir sind es all denen schuldig, die nicht mehr rehabilitiert werden können, die selbst nicht mehr darum kämpfen können. Die Epoche des Stalinismus-Sozialismus darf genauso wenig ungesühnt bleiben, wie die des Nationalsozialismus. Wie heißt es doch so treffend: Man kann nicht braune Gewalt verurteilen und rote Gewalt gutheißen oder zu verharmlosen versuchen.
Wo sie seit 1961 rund 18 Millionen Deutsche einmauerten, da haben sie jetzt zu bleiben. Aber in einem zwei mal drei Meter großen Verließ ohne Fenster. Dort sollten sie Zeugnis ablegen,

was sie mit den Milliarden des Volkes gemacht haben. Unglaublich, daß sich auch jetzt noch Ärzte finden, die diesen Verbrechern Haftunfähigkeit bescheinigen!
Bezeichnend auch der Leserbrief von Dr. sc. W. Vogler aus Berlin 1136 in der Berliner Zeitung vom 28./29. Juli 1990: »Ich war bisher der festen Meinung, daß die Privilegien der bisherigen Bonzen der ›Partei- und Staatsführung‹ der DDR weitgehend abgebaut wären und daß die ehemals führenden Repräsentanten und ihre Familien durch die politischen Ereignisse so mitgenommen sind, daß sie eher Mitleid als unseren Zorn verdienen würden. Welch ein Irrtum!
Am Donnerstag, dem 5. Juli 1990, um 10 Uhr, hatte meine Mutter einen Termin zur Magnet-Resonanz-Tomographie in der Ostberliner Charité. Als ich mit ihr um etwa 9.45 Uhr in der Klinik eintraf, stellten wir durch Befragung anderer Wartender fest, daß es eine kleine Verzögerung von etwa 30 Minuten geben würde.
Dann aber, um etwa 10.20 Uhr, begann das für uns schockierende Erlebnis: Frau Margot Honecker in unverkennbarer fröhlicher Stimmung schwebte erhobenen Hauptes in Begleitung eines sowjetischen Ofiziers sowie eines jungen Mannes (offensichtlich ein Dolmetscher) in den Warteraum. Obwohl inzwischen meherere Patienten warteten (neben meiner 68jährigen Mutter unter anderem ein kleiner Junge und eine Frau, die nur unter starken Schmerzen sitzen konnte), wurde Frau Honecker, die nicht angemeldet war, wie meine Mutter vom Behandlungsteam später erfuhr, sofort einer 90minütigen Behandlung unterzogen.
Aufdringlich lachend, mit ihren Begleitern schäkernd (dem sowjetischen Offizier fiel sie sogar um den Hals), das wartende ›Volk‹ ignorierend, sorgte Frau Honecker dafür, daß wir sie sicherlich in ›angenehmer‹ Erinnerung behalten werden.
Gegenüber den Vorjahren hat sich also lediglich geändert, daß das Gebäude nicht Stunden vorher geräumt und abgeriegelt wurde.
Wenn von den früher schon nicht als besonders regierungstreu bekannten Ärzten solche Privilegien eingeräumt werden, was

wird da wohl von anderen DDR-Institutionen noch an Vorrechten für ehemalige Politkader gewährt werden?«
Man wundert sich, daß sich nicht mehr Stimmen aufgrund der unglaublichen Aufdeckung erheben, daß dieser heuchlerische Staat jahrelang fast allen Top-Terroristen Unterschlupf gewährte und zu neuer Identität verhalf. Daß die DDR mitschuldig ist an unzähligen Verbrechen, Verwicklungen und Inszenierungen auf internationalem Parkett. Daß dieser Staat in Dresden in den fünfziger Jahren 62 SED-Gegner fesseln, unter die Guillotine legen und mit dem Fallbeil köpfen ließ. Am selben Platz, wo Nationalsozialisten ihre Gegner beseitigten. Daß die Stasi in der Zeit von 1980 bis 1989 im berüchtigten Gefängnis Bautzen II zahlreiche Häftlinge vergiften ließ. Daß sie über eine Geheimarmee in der Bundesrepublik verfügte, die sich aus Mitgliedern der DKP zusammensetzte und für Terroranschläge, Sabotage-Akte an Fernmeldeeinrichtungen und dem Zugverkehr vorgesehen war. In einem militärischen Trainings-Camp in Frankfurt/Oder wurden diese Söldner im Umgang mit Handfeuerwaffen und Sprengstoff gedrillt.
Die Forderungen nach Verurteilung der Schuldigen haben nichts mit Rache oder Vergeltung zu tun. Das ist allein der Ruf nach Gerechtigkeit. Ehemalige politische Häftlinge – in 25 Jahren deutsch-deutscher Geschichte wurden fast 34 000 von der Bundesregierung freigekauft für 130 Millionen Mark – können es nicht fassen, daß ihr Kampf, ihre Opfer und der Einsatz ihres Lebens heute so schnell vergessen sein sollen. Sie erwarten jetzt nicht nur ihre Rehabilitierung, Entschädigungen, die Rückgabe ihrer Güter, sondern auch eine schonungslose Verurteilung dieser menschenverachtenden Clique.
Die alten SED-Bonzen sitzen fast alle noch in ihren Ämtern. Sie sabotieren teilweise die Marktwirtschaft und bereichern sich weiter. Wie anders kann man Tatsachen werten, daß der Direktor eines Armaturenwerkes im Mai den Betriebskindergarten schließen und Zahlungen an Arbeiter stoppen ließ, um auf Betriebskosten für sich einen Mercedes 300 und für einen anderen Direktor einen Mercedes 200 für sage und schreibe 340 000 Ostmark kaufte?

Jüngst warf die DSU der Justiz vor, die Aufklärung der Verbrechen des SED-Staates und die Bestrafung der Verantwortlichen zu sabotieren. Und auch Informationen, daß ehemalige hauptamtliche Stasi-Mitarbeiter in konspirativ arbeitenden Gruppen auf Bundesgebiet weiter wühlen, um mit Aktenbergen von echtem und gefälschtem Stasi-Material aktiv in den Bundestags-Wahlkampf einzugreifen, lassen aufhorchen.
Die Autorität der neuen Regierung der ehemaligen DDR schwand von Tag zu Tag. Zweifel kamen auf an der Qualifikation der gewählten Volksvertreter. Man warf ihnen Wichtigtuerei und Dilettantismus vor, aber auch, daß sie nur Spaß an der Macht gehabt hätten. Wen wundert's, daß Bayerns Ministerpräsident Max Streibl das Kabinett in Ost-Berlin als »Laienspieltruppe« bezeichnete. Die Spitzenpolitiker hätten sich etwas härter ins Zeug legen sollen. Sie hatten die Pflicht, dem Volk zu zeigen, daß sie ehrlichen Herzens um die Aufarbeitung dieser düsteren Geschichte bemüht waren. Aber schon wieder verängstigten Enthüllungen das ohnehin verunsicherte Volk: Bei 40 Volkskammer-Abgeordneten, darunter vier Ministern, bestand der Verdacht, daß sie für die Stasi tätig waren ...
Jetzt hilft kein Jammern und Klagen, daß das Brot doppelt so teuer geworden ist, daß die Mieten steigen und das Fahrgeld angehoben wird. So viel Geld, wie der ehemaligen DDR-Bürger am Monatsende übrig hatte, wenn die spottbilligen Unkosten wie Miete, Strom und Nahrungsmittel abgerechnet waren, wird er nun nicht mehr zur Verfügung haben. Die Bundesbürger mußten es in Jahrzehnten auch lernen, ihre Groschen genau einzuteilen.
Früher wurde uns vorgerechnet, was wir im Westen alles billiger auf dem Markt haben: Autos, Fernseher, Elektro-Geräte, Garderobe. Heute rechnen sie uns vor, wie teuer die Nahrungsmittel und Dienstleistungen bei ihnen geworden seien. Sie motzen, daß die Geschäfte willkürlich Preise ansetzen, und sie gezwungen seien, zu Aldi nach West-Berlin einkaufen zu fahren, wo es das alles ja um einige Mark billiger gäbe. Als Berufstätige habe ich jedenfalls nicht die Zeit, längere Wege in Kauf zu nehmen, um ständig auf der Jagd nach Billigangeboten und preiswerte-

ren Nahrungsmitteln zu sein. Diese übertriebenen Rechnereien kann ich nicht akzeptieren. Das hat allenfalls Gültigkeit bei Großfamilien. Und was soll gar das Meckern eines Ostberliners, der bislang für einen Haarschnitt 1,50 Ostmark bezahlte, den er sich alle vier bis sechs Wochen machen ließ. Nun soll er 7,50 Westmark dafür löhnen – und das bringt ihn gewaltig auf die Palme.

Derartigen Diskussionen kann man eigentlich nur entgegenwirken, indem man ihnen eine einzige Frage stellt: Möchtet ihr wieder die alten Verhältnisse haben? Über Kleinigkeiten wettern sie stundenlang, doch daß sie mittlerweile mehrere bundesdeutsche Städte besuchten, Urlaub in Holland und Österreich machten, Kurzreisen ins Allgäu, nach Spanien und Mallorca buchten, das erfährt man dann so ganz nebenbei. Im Dezember 1989 erlebte ich noch auf den Ostberliner Bahnhöfen Menschen, die Ostmark im Verhältnis 1 : 17 tauschen wollten. Heute regen sie sich auf, daß pro Person »nur« 4000 Mark im Verhältnis 1 : 1 umgetauscht wurden, alle übrigen Beträge gleich in welcher Höhe, im Verhältnis 1 : 2.

Man kann nur hoffen, daß sie bei allem Verständnis für ihre derzeitige Lage etwas mehr Dankbarkeit und vor allem Eigeninitiative aufbringen. Dem Bundesbürger ist auch nichts in den Schoß gefallen. Er mußte hart schuften und jahrelang viele Entbehrungen auf sich nehmen. Deshalb sollte man nicht nur fordern, sondern selbst zupacken.

Wenn ich all die Jahre von der DDR-Diktatur offen sprach, wurde ich häufig mit aufgerissenen Augen angestarrt, verfolgten mich erstaunte Blicke ob dieser Direktheit. Das paßte doch nicht in die allgemeine Annäherungsphase. Wenn ich Honekkers »Arbeiter- und Bauern-Paradies« beim richtigen Namen nannte, nämlich Terrorstaat, konnte ich genau erahnen, was hinter der Stirn meines Gegenübers vorging: Die benutzt doch nur Worte aus der Zeit des Kalten Krieges. Eine Unverbesserliche, die zwar Schlimmes durchgemacht hat, aber, was soll's, man muß auch mal vergessen können.

Jetzt, wo es keiner Zivilcourage mehr bedarf, das auszusprechen, was Tausende von Leidensgefährten fühlten, da haben

sie's plötzlich alle schon immer gewußt: Es war ja nur eine Frage der Zeit, daß dieses sozialistische System am eigenen Totalitarismus und seiner Realitätsferne zugrunde gehen würde.
Nun hilft nur eins: Der Preis der Freiheit muß mit hartem Einsatz honoriert werden. Jeder einzelne hat das mitzutragen und nicht nur zu warten auf weitere Bonner Finanzspritzen. Endlich kann jeder sagen, was er denkt. Endlich kann jeder reisen, wohin er will. Ohne dafür ins Gefängnis zu müssen.
Eine Diktatur ist gestürzt. Es gilt, die DDR-Bürger Schritt für Schritt mit der Demokratie vertraut zu machen.
Wir setzten Zeichen.
Wir hatten Recht.
Wir haben gesiegt.
Wir tragen Verantwortung.

Zu diesem Buch

Weil ich die Freiheit suchte, lernte ich die totale Unfreiheit kennen: Ich bekam drei Jahre und fünf Monate Zuchthaus, in einem Staat, der sich »Deutsche Demokratische Republik« nennt. Das Strafmaß legt die Stasi* fest – Staatsanwälte und Richter sind nur Marionetten, die formell anklagen und verurteilen. »Republikflucht« ist in dem Land ein schweres Verbrechen, es kommt »gleich nach dem Massenmord«.

Mit meinem Buch will ich einen Schwur erfüllen, den ich mir in den schwersten Stunden meines Lebens gab: Ich möchte anklagen! Anklagen ein Regime, das vom Terror geprägt ist. Anklagen die Schergen, mit denen ich mich nicht gutstellen konnte – und die mich deshalb brutal quälten, diskriminierten, folterten und schikanierten. Mit Schlafentzug, mit Drogen, mit zynischen Drohungen, mit zermürbender Einzelhaft und vollständigem Zuckerentzug. Sie versuchten, meine Selbstachtung auszulöschen, mein Wertgefühl zu vernichten, meine Widerstandskraft zu brechen, meine Persönlichkeit zu zerstören. Die Kraft, am Leben zu bleiben, schöpfte ich aus der Verantwortung meinem Kind gegenüber.

Ich möchte aber auch aufrütteln all die, die grausam Erlebtes zu schnell vergaßen. Und informieren die, die durch Desinteresse und Unkenntnis Dinge nicht für möglich halten, die wenige Meter neben ihnen geschehen – im anderen Teil Deutschlands.

Ich erlebte beim Schreiben dieses Buches die Hölle noch einmal. Allein. Zitternd. Von Weinkrämpfen geschüttelt. Mehrmals dem Zusammenbruch nahe. Ich befand mich in München in »Klausur«, fernab von Verwandten und Freunden, die mich vielleicht hätten trösten können. In nur zehn Tagen bewältigte ich den größten Teil dieses Stoffes – von morgens an bis weit in die Nacht. Länger hätte ich weder Kraft noch Nerven gehabt. Nur durch äußerste Konzentration schaffte ich es, die vielen Unmenschlichkeiten im einzelnen wiederzugeben.

Auch heute noch schrecke ich nachts auf, leide unter schweren Alpträumen und Schlaflosigkeit, die ich seit Jahren mit starken Mitteln bekämpfe.

Aber: Die Freiheit, die ich suchte, habe ich hier gefunden – im freien Teil Deutschlands.

Januar 1984 — Ellen Thiemann

* Staatssicherheit der DDR

Fluchtversuch

Schrill läutet das Telefon!
Klaus nimmt den Hörer ab und meldet sich: »Ja, bitte...«.
Am anderen Ende der Leitung entsteht eine kurze Pause. Dann fragt eine männliche Stimme: »Wer ist dort?« »Thiemann«, sagt Klaus. »Oh, entschuldigen Sie, falsch verbunden!« Der Hörer wird aufgelegt. Es ist 22.00 Uhr. Der 29. Dezember 1972.
Wir wissen, in wenigen Minuten werden sie bei uns sein. Schnell gehen wir noch einmal die wichtigsten Punkte durch, um wenigstens unserem Sohn die Einweisung in ein Kinderheim zu ersparen, wenn wir wegen geplanter »Republikflucht« verhaftet werden sollten. »Einer von uns muß draußen bleiben«, schlage ich meinem Mann vor. Er nickt. »Am besten du, denn dich hat der Fahrer ja nicht kennengelernt...«, füge ich hinzu. »Wir müssen fest dabei bleiben. Selbst auf die Gefahr hin, daß sie mich foltern sollten, ich sage nichts über dich. Es bleibt dabei, daß ich die Absicht hatte, dich und die ›Republik‹ mit unserem Sohn zu verlassen!« sage ich mit Bestimmtheit.

Im Wohnzimmer brennt nur eine Stehlampe. Die Rollos im Schlafzimmer haben wir herabgelassen und äugen aus den Sehschlitzen hinaus auf die Straße. Ungefähr eine Dreiviertelstunde nach dem nicht schwer zu deutenden Anruf quietschen unten die Räder zweier »Wartburg«. Sechs Männer in Zivil steigen aus.
Ich gehe ins Wohnzimmer und lege mich auf die Couch. Ein Glas Tee steht halb ausgetrunken auf dem Tisch. Einigermaßen gefaßt versuche ich, dem Kommenden entgegenzusehen. Doch ich zittere am ganzen Körper. Nicht einmal nach außen hin bin ich ruhig.
Blitzartig ziehen die Stunden vom Nachmittag nochmals an mir vorbei. Unsere ursprünglichen Pläne, die Flucht gemeinsam und mit falschen Pässen über das sozialistische Ausland durchzuführen, waren kurzfristig über den Haufen geworfen worden.

Angeblich gab's Schwierigkeiten bei der Beschaffung der Pässe. Die Flucht über Westberlin – und dann noch in einem Autoversteck – wäre das allerletzte gewesen, was uns in den Sinn hätte kommen können.
Doch dann stand die Entscheidung plötzlich vor uns. Und irgendwann greift man nach dem rettenden Strohhalm, so auch wir. Seit 1968 hatten wir unsere Flucht ernsthaft ins Auge gefaßt. Eine endlos lange Zeit, wenn man in einem Lande lebt, das überall und immerzu mit wachsamen Augen, durch das »Ministerium für Staatssicherheit«, die Bürger observiert. Alles über uns wurde registriert – die »von der Musik« oder »die vom Konsum«, wie die »Staatssicherheit« im Volksmund genannt wird, war unser ständiger Begleiter.
Am Nachmittag des 22. Dezember hatte meine Tante aus dem Harz plötzlich vom Alexanderplatz aus angerufen. »Komm doch bitte gleich mal her, ich bin's«, erklärte sie nur kurz. »Jaja«, stammelte ich aufgeregt. Unser Telefon wurde seit Jahren abgehört... Verdammt! Hatte sie unsere diversen Schreiben nicht bekommen? Wir hatten ihr doch mehrfach geschrieben aus Bulgarien, vom Flughafen Schönefeld, ein Brief wurde einem Westberliner Studenten mitgegeben – daß wir von unserem Vorhaben zurücktreten...
Ein mit uns bekannter Stellvertretender Minister hatte im Oktober anläßlich eines Fußballspiels Klaus auf dem Sportplatz zugezischt: »Laß die Finger von der Sache mit deiner Tante! Es steht sehr ernst!«
Hatte sie unsere Schreiben nicht bekommen? Gleich würde ich darauf eine Antwort erhalten. Ich schwang mich ins Auto. Immer wieder mußte ich auf den Tacho sehen... hohe Geschwindigkeit war hier nicht erlaubt... und dann noch mit einem Westwagen! »Ich bin gerade mit der S-Bahn angekommen«, empfing mich meine Tante. »Ja, aber... hast du denn nicht unsere Absagen erhalten?« »Naja, ich habe schon... aber der Westberliner Architekt meint, daß das hier eine ganz sichere Sache sei. Es soll heute losgehen.« »Wie, gleich heute? Wie denn?« fragte ich ungläubig. »Ja, und zwar hat's mit den falschen Pässen nicht geklappt. Nun soll's im Autoversteck

über Westberlin durchgeführt werden. Der einzige Haken: getrennt.«
»Um Gotteswillen, nein, das geht nicht!« Ich war völlig entnervt. »Ohne Carsten, einzeln... über Westberlin? Kein Berliner macht das!« »Aber, es soll eine ganz hundertprozentige Sache sein. Der Architekt versicherte mir, daß sie so schon sehr viele rübergeholt hätten.« »Aber... nein... ich weiß nicht...«, ich zitterte wie Espenlaub. Jetzt war er endlich da, der große Tag. Jetzt endlich sollte es die so lange erwartete Gelegenheit geben – und ich wurde schwach? »Sie meinten, daß erst du, morgen dann Carsten kommen soll«, fuhr meine Tante fort. »Und Klaus?« »Am besten ist es, wenn du ihm vorläufig noch nichts sagst. Er hat doch keine Courage. Das kannst du dann von drüben aus machen. Wer weiß... vielleicht hat er euch gar verraten?« »Das ist absurd! Er will doch auch weg! Sonst hätte ich schon längst im Westen sein können, es gab etliche Möglichkeiten für mich und Carsten. Außerdem hättest du dich dann ja nicht drum kümmern müssen. Wir waren uns einig über die gemeinsame Flucht.« »Ich habe das jetzt erst einmal für euch beide eingefädelt«, erklärte Tante Lola leise. Die unterschiedlichsten Gedanken schossen mir durch den Kopf. Ob sie vielleicht doch schon was an die Organisation bezahlen mußte und nur für zwei Personen anzahlen konnte? Ob's eine von der Stasi gesteuerte Organisation ist, die nur auf einen dicken Fisch wartet, um zuzuschlagen? Soll ich Klaus heute wirklich nicht einweihen? Fast täglich erörterten wir unsere Flucht. Wir waren der Meinung, nun nicht mehr zurück zu können, nachdem wir innerlich so eindeutig mit diesem Regime gebrochen hatten. Wir gaben immerhin einiges auf. Und schließlich waren wir nicht mehr zwanzig, sondern trugen selbst schon die Verantwortung für einen elfjährigen Sohn. »Jetzt muß erst Gras über die Sache wachsen. Dann können wir erneut etwas in Angriff nehmen«, sagte Klaus im Oktober. »Ich kann nicht mehr allzulange hier leben mit diesem Vorhaben, das frißt zu sehr an mir«, entgegnete ich ihm. Klar, nach der Warnung durch den Stellvertreter des Ministers für Staatssicherheit hatte Klaus erstmal die Hosen voll gehabt. Mir war's auch nicht einerlei. Doch eine eingehende

Unterhaltung brachte uns zu dem Schluß: hier können wir nicht mehr leben!!!
Nun kam's doch ganz anders. Jetzt hieß es handeln. Jetzt war keine Zeit für nervenaufreibende, verunsichernde Überlegungen. Tante Lola hatte sich für uns eingesetzt, Strapazen und Geldausgaben auf sich genommen. Jetzt konnten wir ihr nicht aus Angst einen Korb geben. »Wieso ich zuerst?« fragte ich. »Naja, sie meinen, daß es besser wäre, wenn du zuerst drüben bist, damit Carsten keine Angst alleine hat.« »Das ist doch merkwürdig... du bist doch da...?« Schulterzucken. Unsicherheit. Ratlosigkeit. Tante Lola wollte helfen, unbedingt helfen. Doch war die Lage nicht ernster, sehr viel ernster? Irgendwas kam mir verdächtig vor... »Ich mache dich jetzt mit Manfred bekannt. Stelle ihm keine Fragen, das wollen die nicht. Ich kenne ihn auch nur mit dem Vornamen«, erklärte mir Tante Lola. Vor einem weißen BMW, älteres Baujahr, machte sie halt. Wir stellten uns vor. Ich war noch verunsicherter, als ich dieses Auto sah. »Was, mit diesem Wagen soll das durchgeführt werden?« fragte ich Manfred entsetzt. »Warum nicht, damit habe ich schon einige Leute rübergeholt.« Wir gingen in ein Restaurant. Unsere Unterhaltung drehte sich um belanglose Dinge. Obwohl mir dutzendweise die Fragen auf den Lippen lagen... Plötzlich steuerte ein schlanker, grauhaariger Mann, vielleicht Mitte fünfzig, Brillenträger, zielstrebig unseren Tisch an. Überall gab's freie Tische! Was sollte das? War man uns schon auf den Fersen? Noch belangloser wurde das Gespräch fortgeführt. Dann zahlten wir und brachen auf.
Im Freien besprachen wir rasch Einzelheiten. Im Auto erklärte mir Manfred die Beschaffenheit des Fluchtwagens. »Der Tank ist umgebaut. Dort findet eine Person Platz.« »Ich kann das jetzt nicht allein entscheiden, das kommt alles so überraschend... Das muß noch mal überdacht werden!« »Ja, aber... eigentlich machen wir das nicht... mit Bedenkzeit und so. Das ist viel zu gefährlich, so oft rüberzufahren...«, erklärte Manfred. »Das leuchtet mir ja alles ein. Aber, verstehen Sie mich doch auch: getrennt... von Ost- nach Westberlin. Das ist doch Wahnsinn!« »Nana, denken Sie etwa, daß ich Lust habe, von denen

geschnappt zu werden?« »Aber, das muß trotzdem noch mal überlegt werden. Kommen Sie in einer Woche wieder. Und wenn überhaupt, dann zuerst unser Kind...«, erklärte ich mit Nachdruck. Wir verabschiedeten uns. Er fuhr los. Tante Lola ging zur S-Bahn.

Eine Woche später war's dann soweit. »Können wir uns treffen?« fragte Manfred nur kurz am Telefon. »Ja, an der alten Stelle.« Mein Bruder, der gerade auf Besuch aus Köln da war und eingeweiht war, lud Carsten und mich samt einer großen Reisetasche in seinen Ford Capri. Beim Einsteigen blickte ich hoch zu unseren Wohnzimmerfenstern. Da! War das nicht Klaus hinter der Gardine? Noch hatte ich ihm nichts erzählt, außer, daß mein Bruder uns zur Vorstellung in den Friedrichstadt-Palast führe. Wenn er jetzt die Reisetasche gesehen hatte, was würde er wohl denken? Gleich nach meiner Rückkehr wollte ich ihm alles erklären – auch gegen Tante Lolas Bedenken...

Am Alexanderplatz setzte uns mein Bruder ab. Aufmerksam schaute ich in die Runde vor dem Bahnhof. Ob sie sich plaziert hatten? Ob sie uns beobachteten? Ich entdeckte nichts Verdächtiges. Naja, bei dem Trubel dort...

Nachdem wir eine Weile in dem weißen BMW durch Berlin gefahren waren, eröffnete ich unserem Sohn: »Wir wollen für immer in den Westen gehen. Heute nimmt dich Manfred mit, morgen komme ich und etwa in zwei Wochen Vati.« Ungläubig schaute er mich an. »Und was wird mit Pitti?« fragte er und meinte seinen Wellensittich. »Der kommt zu Oma«, beruhigte ich den Kleinen. Gegen 18.00 Uhr wurde es dunkel. Wir fuhren in eine etwas abgelegene Gegend in Pankow, einem Berliner Villenviertel. Vorher hatte ich noch 500 Mark vom Postscheckkonto abgehoben, es konnte ja nicht schaden. Auch so blieb noch genug zurück... Manfred begann, den Rücksitz abzumontieren. Dann mußte Carsten ins Versteck klettern. »Hier paßt ihr doch niemals hinein!« gab der Kleine zu bedenken. »Wieso? Was ist?« fragte ich aufgeregt. »Nein, nein, keine Bange, die letzte Frau im Oktober war viel dicker als deine Mutti«, beruhigte Manfred meinen Sohn.

»Das kann alles verstellt werden«, fügte er noch besänftigend hinzu.
Wir gaben uns zufrieden.
Sehr langsam ging's dann durch die Straßen von Berlin. Alle paar Meter mußte Manfred Benzin nachfüllen, bedingt durch den umgebauten Tankraum. Ich spürte eine panische Angst in mir aufsteigen. Ob ich mein Kind wieder rausholen sollte? schoß es mir durch den Kopf. Feigling! Sagte ich mir immer wieder selbst. »Wie geht es dir dahinten? Atmest du nicht zuviel Benzindämpfe ein?« fragte ich Carsten besorgt. »Ruhe!« schrie mich Manfred nervös an. »Das kann man alles draußen hören, wenn der Junge antwortet!« Ich wurde noch unruhiger.
Wir passierten die letzte Strecke: Chausseestraße – Invalidenstraße. »Carsten, morgen bin ich bei dir«, verabschiedete ich mich. »Tschüs, es geht sicher gut!« tröstete mich Manfred und küßte mich flüchtig auf die Wange. Wie verloren stand ich plötzlich draußen und schaute dem davonfahrenden Wagen nach. Zögernd lief ich ein Stück hinterher. Meine Nerven waren zum Zerreißen gespannt. Sandkrugbrücke, Grenzübergang. Wenige Meter davon entfernt eine Bushaltestelle, einige Leute warteten. Ich war wie in Trance. Der Grenzübergang war hell erleuchtet. Der weiße BMW näherte sich dem Schlagbaum. Plötzlich schoß es mir durch den Kopf, daß es doch weitaus günstiger gewesen wäre, die Grenze zu den Hauptandrangzeiten – also gegen Mitternacht, wenn alle Westberliner und westdeutschen Besucher das DDR-Territorium zu verlassen haben – zu passieren. Aber dazu war es jetzt zu spät. Sollte Manfred ein Spitzel sein? Ein verdammter, hundsgemeiner Spitzel? Ich versuchte zu kombinieren: Ich sollte zuerst geschmuggelt werden. Wollte man unserem Sohn die Entdeckung ersparen? Aber... so menschenfreundlich dachten die doch gar nicht... Zweifel über Zweifel kamen mir. Wieso hatte der Architekt Bisping die zu zahlende Fluchtsumme mit »von 4000 bis 40000 Westmark« angegeben? Ob Tante Lola unserer Bitte, vorher keinen Pfennig zu bezahlen, nachgekommen war? Fragen tauchten auf, überstürzten sich...
So, als ob ich auf den Bus wartete, verfolgte ich gespannt die

Abfertigung an der Grenze. Die Sehschärfe meiner Augen war ausgezeichnet. So konnte ich alles genauestens erkennen. »Nein! Nein! Das darf nicht sein! Das ist doch unmöglich!« schrie es in mir auf. Ich kämpfte gegen eine Ohnmacht... Wenige Sekunden dauerte es nur, da war Manfreds Wagen von etwa zwölf bis 15 Soldaten umstellt. Sie trugen lange Mäntel und die typischen Ohrenfellmützen der Russen. Verrat!!! Verrat!!! Man hatte also auf den Wagen gewartet! Wo war die undichte Stelle? Da! Sie schoben das Auto rechts um die Ecke... Wohin??? Ich hatte keinen Einblick mehr. Mein Kind... was sollte ich machen? Sollte ich hinlaufen... ihn ihren Klauen entreißen?
Sollte ich zu Klaus auf die Bowlingbahn... oh, mein Gott! Meine Knie wurden weich. Nur jetzt nicht schlappmachen! Retten, was zu retten ist! In panischer Angst flehte ich alle nur denkbaren Heiligen an, daß das ein Irrtum sein müsse, daß ein Wunder geschehen solle! Doch nichts geschah... Nach zehn Minuten, fünfzehn oder auch zwanzig, ich erlebte alles ganz weit hinten im Kopf, führten mehrere Uniformierte Manfred und Carsten von rechts nach links über den freien Platz zu einem Gebäude. Was würden sie mit meinem Kind tun? Warum, warum das alles?
Kaum noch irgendeiner Handlung fähig, bekämpfte ich erneut die aufkommende Ohnmacht. Die Beine wollten mir den Dienst versagen. Aber ich hatte hier nichts mehr zu suchen. Ich mußte nach Hause. Schnellstens. Ich mußte allerschnellstens von hier weg!
Nur nicht auffallen. Gelassen versuchte ich über die Straße zu gehen. Die anderen Wartenden, ein Bus war immer noch nicht gekommen, beobachteten mich wohl schon? Alles Einbildung... nur ganz lässig erscheinen... Oh, das soll mir mal einer vormachen, wenn man kiloweise Blei mit sich herumschleppt! Und dann diese Leere im Kopf...
Immer wieder drehte ich mich um. Waren sie schon auf meiner Spur? Ein Jeep mit drei Soldaten fuhr an mir vorbei. Nahmen sie mich wahr? Sie durften nicht! Verdammt! Ich mußte erst mit Klaus alles besprechen!
Eine Möglichkeit der Entdeckung hatten wir vorher überhaupt

nicht ins Auge gefaßt... Klaus wartete zusammen mit meinem Bruder aus Köln auf der Bowlingbahn. Was sollte ich machen? Dorthin laufen? Rennen? Fahren? Aber dort trieben sich immer so viele Mitarbeiter der Stasi herum... das war viel zu gefährlich. Also nach Hause. Und auf seinen Anruf warten. Schließlich waren wir seit etwa 19 Uhr verabredet.
Ich hastete durch die Straßen. Taxi... Taxi... warum gab's denn keins? Bis zum Rosenthaler Platz rannte ich streckenweise. Unterwegs kein Auto. An der Taxihaltestelle natürlich auch keins. Wie's in solchen Situationen immer ist...
Ich stellte mich an der Rufsäule auf. Die Minuten vergingen wie Stunden. Hartnäckig wartete ich. Was hätte ich auch anderes tun sollen? Ein weißer Ford mit Westberliner Kennzeichen näherte sich meinem Standort. Das Fenster wurde heruntergelassen. »Kann ich Sie ein Stück mitnehmen?« fragte ein junger Italiener. Und ob! Erleichtert stieg ich ein. Nur weg von hier. Schnell nach Hause. In einer Nebenstraße ließ ich mich absetzen. Der Verabredung mit dem Italiener an einem der nächsten Tage sagte ich zu. Das ersparte mir eine längere Unterhaltung. »Danke, Italiano, du hast mir einen guten Dienst erwiesen! Du wirst diese Begegnung schneller vergessen als ich...«
Voller Konzentration näherte ich mich unserem Haus. Keine Autos auf der Straße. Keine Personen. Nichts Verdächtiges. Ungesehen kam ich zur Tür hinein, schloß die Wohnung auf und holte tief Luft. Erstmal gerettet! Wenn sie kommen sollten, ich ließe sie nicht herein! Nicht freiwillig... erst mit Klaus sprechen... Ganz kopflos lief ich jetzt in der dunklen Wohnung hin und her. Von einem Fenster zum anderen. Nichts tat sich draußen. Alles war wie sonst. Gegen 20 Uhr rief Klaus von der Bowlingbahn an und fragte, wo ich denn bliebe. »Komm sofort nach Hause, mir ist hundeelend, ich sterbe...« jammerte ich. Ich mußte nicht lange auf ihn warten. Er mußte wie der Teufel gefahren sein! Mein Bruder fuhr weiter zu meinen Eltern. Kurz zuvor hatte ich beobachtet, daß ein Wagen mit einem Zeichen für radioaktives Material etwa zehn Minuten auf der gegenüberliegenden Seite unseres Hauses hielt. Hatte das etwas zu bedeuten? War das Zufall? Wer weiß...

»Carsten ist entdeckt worden!« erklärte ich aufgeregt. Kreidebleich wich Klaus zurück. »Wir müssen weg!« reagierte er dann. »Aber, wohin denn?« wagte ich einzuwenden. »Weg, nur einfach weg! Über die Grenze zu fliehen versuchen... mit einem Diplomaten... irgendwie!« Er wußte selbst, wie aussichtslos das ist. »Und unser Sohn? Ich lasse doch nicht unser Kind in deren Klauen!« protestierte ich. Ruhig bleiben, Nerven behalten, nach einer anderen Möglichkeit suchen... Gegen 21 Uhr rief Klaus im »Ministerium für Staatssicherheit« an. Durch seine Tätigkeit als Spitzensportler waren wir mit jemandem von höchstem Dienstrang bekannt. Wir brauchten seine Hilfe, seinen Rat... Doch: um diese Zeit war er natürlich nicht mehr anwesend.

Verhaftung

Dann klingelt es. »Sind Sie Herr Thiemann?« höre ich einen Mann fragen. »Ja«, antwortet Klaus verstört. »Deutsche Volkspolizei, ziehen Sie sich an und kommen Sie zur Klärung eines Sachverhaltes mit!« fordert man ihn auf. Ich liege noch auf der Couch, als plötzlich vier Mann im Zimmer stehen. In Zivil. Einer sagt so nebenbei: »Sie kommen ebenfalls mit.« Sollten sie gar nicht so scharf auf mich sein? Komisch... dann waren also Manfred und Carsten noch nicht richtig befragt worden...??? Oder wußte – wie so oft– die eine Hand nicht, was die andere tat? Wie dem auch sei, uns half es im Moment sowieso nicht.
Ich streife meine vorher abgelegten Ringe über. Gewohnheit. Ziehe mir Schuhe und Mantel an. Und glaube zu diesem Zeitpunkt noch daran, in wenigen Stunden meine vier Wände wiederzusehen. Welche Einfalt!
Getrennt müssen wir in je einem »Wartburg« mit je drei Mann Bewachung Platz nehmen. Dann geht es los in flotter Fahrt. In äußerst flotter Fahrt! Das hätte sich unsereins mal erlauben sollen! Mit 120 km/h durch Berlin zu rasen! Aber mit einem roten Ausweis in der Tasche hat man natürlich Narrenfreiheit! Immer wieder blicke ich auf den Tacho. Jetzt nähern wir uns der Dimitroffstraße, einer Schnellstraße. Die Ampel zeigt bereits Gelb, als wir noch etwa 300 Meter entfernt sind. Der Wagen mit Klaus rast bei Rot noch über die Kreuzung. Mein Fahrer scheint es ebenfalls vorzuhaben. In letzter Sekunde sieht er das sich von links mit großer Geschwindigkeit nähernde Auto und bremst scharf. Ich habe das Gefühl, als wenn die Reifen plötzlich Feuer fangen. Mich selbst wirft es fast bis vorn an die Scheibe. Nein, Leute, so laß ich mir von euch mein Leben noch lange nicht beenden!!! schreit es in mir.
Als die Ampel auf Grün schaltet, ist der Wagen mit Klaus schon außer Sicht. Wieder geht's mit 120 km/h die Leninallee entlang. Vor einem großen Gebäude – der Untersuchungshaftanstalt in

der Keibelstraße – halten wir. Eine Tür öffnet sich, und wir fahren auf einen Hof. Dort warten die anderen drei Begleiter und Klaus. Gesprochen wird nichts. Da der Fahrstuhl defekt ist, müssen wir vier Etagen zu Fuß hochlaufen. Es sind sehr hohe, alte Treppen. Das ist sehr anstrengend. Meinetwegen hätten sie allerdings hundert Etagen haben sollen, verlängerte es doch unsere Freiheit! Wir wechseln kein Wort mehr miteinander. Ich weiß nicht, wie sie reagiert hätten. So haben unsere Begleiter keine Mühe mit uns. Sie benehmen sich korrekt.

Eine Tür wird aufgeschlossen. Ein langer Gang verbirgt sich dahinter. Mit vielen Zimmern. Wir werden getrennt. Ich sehe mich einem jungen Mann am Schreibtisch gegenüber. Vielleicht 27 Jahre alt, vielleicht jünger. Blonde Locken. Konservativ gekleidet. Und nun beginnt ein Frage- und Antwortspiel... Ich friere wie ein Schloßhund. Trotz Lammfellweste aus Bulgarien und Seehundmantel aus dem Exquisitgeschäft.

Das Zimmer ist so ungemütlich, wie es an solch einem Ort auch nur sein kann. Ich erzähle, soweit ich mich in meiner Verfassung erinnern kann. »Nur keinen Fehler machen wegen Klaus! Nur das nicht!« hämmert es in mir. Meine Nerven sind zum Zerreißen gespannt. Nebenan höre ich ein männliches Wesen derart unartikuliert brüllen, als gelte es, eine Weltmeisterschaft zu gewinnen! Hat er Klaus oder Manfred beim Wickel? Hoffentlich letzteren, ihn kenne ich nicht weiter. Ob Klaus der Brüllerei standhielte? Ich bezweifle es... Wird es mir auch noch so ergehen? Und schon bildet sich in mir eine Wand aus Wut und Haß. Die Fragen prasseln pausenlos auf mich nieder. Warum das Ganze? Wohin? Woher die Bekanntschaft mit Manfred? Wer steckt noch dahinter? Jede Minute vom Verlassen meiner Wohnung an will der junge Mann protokollarisch festhalten. Aber: Ich will erst meinen Sohn sehen. Unvermittelt frage ich: »Wo ist mein Kind?« »Es schläft.« »Hat mein Sohn geweint? Wie geht es ihm?« »Naja, ein bißchen hat er schon geweint. Es geht ihm den Umständen entsprechend. Jetzt schläft er.« »Ich will ihn sehen. Ich sage nichts mehr. Ich will erst meinen Sohn sehen!« Die Verzweiflung läßt mich mutig reagieren. »Beeilen Sie sich mit Ihrer Aussage, um so eher können Sie zu Ihrem Sohn.«

»Okay, machen Sie schnell, fragen Sie...«
Woher kam nur diese idiotische Vertrauensseligkeit? Wieso konnte ich hoffen, daß sie mir mein Kind bringen würden? »Und Ihr Mann hat mit der Angelegenheit nichts zu tun?« fragt er lauernd. Da steht die Frage im Raum. Bedrohlich, unerbittlich. »Nein.« »Absolut nichts?« »Nein, absolut nichts.« »Das glaube ich Ihnen nicht.« Kann ich mir denken...
»Ich kann Ihnen aber nichts anderes sagen«, erwidere ich standhaft. »Und das ist die Wahrheit?« – »Selbstverständlich!« (Als ob ihr wüßtet, was Wahrheit ist!!!) Pause.
Er steht auf und geht aus dem Zimmer. Nach einer Weile erscheint er wieder und fragt völlig unvermittelt: »Wissen Sie eigentlich, daß Ihr Mann mehrere Beziehungen unterhält?« Aha, jetzt versucht er's mit dieser Masche! Ich stelle mich blöd. »Wie meinen Sie das?« »Naja, Verhältnisse zu anderen Frauen...«. »Soooo?« »Das wußten Sie nicht?« »Nein, und ich glaube es auch nicht!« Nun erst recht nicht, denn vor dieser Angelegenheit hattet ihr Moralapostel ja offenbar auch nichts dagegen!
»Ich glaube nur das, was mein Mann mir sagt.« Basta.
»Naja, im übrigen sagt man dasselbe auch von Ihnen.«
Bedeutungsvolle Miene seinerseits. »Wer ist ›man‹?« (Frechheit, in dieser Form zu sprechen. Aber wiederum bezeichnend für Individuen dieser Zunft!) Danach Schweigen. Ihm fällt wohl dazu nichts mehr ein. Will er mich demoralisieren? So schaffst du mich nicht, Bürschlein. Damit zeigt ihr mir nur eure Schwächen, wenn ihr zu derartig primitiven Mitteln greift!
Plötzlich fordert er mich auf, das Zimmer zu verlassen. Er begleitet mich in ein anderes. Meine weiße Handtasche muß ich in seinem Raum zurücklassen. Ich tue es ungern, denn eine Durchschnüffelei ist mir lieber, wenn ich dabei bin. Und mit hundertprozentiger Sicherheit kann ich damit rechnen.
Im anderen Zimmer bin ich nicht lange allein. Ein Angestellter in Zivil setzt sich in einiger Entfernung von mir auf einen Stuhl. Aha, jetzt scheint es ernst zu werden! Hatte dieser unscheinbare Kerl vorhin nicht gesagt, daß ich bald zu meinem Sohn könnte???
Die ausgekühlten Räumlichkeiten und meine Übernächtigkeit fordern bald ein dringendes Bedürfnis heraus. Ich bitte, zur

Toilette gehen zu dürfen. Man ermöglicht es, aber mit Bewachung! Das darf doch wohl nicht wahr sein! Direkt vor der Tür nimmt meine Bewachung Aufstellung. Ich kann nicht. Beim besten Willen nicht. Offensichtlich dauert es ihm da draußen zu lange. Er macht sich bemerkbar. »Fertig?« »Nein, es dauert noch.« Denkt der Kerl etwa, daß ich mich in der Toilette aufhänge? Ich will nach Hause mit Klaus und Carsten! Ich laß mich doch nicht wegen dieser dämlichen Fragerei einschüchtern. Schließlich habe ich gar nichts getan. Nur geplant. Naja, und dafür kann man ja wohl noch nicht bestraft werden.
Daß wir diesen Schritt unternehmen wollten, ist einzig und allein eure Schuld. Das kann ich euch schwarz auf weiß geben! Schließlich kann man nicht unter jahrzehntelanger, ungerechtfertigter Bespitzelung leben! Wieder diese verdammte Naivität!

3.00 Uhr morgens. Ich werde wieder zu dem Beamten, der mich verhören soll, geführt. Er stellt noch verschiedene Fragen, dann eröffnet er mir, daß er nun protokollieren will. Zuvor fragt er mich, ob ich einen Kaffee trinken möchte. Möchte ich nicht. In solcher Gesellschaft! In diesen Räumen! »Ich will mein Kind!« erkläre ich ihm erneut. Doch er fängt an zu schreiben. Fein säuberlich, alles mit der Hand. Zwischendurch stellt er ab und zu noch Fragen. Dann darf ich mir sein Werk durchlesen. »Unterschreiben Sie«, fordert er mich auf. »Aber... da sind ja jede Menge Verdrehungen drin!« protestiere ich. »Naja, das können Sie ja wohl nicht behaupten...«, so versucht er, mir seine Wortstellungen zu erklären. »Nein, damit bin ich trotzdem nicht einverstanden. Das ergibt ein völlig falsches Bild. Damit belaste ich mich doch mehr als nötig!« »Aber, das ist doch nur ein vorläufiges Protokoll. Der Wortlaut ist gar nicht so wesentlich. Bei einer weiteren Befragung wird das noch ganz detailliert behandelt. Dann können Sie diese Punkte immer noch richtigstellen«, beruhigt er mich. Ungläubig schaue ich ihn an. Ob das alles stimmt, was er sagt? »Schließlich wollen Sie doch schnellstens mit Ihrem Kind und Ihrem Mann nach Hause gehen«, fährt er fort. »Ja, ja... geben Sie her... ich unterschreibe!«
Beim letzten Buchstaben meines Namens erfaßt mich eine unbe-

schreibbare Unruhe. Habe ich soeben einen nicht wiedergutzumachenden Fehler begangen? Aber nein, das können die nicht gegen mich auslegen... es hat sich ja so wirklich nicht abgespielt...

Wieder werde ich aus diesem Raum geführt. Und da! Am Ende des Ganges läuft Carsten! Ich rufe ihn. Er dreht sich um und kommt auf mich zugerannt. Bleich. Übernächtigt. Aber sie können es nicht mehr verhindern. Ich nehme ihn in meine Arme, und wir schluchzen beide. Seine erste und einzige Frage: »Kommst du mit mir nach Hause?« beantworte ich mit einem überzeugten »Ja«. Dann werden wir getrennt. Oh, ihr Barbaren, ihr widerlichen. Ich sehe meinen Sohn in seinem bunten Palominohemd in das ihm angegebene Zimmer gehen. »Popkorn« nannte ich ihn immer, wenn er dieses Hemd trug. Und schon muß auch ich wieder eine Tür passieren.
Eine Begleitung habe ich ständig bei mir. Was wird Klaus machen? Hat er die Wahrheit gesagt? Bloß nicht! Bloß das nicht! Carsten muß vor ihren Klauen geschützt bleiben! Ein Heim wäre sein psychisches Ende, das würde er nicht verkraften.
Diese Ungewißheit ist quälend. Meine Kraft reicht kaum noch aus, mich gerade zu halten. Schließlich ist es 9.00 Uhr früh. Man fragt mich, ob ich etwas essen möchte. Ich bedanke mich dafür, ich kann ja gleich mit meiner Familie frühstücken! (Diese Naivität ist wohl kaum noch zu überbieten!)
Plötzlich öffnet sich die Tür, drei merkwürdige Gestalten erscheinen. Einer sieht aus wie der Henker persönlich (wollen sie mir jetzt an den Kragen?), quer über der linken Wange eine ganz tiefe Narbe, könnte von einer handfesten Schlägerei durch einen Hieb mit einer Flasche oder etwas ähnlichem stammen; untersetzte Statur, grobschlächtig, Stiernacken. Der jüngere Mann sieht aus wie ein Krimineller aus einem Gangsterfilm; gewöhnlich, mager, widerlicher Gesichtsausdruck. Und die dicke weibliche Begleiterin erweckt in ihrer schmuddligen Kleidung auch nicht gerade Sympathiegefühle in mir. Drohend stehen alle drei in der Tür und fordern mich auf mitzukommen.
Im Bruchteil einer Sekunde überlege ich, ob ich mich weigern

soll. Aber die sehen nicht gerade so aus, als ob sie mich zweimal aufforderten! Also stehe ich auf. Und da geht's auch schon los in reichlich saloppem Ton: »Los, los, bißchen dalli, mach, daß du vorwärts kommst!«
Habe ich richtig gehört? Dieses miese Bürschlein, das tausend zu eins einiges auf dem Kerbholz hat und jetzt wahrscheinlich als dankbarer vorzeitig Entlassener fürs Wohl des Staates Dienst tut, redet mich einfach mit »Du« an? Noch ehe ich es recht begreife, haben wir die vielen Treppen hinter uns gebracht und befinden uns auf einem Gelände, das ich bei meiner Ankunft noch nicht gesehen hatte.
Von weitem erblicke ich drei Feuerwehrmänner, die mir interessiert entgegenstarren. In diesem Moment muß dieser widerliche Knabe wieder seine uneingeschränkte Macht über mich beweisen. Was ist er doch für ein toller Kerl! Los geht's mit: »Na, hopp-hopp. Mach mal ein bißchen schneller, vorwärts!« Das ist mir denn doch zuviel. Ich schnauze ganz einfach zurück: »Was fällt Ihnen eigentlich ein? Was ist denn das für ein Ton? Ich verbitte mir das!« »An diesen Ton werden Sie (aha, er hat *»Sie«* gesagt!) sich schon noch gewöhnen müssen!« »Werde ich nicht!« Stille. Die Feuerwehrmänner grinsen amüsiert und beifällig. Sie gehen auf einen Kleinbus zu, der keine Fenster hat. In meiner Allgemeinbildung wird ein Mosaiksteinchen seinen Platz erhalten, so etwas von »Barkas« habe ich nämlich noch nicht gesehen! Lauter kleine Zellen innen. Vielleicht drei oder vier oder auch fünf. Ich kann es nicht so schnell erfassen. Ein Metallsitz, die Wände aus Metall, in der Tür nur ein winziges Guckloch.
Ich rücke meine Glieder zurecht. Überall stößt man an. Und ich bin schlank. Wie transportiert man pfündigere Personen? Undenkbar! Ehe ich zu einer Lösung komme, knalle ich mit voller Wucht mit der Stirn gegen die Metallwand. Dann das gleiche noch einmal mit dem Hinterkopf! Aha, ihr wollt mich also auf eure Weise fertig machen! Nein, so nicht. So schnell nicht!
Ich stemme mich mit Knien und Händen gegen die Rückwand und ziehe den Kopf nach vorn. Es dauert eine ganze Weile, ehe

ich die richtige Position gefunden habe, um dem scharfen Anfahren, dem noch heftigeren Bremsen und den Kurven (er scheint absichtlich so viele zu fahren), durch Gegendrücken ausweichen zu können. Natürlich pralle ich noch mehrmals mit dem Kopf gegen die Metallwände. Jahrelange Übung wird diese »Mordbuben« wenigstens auf einem Gebiet perfektioniert haben! Meine Wut steigert sich.

Und meine Hilflosigkeit wird mir von Minute zu Minute mehr bewußt. Ich bekomme kaum noch Luft. Wohin bringen sie mich? Die Fahrt scheint endlos zu sein. Hupen ... Rechtsabbiegen ... Ein Tor wird aufgeschlossen. Der Wagen hält. Man läßt mich heraus.

Mehr tot als lebendig werde ich in ein Gebäude geführt. Und da sehe ich zum ersten Mal etwas, was ich bislang nur aus Filmen kannte: Gitter, überall Gitter. Ein schauerlicher Anblick!

Durch mehrere Türen geht's in einen Keller hinunter. Ich muß einen Raum betreten, in dem ich mit der »Dicken« nur noch allein bin. Sie herrscht mich an: »Ausziehen!« Fassungslos starre ich sie an. Sie wiederholt noch einmal barsch: »Ausziehen!«

Und da ist's aus mit meiner Fassung. Hemmungslos bricht es aus mir hervor, ich kann die Tränen nicht mehr halten, die in einem Schluchzen enden, das nicht mehr kontrollierbar ist. Ich bin dem Umfallen nahe. Der erste Schock hat von mir völlig Besitz ergriffen.

Langsam ziehe ich mich unter größter Anspannung aus. »Ganz ausziehen!« höre ich von weitem. Meine Unterwäsche also auch? Ach, wie furchtbar ist das alles! Ich werde ja wie ein Verbrecher behandelt! Dann gibt sie mir einen Packen Häftlingskleidung – und nimmt mir damit meine Persönlichkeit ... Meine neue Hülle besteht aus einem Unterhemd, wie es wohl früher mal unsere Großmütter trugen. Es reicht fast bis in die Kniekehlen, schlottert um Busen und Hüften. Die Armlöcher hängen fast in der Taille. Dazu passend »Langschäfter«, nein, so etwas habe ich wirklich noch nicht gesehen! Auch diese Dinger baumeln bis in die Kniekehlen und sind im Schritt mehrfach übereinandergestopft. Wenn sie mich damit schaffen wollen, dann haben sie's

zumindest vorläufig geschafft! Alles schön Grau in Grau. BH fällt ganz weg. Dann erhalte ich ein gestreiftes Sträflingshemd, drei Nummern zu groß, damit's recht schön schlampig aussieht, einen Trainingsanzug, der um vier Nummern zu groß ist. Ein Paar ganz dünne, graue Herrensöckchen und ein Paar aus einer dünnen Sohle und einem Riemen bestehende Pantoffeln runden das Bild ab. Mein eigenes Taschentuch rette ich, ohne daß sie es bemerkt. Normalerweise hätte ich auch das abgeben müssen. Aber ich muß mich unentwegt schneuzen, dadurch geht's. Dann erfrecht sie sich noch, sich über meinen Tanga-Slip und meinen Spitzen-BH zu mokieren, weil das für die Jahreszeit zu dünn sei. Als wenn solch eine Hyäne fähig wäre, an die Gesundheit anderer zu denken!!! Neidhammel! Bei dieser Figur!
Am Boden zerstört, krampfhaft mein Taschentuch umklammernd, das mich wenigstens noch daran erinnern soll, daß ich einmal Mensch war, verlasse ich derart verunstaltet die Kleiderkammer. Die Dicke führt mich einige Gänge entlang, überall ist zur nächsten Etage Drahtgitter gespannt, damit sich keiner der »gerechten Strafe« durch Selbstmord entziehen kann. Zelle an Zelle. Und viele junge Soldaten, die offenbar die Aufsicht führen. Wie kann man sich für so etwas nur hergeben??? Wie kann ein junger Mensch so einen schändlichen Beruf ausüben? Das geht mir pausenlos durch den Kopf.
Ein blonder Soldat lächelt mir im Vorbeigehen zu. Was, das gibt's auch? Wie werde ich wohl aussehen in meinem lächerlichen Aufzug? Ungewaschen, ungekämmt und das vormals perfekte Augen-Make-up gewiß in einer surrealistischen Form ineinander fließend vom vielen Heulen!
Mir ist gottserbärmlich zumute. Vor einer Tür bleibt sie stehen, ein Soldat schließt mich ein. Ich befinde mich in einer Zelle. In einer richtigen Gefängniszelle. Ich, ein anständiger, unbescholtener Mensch! Welten brechen zusammen, ganze Lehren verlieren in diesem Augenblick an Glaubwürdigkeit. Ich bin verzweifelt. Aber dazu läßt man mir keine Zeit. Das Klappenfenster an der Tür wird unter Rasseln und Klappern aufgemacht. Ein etwa zwanzigjähriger Soldat gibt mir eine Plastiktasse, einen Plastikteller, einen Plastiklöffel... alles Plastik, Plastik, Plastik. Naja,

die Zeiten haben sich wohl geändert. Ich denke an Falladas »Wer einmal aus dem Blechnapf frißt«, und ich werde noch sehr häufig Vergleiche ziehen müssen.
Die Zelle ist scheußlich. Grüne Wände, grüner Wandschrank, grünes Klappbett, das am Tage an der Wand angeschlossen wird, damit man nur auf dem harten Holzhocker sitzen kann. Auch der in Grün. Dazu an der Wand befestigt eine Eßfläche – grün natürlich! Und eine Toilette, nicht in Grün. Ein Waschbekken, winzig klein. In diesem trostlosen Raum kann man wahnsinnig werden! Ich muß mich also darauf einstellen und dagegen ankämpfen. Aber noch schaffe ich das nicht. Ich hoffe immer noch auf ein Wunder. Sicher wird man mich wieder rauslassen, und ich kann nach Hause zu meinen Lieben. Ob Klaus mit Carsten zu Hause ist? Oh, mein armes Kind! Wenn ich dich doch nicht so falsch getröstet hätte!
Wieder wird die Klapptür aufgeschlossen. Ich bekomme Handtücher und Waschlappen. Also soll ich ernsthaft hierbleiben? Nein! Nein! Das darf nicht sein! Das kann einfach nicht sein! Mein Kind braucht mich! Das könnt ihr doch nicht mit mir machen! Wofür denn? Alles schreit in mir auf gegen diese Gemeinheit, diese Barbarei, diese ungerechtfertigte Freiheitsberaubung...
Ich wollte doch nur in ein anderes Land gehen... dafür kann man doch nicht derart hart bestraft werden!
Wieder rasselt es am Türschloß. »Kommen Sie mit«, fordert mich ein Soldat auf. Es geht den Gang entlang, die Treppe hinunter, wieder einen Gang entlang. Ob hinter den vielen Zellentüren auch Menschen hocken? Menschen, mit gleichem oder ähnlichem Vorhaben? Ich zweifle... ich bin gewiß allein hier...
Außer dem Schlüsselrasseln und den Stiefelschritten der Soldaten hört man keinen menschlichen Laut. Wir sind angelangt. Vor einer Tür macht mein Begleiter halt. Am Schreibtisch sitzt ein etwa 50jähriger Mann in Zivil. Brillenträger. Geheimratsecken. Augen ohne Wärme. Furchen um die Mundwinkel – vielleicht von einem Magenleiden...
Links neben ihm sitzt eine Sekretärin und mustert mich.

»Ich bin der Haftrichter«, stellt er sich vor und liest mir den Haftbefehl vor. Jetzt sehe ich ein, daß es ernst ist. »Unterschreiben Sie das«, fordert er. »Nein, da steht Paragraph 213 – Republikflucht, ich war aber noch gar nicht geflohen. Ich hatte es nur vor. Man holte mich von zu Hause ab«, weise ich den ernst blickenden Mann auf die tatsächlichen Umstände hin. »Das ändert nichts«, erklärt er nur kurz. »Und der Paragraph 100, staatsfeindliche Verbindungsaufnahme, der trifft erst recht nicht zu. Ich habe zu keinem Zeitpunkt etwas gegen den Staat unternommen!«
Verdammt! Was reimt man sich denn da zusammen?
Der Haftrichter versucht zu erklären. »Der Sachverhalt ist klar. Sie können die Tat oder das Vorhaben nicht leugnen.« Doch, ich kann! »Zu wem habe ich denn staatsfeindliche Verbindung gehabt?« »Zu der Person, die das Vorhaben ausführen wollte.« »Was? Das nennen Sie staatsfeindliche Verbindungsaufnahme? Oh, Sie verstehen es, Paragraphen zu machen!« Immer und immer wieder versucht er, mich von der Aussichtslosigkeit meiner Unterschriftsverweigerung zu überzeugen. »Sie müssen so oder so dableiben. Ob Sie nun unterschreiben oder nicht, das spielt überhaupt keine Rolle.« Also gut, ich lasse mich überzeugen und unterschreibe. Ich setze meinen »Wilhelm« unter diesen Wisch! Was kann ich armes Würstchen schließlich von dieser Position aus gegen die Allgewalt einer so totalitären Staatsmacht ausrichten, die sich mir hier so richtig offen in ihrer ganzen Schändlichkeit zeigt? Ich weiß ja nicht einmal, wo ich mich befinde...

Und man vermeidet tunlichst, mich darüber aufzuklären.
Schließlich werde ich abgeholt. Wieder geht's die Gänge entlang, Treppen hoch, hinten den Gang wieder runter. »Nanu, an der Zelle, wo ich vorhin war, sind wir doch längst vorbei?« schießt's mir durch den Kopf. Was wollen die mit mir machen? Wo bringen die mich hin? Ich werde noch ängstlicher, zittere. Doch meine Füße haben schneller begriffen, als mein Gehirn. Automatisch setze ich den linken vor den rechten – immer brav der Uniform hinterher. Metalltreppen... Metallgeländer... überall

Baumaterialien. Dreck – zum Schaudern! Die Tür nach »draußen« führt in einen garagenähnlichen Raum. Aha, da steht wieder so ein wohlkonstruiertes Zellenauto! »Einsteigen«, fordert mich ein Soldat auf. Ich wage nicht zu fragen, wohin es geht. Und die nächste Wahnsinnsfahrt beginnt...

Wieder sitze ich in diesem winzigen metallenen Loch. Die Knie stoßen vorn an, der Kopf hinten. Der Wagen setzt sich in Bewegung. Ich versuche, die Geräusche von draußen zu analysieren. Straßenbahnen... Autos... Menschen... Oh, ihr Glücklichen! Ihr seid frei, richtig frei! Wie elendiglich komme ich mir vor! Doch die Wirklichkeit läßt keine Sekunde für Selbstmitleid zu. Der nächste Schlag mit dem Kopf gegen die Metallwand macht mir das klar. Ich muß mich schützen – das verlangt volle Konzentration. Wenn nur diese Angst nicht wäre, diese lähmende Angst, daß sie mich umbringen wollen! Ich bin sicher, daß sie das wollen. Kein normaler Mensch darf im Straßenverkehr derart wüten! Es geht quer durch Berlin in rasender Fahrt. Häufig wird angehalten. Wahrscheinlich Ampeln. Dann höre ich plötzlich ein Geräusch, als ob ein großes Tor geöffnet wird. Und weiter geht die Fahrt... Aber nicht lange. Stimmen, wie aus einem hohlen Raum, dringen an mein Ohr. Die Türen werden geöffnet. »Steigen Sie aus!« fordert mich der große, blonde Soldat auf, der mich begleitet hat. »Mitkommn!« brüllt mich ein primitiver Typ in rotem Pullover an. Ich gehorche zitternd. Wie ein Hund laufe ich hinter ihm her. An jeder Ecke steht ein Soldat. Manchmal sind's auch zwei. Geschäftiges Treiben, endlose Gänge. Dritte Etage. Zelle 305 gehört ab sofort mir. Wumm! Die Stahltür wird zugeschlagen! Dann rasseln die Schlüssel. Ich versuche zu hören, wievielmal abgeschlossen wird. Aussichtslos. Ich kann's nicht bestimmen. Im Raum zwei Pritschen aus Holz, ein schmaler Tisch, zwei winzige Holzhocker, Waschbecken und Toilette. Kein Fenster, nur eine Luftklappe und ein paar Glasziegel – undurchsichtig, versteht sich! Ein Vorteil: Die Wände sind hellgelb angestrichen. Alles wirkt sauberer.
Auf einmal Schlüsselrasseln. Klappe auf: »Herkommn!« brüllt eine männliche Stimme. Ich beuge mich zum Klappfenster run-

ter. Eine Hand reicht mir eine Plastikschüssel, eine Plastiktasse und einen Plastiklöffel. Klappe zu. Nach wenigen Minuten – Klappe auf. »Herkommn«, diesmal ist's eine weibliche Stimme. Anscheinend gibt's hier nur Sachsen, geht es mir durch den Kopf. Die Uniformierte gibt mir ein widerlich riechendes Stück Seife, eine Tube Zahncreme Jahrgang 1962 (!), eine Zahnbürste, einen Kamm. Klappe zu. Schlüsselrasseln.
Ich stelle die Utensilien aufs Waschbecken. Plötzlich ein Geräusch an der Tür. Ein Auge glotzt durchs Guckloch. Kalt, beinahe böse. Wer wird das sein? Ob er mich kennt? Ich habe ihm gewiß nichts getan...
Wieder rasselt's an der Tür. Doch diesmal wird nicht nur die Klappe geöffnet, sondern die ganze Tür. Zwei Uniformierte stehen vor mir. Sie bringen drei Matratzenstücke und eine Decke. »Aber jetzt wird noch ni hingeläscht. Dagsüber dürfen Se nur offm Hocker sitzän«, schnarrt der eine wichtigtuerisch. Dann zeigt er mir noch, wie ich mein »Bett« zu bauen habe und verschwindet mit dem anderen.
Ich nehme auf dem Hocker Platz. Haltlos fange ich an zu schluchzen. »Ich will zu meiner Familie, was habe ich denn nur getan, daß man mich wie einen Verbrecher behandelt?« Mich schüttelt es hin und her. Ich bekomme kaum Luft und sinke auf den Tisch vor mir. Doch der »große Bruder« am Guckloch ist damit nicht einverstanden. Er donnert wild gegen die Tür und brüllt: »Sätzen Se sech anständsch hin!« Aha, auch ein Sachse... gibt es denn in allen Gefängnissen nur sächsisches Aufsichtspersonal?
Ich setze mich aufrecht hin, die Hände beide auf dem kleinen Tisch. Und weine – weine – weine...
Das Glotzen am Guckloch ist mir widerlich. Aber man wird sich sicher dran gewöhnen... Dann beginne ich zu überlegen, womit ich mich umbringen kann. Strümpfe habe ich nicht. Der Hocker hat keine Lehne, Fensterhaken gibt's nicht. Also aussichtslos? Warum hilft mir denn keiner? Ich denke an Klaus. Ob er frei ist? Oder hat er alles zugegeben? Bloß nicht! Dann ist unser Mäuschen jetzt in einem Kinderheim. Nicht auszudenken! Gewiß lassen sie ihn nicht zu Oma und Opa, diese Barbaren! Tausende

Gedanken schwirren mir durch den Kopf. Wie lange werde ich diese Isolation aushalten? Was kommt noch? Werde ich Klaus wie besprochen decken können? Was werden sie mit mir tun? Wie kann ein sozialistischer Staat so menschenunwürdige Handlungen durchführen? Ich komme nicht klar – ich begreife nichts mehr. Ich schluchze, mich schüttelt's, ich bin am Ende...
Plötzlich höre ich Geräusche auf dem Gang. Klappen werden geöffnet. Klappen werden geschlossen. Dann rasselt es bei mir. »Schüssel«, brummt eine Stimme. Eine männliche. Ich reiche meine Plastikschüssel hinaus. Klappe zu, Klappe auf. In der Schüssel ist eine undefinierbare Wassersuppe mit etwas Kraut, paar Stücken Kartoffeln, ohne Fleisch. Klappe zu. Nun soll ich essen. Ich stelle die Schüssel auf den Tisch. Keinen Löffel davon bekomme ich runter. Etwas später wird die Klappe wieder aufgerissen und ein abscheuliches weibliches Gesicht sagt: »Ham Se alles aufgegessen?« »Nein, ich kann nichts essen.« »Und ob Sie das können! Los, aber ein bißchen schnell!« fährt sie mich böse an. Doch auch das hilft nichts. Ich weine weiter vor mich hin...
Wieder wird die Klappe aufgerissen und ein Mann in weißem Kittel sagt: »Sie müssen essen.« Ich kann nicht und werde nicht! Nach einer geraumen Zeit geben sie es auf, mich zu überzeugen. »Schütten Sie das Essen nicht in die Toilette, gäben Se her und spüln Se de Schüssel aus«, fährt mich die weibliche Uniformierte an. Ich komme ihrem Wunsch nach, völlig verschüchtert, voller Angst, was weiter passieren wird.

Der Tag schreitet fort. Ich sitze, starre die Wand an, weine. Und immer wieder frage ich mich: Wofür diese Schmach???
Stunden später wieder Geschäftigkeit auf dem Gefängnisgang. Klappen auf, Klappen zu. »Schüssel her«, brummt mich wieder diese abscheuliche Person an. In die Schüssel fliegt eine Doppelschnitte Graubrot. Ich habe keinen Hunger. Aber neugierig klappe ich die Scheiben auf: Margarine war draufgekratzt und wieder runtergekratzt worden! Das wunderte mich nicht sonderlich. Wasser und trockenes Brot sowie Wassersuppe kennt man schließlich zur Genüge aus Filmen und Romanen...

Wieder dasselbe Spiel. »Sie müssen essen!« »Nein, ich kann nicht!« »Aber sie müssen!« Kopfschütteln, Schulterzucken meinerseits. Zwingen könnt ihr mich nicht dazu!

Noch ein paar Tage geht es in dieser Weise, bis mich der Selbsterhaltungstrieb übermannt und ich mich überwinde... Anschließend darf das Bett »gebaut« werden. Dann ist Körperpflege dran. Glücklicherweise gibt es warmes Wasser. Die Zelle ist kalt. Ich bin übernächtigt. Während des Waschens wird laufend der Spion betätigt. Sind's Männer oder Frauen, die da hindurchspähen? Die Frage kann nie beantwortet werden. Augen sind Augen! Dann wird das Neonlicht gelöscht – von außen. Ich weiß nicht, wie spät es ist. Einen Tagesplan erfahre ich erst später.
Kaum ist das Licht aus, geht im ganzen Gebäude ein wüstes Geklopfe los. Ach, wenn ich doch auch etwas davon verstünde! So kann ich mich nur daran freuen, daß ich nicht alleine bin in diesem furchtbaren Bau. Daß es neben mir doch eine Menge Leidensgefährten gibt...
Ein seltsames Gefühl der Verbundenheit bemächtigt sich meiner. Ich beginne, diese unsichtbaren Wesen zu lieben, auf ihre Geräusche zu warten, die unsere Peiniger da draußen auf alle Fälle in Trab halten! Ich lausche in die Nacht. Ich versuche zu begreifen – doch es gelingt mir nicht. Plötzlich wird's ganz hell in meiner Zelle. Taghell. Am Spion erscheint ein Auge. Dann wird das Licht wieder gelöscht. Ob sie gedacht haben, daß ich klopfe? Während sie mich anleuchten, geht es munter weiter: ta-ta ta-ta-ta, ta-ta ta-ta-ta-ta... Dann klopft es anders. Mal kurz, mal lang. Ich verstehe »Bahnhof«. Ich lausche und versuche Klarheit zu erlangen, woher die Geräusche kommen. Aber es klopft von allen Seiten. Von rechts, von links, von unten, von oben, von ganz weit hinten. Mein Gott, ist das Gefängnis so voll? Haben sie alle »Republikflucht« begehen wollen? Oder gibt es auch Mörder hier?
Wieder strahlt mich das Licht an. Dann wird's wieder ausgemacht. Kurze Zeit darauf dasselbe Spiel: An – aus, an – aus. Ich werde verrückt! Wie soll man da einschlafen können? Es schüt-

telt mich ... Was mag Carsten machen? Wo ist Klaus? Ob sie sie beide freigelassen haben? Hat mein Bruder meinen Eltern alles erzählt? Wie haben sie es aufgenommen? Vor allem Vati? Und wieder das Licht. Diesmal konzentriere ich mich auf diese verteufelte Vorrichtung: Unmittelbar über der Tür ist ein quadratisches Loch. Darauf befindet sich eine Scheibe ... Spiegelglas oder sowas ähnliches. Darauf ist eine ganz helle Glühbirne befestigt. Von außen kann man diese Vorrichtung so betätigen, daß das Licht die gesamte Zelle beinahe taghell erleuchtet. An Schlaf ist dabei nicht zu denken. Ich beginne zu zählen. »Eins-zwo-drei ... vier ... fünf ...«. Bis 60 komme ich, da strahlen sie mich wieder an. Ich zähle weiter: Eins, zwo, drei, vier – diesmal komme ich bis 118. Aber auch das nützt nicht viel, ich werde so niemals Schlaf finden. Aber das wissen die ja ganz genau. Warum sonst tun sie's denn in so kurzen Abständen? Ich lege mich auf die Seite und ziehe mir die Decke über den Kopf. Es dauert nicht lange, da rasselt's, die Klappe wird heruntergerissen und eine junge, ziemlich dicke Uniformierte schreit mich an: »Nähmen Se gefällichst de Hände off de Decke. Und lächen Se sech offn Rüggen!« Ich gehorche entsetzt. Auch nachts Sachsen ...

Klappe zu, Schlüsselgerassel, Spion auf, Spion zu, Licht aus. Oh, Vati, oh, Mutti, oh, Klaus und alle, alle, die ihr frei seid! Wo bin ich nur? Man kann doch nicht mit Menschen so umgehen! Hemmungslos, aber nicht befreiend, lasse ich den Tränen ihren Lauf. Immer wieder stammle ich: »Warum hilft mir denn keiner? Was habe ich denn nur getan?« Ich versuche es mit Schäfchenzählen. Ohne Erfolg. Ich versuche es mit autogenem Training. Ich beherrsche es gar nicht, habe aber etliches darüber gelesen. Nichts. Die ganze Nacht läuft draußen jemand rum und glotzt durch die Spione.

Plötzlich wird's laut auf dem Gang. Schlüsselrasseln. Stiefelschritte. Brüllen. Eine Zelle wird aufgeschlossen. Ein auf »frischer Tat« Ertappter? Noch eine ganze Weile geht das Gerenne, Gerassel und Kommandieren. Dann herrscht Ruhe. Auch das Klopfen hat mittlerweile aufgehört. Ob's mein Bruder ist, den sie gerade gebracht haben? Ob es Klaus ist, der nicht bei seiner

ursprünglichen Aussage blieb? Die Ungewißheit läßt mich erneut erschauern. Alle Sinne sind bis zum Zerreißen gespannt. So liege ich hellwach, von Weinen geschüttelt. Alle zwei Minuten werde ich angestrahlt. Bis zum Morgen.
Wie spät es ist, als das Neonlicht angeschaltet wird, weiß ich nicht. »Aufstehen und waschen!« heißt's im Kommandoton. Dann geht's ans Pritschenmachen. Das »Bettzeug« besteht aus drei Matratzenstücken und einer Decke. Kopfkissen gibt's nicht. Und die Matratzen kann man sowieso vergessen, die sind so dünn und durchgelegen, daß man glaubt, auf dem blanken Holz zu liegen. Dann bekomme ich Eimer und Lappen hereingereicht. »Jeden Morgen die Zelle wischen – aber tipptopp!« schreit mich eine Uniformierte an. Etwas später: Klappe auf. »Schüssel!« brüllt eine Stimme. Ich renne zur Klappe, reiche die Schüssel hinaus – eine Doppelschnitte klatscht hinein. »Tasse!« herrscht dieselbe Stimme. Ich reiche die Tasse durch die Klappe und bekomme den legendären »Muckefuck«. Auch diesmal rühre ich nichts an. Ich kann nicht. Mir ist alles wie zugeschnürt. Als die Runde ein zweites Mal gemacht wird, um übriggebliebene Brote einzusammeln, herrschen sie mich an: »Sie müssen essen! Glauben Se ja nich, daß Se damit weitergomm. Und ja nischt in de Toilette spüln, verschtandn?«
O ja, ich habe verstanden! Aber wie sollte ich je begreifen? Nach ein paar Minuten rasselt's wieder. Die Klappe wird heruntergerissen. Eine große, schwarzhaarige Uniformierte, die ich sofort »Dohle« nenne, fährt mich an: »Warum essen Sie nichts? Hier, das wird aufgegessen!« Klappe zu, Schlüsselrasseln, Spion. Ich stelle die Plastikschüssel vor mich auf den Tisch und klappe die Brote auf: Margarine draufgekratzt und wieder runtergekratzt. Ich klappe sie wieder zusammen und lasse sie liegen. Durch den Spion werde ich lange beobachtet. Ich bekomme langsam Wut! Wieder schütteln mich starke Weinkrämpfe. Als sie merken, daß ich keinesfalls etwas esse, holen sie ihre Scheibe Brot ab. »Sie werden schon nochässen, verlassen Se sich droff!« verkündet die Dohle siegessicher. Dann rasselt's wieder an der Tür. Das ist nicht nur die Klappe. Die mindestens dreimal gesicherte Stahltür wird geöffnet. Vor mir steht ein forscher

Uniformierter. »Sie sind ab heute Nummer Eins. Wenn ich Sie auffordere, mitzukommen, dann kommen Sie.« Er tritt zuerst aus der Zelle. Ich hinterher. Er läuft vor mir einen Gang entlang. Treppe rechts runter, Gang lang, Treppe, Gang. Große Tür. Nochmals ein langer Gang, dann rechts rum. Rechts vor einem Zimmer bleibt er stehen. Er öffnet, Sekunden später bin ich drin. Mein Herz klopft bis zum Hals. Ich habe das Gefühl, daß es jede Minute aussetzen müßte. Am Schreibtisch sitzt ein junger Mann in Zivil, etwa 25 Jahre alt, blauäugig, blondes Lockenhaar. »Nehmen Sie Platz«, sagt er nicht unfreundlich (und das ist schon was wert!). Dann beginnt ein Frage- und Antwortspiel über viele Stunden. Er liest zwischendurch das Protokoll meiner Erstvernehmung, weil es nicht mit meiner jetzigen Aussage übereinstimmt. »Der Vernehmer hat mir gesagt, daß ich trotz seiner unrichtigen Ausführungen unterschreiben soll (ich hatte sie ja sehr nachdrücklich beanstandet!), da das alles noch bis ins Detail geklärt werden würde«, werfe ich ein. »Das hätten Sie dann nicht unterschreiben sollen«, meint er beinahe ein bißchen bedauernd. Oder bilde ich mir das nur ein?
Nach etwa drei Stunden kommt ein großer, wuchtiger Mann, Ende 40, mit dickem Bauch herein. Er setzt sich vor mich auf den Schreibtisch und fragt hämisch: »Na, Frau Thiemann, packen Sie auch schön aus?« Ich antworte nicht, studiere in seinen Augen – und bin gewarnt. Von dem kann nichts Gutes kommen... Plötzlich legt er los. Brüllt, daß die Wände wackeln! »Los, los, nun sagen Sie endlich die Wahrheit! Uns können Sie doch nicht erzählen, daß Ihr Mann mit der Sache nichts zu tun hat. Halten Sie uns für so blöd?« Ich denke: Für saublöd halte ich euch, wenn ihr glaubt, daß ich euch Klaus ans Messer liefere! Und dann hat auch er erstmal seinen Spitznamen weg: »Brüllaffe«. Er weiß über die bisherige Befragung exakt Bescheid. Schallsichere Doppeltüren? Dann existiert irgendwo ein Gerät zur Übertragung in ein anderes Zimmer!
Auf einmal gehen die Türen auf. Herein kommt noch ein Typ in Zivil. Grobschlächtig, groß, circa 35 Jahre alt. Er schreit im Wechsel mit »Brüllaffe« auf mich ein! Nur der junge Mann am Schreibtisch bleibt ruhig, benimmt sich zivilisiert. Er wird mir

nun direkt sympathisch. Innerlich flehe ich: »Laßt uns doch endlich wieder allein!«
Nochmals geht die Tür auf. Ein kleinerer Mann, markantes Gesicht, schwarze Haare, grau durchzogen, drahtige Figur, und Kombination dunkle Hose/graumeliertes Sakko. Das kurze Lächeln war nur aufgesetzt. »Sie Mörderin!!! Sie Selbstmörderin!!!« schreit er mich an. Ich bin sprachlos. Und nochmals schleudert er mir ins Gesicht: »Mörderin!!! Selbstmörderin!!!« Jetzt reicht's. »Was fällt Ihnen ein! Ich habe niemanden umgebracht! Und ich habe auch mich nicht umgebracht wie Sie sehen!!!« schreie ich zurück. Zuerst ist er überrascht, daß ich's wage zu widersprechen. Dann kommt es eine Nuance leiser über seine Lippen: »Naja, Beinahe-Mörderin und Beinahe-Selbstmörderin.« Nun will ich's aber genau wissen. »Wie meinen Sie denn das?« »Sie wollen Mutter sein! Sie fragen laufend nach Ihrem Kind! Dabei haben Sie's fast umgebracht – und sich selbst hätten Sie in dieselbe Gefahr begeben!« »Aber ich habe mein Kind in den Armen gehabt – vorgestern. Es war gesund. Ihm ist nichts passiert!« »Ja, aber wenn was passiert wäre...« Ich gebe es auf, mit ihm weiter zu disputieren.
Blitzschnell erfasse ich: Hier wollte man mich auf die gemeinste Art und Weise bluffen, indem man den Tod meines Kindes vortäuschte! Was wäre gewesen, wenn ich es nicht besser gewußt hätte? Wie hätte ich reagiert? Hätte ich dann Klaus ans Messer geliefert? Hätte ich versucht, mich umzubringen? Ich weiß nicht, was sie wollen... Dann fällt mir ein: Heute ist der 31. Dezember 1972. Mein Hochzeitstag, mein zwölfter Hochzeitstag... mein Verlobungstag... Silvester... Nein, ich verrate Klaus nicht. Um nichts in der Welt! Mein Entschluß steht fest. Felsenfest...
Nach langem Kreuzverhör mit Gebrüll und zynischen Kommentaren verlassen die drei »Supermänner« das Zimmer. Ich atme auf. Bilde ich es mir nur ein: Dem jungen Vernehmer war die Attacke peinlich? Ich versuche, die Situation auszunützen und frage ihn, wo ich mich befinde. »Das darf ich Ihnen nicht sagen. Das ist gegen die Bestimmung.« »Aber ich höre immer mein Kind unter mir weinen.« »Nein, Ihr Sohn ist zu Hause.« »Bei

meinem Mann?« »Ja, bei Ihrem Mann.« Gottseidank! Dann hat Klaus durchgehalten. Hoffentlich lügt der junge Mann nicht. Aber irgendwie glaube ich ihm.
Nochmals starte ich. »Ich habe das Gefühl, in Hohenschönhausen zu sein. Viele Geräusche kommen mir bekannt vor. Ich wohne ganz in der Nähe, vermute ich.« »Wo wohnen Sie denn?« »Ohrdrufer Straße.« Er überlegt. »Die kenne ich nicht. Mehr kann ich Ihnen aber wirklich nicht dazu sagen, Sie müssen verstehen ...« »Danke«, ich verstand genug!
Dann geht es weiter mit dem Verhör. Den ganzen Tag. In dem Raum gibt es ein Fenster. Ein richtiges Fenster, wenn auch mit Gittern. Aber ich kann den Himmel sehen!
»Wieviel Strafe werde ich bekommen?« »Das kann ich Ihnen nicht sagen. Wenn Sie geständig sind, ist es auf alle Fälle günstiger.« Geständig, geständig ... ich sage ja alles. Nur nicht über die »Mittäterschaft« von Klaus. Das müßt ihr euch ein für allemal aus dem Kopf schlagen!
Fragen ... Antworten ... Fragen ... Antworten ... Mein Gegenüber protokolliert nicht mehr viel. Plötzlich erscheint wieder der »Läufer«, der mich gebracht hat. Denselben Weg geht es nun zurück in die Zelle. Ich versuche, mir den Grundriß zu merken, um herauszufinden, in welcher Richtung zu meinem Wohnhaus ich eingekerkert bin. Doch es gelingt mir noch nicht ganz. Kaum bin ich in der Zelle angekommen, bringt man mir Essen. Ich lehne ab. Das übliche Trara erfolgt: »Sie müssen!« Aber momentan will ich nicht! Ich setze mich auf den Hocker und überdenke nochmals das ganze Verhör. Tränen der Wut treten mir in die Augen. Ich bin der Verzweiflung nahe. Oh, Klaus, wenn du wüßtest, wie sie auf mich einbrüllen, nur damit ich dich verrate! Wieso sind sie sich eigentlich so sicher, daß du beteiligt bist? Aha, da war ja von Juni bis Oktober 1972 in unserem Fernseher ein Abhörgerät installiert ... Du glaubtest erst nicht dran. Erst als es zu spät war, hast du es eingesehen! Nun werden sie unsere geplante Flucht exakt auf Band haben ... Ob sie es verwenden dürfen? Ich weiß es nicht. Aber: Ich werde dich weiter schützen! Dann Klopfen an der Tür: »Waschen!« Ich gehorche. Dann folgt Bettenmachen. Hinlegen. Licht aus. Klopfkanonade. Danke,

denke ich. Und fühle mich als Verbündete. Ich klopfe auch gegen die Wand. Aber ohne Beherrschung des »Knast-Alphabets«. Nur einfach so. Damit sie sehen, daß es mich auch gibt. Wieder eine Nacht ohne Schlaf. Wieder Licht an – Licht aus.
Am nächsten Morgen entdecke ich beim »Bettenbau« auf meiner Pritsche einen eingeritzten Grundriß des Gefängnistraktes. Ich freue mich sehr. So wird es mir leichter fallen, zu orten, wo ich mich befinde. Und noch etwas entdecke ich: An der Wand sind Striche eingeritzt. Offensichtlich die Tage des Inhaftierten, der vor mir in der Zelle war. Lange war's nicht, tröste ich mich. Ich zähle zwölf Striche. Tage? Monate??? Ich beginne ebenfalls Striche mit dem Fingernagel einzuritzen. Sicherheitshalber mache ich das auch noch an meiner Pritsche. Wenn sie den Grundriß nicht entdeckt haben, werden sie auch die Striche nicht sehen! Doppelt ist besser ...
Heute würge ich eine halbe Scheibe Brot runter. Mein Gesundheitszustand ist erbärmlich. Wenn es so weitergeht, mache ich es nicht mehr lange. Herzkrämpfe, Atemnot, Angstzustände, Gallenschmerzen, Unterleibsschmerzen ...
Schlüsselrasseln auf dem Gang. Was hat das zu bedeuten? Dann bin ich dran. »Eins, Freistunde ... mitgommn«, herrscht mich ein junger Spund an. Ich muß vor ihm laufen. »Immer das rode Lämbschen entlang«, sagt er in seinem breiten Sächsisch. An jeder Ecke steht ein anderer Soldat. Mann, haben die Personal, denke ich. Im Freien angekommen, weist mich ein bulliger, primitiv aussehender Typ in eine Zelle. Ist das nicht der vom ersten Abend, der mit dem roten Pullover? Ich glaube, ihn zu erkennen ... »Malense ja geene Wände vull, da gönn Se was erläbn!« Na, ich male bestimmt keine voll! Womit denn eigentlich? Aber ich werde doppelt und dreifach aufpassen, ob ich was entdecke! Nachdem er abgeschlossen hat, laufe ich im Kreis herum. Es ist höllisch kalt und schneit. Meine Füße sind im Nu durchnäßt, immer noch trage ich nur die leichten Pantinen. Kopfbedeckung gibt es auch keine. Die Freigangzelle ist etwa acht Meter lang, fünf Meter breit und sechs Meter hoch. Obwohl keiner dort hochklettern kann, sind von allen Seiten schwere Eisenträger drübergezogen. An der vorderen Seite

– über der Tür – patroullieren zusätzlich mehrere Soldaten mit geschultertem Maschinengewehr. Was soll das Ganze? Hier wird doch nie im Leben einer auszubrechen versuchen! Also ist alles angelegt, um uns noch weiter zu erniedrigen und zu zermürben? Eine Antwort kann ich, wie so oft in diesen Stunden, nicht finden. Am ganzen Körper zitternd, laufe ich Runde für Runde. Es ist eine Tortur. Und trotzdem, es ist angenehm, ein Stück Himmel so greifbar nahe zu sehen. Endlich etwas, was einen mit der Außenwelt verbindet! Etwas, das zeigt, daß nicht alles untergegangen ist im großen Chaos »Gefängnis«. Meine Gedanken werden unterbrochen. An der Tür rasselt's. »De Freischtunde is beändet!« brüllt ein Soldat. Dann geht's wieder rechts rum, links sechs Stufen rauf, durch eine Tür. Dann die Treppen hoch, rechts, links, rechts. Links den Gang lang bis zu meiner Zelle. Wie gut sie das alles bewachen! Wie gut das alles durchorganisiert ist! Zelle auf, Zelle zu. Schlüsselrasseln. Als erstes drehe ich den Wasserhahn auf. Ich halte die Hände, dann die Füße unters Wasser. Die Strümpfe sind total durchnäßt. Heizung kann ich im Raum nicht regulieren. Natürlich!

Rasseln an der Tür. Starkes Rasseln. Aha, sie kommen wieder herein. Das kann ich jetzt schon auseinanderhalten. Zwei Typen stehen vor mir. Einer mit einer unsympathischen Visage, offensichtlich der höhere Dienstrang, etwa 40 Jahre alt, Mecklenburger Dialekt. Der andere, vielleicht Ende Zwanzig, grüßt »Guten Tag!«

»Was? Das gibt's noch?« geht's mir durch den Kopf. Ich schöpfe Hoffnung... In den letzten Tagen hat mich keiner mehr gegrüßt. Er wünscht mir wirklich einen guten Tag! Meint er's so, wie er's sagt? Dann erklären mir die beiden, daß ich zwecks Aufnahme der Effekten mitkommen soll.

Effekten? Effekten? Irgendwo habe ich mal darüber gelesen... sind sicher meine Kleidungsstücke... Sie nehmen mich in die Mitte, einer vornweg, der andere hinterher. Es geht bis runter ins Parterre. Dann kommt die lange Liste dran. Kleidungsstücke, Handtasche, Briefe usw.

»Halt, da fehlt 'ne Menge. Meine Uhr, mein Schmuck«, wage ich einzuwenden. Der Widerling sagt: »Das wurde eingezogen. Auf

frischer Tat ertappt!« »Was, was sagen Sie da? Ich wurde von zu Hause abgeholt und nicht auf frischer Tat ertappt!« »Das spielt doch gar keine Rolle mehr. Hier ist jedenfalls kein Schmuck.« »Aber er lag auf meinem Couchtisch. Ich habe ihn angelegt, als mich die Polizisten in Zivil zum Mitkommen aufforderten! Ich hätte ihn auch liegenlassen können ...« Schulterzucken, gemeines Lächeln. Dann muß ich unterschreiben. Zurück geht's in die Zelle. Diesmal geht nur der Höfliche mit. Er ist ein sportlicher Typ. Zum ersten Mal in diesen entsetzlichen Stunden bemerke ich, daß ich trotz meines lächerlichen Aufzugs noch als Frau betrachtet werde! Es ist angenehm, wenn auch nur für eine Sekunde. »Aufwiedersehen«, lächelt er ganz leicht. Dann schließt er mich ein. Schade. Ich hätte ihn so gern noch einiges gefragt... Ich nehme auf dem harten Hocker Platz. Doch lange läßt man mich nicht sitzen. Die Klappe wird aufgerissen. »Hergommn«, sagt eine männliche Stimme. »Hier ham Se de Anschdaldsordnung. Läsen Se se ordendlich durch. Und lern Se de Dienstgrade, damit Se das Bersonal richtsch ansprächn gönn.« Klappe zu.
Mit Eifer stürze ich mich auf die Schriften. Endlich mal nicht die Wand anstarren! Jeden Satz präge ich mir ein. Halt, da steht, daß das Tragen von Privatkleidung während der Untersuchungshaft erlaubt sei! Ich lese nicht weiter. Rrrr, summt die Klingel, die ich von innen betätige. Der Spion wird geöffnet. Noch weiß ich nicht, ob's Männlein oder Weiblein ist. Dann wird die Klappe aufgerissen. »Was gibt's?« »Kann ich bitte meine Privatkleidung haben?« »Wie gomm Se denn dadruff?« »Hier steht's in der Anstaltsordnung.« »Naja, dann werden Se se ooch noch begommn!« Klappe zu, Schlüsselgerassel.
Ich lese weiter. Aha, zwecks Verteidigung undsoweiter muß man mir das Strafgesetzbuch aushändigen. Auch darum werde ich bitten! Ich will wissen, was man mir eigentlich wirklich vorwerfen kann. Und vor allem: Ob man ein Recht hat, mich wie einen Schwerverbrecher zu behandeln!
Dann vertiefe ich mich in die Dienstgrade. Owei, das werde ich wohl nie begreifen! Wachtmeister, Oberwachtmeister, Hauptwachtmeister, Unterleutnant, Leutnant, Oberleutnant, Hauptmann, Major usw. Wieder Schlüsselrasseln. Die Tür wird aufge-

rissen. »Mitgommn!« Ich gehorche. Gang lang, rechts runter, links. Gitter auf, Gang lang, Tür auf. Ich blicke mich um, der Raum ist fast leer. Links eine Erhöhung wie ein Podium. Ein Stuhl drauf. Eine kleine Spanische Wand. Dahinter an der Wand ein Spiegel, eine Konsole mit einem Kamm. »Gämm Se sich für'n Foto!«
Entsetzt schaue ich mein Spiegelbild an. Was, das soll ich sein??? Mein Gott, was haben die in so kurzer Zeit aus mir gemacht??? »Na los, sind Se fertsch?« Mechanisch kämme ich, was kaum zu bändigen ist. Der Plastikkamm läßt das Haar erst recht aufspringen. »So, sätzen Se säch nach vorn mit'm Gesicht.« Ich tu's. Mir treten die Tränen in die Augen. Ob das für deren »Verbrecheralbum« ist? Klick macht's. »Drehn Se säch zur Seite. Kopp etwas höher, so.« Nochmals klick. Es ist entwürdigend! »Gomm Se her. Und lächen Se de Finger einzeln hier druff.« Mich schüttelt's. Ich bekomme einen Weinkrampf. »Nu stelln Se säch bloß ni so an!« schnauzt er. Ein Finger nach dem anderen wird aufs Stempelkissen gedrückt, dann auf den weißen Papierbogen. Die Prozedur dauert nicht lange. Er führt mich zurück zur Zelle. Ich bin einer Ohnmacht nahe. Haltlos weine ich los. Warum hilft mir denn keiner? Klaus, hol' mich doch endlich hier raus! Ich steh's nicht durch! Blitzartig durchzuckt's mich: Meine Privatkleidung! Ich muß mir ein Stück meines Ichs zurückholen! Wieder drücke ich auf die Klingel. Klappe auf. »Was is?« »Ich möchte bitte meine Privatkleidung.« »Da gann ja jeder gommn!« »Aber in der Anstaltsordnung steht, daß ...« weiter komme ich nicht. »Das müssen Se schon uns überlassen!« Klappe zu. Na wartet. Ich gebe nicht eher Ruhe, bis ich sie habe! Viermal insgesamt klingle ich. Viermal schnauzen sie mich an. Der Tag nimmt seinen üblichen Lauf. Essen, Wandanstarren, Essen, Pritsche bauen, Waschen, Licht aus. Poch – poch – poch ... wie habe ich mich auf diese vertrauten Töne gefreut! Von allen Seiten geht's wieder los. Verdammt, daß ich's nicht begreife! Es dauert nicht lange, da werde ich wieder angestrahlt.
Meine Gedanken gehen nach Hause, zu meinem Sohn, Klaus, meinen Eltern. Ob sie alle an mich denken? Ob sie mich vergessen haben? Warum holt mich keiner hier raus? Eigentlich müßte

ich vor Erschöpfung einschlafen. Aber es gelingt mir nicht. Und dieser ständige Lichtstrahl... Ich werde mich morgen darüber beschweren...

Der nächste Tag beginnt wie der vorige. Inzwischen zwinge ich mich, eine halbe Scheibe von ihrem »Gnadenbrot« zu essen. Ich möchte lebend hier raus. Wenn sie mir schon den Schlaf rauben, muß ich wenigstens körperlich nicht auch noch vom Fleisch fallen! Plötzlich Rasseln an der Tür. »Eins, mitgommn!« fordert mich ein Läufer auf. Mein Herz schlägt bis zum Hals. Wo mag es hingehen? Gang lang, rechts rum. Aha, hier war ich am 31. Dezember zur Vernehmung. Geht es jetzt endlich weiter? Noch immer glaube ich, daß man mich, wenn die Untersuchungen abgeschlossen sind, freiläßt.
Diesmal werde ich in ein Zimmer auf der linken Seite geführt. Doppeltüre. Links ein Sessel, daneben ein kleiner Tisch. Vorm Fenster der Schreibtisch, links daneben ein flaches Regal, rechts ein Panzerschrank. Vorm Schreibtisch ein Stuhl, rechts von der Tür eine Vitrine mit Glaseinsatz. Ein paar Bücher stehen drin. Links an der Wand eine Lithografie mit Soldaten drauf. Ob dahinter ein Abhörgerät installiert ist? Der große Mann in Zivil kommt hinter dem Schreibtisch vor, gibt mir die Hand. »Guten Tag, Frau Thiemann. Ich bin ab heute Ihr Vernehmer. Sie reden mich mit ›Oberleutnant‹ an. Der Name tut nichts zur Sache.«
Ich wüßte ihn natürlich trotzdem gern... »Bitteschön, nehmen Sie doch Platz«, fordert er mich höflich auf. »Aber nein, doch nicht auf dem Stuhl. Machen Sie sich's doch bequem, hier auf dem Sessel...« Ich überlege. Warum ist er so ausnehmend freundlich? Das paßt nicht in dieses Haus. Was steckt dahinter? »Möchten Sie einen Kaffee?« »Nein, danke.« »Einen Tee?« »Nein, danke.« »Eine Zigarette?« »Nein, danke.« »Kann man Ihnen denn gar keinen Gefallen tun?« »Doch.« »Na, raus mit der Sprache.« »Ich möchte zu meiner Familie.« »Tja, das liegt ganz an Ihnen. Wenn Sie alle Fragen schnell und wahrheitsgemäß beantworten, sind sie vielleicht bald wieder draußen.« »Werde ich verurteilt?« Er zieht die Brauen hoch. »Naja, da werden Sie wohl nicht drumherum kommen. Aber wie gesagt, es

liegt ganz an Ihnen.« »Wieviel Strafe bekomme ich?« »Das kann man so nicht sagen... vielleicht ein Jahr, vielleicht zwei...«. »Um Himmelswillen, das halte ich nicht aus! – Warum denn?« »Naja, wenn Sie sich gut führen – und das werden Sie ja sicherlich – können Sie schon nach der Hälfte entlassen werden.«
Ich rechne: Entweder ein halbes, maximal ein Jahr... Nie im Leben halte ich das durch! »Hat Ihr Sohn eine Eisenbahn?« fragt er plötzlich unvermittelt. »Nein, aber mein Neffe. Sie spielen immer zusammen.« Eine ganze Weile plaudert er so mit mir. Doch ich bin nicht blöd. Diese Tour durchschaue ich sofort. So freundlich ist man hier nun mal nicht. Ich betrachte ihn genauer. Groß, kräftig, mittelbraunes Haar – unmöglich geschnitten (hinten viel zu kurz, typischer Knastschnitt könnte man sagen). Die Augen sind klein und liegen etwas zu eng beieinander. Brauner Anzug, weißes Hemd, Krawatte, goldene Uhr, gepflegte Hände. Ein Durchschnittstyp, der sich aber ungeheuer interessant vorkommt. Nicht nur bezüglich seiner Stellung – auch als Mann.
»Eine Frau wie Sie hat sicher viele Chancen bei Männern«, flötet er süßlich zu mir rüber. Was soll das nun wieder? Ich antworte nicht, sondern warte auf weitere Erklärungen. »Ich glaube, ich habe Sie schon mal gesehen«, fährt er fort. »Ich glaube dasselbe auch von Ihnen.« »Meinen Sie?« »Ja, ich weiß nur nicht wo. Vielleicht haben Sie mir mal vis-à-vis in der Straßenbahn gesessen.« »Aber, aber, dann würden Sie sich doch niemals an einen Mann wie mich erinnern«, säuselt er, Bescheidenheit heuchelnd. Weiter geht's mit lapidaren Fragen. Mit Nebensächlichkeiten, die mich verwundern. Wann kommt er endlich zur Sache? »Also, Sie wollten mit Ihrem Sohn allein die Republik verlassen?« »Ja.« »Das glauben wir Ihnen nicht.« Ich zucke die Schultern. »Stimmt aber.« »Und wenn wir's besser wissen?« »Das geht gar nicht, weil's nicht so ist.« »Na, kommen Sie, Frau Thiemann, machen Sie's nicht noch schwerer, als es schon ist. Sie wissen doch, Ihre Aussagewilligkeit entscheidet über das Strafmaß...« Trotzdem, denke ich, Klaus verrate ich nicht – Carsten darf nicht ins Kinderheim! »Sie können ihre Lage hier sehr

vereinfachen. Je eher Sie aussagen, um so eher bekommen Sie von Ihrem eigenen Geld Zusatzeinkauf wie Butter, Salami, Süßigkeiten, Obst...«. Mir läuft das Wasser im Mund zusammen. Aber auch das zieht nicht. »Sie können sich auch zweimal am Tag Kaffee oder Tee bestellen...«. »Und Sie können Bücher lesen...« Zähl ruhig auf. Ich bleibe stark. Dafür verrate ich doch nicht meinen Mann!!! »Wann war denn Ihr Bruder das letzte Mal hier?« fragt er plötzlich. Um Gotteswillen, ob sie ihn haben? Laut Aufenthaltsgenehmigung müßte er noch bei unseren Eltern sein. Aber er wird doch wohl sofort die Zelte abgebrochen haben? Ich kombiniere: Wenn ich »jetzt« sage und sie haben ihn noch nicht, holen sie ihn... Wenn ich »Mai« sage, können sie mir nicht vorwerfen, daß ich das »jetzt« unterließ. Sie wissen ja alles! Behaupten sie jedenfalls. »Im Mai war's«, antworte ich. Er ist zufrieden damit. War's ein Trick? Ich erfahr's nicht.
Plötzlich klopft es an die Tür. Er geht hinaus, ohne die Doppeltüren zu schließen. Getuschel. Er kommt wieder rein, geht an den Vitrinenschrank. Er kramt und kramt. Hinter seinem breiten Kreuz entdecke ich, daß meine weiße Handtasche aus Knautschlack in seinen Händen ist. Was fummelt er nur darin herum? Da hat er das Gesuchte! Durch einen Spalt seiner Finger erkenne ich eine Filmrolle, gelb mit blau. Aha, unser Urlaubsfilm vom letzten Polenurlaub... Da sind ein paar Nacktfotos von mir drauf, vom FKK-Strand. Er reicht den Film dem anderen hinaus. Ich überlege, warum man sich dafür interessiert. Doch was soll's, es ist nichts Ehrenrühriges oder für sie Interessantes drauf.
Weiter geht's mit belanglosen Fragen. Doch diesmal habe ich auch eine. »Was sind Sie eigentlich für ein Landsmann?« »Warum wollen Sie das wissen?« »Naja, hier gibt's fast nur Sachsen, keine Berliner. Aber Ihren Dialekt kann ich nicht recht bestimmen. Vielleicht Mecklenburger?« »Ja, da haben Sie den Nagel auf den Kopf getroffen.« »Owei, auch das noch«, entfährt es mir. Ich denke an Klaus, seine Antipathie gegen Mecklenburger. »Fischköppe« nannte er sie immer. Automatisch übertrage ich diese Abneigung auf mein Gegenüber. »Wie meinen Sie das?« fragt er halb erstaunt, halb drohend. Ich fange

mich schnell. Ihn nur nicht unnütz verärgern ... meine Situation nur nicht noch mehr verschlechtern ... »Naja, man sagt, daß die Mecklenburger solche Hallodris seien«, rasple ich. Er rutscht auf seinem Stuhl hin und her – und ist versöhnt! Noch mal Glück gehabt, denke ich. Also Vorsicht in Zukunft, nicht so spontan! Plötzlich greift er zum Telefon. »Kann abgeholt werden.« Ich habe gute Augen. Auf seiner Uhr erkenne ich, daß es kurz nach eins ist. Um neun hat er angefangen. Es klopft. Der Läufer holt mich. Zurück geht's die Gänge und Treppen entlang. Dann befinde ich mich wieder in meiner Zelle. Klappe auf, Essen, Klappe zu. Wenige Löffel würge ich hinunter, der Rest wandert in die Toilette. Das ewige Palaver, wenn ich's zurückgebe, geht mir auf die Nerven. Nur niemanden zusätzlich aufregen. Ich bin gewiß kein Duckmäuser. Aber total verängstigt. Wieder drücke ich die Klingel. Klappe auf. »Was gibt's?« »Ich möchte bitte meine Privatkleidung!« »Warum denn? Ist Ihnen die Anstaltskleidung nicht fein genug?« »In der Anstaltsordnung steht, daß ich sie tragen darf.« Klappe zu. Ich klingle erneut. Klappe auf. »Hörn Se endlich off zu klingeln! Wir ham ooch noch was andres zu tun, als nur Ihre Fragerei anzuhörn!« »Aber ich möchte meine Kleidung, das steht mir zu!« Klappe zu mit großem Geknalle. Soll ich's noch mal versuchen? Die Vernunft siegt. Die werden brutal, wenn ich jetzt wieder klingle. Also lasse ich's, aber nur momentan. Dann wieder Türengerassel. Der Läufer steht da. »Eins, mitkommen!« Gang lang, Treppen runter, Gittertür, Gang lang, rechts rum, linkes Zimmer. »Herr Oberleutnant« sitzt am Schreibtisch. Diesmal muß ich auf dem Hocker vorm Schreibtisch Platz nehmen. Sichtlich kühler beginnt er das Verhör. Aha, jetzt geht's sicher anders lang!
»So, nun erzählen Sie mir mal exakt, wie sich alles abgespielt hat!« Ich schildere dieselben Phasen, wie ich's in der ersten Vernehmung getan habe. Nur in zwei Punkten lüge ich: Einmal zur »Mittäterschaft« von Klaus. Und dann zur Fluchtszene von Carsten.
»Nachdem mein Sohn im Autoversteck verstaut war, fuhr ich noch ein Stück mit. Ein Stück vor der Grenze verließ ich den Wagen und ging nach Hause.« »Das glaube ich Ihnen nicht!«

»Das ist aber so.« »Lügen Sie doch nicht so penetrant! Alle anderen haben schon gestanden, nur Sie nicht! Los, geben Sie's zu. Sie haben genau gesehen, daß Ihr Sohn aus dem Auto geholt wurde!« Ich erzähle ihm, daß ich mich weit hinten auf der Invalidenstraße noch mal umgedreht habe und zu sehen glaubte, daß man meinen Sohn aus dem Auto zog... Er protokolliert. »Warum wollten Sie eigentlich nach dem Westen gehen?« fragt er unvermittelt. »Wir wurden ständig überwacht. Jeder Schritt. Grundlos. Wenn wir ins Theater gingen, registrierte man, in welches Stück. Wenn wir anschließend in eine Bar gingen, registrierte man auch das. Ja, und sogar, wer von uns beiden was getrunken hatte...« antworte ich. »Und an diese Schauergeschichten glauben Sie selbst?« fragt er höhnisch. »Das sind keine Schauergeschichten. Das sind Tatsachen!« »Woher wissen Sie denn das so genau?« »Das werde ich Ihnen gewiß nicht verraten! Aber soviel: Aus sicherer Quelle!« »Was hatten Sie noch für Gründe?« überheblich betont er »Gründe«. »Mein Vater, der seit der Gründung der DDR in unermüdlichem, selbstlosem Einsatz seine ganze Kraft der Gesellschaft zur Verfügung stellte, wurde in den letzten Jahren seitens seiner Dienststellen verstärkt ungerecht und gemein behandelt, so daß er schwerstens erkrankte. Er war viele Jahre Chefredakteur, später Verlagsdirektor. Nebenbei hatte er etwa 20 Ehrenämter, wie Stellvertretender Vorsitzender des Presserats der DDR, Schöffe usw., und keiner erinnerte sich daran, als er halbseitig gelähmt mit 62 Jahren plötzlich aus seinem Schaffen gerissen wurde! Es war entsetzlich, wie aus einem überaus leistungsstarken Menschen ein hilfloses Wrack wurde!« »Und das ist für Sie ein Grund, nach dem Westen abzuhauen?« »Ein Hauptgrund, jawohl! Schließlich hat er von diesem Staat eine Reihe Auszeichnungen erhalten, und ist dann auf widerlichste Weise diffamiert worden!« »Nana, nehmen Sie mal den Mund nicht so voll! Und überlegen Sie sich gut, was Sie hier sagen!« »Ich sage nur die Wahrheit!« »Das wird sich ja wohl erst noch herausstellen...« Wieder dieses höhnische Grinsen. »War das alles?« fügt er hinzu. »Nein, nein. Auch in der beruflichen Laufbahn meines Mannes gab es eine Reihe von Versprechungen von seiten hoher Staatsfunktionäre. Aber eingehalten wurde nichts!« »Was regen Sie sich denn darüber auf, das betrifft doch schließlich Ihren Mann!« »Ich habe noch mehr Gründe. Mein Sohn wurde an seiner Schule mehrfach von den Lehrkräften mißhandelt. Trotz schriftlicher Eingaben wurde nichts gegen die Betreffenden unternommen.« »Das glaube ich Ihnen nicht. An unseren Schulen wird nicht geschlagen!«

Eigentlich ist es sinnlos. Trotzdem wage ich, einen weiteren Punkt anzuführen. »Jahrelang wurde unser Telefon abgehört.« »Haha, Hirngespinste...«, ereifert er sich. »Jahrelang wurden sämtliche Pakete und Briefe aus dem Westen geöffnet. Deswegen machten wir sogar eine Eingabe an den Staatsrat! Von den entsprechenden Dienststellen wurden wir dann im Kreis herumgeschickt! Sogar bis Magdeburg! So wollte man uns zum Aufgeben zwingen... mürbe machen. In den letzten Jahren packte ich alle Westpakete nur noch im Beisein des Postinspektors aus. Äußerlich war nie etwas zu sehen, kein Zollstempel, nichts. Aber innen! Der Kaugummi war geöffnet und durchstochen worden, die kleinen Bilder daraus entfernt. Schokolade wurde geöffnet, zerbrochen und mit Leim wieder zugeklebt. Einmal war der Leim noch ganz frisch! Der Inspektor wußte angeblich von nichts!« »Hirngespinste... Hirngespinste! Sie glauben doch nicht, daß Ihnen das jemand abnimmt!« Ich gerate in Wut. »In unserem Fernsehapparat war ein Abhörgerät installiert! Ist das kein Verfassungsbruch?« »Wie wollen Sie das denn alles beweisen?« fragt er lauernd und überheblich hinter seinem Schreibtisch hervor. »Jaja, da kann man so vieles nicht beweisen...« resigniere ich voller Haß. »Im übrigen, mit derartigen Kinkerlitzchen würden wir uns gar nicht befassen. Wenn ich Ihnen sage, daß wir japanische Geräte besitzen, mit denen wir auf 400 Meter Entfernung durch sieben Meter dicke Wände hören, na, was sagen Sie nun?« Siegessicher muß er das loswerden. Doch es beeindruckt mich nicht. »Wenn ihr so gut ausgerüstet seid, warum macht ihr's dann anders?« frage ich im stillen. »Und eins merken Sie sich: Ihr Trick mit dem Anruf beim Ministerium für Staatssicherheit zieht bei mir nicht! Ja, wir haben dort angerufen und bekamen die Bestätigung Ihres Telefonats, doch was soll's?«

Hämisch lächelt er mich an. Langsam zeigt er sein wahres Gesicht. Ganz langsam schwenkt er um. Habe ich also richtig vermutet. Diese aufgesetzte Höflichkeit war nichts als Masche, eine ihrer psychologischen Taktiken. Ich bin auf der Hut. Ganz konzentriert. Fragen über Fragen hageln auf mich herein. Im Grunde habe ich niemanden außer Klaus zu schützen. Der Fall ist simpel. »Wer hat denn eigentlich die ganze Angelegenheit vermittelt?« Was mache ich nur? Gebe ich Tante Lola preis? Haben sie sie etwa auch gefaßt? Oder gebe ich Peter, den mit uns befreundeten Frauenarzt aus Westberlin, bekannt? Was spielt eigentlich er für eine Rolle? Mir kommen Zweifel. Starke Zweifel. Er kann sich jetzt sowieso nicht mehr rüberwagen. »Na los, packen Sie schon aus!« »Dr. Hofmann gab uns die Adresse des Architekturbüros in der Lietzenburger Straße.« »Na, dann notieren wir doch mal. Name, Anschrift, Alter, wie oft im demokratischen Sektor von Berlin?«
Auf Dinge, die sie sowieso wissen werden oder ganz leicht in Erfahrung bringen können, antworte ich bereitwillig. Wenn's brenzlig wird, stelle ich mich begriffsstutzig. »Fragen Sie mich doch«, fordere ich ihn auf. »Ich habe nichts weiter zu erzählen.« Sein Kopf wird puterrot und er brüllt: »Fragen, fragen, aber doch nicht eine Frau Thiemann! Damit Sie aus der Fragestellung bereits erkennen können, was wir wissen! Nee, nee, das könnte Ihnen so passen!!!« O ja, er zeigt immer mehr, wie er wirklich ist. Ich werde noch viel mit ihm durchmachen müssen. Ob ich dafür die Nerven aufbringen kann? Mir kommen Zweifel. Er schreibt an seinem Protokoll. Mit einem Kugelschreiber. Aus dem Westen. Von irgendeiner Brauerei. Jaja, die dürfen das! Unseren Kindern wurde sogar das Tragen von Plastiktüten mit »HB« oder »Ernte«-Aufschrift ausdrücklich untersagt! Vonwegen Reklame laufen für den kapitalistischen Westen ... Ein Hohn! Tesa-Film hat er auch auf dem Schreibtisch liegen. »So, ich lasse Sie jetzt abholen. Überlegen Sie sich genau, daß Sie keine Chance haben. Morgen werden Sie mir viel mehr erzählen, sonst lasse ich Sie eine Ewigkeit in Ihrer Zelle schmoren!« »Wie lange dauert denn die U-Haft?« frage ich vorsichtig. »Das hängt ganz von Ihnen ab. Es kann in ein paar Wochen abgeschlossen sein.

Aber wenn Sie so weitermachen, sitzen Sie in zwei Jahren noch hier!« Um Gotteswillen! Meint er das ernst? Er will mir sicher nur Angst einjagen. Aber wer weiß das? »Ich habe noch eine Frage: In der Anstaltsordnung las ich, daß ich meine Privatkleidung tragen darf. Bis jetzt habe ich sie noch nicht bekommen.« »Ich kümmere mich darum... das dauert eben ein paar Tage...« meint er wichtigtuerisch. Es klopft. Der Läufer holt mich ab. Ich bin froh. Weg von diesem undurchschaubaren, widerlichen Typ! Und ich beginne in meinem Kopf eine Liste mit Plus- und Minustypen aufzuzeichnen. Bis jetzt gibt's nur einen Plus-Typ: Den jüngeren Soldaten von den Effekten.
Ab sofort taufe ich meinen Vernehmer, den »Herrn Oberleutnant« in Zivil, auf »Meckvieh« – zu deutsch: Mecklenburger Vieh. Auf meinem Hocker überdenke ich den Tag. Oh, war das anstrengend! Aber besser als Wandanstarren, von früh vier Uhr bis abends 21 Uhr! Das hält kein Mensch aus! Glaubt man...

Irgendwann falle ich in einen kurzen Schlaf. Ich träume von einer Katze, die leise schnurrend auf mich zukommt. Sie streicht um meine Beine und reibt ihr Fell daran. Ich trage eine grüne Bluse. Plötzlich... ich weiß nicht warum... verfärbt sich die Bluse... sie wird blau, wie mein Sträflingshemd! Und da geht mit der Katze eine Veränderung vor sich, wie sie krasser nicht sein kann! Ihr Fell sträubt sich, sie macht einen großen Buckel, das Gesicht verzerrt sich zur gräßlichen Fratze! Große, spitze Zähne werden sichtbar, die Augen nehmen einen immer böseren Ausdruck an. Schweißgebadet wache ich auf. Ich kann kaum atmen. »Meckvieh«, ist mein erster Gedanke...
Am nächsten Tag bin ich unruhig. Wann läßt er mich holen? Wieder klingle ich nach meinen Privatsachen. »Wie oft sollen wir Ihnen noch sachen, daß Se endlich uffhörn solln mit der Klingelei! Se kriechen schon noch Ihre Sachn!« Klappe zu. Ich starre die Wand an und denke an meine Familie. Ob sie alle frei sind? Die Ungewißheit quält mich. Auf einmal Schlüsselrasseln. Aha, jetzt läßt er mich holen... Ich zittere wie Espenlaub. Doch nicht der Läufer steht vor mir, sondern ein älterer, griesgrämiger Mensch in weißem Kittel. Er müßte längst im Rentenalter sein.

Auf dem Kittel sind seine Epauletten... das muß was Hohes sein... Noch beherrsche ich den ganzen Dienstrangkram nicht. Böse Augen, eine Spalte von einem Mund, zerknitterte Haut, so steht er vor mir. Kein Wort kommt über seine Lippen. Nur eine Handbewegung macht er, die andeutet, daß es diesmal nach links geht. Dann läuft er vor mir... dann rechts ab. Gitter. Schlüsselrasseln. Das macht nervös und deprimiert. Durch eine Tür geht's, noch eine. Aha, ein Arztzimmer. Ein Weißkittel ohne Rangzeichen sitzt am Schreibtisch. Schwarzumrandete Brille, schütteres Haar, aber ziemlich lang, etwas fettig. Schlanke Statur, nicht sehr groß, etwa 40 Jahre alt. »Der typische Stasimann«, schlußfolgere ich. »Ausziehen!« herrscht er mich an. Ich gehorche. Wut und Scham über meine »Staatsunterwäsche« treiben mir die Röte ins Gesicht. Daß ich Wäschefanatiker in solch einem Aufzug vor einen Arzt treten muß! Oh, das werde ich euch nie verzeihen! Das Hemd schlottert bis in die Kniekehlen, ebenso die hundertmal gestopften, harten »Liebestöter«. »Treiben Sie Sport?« »Wieso?« »Naja, bei der Figur...« »Ein bißchen Tischtennis, häufiges Tanzen, bißchen Schwimmen...« erkläre ich. »Affe«, denke ich insgeheim. »Haben Sie Beschwerden?« »Ja, 'ne ganze Menge. Herzschmerzen, Gallenschmerzen, Atemnot...« »Glauben Sie denn, daß das eine oder andere in irgendeinem Zusammenhang mit Ihrer Tat steht?« fragt er herausfordernd. »Was hat das denn mit meiner ›Tat‹ zu tun?« frage ich zurück. »Naja, ich meine nur eben. Könnte ja sein, daß Sie sich damit herausreden wollen, daß Sie das alles unternommen hätten, weil Sie von Krankheiten beeinflußt waren...« Oh, was für ein Idiot! Ich könnte ihn umbringen! Wie er dasitzt... wie er's auskostet, daß ich mich meiner Haut nicht wehren kann! »Anziehen«, sagt er, ohne mich untersucht zu haben. Dann kommt der Zerknitterte und dirigiert mich wieder mit seinen marionettenhaften Handbewegungen bis in die Zelle.
Kurz darauf klingle ich wieder. Klappe auf. »Was is'n?« »Ich möchte bitte meine Privatkleidung haben!« »Mensch, verdammt noch mal, gäbn Se ändlisch Ruhe!« Klappe zu.

Nichts tut sich. Täglich vier- bis fünfmal wiederhole ich's voller

Verzweiflung. Und mit Angst. Jawohl, jedesmal mit Angst! Aber nach neun Tagen bekomme ich meine Kleidung – und damit etwas Menschliches, etwas von meinem Ich zurück! Ich streichle über die vertrauten Stoffe. Ich atme ihren Geruch ein. Die Tränen rinnen mir übers Gesicht. Egal. Ich hab's geschafft! Ein winzig kleines Stückchen meines Ichs habe ich mir aus deren Klauen zurückgeholt!
Es rasselt wieder. Die Marionette steht da. Zeigt nach links. Gang lang. Treppe runter. Gitter. Noch eine Treppe, dann geht's in einen garagenähnlichen Raum. Ich muß einen Zellenwagen besteigen, so einen, wie vom ersten Tag. Wo mag's nur hingehen? Wieder in ein anderes Zuchthaus? Ich bin furchtbar aufgeregt. Zittere. Der Wagen fährt nur eine ganz kurze Strecke. Treppe hoch, Gitter. Gang lang. »Platz nehmen!« herrscht mich ein jüngerer Soldat an. »Kommen Sie mit!« fordert mich eine junge Frau im weißen Kittel kurz darauf auf. Blondes Haar, hübsches Gesicht, etwas dicklich, aber nicht unfreundlich – das zählt hier viel.
Die Lunge wird geröntgt. Dann geht's zurück. Endloses Warten, das nur von den vorbeirollenden Essenkarren unterbrochen wird. Klappe auf. Inzwischen bin ich etwas vertrauter geworden und stehe bereits mit meiner Schüssel da. Mutig beuge ich mich hinunter, um die Gesichter der beiden Essenverteiler zu sehen. Er hat schwarzes Haar, bereits stark ergraut, er ist Ende 50, nicht sehr groß. Sein Gesicht wirkt nicht böse. Aber dafür ist sie um so erschreckender! In jeder Hänsel-und-Gretel-Oper hätte sie als Hexe Furore gemacht! Dünnes, schütteres Haar, kantiges, faltiges, fahles Gesicht, große Nase, giftige Augen, statt Mund einen schmalen Strich, kleine Gestalt, vielleicht 60 Jahre alt, vielleicht 70, Säbelbeine. Ich nenne sie »Gänsegräte«, denn sie ist nicht Fisch und nicht Fleisch. Auf dem Essenwagen sehe ich drei Kübel. Und, ich glaube meinen Augen nicht zu trauen, unten drauf zwei Gedecke wie in einem Restaurant! Ich muß wohl etwas zu fasziniert dahin gestarrt haben. »Diese Augen, nein, diese Augen!« brüllt die »Gänsegräte« böse und knallt mir die Klappe vor der Nase zu. Meine Nasenspitze tut weh und die rechte Augenbraue. Aber, was ist schon körperlicher Schmerz

gegen den seelischen, den man uns pausenlos und mit einer solchen Vehemenz zufügt?
An diesem Tage warte ich umsonst auf meinen Vernehmer. Taktik? Völlig zerschlagen stehe ich am nächsten Morgen auf. Ich bin nur noch ein Schatten meiner selbst. Kein Schlaf. Nach wie vor werde ich alle zwei Minuten angestrahlt. Auf meine Bitte, das abzustellen, sagt man nur: »Da müssen Sie mit Ihrem Vernehmer sprechen!«
Waschen... Pritsche bauen... Zelle reinigen... Frühstück. Ich nehme Platz auf dem Hocker. Langsam beginnt mein Hinterteil zu schmerzen. Ich habe beträchtlich abgenommen.
Plötzlich Schlüsselrasseln. Ein Läufer steht in der Tür. »Eins, mitkommen!« Es geht die Treppe runter und die Gänge lang in den Vernehmertrakt. Diesmal geht's aber links um die Ecke. Ich werde in ein Zimmer gelassen. »Guten Tag, Frau Thiemann!« empfängt mich betont höflich der Mann, der mich vor ein paar Tagen mit »Mörderin« und »Selbstmörderin« beschimpft hatte. Warum diese Maske? Warum diese Freundlichkeit? Meine Gedanken beginnen zu arbeiten... ich bin auf der Hut. »Wie geht's Ihnen? Wenn man das hier so fragen darf...« fügt er hinzu. Auf seinem Schreibtisch sehe ich meine Filmrolle von Polen liegen. Schweinerei! Da ergötzt ihr euch wohl an meinen Aktfotos! Was gehn die euch eigentlich an? Ich bin hier wegen »Republikflucht«, wie ihr es nennt! Wut kommt in mir auf. »Ihr Fall ist doch eigentlich ganz sonnenklar. Sie sollten im Nu mit den Protokollen fertig sein...« säuselt er. »Na klar, mein ›Fall‹ ist wirklich simpel«, antworte ich. »Dann sollten Sie aber auch endlich alles sagen. Es nützt doch nichts, wir kriegen's sowieso raus!« »Aber ich habe nichts weiter zu sagen... Moment, eine Frage beschäftigt mich: Ich hätte es nie für möglich gehalten, daß es in der DDR solche fürchterlichen Gefängnisse gibt.« Entgeistert schaut er mich an, dann antwortet er: »Wieso furchtbar? Sie haben's doch gut hier! Da müßten Sie mal die Gefängnisse in Bulgarien oder Polen sehen!« Ich kann's nicht fassen. Doch lange zum Überlegen komme ich nicht. »Einen guten Rat möchte ich Ihnen geben: Stellen Sie sich mit Ihrem Vernehmer gut!« empfiehlt er. »Wie denn, wenn er mich dauernd anschreit?«

entgegne ich. »Stellen Sie sich mit Ihrem Vernehmer gut!« betont er nochmals. Das werde ich nie schaffen, ich bin kein Arschkriecher, geht es mir durch den Kopf. »Wieviel Strafe werde ich denn bekommen?« forsche ich weiter. »Nach meiner Einschätzung – wie der Fall so liegt – vielleicht ein Jahr. Hmmm, vielleicht auch zwei, das kommt ganz auf Ihre Bereitwilligkeit an, den Fall so schnell wie möglich aufzuklären und zu beenden.« Da sind wir zum erstenmal einer Meinung: »Den Fall so schnell wie möglich beenden...« An mir soll's beim besten Willen nicht liegen. Er plaudert noch über dies und über das. Ich bin vorsichtig. Dann gibt er Signal und läßt mich abholen. An der Tür schaut er mich bedeutungsvoll an und wiederholt: »Also, merken Sie sich, stellen Sie sich mit Ihrem Vernehmer gut!« Ich verabscheue ihn. Ich werde mich niemals mit diesen Schergen gutstellen können...
Der Tag nimmt seinen üblichen Lauf. Am nächsten Morgen bekomme ich nichts zu essen. Galle und Magen sollen geröntgt werden. Ein junger, gutaussehender Mann im weißen Kittel steht vor mir, er ist vielleicht 23 Jahre alt. Er hat weiße Tabletten in der Hand. Acht Stück. »Schlucken!« sagt er betont scharf. »Wie, alle auf einmal?« frage ich entsetzt. »Was denken Sie denn! Wir haben nicht so viel Zeit! Los, los, runter mit den Dingern!« Und das mir, wo ich mich bei einer einzigen schon so anstelle! Lieber habe ich Schmerzen, als Tabletten zu schlukken... Ich werfe sie mir in den Hals, Wasser hinterher. Alles bleibt kleben. Ich würge. Laufe rot an. Sie gehen nicht vor und nicht zurück. Ich schütte immer mehr Wasser in mich rein. Von Husten und Würgen geschüttelt. Ich bin dem Ersticken nahe. Entsetzt schaut er zu. Das hat er offensichtlich doch nicht gewollt... Oder? Als ich zu mir komme, verläßt er etwas unsicher meine Zelle. Sicher ist's nur für einen Augenblick. Die Schule der Stasi ist hart – und sie formt fürs Leben!
Einige Zeit später – mir ist hundeelend – werde ich geholt. Treppen runter. Zellenwagen, Röntgenstation. Das Röntgen der Galle ergibt nichts. Mit einem geschlagenen Eidotter wird der zweite Versuch unternommen. Oh, welche Köstlichkeit! Seit Tagen die erste süße »Speise«!
Diesmal klappt's offensichtlich. Aber noch bin ich nicht erlöst.

Ein weißer Brei, geschmacklos, wird mir gereicht. Auch der Magen soll noch geröntgt werden. Ich wage nicht zu widersprechen. Aber: Das ist doch zuviel auf einmal! Kein Arzt draußen würde binnen zwei Tagen so viele Strahlen auf einen Patienten senden! Ich bin der letzte Dreck für sie, restlos ausgeliefert! Oh, ich hasse sie alle!!!
»Nehmen Sie draußen noch Platz. Sie werden dann abgeholt!« sagt die Röntgenassistentin. Ob sie auch zur Stasi gehört? Keine Frage. Wer sonst dürfte und würde so viel medizinischen Hickhack mit reinem Gewissen begehen können? Dann geht's zurück. Ich nehme auf meinem Hocker Platz, starre die Wand an und hoffe, zur Vernehmung geholt zu werden. Diese Ungewißheit zermürbt. Fast drei Wochen geht das so. Ich weiß gar nicht mehr, was in der Welt vor sich geht. Kein Radio... keine Zeitung... keine Gespräche... nur Wandanstarren. Von früh bis abends. Taktik, alles Taktik! Wie viele mögen sie so weichgeklopft haben? Ab und zu gibt's Neuzugänge...

Eins steht fest: Ein im Sinne des Staates erzogener Mensch, der jahrelang an die ihm eingeimpften sozialistischen Ziele glaubte und relativ spät erst aus diesem Traum erwacht, hat's ungleich schwerer an diesem Ort als die, die den Staat mit seiner Ideologie von vornherein ablehnten. Mit dem ganzen Ausmaß an Diskriminierung und Diffamierung kann jener einfach nicht fertig werden. Egal, aus was für Gründen auch immer er diesen Staat verlassen wollte, unfaßbar erscheinen ihm die Methoden, über die er bislang nur aus Chile- und Uruguay-Berichten Einzelheiten erfuhr. Er zerbricht über kurz oder lang zwangsläufig daran. Aber das ist deren Absicht. Das erkennt man nur nicht sofort...
Hinzu kommt der totale Reizentzug, der dem Gebildeten aufgrund seines intensiveren Lebens schwer zu schaffen macht. Kein Theater, kein Kino, keine Konzerte, kein Radio, keine Bücher, keine Gespräche... nur tage- und wochenlanges Wandanstarren – diese stumpfsinnige Eintönigkeit führt unweigerlich zur Verwirrung des Geistes oder zu Apathie. Dann haben die Stasischergen leichtes Spiel. Sie sind die einzigen »Kommunika-

tionspartner«. Man »sehnt« sich geradezu danach, zum Verhör geholt zu werden. Auch in der Gewißheit, wieder vielen Demütigungen und Quälereien ausgesetzt zu sein. Faktoren wie Einzelhaft, Schlaflosigkeit, körperliche Überbeanspruchung führen bis zur Selbstaufgabe seiner Persönlichkeit, zum Zweifel an bestehenden Werten. Man befindet sich in einem ständigen Spannungsfeld, dem ganz wenige politische Häftlinge mit unbeschadeter Psyche entrinnen können. Hat man anfangs noch genügend Reserven, um gegen Verdrehungen und bewußt falsche Auslegung zu protestieren, erlischt die Widerstandskraft im Laufe der Zeit. Schuldgefühle kommen sogar auf – Resultat einer bewußten Methode der Vernehmungstaktik.

Eines Nachts höre ich aufgeregtes Hin- und Herrennen. Schlüsselrasseln. Dann schluchzt eine Frau... oder ein junges Mädchen... »Los, rein da!« brüllt ein Soldat. »Nein, nein, nein!« schreit die Ärmste und klammert sich offensichtlich an den Gitterstäben fest. »Na, dich kriegen wir schon klein! Willst du wohl loslassen!« Noch ein paar Geräusche, lautes, erschütterndes Weinen... dann knallt die Zellentür zu.

Ich zittere am ganzen Körper. »Die Arme!« bedaure ich die Neue, die ich nie zu Gesicht bekommen werde. Auch ich werde immer und immer wieder von Weinkrämpfen geschüttelt. Ich kann nicht fassen, wo ich mich befinde.

Ich sitze auf meinem Hocker, die Hände auf dem Tisch, und starre die Wand an. Da... höre ich richtig? Fanfarenzüge! Ich konzentriere mich. Trommelwirbel! Chorgesänge! Ganz deutlich vernehme ich's. Ob's ein Volksfest ist? Oder ein Pioniertreffen? Aber, jetzt, mitten im Januar? Ich versuche, mich durch Kopfrechnen abzulenken. Ich drehe den Wasserhahn auf. Dann horche ich wieder nach draußen. Alles wie gehabt: Gesänge, Musik...

Und unter mir höre ich meinen Sohn weinen... Ich warte, bis der Unsichtbare durch den Spion geglotzt hat. Dann bücke ich mich rasch und lege das Ohr auf den Boden. Oh, mein Gott, mein Gott, ganz deutlich höre ich das Weinen meines Kindes! Ich möchte an die Tür donnern, möchte ihnen ins Gesicht schreien, was ich von ihnen halte. Aber irgendwas hält mich zurück. Ist's der letzte Funke Vernunft? Ist's Angst? Sicher eine Mischung aus beidem. »Bei erstbester Gelegenheit frage ich nach meinem Kind!« nehme ich mir vor. Aber wen? Sie lassen mich jetzt schon tagelang schmoren. Das hat mir der namenlose »Herr Oberleutnant« ja angedroht: »Wir holen Sie nur, wenn wir es wollen. Wir haben Zeit!«

In diesem Zustand bleibe ich etliche Tage. Ich werde bald wahnsinnig! Einer weiblichen Diensthabenden, sie steht auf meiner Plusliste, weil sie beinahe mütterlich wirkt in diesem grausamen Gemäuer, vertraue ich mich an. »Sprechen Sie doch mal mit Ihrem Vernehmer, daß er Sie mit jemandem zusammenlegt.« »Jaja, das würde ich schon gern, aber er holt mich schon seit Tagen nicht.« Sie zuckt die Schultern.

Keine Veränderung, die Tage voller Anspannung, die Nächte ohne Schlaf. Nach wie vor strahlen sie mich an. Da melde ich mich zu dem, der mir den Ratschlag gab, mich mit meinem Vernehmer gutzustellen. »Die Anstaltsordnung besagt, daß Häftlinge alle zwei bis zwanzig Minuten angestrahlt werden können«, erklärt er. »Aber dann kann man's ja auch mal alle 20 Minuten tun«, werfe ich zaghaft ein. »Das hängt von der Anordnung Ihres Vernehmers ab!« Da, wieder diese Abhängigkeit! Aber auch dafür krieche ich nicht zu Kreuz! Auch dafür verrate ich meinen Mann nicht an euch! »Ich höre so merkwürdige Geräusche um mich rum.« »Wie meinen Sie das?« »Naja, Chöre singen. Fanfarenklänge... Ist irgendwas los?« »Nein«, sagt er nur kurz und blickt mich überlegend an. »Sie sollten sich mal zum Arzt melden.« »Ist mein Kind unter meiner Zelle eingesperrt?« wage ich noch zu fragen. Er schüttelt mit dem Kopf... und läßt mich abholen.

Wieder in meiner Zelle angekommen, melde ich mich zum Arzt. Am nächsten Morgen werde ich vorgeführt. »Na, wo brennt's?« beginnt er salopp. Ich erkläre. Ein breites, fieses Grinsen überzieht sein Gesicht. »Meinen Sie, daß man bei uns verrückt wird?« »Ich meine gar nichts. Ich schildere Ihnen lediglich meine Wahrnehmungen!« Er ekelt mich an. »Bei uns wird man nämlich nicht verrückt, wenn Sie darauf hinauswollen!« Hier ist er

stark, hier kann er seine Macht an wehrlosen politischen Häftlingen auslassen!
Außerdem: Hier wird man nicht verrückt? Vor einigen Tagen erlebte ich, wie in meiner unmittelbaren Nähe ein Mann in seiner Zelle überschnappte! Er heulte stundenlang wie ein Wolf. Diese langgezogenen Töne gingen durch Mark und Bein. Erst machten sie sich auf dem Gang draußen drüber lustig. Dann brüllten sie... Irgendwann wurde eine Tür aufgeschlossen – dann hörte man nichts mehr. Und noch ein Erlebnis schießt mir in den Kopf. Es ist nicht lange her, da zogen sie einen Menschen an meiner Zelle vorbei. Es war nur ein schwaches, gequältes Stöhnen zu hören – sie mußten den Hilflosen brutal zusammengeschlagen haben! Wer weiß, wie sie ihn gequält und gefoltert hatten! Dann schleppten sie ihn offensichtlich zum Arzt. Ob er am Leben blieb? Keiner wird's je erfahren...
»Außerdem habe ich noch keine Nacht geschlafen. Ich werde immer angestrahlt. Alle zwei Minuten. Können Sie mir nicht ein Schlafmittel verordnen?« »Ach, das bilden sich die meisten nur ein. Wenn sie mal ein paar Minuten wach liegen, denken sie gleich, sie hätten die ganze Nacht nicht geschlafen. Sie sind hier schließlich nicht im Sanatorium!«
Ich hätte diese barbarischen Methoden niemals für möglich gehalten. Wenn man mir jemals davon berichtet hätte, ich hätte es als übelste Verleumdung angesehen! Nein, solche Folterungen, Diskriminierungen, diese Unmenschlichkeit hätte ich nicht in mein Denken aufnehmen können! Die DDR – das große KZ – berichtet über Morde, Folterungen und Unmenschlichkeit aus aller Welt, um von den eigenen Gewaltsamkeiten und Grausamkeiten abzulenken. Und der Durchschnittsbürger glaubt und empört sich. Wie verblendet! Wenn man sie doch aufklären, klüger machen könnte! Aber wie? Wo man sich doch selbst nie derartige Verbrechen vorstellen konnte! Das glaubt einem ja keiner! Trotzdem, wenn ich lebend rauskomme, ich werde meinen Mund nicht halten...

Dann hocke ich wieder in meiner Zelle. Den ganzen langen Tag. Nichts tut sich. Außer den inzwischen gewohnten Unterbre-

chungen durch Essen, halbe Stunde Freigang und Waschen. Bauchschmerzen quälen mich. Ich gehe zur Toilette. Schon guckt einer durch den Spion. Warum macht er nicht zu? Voll Zorn blicke ich zu diesem anonymen Auge. Es hält meinem Blick stand. Ist's weiblich oder männlich? Pietät besitzen sie alle nicht! Ob man seine Regel hat und öfter mal am Waschbecken hantieren muß, ob man auf die Toilette geht, alles wird genau beobachtet. O, George Orwell, mit deiner Zukunftsvision von »1984« – hier ist's traurige Wirklichkeit!
Kurz nach dem Waschen am nächsten Morgen rasselt's an meiner Zellentür. Die Marionette steht vor mir und hält mir ein großes Wasserglas hin. Ich schaue ihn fragend an. Er bewegt das Glas noch mal zu mir hin. Drin ist eine durchsichtige Flüssigkeit – wie Wasser. »Was soll ich damit?« frage ich vorsichtig. »Trinken!« Es ist das erste Mal, daß er ein Wort spricht. »Ich möchte wissen, was es ist«. »Trinken!« brüllt er laut. »Ich trinke nicht eher, bis Sie mir gesagt haben, was das ist!« »Trinken!!!« Er wird immer drohender. Um so hartnäckiger werde auch ich. Ich muß erfahren, wozu ich das trinken soll. »Die wollen dich umbringen!« sage ich mir... »Und ich trinke nicht, wenn Sie mich nicht darüber aufklären, was das ist!« sage ich laut. »Sie haben doch beim Arzt gemeldet, daß Sie nicht schlafen können...« »Ja, aber Schlafmedizin brauche ich für die Nacht!« »Er hat es aber jetzt verordnet!« faucht er mich wütend an. »Aber das nützt mir jetzt nichts, ich darf mich ja gar nicht hinlegen am Tag!« »Dann werden Sie eben eine Liegeerlaubnis bekommen«, erklärt er. Warum nur soll ich das Zeug unbedingt trinken? »Ich trinke nicht«, erkläre ich nochmals. »Trinken!!!!!« brüllt er wie ein Stier. Ich wage nun nicht mehr, mich zu weigern. Ich habe Angst, daß er mich zusammenschlägt, so bedrohlich ist seine Haltung. Ich nehme das Glas und hebe es vorsichtig an die Lippen. Da – gleich nach dem ersten zaghaften Schluck – wird die Lippe taub... der Gaumen... Ich zögere eine Sekunde. »Los, austrinken!!!« drohend steht er vor mir. Ich habe keine Wahl. Also kippe ich die ganze Flüssigkeit hinunter – und sofort ist alles wie gelähmt! Zuerst die Lippen, der Gaumen, wenige Minuten später zieht es über die ganze rechte Gesichtshälfte,

dann erfaßt es den Kopf... den ganzen Körper... ich ahne Schlimmstes. »Vati!« denke ich. »Du hattest einmal erzählt, als du deinen ersten Schlaganfall bekamst, daß du im Verlag eine Tasse Kaffee angeboten bekommen hattest. Unmittelbar danach traf dich der Schlag! Du hattest damals so deine Vermutungen. Du sagtest gleich, sie hätten dir irgendwas in den Kaffee getan! Wir taten das als übertrieben ab... aber: dieselben Anzeichen! Dieselben Symptome! War das Zufall? Ist das Gift? Sind das Drogen? Ich setze mich auf meinen Hocker. Voller Konzentration. Was wird jetzt kommen? Ich werde immer willenloser. Über meinen Körper kann ich kaum noch gebieten. Plötzlich sacke ich zusammen. Schlüsselrasseln... Klappe auf. »Sätzen Se säch anschdändsch hin!« brüllt einer. Ich reiße mich zusammen. Ein paar Minuten gelingt's. Dann liege ich wieder auf der Tischplatte. »Was fällt Ihnen eischentlich ein, Se wissen doch ganz genau, daß Se gerade sitzen müssen. Aber bissel dalli, sonst machen mer Ihnen Beene!« Mein Körper will nicht gehorchen. Mein Wille, meine Auffassungskraft sind noch da – aus Angst und Vorsicht. Doch die Glieder hängen wie leblos an mir herab. Plötzlich wanke ich zur Seite. Ich kann mich nicht mehr festhalten... und kippe um. Das tut weh! Ich falle mit den Rippen auf das Kopfende der Holzpritsche. Ich raffe mich auf und schleppe mich zum Wasserhahn. Mit kaltem Wasser muß ich doch wieder zu mir kommen! Eiskalt rinnt es über meinen Puls... mir ist schwindlig... ich taumle... Dann setze ich mich auf die Toilette. Nur nicht umfallen... nur nicht abschalten... nur nicht wegtreten! Darauf warten die sicher da draußen! Was haben sie mir da nur gegeben? Es ging wie ein Schlag durch meinen Kopf. Immer wieder glotzen sie durch den Spion. Sie haben sicher Order, mich zu beobachten. So stehe ich wieder auf. Ich versuche, ein paar Schritte in der Zelle hin- und herzulaufen. Es gelingt mir nicht. Plumps, sacke ich auf meinen Hocker. Diese Überkonzentration kostet unerhörte Kraft. Und die habe ich nicht. Nicht mehr. Noch einmal sinke ich auf die Tischplatte. Die brüllen wieder von draußen. Doch das juckt mich nicht mehr...

»Bis zum Mittagessen mußt du durchhalten«, sage ich mir. Ich

schaffe es recht und schlecht. Ob die Marionette mir die Liegeerlaubnis bringt? Am Nachmittag darf ich dann die durchgelegenen Matratzen ausbreiten und mich hinlegen. Aber an Schlaf ist nicht zu denken. Nach wie vor spüre ich eine totale Lähmung meiner Lippen, des Gaumens und der rechten Kopfseite. Meine Glieder lassen sich zwar bewegen, aber nur unter größter Anstrengung. Ich schlafe auch die ganze Nacht nicht. Die Überkonzentration, zu der ich mich stundenlang gezwungen hatte, läßt mich nun nicht zur Ruhe kommen. Aber soll ich das überhaupt?
Am nächsten Morgen verrichte ich alle üblichen Arbeiten in der Zelle. Mir ist hundeelend. Alle Glieder sind wie gelähmt. Ich kann nicht richtig denken. Was ist nur? Es kann nur mit diesem höllischen Drink zusammenhängen! Meine rechte Kopfhälfte ist am meisten davon betroffen. Plötzlich rasselt's draußen. Ich werde geholt. Ich kann kaum die Gänge langlaufen. Ich tu's wie in Trance. Fies lächelnd empfängt mich der »Herr Oberleutnant«, lauernd schaut er mich an. Ich versuche, mich auf seine Visage zu konzentrieren. Was erwartet mich heute? Werde ich's durchstehen? Ständig neue Zimmer, neue Gesichter, weitere Verhöre, Protokolle...
Mir ist momentan alles egal. Mir ist nur elend zumute. Dann geht's los. »Na, haben Sie gut geschlafen?« Teufel der!!! »Nein, überhaupt nicht!« »Sooo?« fragt er mit scheinbar echter Verwunderung. Dann betrachtet er mich noch eine Weile und beginnt mit dem Verhör. »Erzählen Sie mir doch mal, wie sich am Fluchttag alles abgespielt hat.« »Das habe ich doch bereits.« »Nein, nein, Sie sollen heute mal die Wahrheit sagen.« »Das habe ich bereits getan.« »Aber, aber, Sie wollen mich doch nicht für dumm verkaufen.« Ich schweige. Worauf will er hinaus? Wenn ich mich nur besser fühlte. Das kann ja noch heiter werden – bei meiner Verfassung! Fragen... Brüllen... Beleidigungen... Antworten... Schweigen – meinerseits. Aha, jetzt kann ich ungefähr einschätzen, was er mit mir machen will: Ich bin mit diesem Trunk wehrlos gemacht worden! Ich kann nicht mehr richtig gegen ihn ankämpfen! Ich habe kaum noch Widerstandskraft!

»Aber Vorsicht, Genosse! Ich werde selbst in diesem Zustand nicht allzu leicht zu knacken sein!« warne ich ihn innerlich. Stundenlang geht's so weiter. Ich soll mich und Klaus belasten – das wird mir klar. »Na, haben Sie sich's inzwischen überlegt?« fragt er plötzlich. »Was denn?« »Tun Sie doch nicht so! Ich will von Ihnen endlich die Wahrheit hören!« »Ich erzähle ja ohnehin immer nur die Wahrheit. Es gibt nichts mehr hinzuzufügen!« »Das können Sie mir aber nicht erzählen!!!« Ich schweige. Was wissen die? »Los, sonst können wir auch anders. Dann lasse ich Sie monatelang in Ihrer Zelle schmoren, ohne Sie auch nur ein einziges Mal zum Verhör zu holen. Sie werden noch winseln, mal zu mir gelassen zu werden! Wenn's dann so um zwei Jahre U-Haft geht oder vier Jahre, das haben wir alles schon gehabt!« »Dann fragen Sie mich doch, ich habe Ihnen von meiner Seite alles erzählt«, entgegne ich. »Gut, fangen wir an.« Er beginnt, seinen Protokollzettel zurechtzulegen. Es müssen inzwischen etwa acht bis neun Stunden vergangen sein. Ich falle bald vom Stuhl. Mein Körper ist nicht mehr mein eigener. Mein Geist hält bald nicht mehr stand. Aber noch habe ich die Alarmlampe an – ich werde keinesfalls noch einen anderen belasten! Sie wollen unbedingt Klaus! Werde ich's schaffen? Nochmal muß ich erzählen, wie sich am Fluchttag von Carsten alles abgespielt hat. Ich erzähle meine erste Version. Die ja nicht ganz stimmt. Aber die sie auch nicht anders kennen können. Oder doch?
»Lügen Sie doch nicht so!!!« brüllt er los. »Wir wissen das alles viel besser!« »Wenn Sie's wissen, warum fragen Sie mich dann?« »Weil wir's aus Ihrem Munde hören wollen!« Es ist entsetzlich – immer dieses unmenschliche Brüllen! »Lügen nützen Ihnen gar nichts. Wir haben Sie nämlich an der Grenze genau beobachtet.« »Wo denn, das geht ja gar nicht«, wage ich einzuwenden. Dann überlege ich: Vielleicht haben mich Stasi-Leute in Zivil von Anfang an beobachtet? Ich habe zwar darauf geachtet, doch wer weiß, wie viele es waren? Gesehen hatte ich nichts, was zu der Annahme führen könnte. Doch warum brüllt er so? Das kann er doch nur aus Wut machen. Also wissen sie vielleicht doch nichts? »Wir haben Sie mit Ultraviolett-Strahlen an der Grenze fotografiert! Na, was sagen Sie nun? Jetzt sind Sie platt, was?«

fragt er triumphierend. »Zeigen Sie mir doch mal die Aufnahmen«, stoße ich vor. »Das könnte Ihnen so passen!« Die haben gar nichts! Diesen Trumpf würden sie mir sehr wohl unter die Nase halten! »Na los, nun erzählen Sie schon. Ich will endlich Feierabend machen!« Er brüllt und brüllt und brüllt. Ich kann bald nicht mehr. Diese ständigen Überlegungen: Was wissen die? Was haben die wirklich gesehen? Belaste ich mich durch mein Schweigen?

Mein Zustand ist gottserbärmlich. Und er schreit weiter, immer weiter. »Wir werden die ganze Nacht weitermachen! Sie werden froh sein, wenn ich Sie in Ihre Zelle lasse! Sie werden mich noch auf den Knien anflehen, Sie wieder wegbringen zu lassen!«

O ja, ich bin bald an dem Punkt angelangt, wo ich nicht mehr kann. Stundenlang ohne Essen, ohne Trinken, nur einmal zur Toilette. Dann brüllt er nochmals seine üblichen Beleidigungen. Es geht gegen mich, meine Familie, insbesondere meinen Vater. »Ja, wenn Sie schon immer Ihren Vater angeben. Was ist er denn früher gewesen?« »Auch Journalist.« »Lügen Sie doch nicht!« »Ich lüge nicht! Das läßt sich ja ganz leicht nachprüfen.« »Das haben wir schon. Wir sind bestens informiert. Über alles. Sie wollen mir doch nicht erzählen, daß Sie nicht wußten, daß Ihr Vater in der Nazipartei war!?« »Natürlich weiß ich das. Na und? In der Partei waren schließlich viele.«

»Wissen Sie denn, bei welcher Zeitung Ihr Vater arbeitete?« »Nein.« »Soll ich's Ihnen sagen?« »Ja.« »Beim ›Völkischen Beobachter‹!« »Na und?« Damit kann ich wirklich nichts anfangen... »Ja, wissen Sie denn überhaupt, was für eine Zeitung das war?« »Sie wissen doch, wie alt ich bin, müßte ich das denn wissen?« »Es war eine Nazizeitung! Und Sie wollen immer nur so positiv von Ihrem Vater sprechen!« Es ist sinnlos, er will mich damit nur fertigmachen. Mein Vater hat nie bei dieser Zeitung gearbeitet, aber ich antworte nicht mehr. Ich bin am Ende. Am liebsten würde ich ihn umbringen. Doch wie, womit? In dieser aussichtslosen Situation... Außerdem: Vielleicht ist das alles auch wieder nur ein Trick von denen, um mich mürbe zu machen. Und sie schaffen's ja auch. Ich kann nun wirklich nicht mehr. Er betreibt Gehirnwäsche in höchster Perfektion! »Wie

lange wollen Sie noch so weitermachen?« fragt er unvermittelt, aber scharf. »Ich möchte endlich nach Hause gehen!« fügt er hinzu. »Gut, machen Sie ein Protokoll, wie es Ihnen beliebt. Ich kann nicht mehr. Ich kann Sie nicht mehr sehen! Ich kann das alles nicht mehr ertragen! Ich will meine Ruhe haben! Schreiben Sie, ich unterschreibe alles!« sprudelt's aus mir hervor.
Verwundert nimmt er das zur Kenntnis – was er doch in zehn Stunden angestrebt hatte! Jetzt bin ich endlich dort, wohin er mich haben wollte. »Damit Sie dann hinterher sagen können, ich hätte Sie erpreßt!« brüllt er los. »Nein, nein, ich unterschreibe alles. Fangen Sie an.« Er beginnt mit seinen Aufzeichnungen. Ohne aufzublicken, schreibt er. Unentwegt. Er schreibt langsam. Ich versuche indessen, mich zu beruhigen. Es gelingt mir nur schwach. Außerdem spüre ich, daß ich jeden Moment vom Stuhl fallen werde ...
Wieder geht mir das Medikament durch den Kopf. Doch wen soll ich fragen? Wenn ich auch nur einen Verdacht äußere, werde ich gleich wieder angebrüllt und bedroht. Und wer weiß, was das noch nach sich zieht. Man darf hier in diesen Räumen ja keinen »beleidigen«, auch wenn's noch so sehr der Wahrheit entspricht. Sie knallen einem prompt noch was an Strafe drauf ...
Nachdem er einige Seiten geschrieben hat, stellt er nochmals eine belanglose Frage. Dann schreibt er weiter. Endlich ist er fertig. Er legt mir sein Produkt vor die Nase. Erstunken und erlogen! Damit belaste ich mich selbst! Es geht nicht gegen Klaus oder andere Mitglieder der Verwandtschaft ... Es geht einzig und allein gegen mich selbst. Aber warum denn??? Das hat sich doch so nun wirklich nicht abgespielt! »Na, unterschreiben Sie?« fragt er lauernd. »Das ist doch alles gar nicht wahr!« »Fangen Sie schon wieder an? Jetzt reicht es mir langsam mit Ihnen! Ich habe keine Lust, die ganze Nacht noch mit Ihnen zuzubringen!« Er brüllt und brüllt. Ich kann nicht mehr. Auf der letzten Seite setze ich meinen Namen unter das simple, aber so überaus verhängnisvolle Protokoll. Er hat den Stil eines Dreizehnjährigen. Aber naja, darauf kommt's bei denen ja nicht an ... hier zählt der Inhalt. Und der ist schwerwiegend! Gezielt formuliert ...
Nachdem er meine Unterschrift wohlwollend betrachtet hat,

greift er zum Telefon. »Abholen!« »Ich hätte jetzt auch mein Todesurteil unterschrieben, um von Ihnen wegzukommen!« sage ich im Hinausgehen.
Schleppenden Schrittes gelange ich in meine Zelle. Pritschenbau, Waschen, Licht von außen aus. Dann liege ich. Überdenke noch mal alles. Und finde wieder keinen Schlaf. Nicht einmal nach diesem anstrengenden Verhör. Ich fühle mich, als wenn ich jede Minute mein Leben aushauchen würde. Noch nie war ich dem Tod so nahe ... Erschöpft stehe ich am nächsten Morgen auf. Ob er mich holen läßt? So schnell wird das Protokoll nicht in Maschine geschrieben sein. Das dauert immer ein paar Tage. Das Nichtstun ist zermürbend. Vielleicht ist's vergleichbar mit einem schwierigen Schachspiel, bei dem man viele Züge und Gegenzüge im voraus berechnen muß. Durch äußerste Konzentration, in der man sich Tage, ja mitunter Wochen befindet, ehe man zum nächsten Verhör gerufen wird, muß man vieles vorher genau durchdenken. Diese Nervenanspannung übersteigt die normale Belastbarkeit eines Menschen erheblich! Hinzu kommen totaler Zuckerentzug... Schlafentzug... Wut und Haß halten sich in mir die Waage – und lassen mich dadurch wahrscheinlich überleben!

Verlegung

Bis Mittag tut sich gar nichts. Mein Zustand ist nach wie vor erbärmlich. Die rechte Körperhälfte ist wie gelähmt. Der Kopf tut wahnsinnig weh, aber nicht so wie bei normalen Kopfschmerzen.

Am späten Nachmittag, kurz vorm Abendessen, rasselt's an der Tür. »Sachen packen und mitgommn«, fordert mich die Dohle auf. Wohin? Lassen sie mich frei? Stecken sie mich in ein anderes Gefängnis? Ich zittere am ganzen Körper... Aber noch bin ich willenlos... ich wage nicht einmal zu fragen, wohin es geht... Mir schießt's durch den Kopf: Ich befinde mich ja auf der Stufe eines Tieres, tiefer noch. Wenn sie mir befehlen würden, den Fußboden mit meiner Zunge sauberzuwischen, ich leistete ihnen Folge... Ja, ist das denn möglich, daß man einen Menschen derart demoralisiert? Ich habe keine Kraft mehr, ich habe den Glauben an mich selbst verloren... Aber: Das ist ja gerade eines ihrer schärfsten und wirkungsvollsten Mittel! Mit Drogen gefügig machen... den Selbsterhaltungstrieb aufgeben... ja, die Identität überhaupt!

Alles auf einmal kann ich nicht packen. Das sieht auch die Dohle. »Kommen Sie erst mal mit«, sagt sie und nimmt etwas von den Sachen in die Hand. Dann geht's raus auf den Gang. Sie läuft vornweg. Nach wenigen Schritten bleibt sie stehen und schließt eine andere Zelle auf. Ich trete ein... und bin zum erstenmal seit meiner Inhaftierung freudig überrascht: Eine andere Gefangene! Ein Mensch! Eine Frau! Sie kommt mir vor, wie der Retter in der Not. Ein Engel. Wenn auch in gestreifter Kleidung. Ein Sträflingsengel!

Ich hole noch die übrigen Sachen. Dann wird die Tür verriegelt. Wir glotzen uns erst an. Beide erfreut. Beide können wir das alles nicht fassen. Endlich ein Mensch! Ein Mensch uns gegenüber! Hemmungslos weinen wir uns erst mal eine Weile an. Der Spion wird laufend betätigt. Was sind das nur für Kreaturen!!! Jetzt

weiden sie sich auch noch an unserer Situation! Doch halt, auch das muß wieder irgendwas zu bedeuten haben. Achtung! Ich überlege: Ist die Frau mir vis-à-vis echt? Soll sie mich vielleicht nur aushorchen? Aber das erfahre ich schnell. Aus ihr sprudelt's nur so heraus. Heidi erzählt mir ihren ganzen Fall – ohne Unterbrechung. Mir rauscht der Kopf. Anfang Januar ist sie erst geschnappt worden, und sie ist schon viel häufiger verhört worden als ich. Aber wer kennt sich schon mit deren Methoden aus, nach logischen Aspekten kann man hier sowieso lange suchen. Heidi erzählt die ganze Nacht. Ihr Fall ist wirklich ein »Fall«! Was bin ich doch mit meiner Geschichte für ein kleines Licht dagegen!
Als sie mich dann auch mal zu Wort kommen läßt, meint sie nur: »Da bist du bald wieder draußen. Das ist doch gar nichts!« »Naja, das habe ich ja auch gedacht!« »Welchen Anwalt hast du denn?« »Ich kenne gar keinen.« »Nimm Dr. Vogel. Der ist auf Republikflucht und Ausweisung spezialisiert.« »Okay, das werde ich mir merken!« Wir quatschen, quasseln, reden... endlos. Ich bin glücklich, mit Heidi zusammenzusein.
Am nächsten Tag tragen wir uns gegenseitig Gedichte und Sketche vor. Auch aus der Grundschulzeit! Ich mache Charly Chaplin nach. Heidi lacht sich kaputt. Doch auch am Spion erschallt ein lautes Lachen. Von einer weiblichen Bediensteten. Uns ist's egal. Sollen die sich ruhig über uns lustig machen! Dann ist Heidi wieder dran mit einer »Darbietung«. Sie kriecht auf allen Vieren und mimt einen Hund. »Schnüff, schnüff«, macht sie an allen Ecken. Ob wir schon verrückt sind? Das kann doch keine normale Reaktion sein! Benehmen sich die anderen Häftlinge ebenso?
Aber so geht's auch die nächsten Tage noch weiter. Nach vier Tagen etwa hat sich auch mein Lähmungszustand gebessert. Nur die rechte Kopfhälfte ist nach wie vor noch nicht in Ordnung.
»Eins, herkommn«, brüllt's an der Klappe. Wir stehen beide auf. »Sie sind jetzt ›Zwei‹!« werde ich zurechtgewiesen. Heidi ist verwundert, daß ich meine Privatkleidung trage. »Das kannst du doch auch. Verlange sie doch!« Sie tut's. Auch bei ihr geht ein

Gemeckere los. Doch jetzt sind wir zu zweit. Da erträgt man alles leichter.
Wir gehen gemeinsam zur Freistunde. Wir gehen gemeinsam zur Dusche. Wir essen, reden und lachen, wenn auch unkontrolliert und manchmal irre. Wir weinen gemeinsam. 5. Februar 1973 – Freistunde. Heidi läuft vornweg, weil sie die Nummer Eins in der Zelle ist. Ich hinterher. An den üblichen Wachposten geht's vorbei. Es ist hundekalt draußen. Wir haben beide die Hände in den Taschen. »He, nähm Se de Hände aus de Taschn!« brüllt ein fieser Klotz. Wir gehorchen. Kaum sind wir in der Freiluftzelle, stecken wir sie wieder ein. Wir laufen, machen ein bißchen Gymnastik. Wir ergötzen uns am Himmel, der für uns die Freiheit, die Verbindung zur Außenwelt bedeutet. Den sehen die anderen auch. Wenn auch mit anderen Augen! Dann wird die Tür wieder geöffnet. Ende des Freigangs. »Ich hab Ihn' doch gesacht, Se solln de Hände aus de Taschn nähm!« brüllt der Fiesling wieder. Wir gehorchen, müssen aber lachen. Irgendetwas Undefinierbares brüllt er noch hinter uns her. Die ersten Stufen an der Eingangstür zum Knast sind genommen. Da bekommt Heidi plötzlich einen Lachkrampf. Sie hält sich an der Klinke fest und drückt die Beine zusammen. Hinter mir brüllt der Fiesling: »Gehn Se ändlisch weider!« Ich kann nicht. Heidi hält sich fest. Sie muß mal. Vor Lachen hat sie keine Gewalt mehr über sich – und so geschieht's: sie macht in die Hosen! Hinter uns brüllt's, vor uns auch – wir müssen weiter! Treppen hoch, Gänge lang. Alles geht exakt nach Zeit. Zum Vordermann, den wir natürlich nicht zu Gesicht bekommen, ist schon zu viel Zeit verstrichen. Das macht die Posten unruhig. Inzwischen wird's auch bei mir kritisch. Weitere Lachkrämpfe schütteln uns, an jeder Ecke werden wir erneut angeblafft. Auch meine Blase drückt immer mehr. Kein Wunder bei der Kälte und den dünnen Pantöffelchen... An der Tür brüllt uns noch mal einer an... doch das interessiert uns nicht. Wir sind's ja schon gewöhnt! Kaum sind wir eingeschlossen, geht der Kampf um die Toilette los. Ich sitze zuerst – doch Heidi zerrt mich runter. Ich schubse sie wieder... und sitze! Erlösung! Doch sie kann auch nicht warten – und schnappt sich unseren Aufwischeimer! Am

Spion glotzt einer... Wir können uns kaum beruhigen. Immer wieder müssen wir darüber lachen, wie einige Soldaten uns auf die fieseste Art und Weise angebrüllt haben. Was hatten wir denn schließlich getan?
Wir sind Verbündete. Immer mehr wächst etwas. In gewisser Weise betrachte ich Heidi als meine Lebensretterin. Sie hat eine echte »Berliner Schandschnauze«. Mit Herz, versteht sich. Sie rappelte mich auf. Sie gab mir Kraft... Doch auch ich mußte sie mehrfach aufrichten. Auch bei ihr gab's Phasen, wo sie völlig am Boden zerstört war. Bei ihr kam noch etwas hinzu: Sie war Kettenraucherin. Und Raucher haben's in den ersten Tagen oder Wochen ungleich schwerer. Sie schaffen's ohne Zigaretten kaum. Und das wird weidlich ausgenützt von den Vernehmern. Für eine Zigarette verraten die Inhaftierten oft Vater und Mutter, Bruder und Schwester, gute Freunde... Auch Heidi erzählt mir solch ein Erlebnis mit ihrem Vernehmer: »Er saß vor mir. Rauchte eine Zigarette. Zündete sich die nächste an. Dann fragte er, ob ich auch rauchen wolle. Erfreut sagte ich zu. Aber da kam der Pferdefuß. Erst wenn ich das und das unterschrieben hätte! Noch schaffte ich es, zu widerstehen. Doch eines Tages hatte er mich soweit. Ich habe alles zugegeben! Ich habe gesagt, daß die Treffs mit dem Schleuser in der Wohnung meiner Eltern mit deren Wissen stattfanden. Daß meine Geschwister davon wußten, undsoweiter, undsoweiter. Ich bekam meine Zigarette, und dann noch eine... Ich bin ein Schwein!« Ich versuche, sie zu beruhigen. Ich erzähle ihr von meinem Protokoll, was vorn und hinten erlogen war und was ich dennoch unterschrieb – unter Zwang, weil ich einfach nicht mehr konnte. Weil mich der Vernehmer mit seinen Beleidigungen und Brüllereien restlos fertiggemacht hatte. Und weil ich durch dieses merkwürdige »Medikament« völlig willenlos gemacht worden war...
Heidi ist ganz Ohr. »Das bekommst du ja noch in Maschine geschrieben zur Unterschrift vorgelegt. Das darfst du keinesfalls tun!« »Ja, ich werde mich weigern.« »Aber du mußt das wirklich verweigern!« Mein Entschluß steht fest: Sie erhalten darunter keine Unterschrift mehr von mir! Ich schwöre es mir, ich schwöre es Heidi. Drei lange Wochen muß ich warten, ehe ich

wieder geholt werde. »Herr Oberleutnant« legt das lange Protokoll vor mich: »Unterschreiben Sie!« Ich lese. Ich lese und staune... Das soll ich wirklich unterschrieben haben? Aber, das ist doch... Wie kann man nur einen Menschen soweit bringen, daß er solch eine Geschichte, die erstunken und erlogen ist, unterschreibt? Es ist noch schlimmer, als ich ursprünglich dachte. Aber ein Glück: Ich belaste darin nur mich. »Nein, das unterschreibe ich nicht!« »Wie, Sie unterschreiben nicht?« ungläubig starrt er mich an. »Das habe ich nie gesagt, das kann ich gar nicht gesagt haben, weil es sich so nicht und niemals abgespielt hat!« »Aber Sie haben's ja schon einmal unterschrieben!« brüllt er mich an. »Ja, aber damals war ich nicht Herr meiner Sinne! Das unterschreibe ich nicht!« »Sie! Sie! Sie werden mich noch kennenlernen!« donnert er über den Schreibtisch. Ich kenne ihn zur Genüge. Schlagen wird er mich sicher eines Tages auch noch. Das ist mir völlig klar... »Und ich unterschreibe das nicht«, erkläre ich und denke dabei an Heidi. Sie wird mit mir zufrieden sein...

»Das nützt Ihnen sowieso nichts. Sie haben's ja schon einmal unterschrieben. Dann kommt eben das andere Protokoll vors Gericht. Sie verschärfen nur Ihre Lage. Sie werden schon sehen, was Sie davon haben. Bedenken Sie: Wir sitzen am längeren Hebel!«

»Das hast du mir schon mehrfach gesagt. Doch das nützt dir jetzt auch nichts – ich unterschreibe nicht!« geht's mir durch den Kopf.

»Abholen!« sagt er wütend ins Telefon. Für heute bin ich froh, wenn's auch dadurch wieder nicht weitergeht. Aber irgendwann muß er meinen Fall auch mal abschließen...

Heidi empfängt mich mit fragendem Blick. »Ich habe es geschafft! Nicht unterschrieben!« Heidi umarmt mich. »Gottseidank, ich hatte schon Zweifel, daß der dich weichklopft!«

Der Tag nimmt seinen üblichen Lauf. Dann läßt uns die Langeweile auf einen – unter dortigen Umständen – grandiosen Einfall kommen: Wir machen uns ein »Mensch-ärgere-dich-nicht-Spiel«. Ein Geschirrtuch dient als Spielfeld. Für die Figuren bringen wir uns kleine Steine aus der Freigangzelle mit. Einen

Würfel forme ich aus Seife. Die Pünktchen dafür mache ich aus Fäden, die wir aus den Frotteehandtüchern ziehen. Den Seifenwürfel lassen wir eine Nacht an der Lüftungsklappe liegen, dann ist er hart. Jeden Tag spielen wir stundenlang »Mensch-ärgere-dich-nicht«. Eines Tages haben sie uns während des Freigangs die Steinchen weggenommen. »Verboten«, sagt ein Bewacher hinter der Tür, als er unsere wütenden Reden hört. »Aha, da haben sie uns sofort wieder beobachtet«, flüstert mir Heidi zu. Naja, so rollen wir aus Toilettenpapier kleine Männeken.
Doch irgendwann bekommen wir dieses Spiel satt. Wir erinnern uns: In der Anstaltsordnung stand etwas von Spielen ... Schach und so. Wir klingeln. »Geben Sie uns bitte ein Schachspiel?« fragt Heidi. »Ham wa nich«, antwortet der Uniformierte, den wir »Glubschimo« nennen, weil er immer sehr lange durch den Spion glotzt. Außerdem hat er Basedowaugen ... »Aber es steht doch in der Anstaltsordnung«, wirft Heidi ein. »Ja, aber die sind alle vergeben!« Jetzt ist's mit Heidis Beherrschung vorbei: »Nicht einmal Schachspielen kann man hier! Das ist eine Frechheit! Nur den ganzen Tag die Wände anglotzen!« Draußen ist nichts zu hören. Sicher lauschen sie. Dabei kann Heidi gar nicht Schachspielen. Ich wollte es ihr erst beibringen ... Doch sie wütet noch eine ganze Weile weiter – leider ohne Erfolg.

Eines Tages »entdecken« wir ein neues »Unterhaltungsspiel«. Heidis Freund aus Westberlin ist Grieche. Wir kommen dadurch auf die Idee, unsere eigene Sprache zu verfremden und hängen an viele Wörter einfach die Endung »us« an. Unser neues Spiel heißt »Wutus«. Das bedeutet: Wutanfall markieren. Wir tun's im Wechsel. Einmal ist Heidi dran, einmal ich. Draußen ist's dann immer ganz still. Keiner glotzt durch den Spion. Sie lauschen oder zeichnen auf ... An jeder Zelle befindet sich links eine Metallklappe. Ich konnte einmal, als ich von einer Vernehmung zurückgebracht wurde, Zeuge von dem Inneren werden: Hebel, eine runde Scheibe – wahrscheinlich ein Tonband – und eine Menge Knöpfe. Den nächsten »Wutus« muß ich bringen. Ich laufe die drei Meter lange Zelle hin und her. Meine Schritte werden immer schneller, immer lauter. Heidi guckt in Richtung

Lüftungsklappe. Sie muß sich schon wieder das Lachen verbeißen. Draußen sollen sie nicht merken, daß das alles bewußt inszeniert ist. Dann fange ich an: »Die wollen ja gar nicht, daß ich hier lebend wieder rauskomme!« Ich erwähne die Fahrt mit dem Zellenwagen. Ich erwähne den Schlafentzug durch das ständige Lichtanmachen in der Nacht. Ich erwähne das mysteriöse Getränk... Draußen ist's mucksmäuschenstill. Heidi muß wieder die Toilette aufsuchen. Ich bin zwar geschafft, aber trotzdem irgendwie erleichtert. Ob das ein Nachspiel hat?
Die nächsten Tage verlaufen gleichbleibend. Mal wird Heidi geholt. Und eines Tages bin auch ich wieder mal dran. »So, heute wollen wir weitermachen. Ich hoffe, daß Sie aussagewillig sind.« »Ich bin von Anfang an aussagewillig gewesen.« »Na, na, das stimmt ja wohl nicht. Aber vielleicht haben Sie sich's inzwischen besser überlegt. Zeit hatten Sie ja dazu.« Ich schweige und warte auf seine Fragen. »Übrigens, was Sie da für eine Schau in der Zelle abgezogen haben – Sie sehen, ich bin bestens informiert! – das war doch wohl nichts! Auch wir wollen, daß Sie hier wieder rauskommen. Keiner hat die Absicht, Ihnen nach dem Leben zu trachten.« Ich schweige auch dazu, ich weiß es ja besser. Doch das nützt mir im Augenblick nichts. Ihn nur nicht unnütz reizen... Fragen, Antworten, Fragen.
Auffallend, alles, was in Zusammenhang mit der Stasi steht – die jahrelangen Bespitzelungen usw. – wird nicht protokolliert! Er schreibt. Doch plötzlich geht's wieder gegen meinen Vater. Ich kann mir das nicht mehr gefallen lassen. Ich verteidige. »Sie sitzen da wie eine Lebedame! Wissen Sie immer noch nicht, wo Sie sich befinden? Ich sage es Ihnen«, meint er bedeutungsvoll. »Im Hauptuntersuchungsgefängnis des Ministeriums für Staatssicherheit!!!« »Na und? Das kann mich überhaupt nicht beeindrucken! Das ist für mich auch nichts anderes. Deswegen lasse ich mich noch lange nicht von Ihnen beleidigen! Und schon gar nicht meinen Vater!« Er hat längst bemerkt, daß er mich damit aus dem Häuschen lockt... »Wenn ich hier rauskomme, werde ich eine Eingabe an den Staatsrat machen und über diese Gemeinheiten und Erniedrigungen berichten!« wehre ich mich gegen diesen Ausbund an Brutalität, Grausamkeit und Nieder-

tracht. Doch er steigert sich ... und weiter geht's mit gemeinen Reden. »Junge, Junge«, sage ich nur. Und starre in das Stückchen Himmel, was durch die Gitterstäbe sichtbar ist. Er brüllt! »Junge, Junge«, sage ich ein weiteres Mal. Er brüllt noch lauter. Und er beleidigt noch schärfer. »Junge, Junge«, sage ich wieder. Plötzlich haut er mit beiden Fäusten auf die Schreibtischplatte. Alles fliegt zu Boden. Er brüllt wie ein Stier. »Junge, Junge«, wage ich's noch mal. Da springt er plötzlich mit einem Satz über den Schreibtisch. Er brüllt ... brüllt ... brüllt ..., daß die Wände wackeln! Draußen werden aufgeregte Stimmen laut. Durch die Doppeltüren haben das alle gehört ... Und selbst hartgesottene Vernehmer lassen sich dadurch aus ihren Büroräumen locken? Ich kann nicht mehr. Sage ich noch mal »Junge, Junge«? Renne ich nach draußen? Renne ich mit dem Kopf in die Glasscheibe seines Bücherschrankes? Mit hocherhobenen Fäusten steht er körpernah vor mir. Entsetzt gebe ich auf. »Wenn er mich jetzt zusammenschlägt, stehe ich nie wieder auf«, schießt's mir durch den Kopf.
Es war eine kluge Entscheidung ... in meinem Zustand hätte es nur eines einzigen Schlages bedurft. Gehirnblutung ... Herzversagen ... Wie viele sind mit dieser Diagnose eines unnatürlichen Todes in den DDR-Gefängnissen gestorben?
Es klopft an die Tür. Er geht hinaus und erklärt etwas. Ich höre nur ihr Flüstern. Dann geht's weiter im Verhör. Jetzt vermeidet er, mich zu beleidigen. Da hat er wohl selbst gemerkt, daß er zu weit gegangen ist? Oder besser: Er hat nicht mit meinem Widerstand gerechnet! Einmal noch versucht er, mich zu verunsichern. »Sie haben die Republik verraten!« schreit er mich an. »Wieso verraten? Ich wollte nur von hier weg!« »Und zu diesem Zweck haben Sie mit staatsfeindlichen Elementen Verbindung aufgenommen!« »Ich nicht!« »Geht's schon wieder los! Wer denn sonst?« »Ich persönlich hatte ja von hier aus gar keine Möglichkeit!« »Es ist doch nun egal, ob Sie oder Ihre Tante ...!« Ich schweige. Und süßlich fragend, versucht er mich aus der Reserve zu locken. »Oder sollten wir etwa annehmen, daß doch Ihr Mann ...?« Die Frage bleibt im Raum stehen. Ich antworte ihm darauf nicht mehr. Zu oft schon ist dieses Thema diskutiert

worden. »Auch eine Frau Thiemann kriegen wir weich! Auch eine Frau Thiemann kriegen wir noch dorthin, wohin wir sie haben wollen! Auch eine Frau Thiemann wird eines Tages viel mehr erzählen, als manchem lieb ist... das ist alles nur eine Frage der Zeit!« Diese Drohungen habe ich zigmal zu hören bekommen... und sie haben mich immer mehr bestärkt: Ich verrate meinen Mann nicht!

Bezeichnend: Über den Paragraphen 100, der die »staatsfeindliche Verbindungsaufnahme zu einer Menschenhändlerorganisation« behandelt, wird ein Protokoll gefertigt. Doch mein Vernehmer verfaßt es nicht selbst – wie sonst üblich. Rechts neben ihm liegt ein bereits in Maschine getipptes Protokoll, von dem er abschreibt! Das läßt sich sehr einfach an der völlig anderen – und besseren – Stilistik feststellen! »Und bilden Sie sich ja nicht ein, daß in den nächsten Jahren eine Amnestie durchgeführt wird – wir hatten gerade eine größere im Oktober. Einzelne Wirtschaftszweige sind zum Teil auf die Häftlinge angewiesen. So schnell kommen Sie nicht wieder raus!«

Ich komme wieder in meine Zelle und erzähle Heidi dieses schlimme Erlebnis. Sie wird ganz blaß. »Mensch, da hast du noch mal Glück gehabt! Das war haarscharf am Krankenhaus vorbei – wenn nicht mehr!«

Nächster Tag: Weiteres Verhör. Der Läufer liefert mich ab. Ich stehe vorm Schreibtisch und warte auf das Kommando: »Setzen!« Nach einer ganzen Weile höre ich's. Er schaut mich nicht an. Er öffnet den Schreibtisch und nimmt sich ein Nageletui heraus. Dann beginnt er, an den Nägeln herumzufummeln. Aha, eine neue Art, mich mürbe machen zu wollen. Ich blicke auf seine Uhr, es ist kurz nach neun. Er macht weiter mit seiner Nagelpflege. Unnormal, denke ich. Das ist doch nur Taktik! So lange kann man sich kaum mit seinen Nägeln beschäftigen. Es dauert endlos. Ich schaue wieder auf seine Uhr. Es sind bereits eineinhalb Stunden vergangen. Aber mich macht er damit nicht fertig. Im Gegenteil! Ich werde sichtlich ruhiger. Hätte er mich gleich wieder angeschnauzt, heute wäre ich ihm wahrscheinlich nicht gewachsen gewesen. Aber so... Dann gibt er's endlich auf – es ist bereits 11.20 Uhr! Fragen, Brüllen, Protokoll, Unterschrift. Plötzlich legt er mir ein Foto auf den Schreibtisch. Ein Paßfoto. Ich erkenne Onkel Bernd, einen Bruder meiner Mutter. »Na, erkennen Sie ihn?« fragt er herausfordernd. »Natürlich, es ist mein Onkel.« »Und mehr haben Sie mir nicht dazu zu sagen?« bohrt er weiter. »Nein, was wollen Sie denn noch wissen?« »Haben Sie Verbindung zu ihm?« »Nein.« »Lügen Sie doch nicht schon wieder! Ich kann's Ihnen beweisen!« ereifert er sich. Er fummelt in seinem Tresor herum und legt eine Ansichtskarte mit einer Brockenhexe vor mich auf den Tisch. »Na, und was sagen Sie nun? Die haben wir nämlich bei der Hausdurchsuchung gefunden und mit hierhergebracht! Und da wollen Sie behaupten, daß Sie keine Verbindung zu ihm haben?« »Habe ich auch nicht. Die Karte ist an meine Mutter adressiert, wie Sie sehen können! Mir hat nur die Zeichnung so gut gefallen, deshalb ließ ich sie mir geben.« Etwas verunsichert glotzt er drauf... und kann nichts mehr dazu sagen. Doch sofort geht's weiter. »Wann haben Sie Ihren Onkel das letzte Mal gesehen?« »Ich weiß das nicht mehr, er war nur kurz auf Besuch bei meinen Eltern.« Und dann dämmert's bei mir: Onkel Bernd hatte damals erzählt, als er seine Tochter besuchte, daß er in Leipzig auf dem Bahnhof beobachtet und verfolgt worden sei. Meine Eltern zweifelten dies an und meinten, daß er »Gespenster« gesehen hätte... Jetzt wird mir bewußt, daß er richtig beobachtet hatte. Obwohl Onkel Bernd schon lange im Westen wohnte, war er denen offensichtlich immer noch ein Dorn im Auge. Schließlich hatte er mal einige Jahre in Bautzen gesessen, wegen »Aufbewahrung von Flugblättern mit staatsfeindlichem Inhalt«. »Abholen«, sagt der Vernehmer ins Telefon. Ich schaue auf seine Uhr. Im Protokoll hat er eine andere Uhrzeit angegeben – und das nicht zum erstenmal. »So einer bist du also!« geht's mir durch den Kopf. »Ein Betrüger bereits im Kleinen! Was magst du noch so alles auf dem Kerbholz haben, wenn du schon Anfang und Ende eines Verhörs verfälschst!?«

Und weiter geht's die nächsten Wochen mit den Verhören. Mal werde ich geholt, dann mal wieder zwei Wochen überhaupt nicht. Unliebsame Ausführungen bezüglich der Stasi werden gar nicht erst zu Protokoll genommen. So auch folgendes Erlebnis:

Wir hatten im Sommer 1972 eine Anzeige gegen einen Mitbewohner unseres Blocks erstattet, der unseren zehnjährigen, schwer sehgeschädigten Sohn aufs schärfste mißhandelt hatte. Kurt Schneider war in den Hof gekommen, wo unser Kind mit einem anderen Jungen, dem Sohn eines Handballspielers, Fußball spielte. Er griff sich unseren Sohn mit einem Nackenwürge- und Oberarmgriff, jagte ihn in geduckter Körperhaltung mehrmals durch den Hof und trat ihm dabei zusätzlich in die Fersen. Zwischen den Garagenwänden stieß er ihn mit dem Kopf von einer Seite auf die andere. Völlig aufgelöst und zerschunden kam unser Junge oben bei mir an. Wir brachten ihn sofort ins Krankenhaus, ließen ihn röntgen und ein ärztliches Gutachten anfertigen. Auch nach ein paar Tagen wurde er nochmals wegen innerer Verletzungen im Hals- und Zungenbereich behandelt. Im Laufe der nächsten Tage legte man meinem Mann dann nahe, die Anzeige unter den Tisch fallen zu lassen, da der Täter Angehöriger der »Staatssicherheit« sei und man nicht dagegen ankäme. Unser Junge wurde eine Woche bettlägerig geschrieben, hatte äußere und innere Verletzungen am Hals (Drüsenschwellung, Schluckbeschwerden, starke Halsschmerzen), Fieber, Rückenverletzungen sowie starke Blutergüsse am Oberarm. Auch für mich waren damit ein Arbeitsausfall verbunden, zusätzliche Kosten für Taxis und ärztliches Attest. Als ich diese Begebenheit mit als Grund angab, in solch einem Staat nicht mehr leben zu wollen, schrien mich drei Vernehmer an: »Sie sollten sich vorsehen! Die Geschichte hat genug Staub aufgewirbelt. Vorsicht mit Ihren Behauptungen! Das kann Ihnen ganz leicht noch zwei Jahre mehr einbringen!« »Was? Wie bitte? Mein Kind wurde mißhandelt!!!« Daß es dabei nicht gestorben war – ein Glück! Und da wagt ihr es!!!
Mir verschlug es erneut die Sprache. Weiter ging's mit erniedrigenden und menschenunwürdigen Verhören. »Mit welcher Note haben Sie denn Ihren Schulabschluß gemacht?« fragte er eines Tages. »Welchen, Grund- oder Oberschule?« »Beide.« Ich erzähle es ihm. Im Protokoll machte er dann aus »Sehr gut« einfach ein »Gut«. Ich beanstandete es zwar, doch es störte ihn gar nicht. »Daß Sie sich an solchen Kleinigkeiten hochzie-

hen ...« war seine Antwort. »In welchen Organisationen sind Sie?« »In keiner mehr.« Ich zähle alles auf, wo ich mal Mitglied war. »Und warum sind Sie nicht mehr drin?« »In der FDJ könnte ich ja sowieso nicht mehr sein, da ich das Mitgliedsalter längst überschritten habe.« »Aber man kann ja auch Ehrenmitglied sein!« »Sind Sie es denn?« wage ich einen Vorstoß. »Nicht Sie haben hier zu fragen ...!« brüllt er wieder los. »Sind Sie in der Kirche?« »Nein.« »Sind Sie offiziell ausgetreten?« »Nein, ich zahle nur keine Kirchensteuer.« »Aha, aus Bequemlichkeit! Was fällt Ihnen eigentlich ein! Damit decken Sie doch die Kirche! Dadurch können die dann soundsoviele Mitglieder angeben, die sie ja eigentlich gar nicht haben!« »An was für Lächerlichkeiten der sich eigentlich hochzieht«, denke ich. Oder gehört auch das zu seiner Taktik? »Uns ist bekannt, daß Sie zum westdeutschen Geheimdienst Verbindung haben!« sagt er drohend. Ich fange an zu zittern. »Wieso denn? Ich habe überhaupt keine Ahnung, wovon Sie reden ...« »Sie werden's schon genau wissen! Verstellen Sie sich nur nicht so!« »Ich habe nichts damit zu tun«, beteuere ich. »Das sagen sie alle, wenn sie entlarvt werden. Jedenfalls: Dem Geheimdienst ist Ihre Adresse sehr wohl bekannt!« Bedeutungsvoll schmettert er mir diese Nachricht entgegen. »Aber, wie ist denn das möglich? Ich kenne doch überhaupt niemanden ...« entgegne ich verstört. »Naja, vielleicht hat einer Ihrer vielen Westbekannten und -verwandten Ihre Adresse dort bekanntgegeben ...« Ich bin völlig entnervt. Wenn sie mir nun auch noch so etwas zurechtzimmern, dann komme ich hier überhaupt nicht mehr raus! Diesmal habe ich Angst, furchtbare Angst ...

»An wieviel Personen schickt eigentlich Ihre Tante Pakete?« »Das weiß ich nicht so genau. Aber ich könnte es errechnen.« »Naja, kommen Sie, tun Sie's!« Ich überlege. »Etwa sechs in unserer Verwandtschaft.« »So, wissen Sie das so genau? Soll ich Ihnen sagen, wie viele es tatsächlich sind?« »Ja.« »Es sind über 40 Personen!« »Soviel Geld hat sie ja gar nicht, als einfache Arbeiterin!« »Tja«, sagt er wichtigtuerisch, »das erarbeitet sie ja auch nicht selbst.« »Wieso denn?« »Nun ja ...« Pause.

»Übrigens, Sie wußten doch sicher, daß Ihre Tante Mitglied

einer Revanchisten- und Vertriebenenorganisation ist...?«
»Nein, und das glaube ich auch nicht, da hätte sie sicher schon mal was davon erzählt.« »Wissen Sie's wieder besser als wir? Im übrigen: Ihre Tante sitzt auch hier!« Boing! Das sitzt! Tante Lola, meine arme Tante Lola! Nur das nicht! Lieber will ich länger schmoren! Ob es stimmt? Ob das wirklich wahr ist? Neue Zweifel kommen auf. Er lauert so, er will mich sicher wieder nur bluffen. Ob's stimmt?
Weiter geht's. »Wie viele Pakete bekommen Sie denn so von Ihrem Onkel aus Köln?« »Gar keine.« »Nana, Sie wissen doch ganz genau, daß er Nazipensionen bezieht. Damit finanziert er dann auch die Pakete in den Osten. Daß Sie sich nicht schämen!!!« »Ich habe von meinem Onkel in 25 Jahren vielleicht zwei Pakete erhalten! Außerdem bezieht er keine Nazipensionen, sondern ist Verlagsdirektor eines großen Kölner Verlages! Da verdient er sicher genug!« Nachdem er mich bezüglich meiner Verwandtschaft genug gequält hat, geht's weiter. »Übrigens«, fährt er fort, »Sie werden eines Tages im Westen eine bildhübsche Leiche abgeben!« Was soll das nun wieder? Einigermaßen cool antworte ich: »Wir müssen eines Tages alle mal ins Gras beißen!« »Jaja, aber der Sache kann auch ein wenig nachgeholfen werden... kleiner Autounfall und so... wo man hinterher nicht mehr feststellen kann, wie's passiert ist... und so...«
Süßlich arrogant lächelt er mich an. Ist das denn möglich? Ja, um alles in der Welt, ist das denn wirklich möglich? Das sind doch ganz offene Morddrohungen!!! Das glaubt mir doch niemals jemand...
Und da schießen mir Klaus' Bedenken in den Kopf: Wir hatten noch eine Fluchtmöglichkeit erwogen. Klaus sollte ab 1973 aufgrund seines Berufes als Sportredakteur auch ins »KA« (das heißt dort »kapitalistisches Ausland«!) fahren. »Dann können wir's doch so machen: Du bleibst bei der erstbesten Gelegenheit drüben und holst uns dann nach«, schlug ich vor. »Das ist so eine Sache. Ich kenne eine ganze Menge ehemaliger Spitzensportler oder Trainer, die abgehauen sind und dann drüben in mysteriöse Verkehrsunfälle verwickelt wurden«, gab Klaus zu bedenken.

»Ach, Zufall. Das können die doch nicht machen«, bezweifelte ich seine Worte. »Wenn du wüßtest!« Alles weitere blieb im Raum stehen... Fest stand: Vor dieser Alternative hatte Klaus Angst.
Und schlagartig wird mir jetzt klar, warum!

Heidi erzähle ich die Geschichte mit meiner Tante. Sie versucht, mich zu beruhigen. Doch ich weiß nicht, was ich davon halten soll. In der Anstaltsordnung stand etwas von Haftstaatsanwalt. Ich klingele. »Ich möchte bitte Papier und einen Kugelschreiber.« »Wozu?« »Ich will an den Haftstaatsanwalt schreiben.« »Da müssen Sie Ihren Vernehmer fragen.« »Aber, über den will ich mich doch beschweren...« »Trotzdem, da müssen Sie ihn fragen.« Sauber ausgedacht! Beim nächsten Verhör wage ich's. »Ich möchte eine Haftbeschwerde an den Staatsanwalt schreiben. Veranlassen Sie bitte, daß ich Papier bekomme.« »So, was wollen Sie denn schreiben?« Muß ich dem das jetzt wirklich erzählen??? »Allerhand. Vor allem über die laufenden Beleidigungen meines Vaters.« Herr Oberleutnant lächelt nur überheblich. Nun ja, das ist mir klar geworden: Euch kann ja wirklich nichts passieren!
Vierzehn Tage dauert's noch, ehe ich Papier bekomme. Dann schreibe ich. Und ich schreibe noch etwas. Heidi hat inzwischen mal eine Schachtel Zigaretten bekommen. Auf das Silberpapier schreibe ich eine Mitteilung an meinen Mann. Irgendwann muß ich ja mal einen Besuchstermin erhalten. Ich rolle das Papierchen ganz klein zusammen und stecke es in den Saum meiner Hose. Überhaupt. Eins ist mir im Laufe der Verhöre klar geworden. Sie sind gar nicht so scharf auf mich. Sie sind viel mehr an Klaus interessiert! Hat er einen speziellen Feind unter denen? Und warum? »Ihr Mann hat mehrere Freundinnen so nebenbei. Wußten Sie das?« »Nein, und das glaube ich Ihnen auch nicht.« »Es sind sogar welche vom horizontalen Gewerbe darunter.« »Das glaube ich Ihnen erst recht nicht!« »Daß Sie immer alles besser wissen!«
»Wieviel Kinder hat übrigens Ihr Mann?« Ich stutze. Was soll das nun wieder? »Wie bitte? Wieviel Kinder?« »Na, ich frage

Sie, wieviel Kinder Ihr Mann hat.« »Das wissen Sie doch, eins, unseren Sohn.« »Nein, ich will nichts über Ihr gemeinsames Kind wissen. Sondern: Wieviel Ihr Mann hat?« »Sie meinen, er hätte außerhalb unserer Ehe auch noch welche?« »Hmmm, vielleicht...« Pause. »Na, wie viele hat er?« »Eins natürlich!« »Nein, das stimmt nicht. Er hat zwei!« »Wie, zusätzlich zu unserem Kind?« »Nein! Mit Ihrem Kind hat er zwei!« »Das glaube ich Ihnen nicht!« »Das stimmt aber. Soll ich Ihnen auch sagen, mit wem?« »Ja.« »Mit einer Krankenschwester aus Rudolstadt!« Rudolstadt... Rudolstadt...? Da hat er doch sein Sportlehrerstudium gemacht... Blitzschnell schießt's mir durch den Kopf: An einem Wochenende, als er nach Hause kam, machte er einen so niedergeschlagenen Eindruck. Vielleicht hatte er kurz zuvor erfahren, daß eine Frau ein Kind von ihm bekommt? Und noch etwas fällt mir blitzartig ein: Es gab mal so hübsche Dralonanzüge aus dem Westen für Kinder. Klaus erkundigte sich bei mir, für welche Altersklassen die geeignet seien... »Ich glaube das nicht«, erkläre ich mit Bestimmtheit. »Das können Sie aber ruhig!« bestätigt er scharf. Dann schreibt er das Protokoll. Ich lese unter anderem: »Ich habe bis zum heutigen Tage nichts von der außerehelichen Existenz des Kindes meines Mannes gewußt...« Ich unterschreibe. Den ganzen Weg vom Verhörzimmer bis zu meiner Zelle werde ich hin- und hergerissen. Ob es wirklich wahr ist? Ich mußte auf Klaus' ausdrückliches Bitten und Drängen hin vor nicht allzu langer Zeit ein Kind abtreiben lassen. »Das kommt jetzt völlig ungelegen. Ich will studieren, wir haben nicht genug Geld, wenn du nicht arbeitest«, so und mit vielen anderen Begründungen überzeugte er mich davon, obwohl's damals noch verboten war. Das wäre ja eine ganz wahnwitzige Situation...

In der Zelle angekommen, erzähle ich's Heidi und weine erst mal los. Das alles in dieser Umgebung, unter diesen Umständen! Bleibt man denn hier vor nichts verschont? Ist's wieder ein Trick? Ich beschließe: Solange ich in diesen Mauern bin, werde ich Klaus dazu nichts fragen! Ich weiß nicht, wie ich reagiere, wenn er mir's an diesem Ort bestätigen sollte. Also will ich

lieber stark bleiben und unterlasse es ... Im Moment wären mir auch zehn Kinder egal ...
Eines Tages gestattet mir der Vernehmer einen Brief.
»Eine Seite dürfen Sie an Ihre Familie schreiben«, erklärt er. Ich schreibe in seiner Gegenwart. Als ich fertig bin, liest er meine Zeilen sofort durch. »Hier, das schreiben Sie noch mal! Das Wort ›Zelle‹ stimmt nicht. Das heißt ›Verwahrraum‹!« »Aber das ist doch eine Zelle.« »Bei uns heißt das eben anders!« Ich schreibe alles noch einmal. Es geht ja schnell – eine Seite ... Nur Schikane!
Ein paar Tage später händigt er mir einen Brief von Klaus aus. Mir zittern die Hände. Ich muß weinen. Die Gegenwart des »Herrn Oberleutnant« stört mich dabei nicht ... Und da steht der Satz: »Ich kann es immer noch nicht fassen.« Endlich! Endlich ein Zeichen! Endlich weiß ich, daß Klaus nichts, aber auch gar nichts zugegeben hat! Und gestern war ich nahe dran, ihn preiszugeben! Gestern hatte mir der Vernehmer wieder mit jahrelanger U-Haft und jahrelanger Einzelhaft gedroht!!!
Plötzlich nimmt er eine Akte. Darin ist ein Foto meines Sohnes. Mich schüttelt's. Er schaut beim Aussteigen aus dem Fluchtauto in die Kamera der Stasi-Leute. Er lächelt kläglich ... Es ist gottserbärmlich, was sie mit mir machen! Dann zeigt er mir noch das Paßbild von Carsten, das ich in meiner Tasche trug. Wie lieb er guckt, wie er mich braucht ... Ich kann nicht mehr. Mir ist der fiese Vernehmer egal, mir ist die Umgebung egal, wo ich so stark sein muß ... ich weine hemmungslos ... So geht's noch eine Weile weiter. Meine Post muß ich im Beisein vom Herrn Oberleutnant schreiben, und die Post meiner Familie muß ich in seinem Beisein lesen. Ich bekomme sie nicht ausgehändigt. Heidi dagegen erhält sie. Und sie darf inzwischen auch vom Eigengeld einkaufen.
»Mitkommn«, sagt ein Uniformierter eines Tages zu mir. Er führt mich diesmal in ein anderes Zimmer. Ein etwas schmächtiger älterer Mann empfängt mich. »Nienkirchen, ich bin der Haftstaatsanwalt«, stellt er sich vor. »Sie haben mir geschrieben.« »Ja, ich muß Sie unbedingt sprechen.« »Ja, ist denn das alles wahr, was Sie da schreiben?« »Ja, alles konnte ich gar nicht

schreiben. Denn allein die Tatsache, daß ich Papier verlangte, hat mir eine Reihe weiterer Schikanen und Brüllereien eingebracht. Außerdem mußte ich nochmals zehn Tage darum kämpfen, daß mir der Brief überhaupt abgenommen wurde.« »Naja, ich kenne aber alle Vernehmer. Derartiges ist mir noch nie zu Ohren gekommen.« »Ich erzähle Ihnen aber die Wahrheit.« »Naja, ich muß natürlich nochmals Rücksprache mit Ihrem Vernehmer nehmen. Ich muß ja beide Seiten dazu hören. Die Beleidigungen gegen Ihren Vater kann ich mir eigentlich nicht vorstellen, denn er hat ja maßgeblich am Aufbau des Sozialismus in der DDR teilgehabt und eine Reihe staatlicher Auszeichnungen und Orden erhalten.« »Eben gerade drum.« Er schaut mich lauernd an. »Außerdem bekomme ich weder das Strafgesetzbuch ausgehändigt, obwohl das in der Anstaltsordnung steht, noch darf ich vom Eigengeld einkaufen«, fahre ich fort. »Ich werde mich sofort darum kümmern. Das steht Ihnen zu. Und heute noch können Sie einkaufen, das verspreche ich Ihnen.« Soll ich's glauben? »Mein Vernehmer hat mich angebrüllt, als ich ein Protokoll nicht unterschrieb, daß er mir ein Tonband vorspielen wolle, wo alles genau aufgezeichnet sei bezüglich meiner Aussage. Ich bat ihn darum, es abzuspielen. Können Sie das veranlassen?« »Ich werde mich drum kümmern ...« verspricht Haftstaatsanwalt Nienkirchen.
Das Gespräch wird noch eine Weile geführt, dann läßt er mich abholen. Im Laufe des Tages tut sich nichts. Ich klingle. »Herr Staatsanwalt Nienkirchen hat mir den Einkauf zugesichert.« »Davon wissen wir nichts.« Nach ein paar Stunden versuche ich's noch mal. »Sie werden schon was bekommn, wenn's Ihn' zuschtehd!« Klappe zu. Ich bin hartnäckig. Noch ein paarmal werde ich angebrüllt. »Heute ist's sowieso vorbei, erscht widder nächsden Mittwoch!« Gemeinheit!
Nun versuche ich es mit dem Strafgesetzbuch. Daß sie mir's nicht geben, beweist mir nur, daß es wichtig für mich ist. Sicher kann ich für meine Verteidigung zu viel draus lesen!
Erneutes Verhör. »Fertigen Sie eine Liste über Ihre sämtlichen Freunde und Bekannten an. Name, Anschrift, Beruf, Alter, Art der Beziehung.« Zuerst will ich's nicht glauben ... das sind ja so

viele ... Ich beginne. Es wird eine endlose Liste. Wir haben viele Freunde, noch mehr Bekannte. Ich gebe sie ihm. »Hier fehlen aber noch eine ganze Menge!« »Wieso denn?« »Na, ich habe hier Ihr Adreßbuch, da stehen noch viel mehr drin.« Ich ergänze die, die er noch haben will. »Sie schreiben hier bei Professor Brauer ›freundschaftliche Beziehung‹. Das stimmt doch nicht.« »Wieso stimmt das nicht?« »Na, mit ihm haben Sie doch ein festes Verhältnis gehabt!« »Hatte ich nicht!« »Natürlich hatten Sie das! Lügen Sie doch nicht schon wieder!« »Ich habe ihn in meinem ganzen Leben nur zwei-, dreimal gesehen!« »Kennt Ihr Mann den auch?« »Nur vom Erzählen.« »Sehen Sie ...!« »Das bedeutet doch noch lange nicht, daß ich deswegen mit ihm ein Verhältnis habe!« »Na, wir wissen das aber besser ...« Er muß verrückt geworden sein – ich weiß das ja nun wirklich besser! Und Professor Brauer wird sich kaum mit solch einer Unwahrheit brüsten ... schließlich ist er aus dem pubertären Alter weit heraus! »Und wie stehen Sie denn zu Herrn Frederking?« »Mit diesem Ehepaar waren wir befreundet.« »Ach, auch wieder nur befreundet? Ich fragte Sie aber, wie Sie zu Herrn Frederking stehen?« »Naja, das sagte ich Ihnen ja. Außerdem kann ich den gar nicht besonders leiden. Nur, weil mein Mann sich immer wieder von dieser Familie überreden ließ, sind wir ab und zu hingefahren.« »Naja, das wissen wir aber besser! Ich werde Ihnen mal die Aussage von einer Brigitte Pfitzner vorlesen!«
Und dann höre ich's: Ich hätte mit ihm eine feste Liaison ... Ausgerechnet Brigitte muß das sagen! Wie kommt sie dazu? Sie wußte doch aus Gesprächen ganz genau, daß mir der Frederking gar nicht sympathisch war ... Ausgerechnet Brigitte, die sich bei ihrem eigenen Mann prostituiert! Alle paar Monate nur hatte sie intimen Verkehr mit ihm. Und das auch nur, wenn er ihr vorher für ein paar tausend Mark aus dem Exquisit-Geschäft Kleider und andere Geschenke offerierte! Außerdem: Sie vertraute mir mal an, daß sie gern eine lesbische Freundin hätte, wenn sie nur wüßte, wie sie's anstellen solle ...
Aber so sind die Menschen. Wenn einer in der Klemme sitzt, dann lassen sie noch zusätzlich so richtig Dampf ab – egal ob's stimmt oder nicht! Sie hat's mir wohl nie verzeihen können, daß

ich in Berlin Weinkönigin wurde und nicht sie! Ich rege mich fürchterlich über sie auf. Aber es kommt noch toller: »Hier, wollen Sie auch mal die Protokolle Ihrer anderen ›Freunde‹ hören?« Ich verzichte. Doch darauf nimmt er keine Rücksicht. »Hier, nehmen wir mal die Aussage von der Lehrerin Christine. Sie gibt an, daß Sie nur westlich orientiert wären bezüglich der Kleidung und so. Außerdem, daß Sie auf einer Arztparty oben ohne getanzt hätten!« Das darf doch wohl nicht wahr sein! »Ja, ich habe mitgemacht, aber erst, nachdem Christine und all die anderen es bereits vor mir taten – und mir dann förmlich den Pullover vom Leibe rissen! Das Ganze dauerte vielleicht zehn Minuten!« Warum hat sie das denn dem erzählt? Warum will sie mir schaden? Ich bin fassungslos. Ausgerechnet Christine, die extra immer zur Leipziger Messe fuhr, um Westbekanntschaften zu machen. Die in Interhotels mit ihnen schlief und so viel wie nur irgend möglich Westgeld abstaubte, um dann in den Intershops einkaufen zu können... Ausgerechnet Christine, die mich des öfteren angehauen hatte, mir von meinem Bruder aus dem Westen für sie Klamotten schicken zu lassen! Dann geht's weiter. Doris aus Babelsberg sagt aus, ich hätte mich in Budapest in der Wohnung des Filmstars Gabor Konzc küssen lassen und dabei gekreischt... »Wenn ich küsse, kreische ich gewöhnlich nicht!« reagiere ich wütend. Doch er fährt fort: »Da ist sicher noch mehr passiert...?« Ja, geht's denn primitiver? Völlig aus der Luft gegriffen, stehen da Dinge im Protokoll, die sich wahrlich nicht zugetragen haben! Sind diese Weiber denn total verrückt geworden!? Ich erinnere mich: Doris war in einem Schneidebüro bei der DEFA in Babelsberg beschäftigt. Natürlich kannte sie den ungarischen Filmstar aus diversen Filmstreifen. Und natürlich hätte sie gern eine Liaison mit ihm begonnen, um in ihrem Kollegenkreis damit anzugeben. Doch sein Interesse ihr gegenüber war gleich Null. Daß meine Chancen größer waren, hatte sie mir also derart übelgenommen, daß sie sich jetzt auf so eine unfaire Weise rächte? Auch über sie wußte ich, daß sie in Interhotels die Bekanntschaften von Ausländern und Westbürgern suchte, um günstig an harte Währung zu kommen. Und sie will mir unmoralische

Handlungen andichten wegen eines Kusses? Wegen Nichtbeachtung ihrer Person?
Mit einer unbändigen Freude liest mir der Vernehmer all die lächerlichen Anschuldigungen vor. »Was hat das eigentlich mit meiner Republikflucht zu tun?« wage ich einzuwenden. »Na, warten Sie mal...« Und dann kommt das Protokoll von Brigitte Vater dran. Sie ist die Freundin eines verheirateten Oberarztes aus der Poliklinik Friedrichshain. Außerdem hat sie ein festes Verhältnis mit einem Architekten, dessen Frau sich ihretwegen das Leben genommen haben soll. Sie geht nur halbtags arbeiten, hat zwei Kinder. Und sie hat noch eine auffällige Eigenschaft: Sie ist bisexuell. Auf einer Party machte sie mir ganz eindeutige Angebote. Jetzt also ihre Rache, weil ich nicht ihre Beziehung wollte? Dick trägt sie auf: Ich hätte mein Kind vernachlässigt, um auszugehen... Das ist doch nun wirklich die Höhe! Wenn in unserem gesamten Bekanntenkreis eine sich ewig und jede Minute ums Kind kümmerte, dann war ich das! Das weiß auch jeder! Ich begreife nun gar nichts mehr. Ich bin völlig geschafft. Wie können sie nur alle so gemein sein? Sie sind doch frei... Sie müssen sich doch gar nicht erpressen lassen... Unsere Freunde? Eins weiß ich: Ich hätte mich niemals zu solchen Aussagen zwingen lassen! »Abholen«, sagt »Meckvieh« ins Telefon. In der Zelle erleide ich einen Herzanfall. Weinkrämpfe schütteln mich. Heidi ist ernsthaft um mich besorgt. Die Tür rasselt. Eine Uniformierte kommt rein und sieht mich erschreckt an. Offensichtlich wird's ihnen nun doch ein bißchen zu gefährlich! Sie gibt mir mein Essen. Ich lehne ab. Ich kann keinen Bissen herunterbringen. Ich bin am Ende. Wahrhaftig. Solche Protokolle. Alle auf einen Nenner gebracht. Es trifft mich hart. Na, wartet nur, dagegen erstatte ich Anzeige! Ich werde mit meinem Anwalt sprechen! Ja, wenn ich ihn nur endlich sprechen könnte!
»Mitkommn«, fordert der Läufer mich nach rund einer Stunde wieder auf. Ich versuche, gefaßt aufzutreten. Ich bin erschüttert über so viel Gemeinheit. Mein Vernehmer schaut mich fragend an. Ich versuche, ihn nicht merken zu lassen, wie sehr mich's getroffen hat. »Na, da haben Sie gesehen, was Ihre ›Freunde‹ so alles gegen Sie auspacken!« Ich antworte nicht. Ich verachte ihn

noch mehr. Jedes Protokoll trägt seine Handschrift. So exakt können Leute, die sich nicht einmal kennen, gar nicht formulieren – so gleichmäßig ... Fragen, Antworten, Brüllen. Wie immer geht auch dieser Tag zu Ende. Und wieder erlangt er eine Unterschrift unter ein zurechtgezimmertes Protokoll ...

An einem der nächsten Tage fragt er: »Welchen Anwalt möchten Sie denn haben? Haben Sie sich schon einen überlegt?« »Ja, Dr. Vogel.« »Warum muß es denn ausgerechnet Dr. Vogel sein???« brüllt er überaus laut. Aha, es ist also genau der Richtige für mich! »Es gibt genügend andere Anwälte. Aber ausgerechnet *der*!« »Ja, ich bleibe dabei!« Wütend notiert er das. Dann muß ich ein Formular unterschreiben. »Abholen.« Das war kurz.
Ein paar Tage später werde ich geholt. Gänge runter. Im Zimmer steht Staatsanwalt Nienkirchen. »Sie haben nochmals nach mir geschickt.« »Ja, ich werde nach wie vor beleidigt. Ich erhalte kein Strafgesetzbuch. Keinen Einkauf. Meine Aussagen werden verfälscht.« »Nana, so schlimm kann's ja gar nicht sein.« »Doch. Zum Beispiel will mir mein Vernehmer ein Verhältnis mit einem mir bekannten Mann andichten.« »Um wen handelt es sich da?« »Um Professor Brauer.« »Ja, das ist mir auch bekannt, daß Sie ein Verhältnis mit ihm haben.« »Aber woher denn?« »Er hat es selbst unterschrieben.« Ich bin baff. »Das kann er gar nicht!« »Er hat aber ...«. »Es stimmt doch aber nicht!« »Das ist außerdem nicht Ihr einziges Verhältnis.« Wichtige Miene. »Auch das Verhältnis zu Herrn Frederking ist aus der Luft gegriffen!« wehre ich ab. »Aber die Aussagen der anderen gehen nun mal dahin.« Ich gebe es auf. Nochmals verspricht er, für meinen Einkauf und das Strafgesetzbuch Sorge zu tragen. Dann sagt er zu, mit mir die monierten Protokolle zu ändern. Doch das ist ein aussichtsloses Unterfangen. Da müßte quasi jedes Protokoll neu gemacht werden! Die Zeit arbeitet für die ... Ich halte das nicht aus. Und da begehe ich den nächsten Irrtum: »Das Gericht wird Recht sprechen.« Dümmliche oder naive Hoffnung ...
»Übrigens, das Tonband, was Sie anführen, existiert nicht mehr. Wenn die Bänder ausgewertet sind, werden sie vernichtet«, erklärt Haftstaatsanwalt Nienkirchen.

Dann werde ich wieder in meine Zelle eingeschlossen.
Weiter geht's mit den Verhören. Weiter geht's mit den Verdrehungen. Und ich erhebe auch weiterhin Einspruch, wenn's allzu unverschämt ist. »Sind Sie Jurist oder ich? Mit unseren Formulierungen müssen Sie sich schon abfinden! Ob es Ihnen paßt oder nicht!«

Ein Glück: Heidi und ich verstehen uns gut. Wir weinen zusammen. Wir lachen zusammen. Und wir versuchen, uns durch gutes Zureden gegenseitig Mut zu geben. An der sexuellen Enthaltsamkeit leidet Heidi offenbar mehr als ich. Die Trennung von ihrem griechischen Freund kann sie körperlich schwerer verkraften als ich die von meinem Mann. Aber bei mir ist's relativ leicht zu erklären: Meine Sinne sind derart gespannt, Klaus nicht doch noch zu verraten... der Schlafentzug macht mir unerhört zu schaffen, daß ich körperlich viel zu geschwächt bin, um auf irgendwelche Gedanken dieser Art zu kommen.
»Hach, ich möchte jetzt mein schönes Marzipanbrot haben...«, schwärmt Heidi. »Mann, das hätte ich jetzt so nötig... mein Marzipanbrot, so groß... und glatt...« Es ist unschwer zu erraten, was sie damit meint. Sie steigert sich hinein, ich denke an ganz andere Dinge: Wie halte ich Klaus auf die Dauer raus? Was macht mein armes Kind? Wann werde ich sie alle wiedersehen? Wie geht es meinen Eltern? Was macht meine Tante?

Jeden Mittwoch, wenn wir zum Duschen gehen, wird die Nachtwäsche gewechselt. Unterhemden und Unterhosen gibt's täglich. Letzteres sind wahrlich tolle Gebilde! Man sieht vor lauter Stopferei kaum noch das eigentliche Muster! Und hart sind die Dinger! Ein Glück, daß ich meinen eigenen Slip habe. Ich trage nur nachts die »Liebestöter«. »Modenschau« gibt's an jedem Mittwoch in der Zelle. Ich führe Heidi die Modelle vor. »Und hier, meine Damen und Herren, sehen Sie das Modell Marke ›Hirschsprung‹!« Ich hüpfe in die Höhe und halte dabei das graue, steife Stück hoch. Heidi schüttelt sich vor Lachen. Dann ist sie dran. »Und hier, meine Damen und Herren, das Neueste vom Neuesten. Ein elegantes Nachthemd für besonders erotische Nächte: Es ist extrasteif!« O ja, es sieht eher wie ein Trenchcoat aus...

Wir werden herausgelassen zum Duschen. Die »Nudel«, eine dickliche Uniformierte, Brillenträgerin, aber eine von den wenigen, die uns in Ruhe lassen und nicht zusätzlich schikanieren, hat Dienst. Wir ziehen uns aus. Man muß sich beeilen. Da ich meine Privatkleidung trage, habe ich auch meine Unterwäsche an. BH und Slip sind winzig klein und aus Spitze. Sie glotzt. So was hat sie offensichtlich noch nicht gesehen. Heidi und ich, wir bekommen beide wieder einen Lachkrampf. Wir können uns kaum anziehen. Die »Gänsegräte« kommt dazu. »Ist der BH nicht etwas zu klein?« fragt sie lauernd und böse. »Nein, das muß so sein«, entgegne ich. Wir lachen weiter. Einfach so, es ist eben über uns gekommen. »Gänsegräte« schnarrt noch: »Ihnen wird das Lachen schon noch vergehen!« Doch das ist uns im Grunde schon vergangen! Das hier ist ein unkontrolliertes Lachen, das nicht erklärbar ist, höchstens von einem Psychiater...
Wir sind wieder in der Zelle. »Vorlagen?« fragt eine Uniformierte. »Nein, danke.« Wir brauchen momentan keine. Es ist sowieso immer erniedrigend. Wenn man sich tagsüber mal waschen will oder die Vorlage wechselt, immer schaut am Spion einer zu! In einer Vernehmung anfangs hatte ich meinem Vernehmer gesagt, daß ich die Antibabypille unbedingt haben müßte, da ich gerade einen Drei-Wochen-Rhythmus wieder begonnen hätte. »Na, die brauchen Sie doch wohl vorläufig nicht!« sagte er hämisch lächelnd zu mir. »Doch, ich darf nicht einfach unterbrechen!« »Na, jetzt haben Sie doch sowieso keine Gelegenheit...«
Er begriff einfach nicht. Nicht die primitivsten Dinge... So bekomme ich meine Periode wenige Tage später, obwohl ich sie gerade hatte! Und ehe sich alles so eingespielt hat, habe ich noch sehr unregelmäßige Blutungen und starke Schmerzen. Doch was kümmert's die...

Wenn sie das Licht abends löschen, fangen Heidi und ich sofort an zu klopfen. Wir beherrschen das Knastalphabet beide nicht –

nur einfach so... Damit die anderen sehen, daß wir auch noch da sind. Außerdem wollen wir die Uniformierten auf Trab halten. Sie rennen von einer Tür zur anderen. Wenn sie durch den Spion glotzen, liegen wir brav und unschuldig auf unseren Pritschen. Aber nicht immer geht das so glatt. Einmal überkommt's uns beide. Wir lachen ganz laut los, als das Licht uns anstrahlt. »Hörnse ja endlich off zu kloppn, sonst gönn Se was erläbn!« Kaum hat er das Licht ausgemacht, klopft's von nebenan. Wir natürlich zurück.
Auch am Tag sind wir mutiger geworden. Hin und wieder wird von meiner Seite – links in der Zelle – geklopft. Ich klopfe zurück. »Wenn ich Sie noch eemal erwische, da is aber was los!« Ein Soldat hat rasch die Klappe geöffnet. »Was denn, ich habe doch gar nichts gemacht.« »Schdeln Se säch ja nich so unschuldsch, ich hab's genau gesähn!« Na, für diesen Tag lassen wir's. Es hat ja doch keinen Zweck. Aber ein bißchen Auftrieb hat's uns jedenfalls gegeben. Man wird zunehmend mutiger. Selbst auf die Gefahr hin, fürchterlich angebrüllt zu werden. Aber das gehört bei denen zum Tagesablauf. Durch meine Verhöre bin ich ohnehin sehr viel gewöhnt...

Um die Haare sehen wir beide katastrophal aus. Heidi noch schlimmer als ich. Sie hat sich gerade eine sehr starke Dauerwelle machen lassen. Das Haar steht ab wie beim Struwwelpeter. Wir sammeln die Papprollen vom Toilettenpapier. Dann ziehen wir aus den Frotteetüchern Schnüre heraus, womit wir die »Lockenwickler« befestigen wollen. Vier Stück haben wir zusammen. Heidi macht sie sich ins Haar, ich helfe ihr dabei. Plötzlich rasselt's an der Tür. »Gomm Se mal här«, sagt die kleine Dicke aus »Garl-Marx-Schdadt«. »Was machen Sie denn da?« »Ich bringe meine Haare in Ordnung«, sagt Heidi. »Nischt gippt's. Wo ham Se denn das Zeusch überhaupt här?« Wir erklären es ihr. »Ach so, da machen Se ooch noch unsre Handtiecher kaputt, nee, nee, das gibt's nich.« Klappe zu. Heidi macht »Wutus«. »Da muß man rumlaufen wie 'ne Hexe! Die jungen Soldaten können sich ihre Mäuler zerreißen, wie man aussieht! Da wird man beschimpft! Und wenn man was dagegen tut, wird man noch angeschnauzt! Solln sie uns doch paar Utensilien geben, daß wir uns besser pflegen können!« Und so geht's noch eine ganze Weile weiter. Eine Frau, die stets gepflegt und anerkannt war, hat eine doppelte Belastung zu tragen. Man demoralisiert sie, indem man sie zur Vogelscheuche degradiert, so daß sie leicht den Glauben an ihre Persönlichkeit verliert – und so zum willigen Werkzeug ihres Vernehmers werden kann.

Klappe auf. »Sie gönn ja ooch mal de Loggenwickler verlangen«, sagt die kleine Dicke. »Das wußten wir aber bis jetzt nicht«, sagen wir wie aus einem Mund.

Am nächsten Tag bringt sie Lockenwickler und einen Spiegel. Heidi hat den Spiegel zuerst in der Hand. Tränen treten ihr in die Augen. »Warum hast du mir nicht gesagt, was ich für schwarze Zähne habe?« »Ich dachte, die sind immer so... du hast doch erzählt, daß du Kettenraucherin bist...«, erkläre ich. Sie weint unentwegt. Laut schluchzend wiederholt sie: »Meine Zähne, meine Zähne...«

Dann hole ich mir den Spiegel. Hätte ich's lieber nicht getan! Das soll ich sein??? Nein, es ist nicht möglich, daß sich ein Mensch binnen so kurzer Zeit derart verändern kann! Nein!!! Das bin ich nicht! Die Züge haben keine Ähnlichkeit mehr mit mir! Die Wimpern sind zum größten Teil weiß geworden... die rechte Seite ist teilweise taub. Immer noch von dem mysteriösen Medikament... Aber nein, das bin ich nicht. Ich kann's nicht fassen. »Heidi, glaub mir, ich sah mal richtig schick aus. Ich habe Fotoaufnahmen fürs ›Magazin‹ gemacht. Ich sehe jetzt aus wie Frankensteins Großmutter...«

Heidi scheint mir's nicht zu glauben. Der Gegensatz zwischen meinen Erzählungen und der Wirklichkeit ist zu kraß. Ich kann's ihr nicht übelnehmen. Und da erinnere ich mich meines Vernehmers, der mir einmal in seinem Zimmer meinen Taschenspiegel vors Gesicht hielt und sagte: »Schauen Sie sich an, wie Sie jetzt noch aussehen. Was meinen Sie, wie das in vier Jahren sein wird?« Oh, jetzt weiß ich, was er damit meinte! Ich bin ein Wrack! Wir weinen beide die ganze Nacht durch. An Schlaf ist nach wie vor sowieso nicht zu denken. Ich werde immer noch alle zwei Minuten angestrahlt. Heidi hat eine gesunde Natur. Sie stört das nicht. Aber ich versinke immer nur ein paar Minuten in einen schlafähnlichen Zustand. Man sieht's jetzt im Spiegel, was draus geworden ist.

Die Tage verstreichen. Manchmal werde ich eine Woche oder auch länger nicht geholt. Heidis Fall ist viel komplizierter. Außerdem hat sie einige Mittäter. Deshalb muß sie viel öfter zum Verhör. Ihr wollen sie noch »Menschenhandel« anlasten, weil sie die Flucht für eine Freundin mitorganisierte.
Eines Tages bekommen wir eine Zeitung hereingereicht, ein ND (»Neues Deutschland« – die SED-Zeitung). Hat meine Beschwerde beim Haftstaatsanwalt doch etwas bewirkt? Wir stürzen uns wie wild auf das Geschriebene. Ab sofort gibt's jeden Tag eine Zeitung. Und da lesen wir es schwarz auf weiß: Die DDR ist inzwischen von einigen Ländern anerkannt worden. Das bedeutet sicher größere Freizügigkeiten. Und sie ist der UNO beigetreten. Das bedeutet wahrscheinlich noch mehr Freiheit für die Bürger dieses Terrorstaates. Dadurch müßte das Ghetto DDR für alle durchlässiger geworden sein! Einige Zeitungsartikel sind rausgeschnitten. Alles klar: Das war etwas Wichtiges für uns! Also hat man uns nicht vergessen? Ist was los in der Welt, was uns nützen kann?
Ich präge mir einige Phrasen aus Reden Erich Honeckers und anderer Staatsfunktionäre ein, die auf unsere Situation zutreffen. Ich lerne Sätze von Marx und Lenin auswendig, die ich bei Gelegenheit auch bei meinen Verhören als Argumentation vortrage... wenn's paßt.
Und eines Tages bekommen wir Bücher. Jeder darf zwei wählen, für eine Woche. Wir verschlingen sie. Natürlich ist's meist Literatur aus der Widerstandsszene. Aber das ist uns vorläufig egal. Hauptsache was zu lesen! Zum erstenmal bekomme ich Theodore Dreyser in die Hand. »Das Bollwerk« macht ungeheuren Eindruck auf mich. Ich nehme mir an der weiblichen Hauptfigur ein Beispiel. Eine unerhört mutige Frau, die auch nach dem Verlust mehrerer Kinder den Kampf mit der Welt nicht aufgibt. Auch ich werde weiterkämpfen... ich werde keinen verraten!!!

Der Prozeß

Eines Tages rasselt's ganz laut. Die Tür wird aufgeschlossen. »Eins, Sachen packen!« Heidi schaut mich entgeistert an. Ich gucke ebenso erschrocken. »Warum denn?« fragt sie zitternd. »Frachen Se nich, gommn Se mit!« »Nein, ich gehe nicht, ich will hierbleiben.« Doch der Uniformierte ist nicht lange allein. Noch einer gesellt sich dazu. »Na wird's bald? Machen Se bißchen schneller gefällichst!« Heidi kämpft mit den Tränen. Entsetzt starrt sie mich an. Wir sind so überrascht, daß wir uns nicht einmal verabschieden...

Ich bin wieder allein. Tränen der Wut schießen mir in die Augen. Warum denn das nun wieder? Haben wir uns zu gut verstanden? Es ist April. Die Striche an der Wand zeigen die Wochen an. Endlos lange Wochen. Nach vierzehn Tagen leide ich wieder unter Halluzinationen – wie anfangs. Ich höre Chöre singen, Trommelwirbel, Fanfarenklänge. Ich melde es wieder. Doch immer bekomme ich zur Antwort: »Sprechen Se mit Ihrem Vernehmer!«

Als er mich holen läßt, wage ich's. »Ich bin jetzt schon wieder so lange allein. Dieselben Symptome wie am Anfang treten wieder auf. Können Sie nicht jemanden zu mir legen?« »Das geht schlecht. Wir haben im Moment niemanden. Oder wollen Sie mit Mörderinnen zusammensein?« »Nein!« Dann überlege ich. Vielleicht war die Antwort zu schnell... Vielleicht ist's besser mit Mörderinnen als ganz allein... Wer weiß, weshalb sie gemordet haben... So einen wie dich kann man schließlich mit seinen eigenen Händen erwürgen! Doch für ihn ist das Thema damit zu Ende.

In den nächsten Tagen werde ich plötzlich geholt. »Mittgommn, Se kriechn Besuch!« Was, habe ich richtig verstanden? So plötzlich? So ohne Ankündigung? Ich zittere... meine Beine versagen mir fast den Dienst. Es geht die Treppen runter, Gittertüren rasseln. Dann bin ich in dem garagenähnlichen Verlies, wo der

Zellenwagen bereit steht. Einen Horror habe ich davor! Wir fahren über Straßenbahnschienen, die in der Freiheit liegen. An Kreuzungen, wo wir halten müssen, höre ich Lachen. Stimmen von Menschen, die frei sind. Oh, wenn ihr wüßtet, was das hier für ein Auto ist! Wie oft mag ich an solch einem Gefährt gestanden haben, ohne zu wissen, daß sich dort drinnen unschuldige Menschen in Todesangst befanden!
Irgendwann kommen wir am Ziel an. Die Türen werden aufgeschlossen. Ein Grün-Uniformierter fordert mich zum Mitkommen auf. Er führt mich die Zellengänge eines anderen Gefängnisses entlang. Es sieht furchtbar aus. Wie man es hat herunterkommen lassen! Da hätte ich nicht einmal wilde Tiere untergebracht! Jetzt wird's offenbar renoviert. Dann werde ich eingeschlossen. Mir bleibt fast das Herz stehen. Nein! Nein! So etwas gibt es doch nicht in einem sozialistischen Staat! Nein, nein, nein!!! Ich kann's nicht fassen... Ich habe jetzt schon so vieles erlebt, was mir unmöglich erschien. Aber das hier, das übertrifft die allerübelsten Vorstellungen! Eine winzige Zelle. Die Wände schwarz von Ruß oder Schwamm. Ich weiß das nicht. Ich breite meine Arme aus. Mit beiden Händen erreiche ich die Wände. Und in dieser Zelle sind zwei Pritschen! Da sollen also zwei Menschen hausen! Vorn ist die Toilette. Daneben ein Hocker. Auf der anderen Seite auch noch einer. Ein winzig kleines Waschbecken ist an der Wand. Alles ganz eng beieinander. Ich zwänge mich durch den schmalen Gang zwischen den beiden Pritschen durch. Ich komme nur seitlich hinein. Und meine Beine sind schlank. Was machen Dickere? An den Wänden versuche ich, die Einkratzungen zu entziffern. Einer war über 208 Tage in diesem entsetzlichen Loch! Ist das denn möglich? Wie konnte er das überstehen? Meine Gedanken überschlagen sich... Ich verliere beinahe die Fassung. Doch dann fällt mir ein: Wenn Klaus mich besucht, muß ich ihm unbedingt die zusammengerollte Warnung übergeben.
Ich fummle das kleine Papierchen aus meinem Hosensaum und stecke es zwischen Unterlippe und Zähne. Etwa eineinhalb Stunden hocke ich in dieser Katakombe. Auch hier wird ab und zu durch den Spion geschaut. Dann ist's soweit. Ein Soldat holt

mich. Er läuft vor mir her. Ich versuche, das Papierröllchen auf die Zunge zu bekommen. Ich muß meinen Mann bei der Begrüßung zu küssen versuchen, obwohl das natürlich verboten ist. Im »Kassiber« steht: »Vorsicht, man will nicht mich, sondern dich. Nimm dich vor Werner in acht, er will dich aus irgendeinem Grund mundtot machen. Ich habe nichts über dich gesagt und halte weiter dicht. Hol mich raus, ich kann nicht mehr lange.«
Durch mehrere Gittertüren geht's. Schlüsselrasseln. Dann eine Treppe nach oben. An der ersten Tür auf dem Gang macht er halt. Jetzt kommt's drauf an. Als er die Tür aufschließt, erfasse ich blitzschnell, ob Klaus allein im Raum ist. Den Soldaten im Rücken, Klaus vor mir, zeige ich ihm das silberne Papierchen auf der Zunge – und küsse ihn auch schon. Das Röllchen wechselt seinen Besitzer. Doch Klaus stellt sich blöd an. Statt es im Mund zu behalten oder runterzuschlucken – es kommt ja einen ganz natürlichen Weg wieder heraus – nimmt er's aus dem Mund und steckt's in die Jackentasche. Er läßt's fallen, mir bleibt das Herz fast stehen! Doch der Soldat merkt nicht, daß er etwas von der Erde aufhebt. Dann weicht Klaus erst mal zurück. Er ist entsetzt über mein Aussehen. »Hast du gedacht, eine Schönheit hier anzutreffen?« frage ich ihn. »Nein, nein... aber...« Er ist erschüttert und kann gar nicht fassen, was für ein elendes Wrack da vor ihm steht! Mir ist meine Wirkung klar, ich habe mich ja selbst erst vor wenigen Tagen im Spiegel gesehen... Wertvolle Minuten verstreichen, ehe Klaus seine Fassung wieder hat. »Was macht Carsten? Erzähl von ihm!« fordere ich ihn auf. Alles will ich wissen, wie's in der Schule geht, ob er die Trennung einigermaßen verkraftet... Dann frage ich: »Hast du schon mit Fred gesprochen?« Klaus schüttelt den Kopf. Fred, Fred, meine große Hoffnung! Er ist doch einer der Stellvertreter von Minister Erich Mielke... er war mehrmals Gast in unserem Haus.
Blitzartig zieht eine Begegnung Anfang Oktober 1972 an mir vorüber: Ich hatte schon geschlafen, da rief Klaus von einem Bankett mit der Fußballmannschaft Dynamo (Ost)-Berlin und einer französischen Truppe an. »Mäuslein, ich komme jetzt mit zwei ›großen Tieren‹ nach Hause. Kannst du uns noch was Schönes zu essen zaubern? Krimsekt bringen wir mit.« »Wie

denn, jetzt mitten in der Nacht?« fragte ich ungläubig. »Komm, sei nicht so, wir sind in etwa einer Stunde da!« »Okay!« Ich machte mich fertig und auf die Schnelle bereitete ich was zu essen. Mit zehnminütiger Verspätung trafen sie ein. Zwei große Regierungsschlitten Marke »Tatra« hielten unten vorm Haus. Und dann standen sie vor mir: Alfred Scholz, einer der Stellvertreter von Staatssicherheitsminister Mielke, und Kurt Rätz, der Persönliche Referent von Politbüromitglied Kurt Hager. Sie waren in angeheiterter Stimmung. Unsere Unterhaltung verlief harmonisch und witzig. Nach zwei Stunden erklärte Kurt Rätz: »Ich muß jetzt zum Ostbahnhof, um meinen Boß abzuholen, der kommt aus Prag. In den nächsten Tagen fliege ich nach Paris.« »Sie Glücklicher!« entfuhr's mir. »Schreiben Sie mir bitte eine Ansichtskarte?« »Aber klar, mache ich«, versprach er. Und tatsächlich: Sie traf ein – datiert auf den 29. Oktober 1972. Fred blieb noch. Im Glasschrank entdeckte er plötzlich ein großes Aktfoto von mir in Schwarz-Weiß. »Kann ich mir das mal genauer ansehen?« fragte er.
»Natürlich«, erwiderte ich und reichte es ihm. Nach einigen Komplimenten, die er mir dazu machte, sagte er: »Das möchte ich gern mal in natura sehen.« Ehe ich antworten konnte, sprach Klaus: »Na, los Mäuschen, zeig's ihm mal, daß alles echt ist!« Ich schaute Klaus entgeistert an. Das konnte er doch wohl nicht wirklich so gemeint haben! Sie sind zwar reichlich alkoholisiert, aber seine eigene Frau zum Entkleiden aufzufordern, da gehört wohl einiges dazu! »Mach schon, hab dich nicht so!« forderte er mich nochmals auf. »Hör mal, ich bin zwar seit vielen Jahren begeisterte Nudistin und habe aus Gründen der Ästhetik diese Aktaufnahmen gemacht, das bedeutet aber noch lange nicht, daß ich mich nun privat entkleide!« empörte ich mich. Das Gespräch kam wieder in andere Bahnen. Plötzlich erklärte Fred: »Tja, unser Minister Mielke ist ja der Meinung, daß du unser Mann seist. Du könntest gut für uns arbeiten, das hat er schon immer gesagt. Aber deine Frau... die ist ja wohl nicht so ganz auf unserer Seite... oder?« Lauernd schaute er mich an, dann Klaus. Und der fühlte sich geschmeichelt, denn er lächelte und genoß den »Vertrauensbeweis«. »Ich glaube nicht, daß Klaus

dafür geeignet ist«, erwiderte ich. »Naja, wir können das Gespräch ja mal an einem anderen Tag wiederholen«, erklärte Fred und verabschiedete sich kurz darauf. Der Fahrer war froh, daß er endlich kam, stundenlang hatte er unten im Auto ausgeharrt. Ob Fred jetzt wirklich nichts für uns tun kann?
Ehe unser Gespräch in Gang ist, müssen wir uns wieder verabschieden. Eine halbe Stunde ist nichts, gar nichts! »Hilf mir doch!« flehe ich Klaus an, dann werde ich abgeführt.

Ich starre wieder die Zellenwände an. Heidi fehlt mir sehr. Wo mag sie sein? Die Bücher verschlinge ich im Nu. Ich lese Dostojewskij, Majakowskij, Puschkin, Tschechow. Lese eine Sittengeschichte über das alte Rußland von Paustowskij. Und viel Literatur aus dem Widerstandskampf während der Nazizeit. »Haben Sie auch andere Belletristik?« frage ich den Oberleutnant. »Nein, nur noch was aus der Weltliteratur...«, bekomme ich zur Antwort. Naja... ein Lächeln kann ich mir nicht verkneifen. Einmal erbettle ich ein Buch mehr. Es ist zwar nur ein Gedichtband, aber immerhin. In allen Büchern sind Zeilen mit den Fingernägeln unterstrichen. Hinten drin befindet sich eine Eintragung, in welcher Zelle das Buch zuletzt war. Auch ich mache meine Unterstreichungen mit den Fingernägeln. In den Büchern aus der Nazizeit findet man die meisten Pendants zu unserer Situation! Bezeichnend... Einmal werde ich beinahe erwischt! Mein Glück: Die Neue ist ein bißchen doof – und scheinbar noch nicht so vertraut damit, was die Häftlinge alles mit den Büchern anstellen. In einem steht sogar das Knastalphabet – doch leider: Ich kann's nicht entziffern...

Eines Tages Schlüsselrasseln. »Mitgommn!« fordert mich ein Uniformierter auf. »Wohin?« wage ich zu fragen. »Zu Ihrem Anwalt!« »Wie bitte?« »Hat Ihnen denn das Ihr Vernehmer nich gesacht, daß Se heide ihrn Anwalt sähn derfen?« »Nein!« Wieder eine seiner Gemeinheiten! Ich sollte mich also nicht vorbereiten können! Und merkwürdig: Vor zwei, drei Tagen hatte ich einen Traum, daß mich mein Anwalt holen ließ. Es saßen aber zwei im Raum. Na, ich werde sehen. Wieder geht's in dieses schauder-

hafte Gefängnis. Wieder kann ich mich der Wirkung nicht erwehren, die es auf mich ausübt. Ich bin wie gelähmt. Dann endlich holt man mich. Es geht anders lang als damals bei Klaus' Besuch. Wir betreten ein großes Zimmer. Ich glaube meinen Augen nicht zu trauen: Dort sitzen zwei Männer – und einer sieht so aus, wie der im Traum Gesehene! »Wollen Sie noch nach dem Westen?« fragt mich Dr. Vogel unvermittelt. »Ist es wahr, daß meine Tante 15000 Mark an den Schleuser im voraus gezahlt hat, wie mein Vernehmer mir sagte?« »Ja, das stimmt.« »Bekommt sie es zurück?« frage ich weiter. »Das glaube ich kaum.« »Dann gibt's für mich nur eine Möglichkeit, denn ich muß ihr's ja zurückzahlen«, sage ich leise. »Aber mein Kind ist für mich entscheidend«, füge ich noch hinzu. Dr. Vogel greift zum Hörer. »Kann abgeholt werden!« »Nein! Sie sind doch mein Anwalt!« schreit's in mir. »Ich habe noch so viele Fragen! Endlich sind Sie hier, ich habe doch so auf Sie gewartet!!!« Es nützt nichts, der Läufer ist zur Stelle. Ich werfe einen letzten Blick auf dieses Zimmer, auf den anderen Mann, der jünger als Dr. Vogel ist und mir als Dieter Starkulla vorgestellt wurde. Beide sind sehr gepflegt, modisch gekleidet. Beide haben gütige Augen.
Wieder geht's in die Wahnsinnszelle zurück. Nach Stunden dann in den Zellenwagen und ins andere Gefängnis. Ich überdenke noch mal alles. So sieht also ein Anwaltsbesuch aus? Heidi hat mir doch ganz andere Dinge erzählt... Der Anwalt kann Schokolade mitbringen... und Obst... Der Anwalt berät und tröstet... Und jetzt das?

In den nächsten Tagen eröffnet mir der Vernehmer, daß ich etwa im Juli meinen Prozeß haben werde. »Und wann bekomme ich mal das Strafgesetzbuch, wie's mir laut Anstaltsordnung zusteht?« wage ich zu fragen. »Ich habe nur eins. Und das werden Sie ja einsehen, daß ich Ihnen das nicht geben kann!« Es ist mir klar: Sie wollen nur nicht, daß ich mich auf den Prozeß vorbereite.
Noch einmal habe ich Sprechtermin mit Klaus. »Nimm dir doch einen anderen Anwalt«, versucht er mich zu überzeugen. Ich

verstehe ihn nicht. »Wieso?« »Alle, vor allem Rudi, haben gesagt, daß das nicht der richtige Anwalt ist. Denn er schickt immer nur seine Freunde vor. Er selbst verteidigt gar nicht. Das kostet nur unnütz viel Geld...« Was soll das? Hat ihn der Vernehmer überzeugt? Wer ist alle? Wer aus unserem Bekanntenkreis kann denn Dr. Vogel kennen? Rudi Kurz ist dagegen? Der Regisseur und Drehbuchautor? Der das Parteiabzeichen trägt, zur Stasi Kontakte unterhält, damit er jedes Jahr seine Westreisen machen kann? Rudi Kurz, der uns von tollen Pornofilmen erzählte, die er in Düsseldorf sah? Rudi Kurz, der im Wohnzimmer das Schwarz-Weiß-Fernsehgerät aus dem Osten stehen hat, oben aber im Schlafzimmer den Farbfernseher westlicher Provenienz!? Der, der einen dicken, neuen Mercedes fährt und einen Carman Ghia! Der »Freund« unserer Familie, der sich bei der Stasi die James-Bond-Filme ansehen darf, die nie in die Kinos kommen für Otto Normalverbraucher! Rudi Kurz, der, obwohl mit unserer Familie befreundet, mir laufend eindeutige Angebote macht? »Nein, ich möchte jetzt keinen anderen Anwalt mehr!«
Die Tage vergehen. Jetzt werde ich kaum noch geholt. Die Protokollierungen scheinen fast abgeschlossen zu sein. Es geht bei den Verhören zumeist nur noch um nebensächliche, aber vorgeschriebene Fragen. So muß ich beispielsweise an einem dieser Tage ein eigenhändig geschriebenes Protokoll anfertigen. Warum, das kann ich mir nicht erklären. Und Fragen habe ich mir inzwischen abgewöhnt... Als ich fertig bin, reiche ich ihm den Bogen. »Ja, hier fehlt aber noch was!« »Wieso, was denn?« »Sie haben nicht drunter geschrieben, daß Sie mit der Regierung der DDR nicht einverstanden sind!« »Das könnte dir so passen!« geht's mir durch den Kopf. Aber ich beherrsche mich... »Warum sollte ich das drunter setzen, es entspricht ja nicht der Wahrheit. Ich erkenne die sozialistische Gesellschaftsordnung als solche an. Und die Regierung der DDR hat mit meiner persönlichen Misere überhaupt nichts zu tun. Die ist letztlich gar nicht von der Existenz meiner Person informiert. Ich bin ein Bürger unter vielen anderen.« »Daß Sie es wagen! Daß Sie das Wort Sozialismus überhaupt in den Mund nehmen! Sie Verräter! Sie

Staatsfeind!« Ich schau' ihn nur an. Wenn er sich denkt, daß er mich wieder herausfordern kann, hat er sich in den Finger geschnitten... Ich habe inzwischen gelernt, daß man sich beherrschen muß, daß es zu einer ihrer üblen Taktiken gehört, die Menschen mit Beschimpfungen herauszufordern. Ich füge meinem Protokoll nichts hinzu und reiche es ihm.
Dann fertigt er noch eins an. Aber das schreibt er wieder selbst. »Haben Sie abschließend noch irgend etwas zu sagen... zum allgemeinen Geschehen hier in der U-Haft oder zu den Vernehmungen?« O ja, dazu habe ich eine ganze Menge zu sagen! Ob ich's tue? Was wird mir's einbringen? Soll ich das erst vor Gericht vorbringen? Hundert Fragen schießen mir durch den Kopf. Nein, dann ist's zu spät! Jetzt nur nicht feige sein! Es kann nicht schlimmer kommen, als es bisher war!
»Ja, ich habe was zu sagen! Und zwar bin ich mit der Art der Vernehmung und dem Nichteinhalten der Anstaltsordnung nicht einverstanden!« Er glotzt mich dümmlich an. »Was sagen Sie da? Was hätte denn Ihrer Meinung nach anders sein sollen? Hätten Sie mit Glacéhandschuhen angefaßt werden wollen? Wir sind hier nicht zum Spaß!« »Nein, nein. Sie wissen ganz genau, was ich meine. Ihre Beleidigungen. Ihre Verdrehungen. Ihre Schikanen!« Er läuft schon wieder rot an. »Hätte ich nur nichts gesagt!« schießt's mir durch den Kopf. Was wird jetzt kommen? Doch er beherrscht sich schneller, als ich glaubte. Er schreibt... und schreibt, ohne auch nur ein einziges Mal aufzublicken. Dann legt er mir das Protokoll zur Unterschrift vor. »Unterschreiben!« Ich lese. Ich lese einmal... und ich lese zweimal. Da steht: »Ich bin mit der Anstaltsordnung nicht einverstanden!« »Das habe ich überhaupt nicht gesagt... hier fehlt: mit der Nichteinhaltung!« »Sie sollen sich nicht immer an Lächerlichkeiten hochziehen!« brüllt er los. »Haben Sie sich denn immer noch nicht daran gewöhnt, daß wir hier die Formulierungen machen, wie wir das für richtig halten!« Ich gebe es auf. Er ändert's doch nicht. Widerstand ist wirklich sinnlos. Der bringt's fertig und läßt mich hier wieder wochenlang schmoren. Es ist schon viel zuviel Zeit verflossen. In ein paar Wochen sollte alles über die Bühne gegangen sein... und jetzt

sind endlos lange, zermürbende, quälende Monate draus geworden...

Plötzlich, es ist Donnerstag, der 10. Mai 1973, eröffnet mir mein Vernehmer: »Am Montag ist Ihre Verhandlung.« »Wie bitte? Das kann doch gar nicht sein! Sie sagten doch, daß sie im Juli stattfindet!« »Naja, aber sie ist vorgezogen worden.« Ich glaube ihm nicht. Auch das ist wieder ein Trick. »Dann will ich sofort meinen Anwalt sprechen.« »Wenn Ihr Anwalt es für nötig erachtet, Sie noch mal zu sprechen, dann wird er Sie schon holen.« »Dann verlange ich sofort das Strafgesetzbuch! Ich will mich selber verteidigen!« »Ich sagte Ihnen doch schon, ich habe keins weiter.« »Aber, wenn am Montag schon die Verhandlung ist...« Es macht ihm sichtlich Spaß, und er weidet sich an meiner Hilflosigkeit, an meinem Aufgeregtsein.
Am nächsten Tag rasselt's wieder an der Zellentür. »Mitgommn!« Brav trabe ich hinterher. Wohin mag's gehen? Treppen runter. Zellenwagen. Fahrt durch die Stadt. Habe ich Besuch? Fährt man mich zum Anwalt? Wieder die grausame Zelle! Doch diesmal werde ich wenige Minuten nach dem Einschluß geholt. Ich komme in einen Raum, der eingerichtet ist wie ein Herrenzimmer. Schöne Holzmöbel, Teppich, Lampen – es ist kaum zu fassen, daß so etwas auch im Gefängnis existiert. Dr. Vogel kommt auf mich zu... wir sind allein. Er ist sehr freundlich, ich fühle mich wohl, mit ihm allein zu sein. Er wirkt ausgesprochen menschlich. Dann Fragen... Antworten. Ob wir abgehört werden? Sicherlich... Wir verständigen uns mit wenigen Worten und Gesten. Und wieder stelle ich fest: Er hat gütige Augen... »Ich kann Sie nicht selbst verteidigen. Ich bin zu einem Prozeß in Jena. Herr Starkulla, den Sie letztens kennenlernten, wird das übernehmen. Er ist sehr tüchtig.« Aha, ist es das, was Klaus mir vorhersagte? Er gibt die »Fälle« an seine Freunde weiter? »Können Sie wirklich nicht? Ich möchte so gern, daß Sie mich verteidigen!« »Sie können sich darauf verlassen: Sie sind in den besten Händen! Ich werde mein Möglichstes tun, aber ich kann es nicht versprechen.« Er hat diesmal länger Zeit für mich. Und er spricht anders als das letzte Mal. Vielleicht werden wir

diesmal doch nicht abgehört? »Wenn Sie dann im Gefängnis sind, werden Sie Erzieher haben, die mit Ihnen sprechen. Verhalten Sie sich klug«, rät er mir. »Ja, aber... hoffentlich sind das dann nicht solche Primitivlinge wie hier, die den dritten nicht vom vierten Fall zu unterscheiden vermögen.« »Die sind vielleicht klüger, als Sie denken! Vielleicht klüger als Sie und ich...« fährt er mich vorwurfsvoll an. Also doch! Wir werden doch abgehört, dämmert's mir. Als das Nötigste geklärt ist, läßt er mich holen. Bis zum Montag beschäftige ich mich noch mal eingehendst mit allen Dingen. Ich lasse alles durch meinen Kopf gehen. Ich lege mir Reden zurecht, denn ich kann gar nicht mehr reden. Durch die lange Isolation hat man mich der Sprache, der Möglichkeit des Artikulierens und des logischen Denkens beraubt. Natürlich, auch das ist eine ihrer Foltermethoden!

Am Sonntag bekomme ich Lockenwickler und den Spiegel in die Zelle. Ich darf mich für die Gerichtsverhandlung »schön« machen! Inzwischen durfte mir mein Mann auch neue Kleidung bringen. Es ist ja schon warm draußen und ich hatte immer noch die Wintergarderobe an...
Montagfrüh stehe ich mit Lockenfrisur und hellblauem Pulli, hellgrauer Hose und blauem Samtblazer mit kleinen Blümchen – aus Mailand – fix und fertig in der Zelle und warte auf das, was da kommen wird. Dann schließt mich eine Uniformierte aus. »Ich fahre mit Ihnen. Hier haben Sie ein paar Scheiben Brot und einen Apfel für die Pause.« Ich habe Glück. Diese Wachhabende ist immer sehr freundlich gewesen. »Gute« nennen wir sie. Wir haben sie nur ein einziges Mal brüllen hören. Und auch das hat ihr später offensichtlich leid getan. Denn sie kam dann ab und zu und war besonders freundlich. Wieder geht's die Treppe runter. Zellenwagen. Fahrt durch die Stadt – bis zum Gerichtsgebäude. Wir gehen einen breiten Aufgang hoch. Es sind viele Leute auf den Gängen. Aber ich sehe sie nur im Vorbeigehen. Auf dem Gang, wo man mich hinführt, ist alles leer. Man bringt mich in ein Vorzimmer, dann geht's ins Verhandlungszimmer. Stuckdecken, Holzempore für Richter und Staatsanwalt. Rechte Seite der Tisch für meinen Anwalt. Hinter mir jede Menge Sitzreihen.

Ich raune meinem Anwalt noch etwas zu. Doch es ist verboten, und wir können nicht zu Ende sprechen. Dieter Starkulla hat mich nicht richtig verstanden. Schade. Es wäre für die Beweisführung wichtig. Na, vielleicht kann ich es selbst vorbringen ...
Hinten auf der letzten Reihe nehmen drei Vernehmer Platz. In der Mitte sitzt »Meckvieh«, die anderen kenne ich nicht. Dann kommt das »Hohe Gericht«. Alles steht auf, ich tue es ebenfalls. Auch die Staatsanwältin hat Platz genommen. Ausgerechnet *ich* muß eine Frau haben! Das wird garantiert noch schlimmer für mich. Man sieht's ihr an, daß sie keine Gnade kennt, und schon gar keine mit Frauen! Blondiert, im engen schwarzen Kostüm mit weißer Bluse sitzt sie da und mustert mich auffällig. Bei der werde ich nichts zu lachen haben!
Es geht los mit dem Theater. Wiederum Frage- und Antwortspiel – das kenne ich nun schon monatelang. Der Richter ist ein alter Tattergreis. Schon ziemlich senil. Wieso ist er noch tätig? Er muß doch mindestens 75 sein! Die Schöffen machen auch keinen vertrauenerweckenden Eindruck. Eine dickliche, kleine Frau; ein älterer Mann, der von den meisten Fragen und Antworten gar nichts kapiert. Aber das merkt selbst der Richter ...
Dann kommt's zur wichtigsten Belastung gegen mich. Ich bestreite, daß das so geschehen ist. »Aber, Sie haben's doch selbst unterschrieben!« »Nein, habe ich nicht.« »Hier steht aber: Gezeichnet Ellen Thiemann«, sagt der Richter unfreundlich. »Ja, ich habe es nur im handgeschriebenen Protokoll unterschrieben, weil ich fertiggemacht wurde!« Hinten höre ich Empörung. Das ist mein Vernehmer. Der kann's natürlich nicht lassen, seine Bemerkungen lautstark von sich zu geben! Ein anderer Zuhörer würde sicher des Saales verwiesen. Aber bei politischen Prozessen darf kein normaler Sterblicher hinein ...
Dann wird der Zeuge »Matties« gerufen. Er trägt ganz andere Kleidung als an dem Tag, da er die Flucht durchführen wollte. Ob er ein Spitzel ist? Naja, ich habe auch andere Kleidung an ...
Er wird ausnehmend freundlich behandelt, als er dasteht im blauen, etwas älteren Nadelstreifenanzug und weißem Hemd. Er sieht blasser aus als damals, als ich ihn kennenlernte.
Klar, wie sehe ich denn aus! Auch bei ihm Frage- und Antwort-

spiel. »Was haben Sie denn Frau Thiemann erzählt, wieviel Personen Sie schon geschleust haben?«
»Außer ihr nur eine Frau – im Oktober.« »Na, Angeklagte Thiemann, kommen Sie mal her. Stellen Sie sich neben den Zeugen«, fordert mich der Richter auf. Ich gehorche. »Na, was sagen Sie denn dazu?« »Mir hat er jedenfalls nichts davon gesagt. Ich wußte von niemandem, den er geschleust haben will.« Manfred beherrscht sich nicht. Er tritt einen Schritt zurück und schaut mich erschrocken an... aber es ist ein Erschrecken über sich selbst, daß er so blöd war, sich von denen ins Bockshorn jagen ließ und die andere Frau zugab... Natürlich konnte ich mich sehr gut daran erinnern. Doch ich dachte, wenn ich nichts Negatives über ihn aussage, daß er dann wenigstens meiner Tante die bereits gezahlten 15 000 Mark zurückgibt...
Und die Fragen gehen weiter. In einer Situation gibt Manfred Matties haargenau dieselben Antworten, wie ich sie vorher gegeben habe. Der Richter fragt ihn: »Warum haben Sie das im schriftlichen Protokoll ganz anders behauptet?« »Naja, das habe ich gar nicht anders gesagt, das ist nur so geschrieben worden.« Aha, jetzt müßte doch der Richter endlich merken, daß beide Aussagen dasselbe besagen und auch beide Protokolle denselben Inhalt haben. Nur mit dem Unterschied: Die Protokolle sind erlogen – vom Vernehmer! Die Aussagen stimmen, denn hier kann man nicht verfälschen! Doch der Richter will's gar nicht merken! Er ist eine Marionette in der Hand der Staatssicherheit! Das wird zunehmend klarer! Und da habe ich gehofft, vor Gericht wird der Wahrheit die Ehre gegeben!!! Mein Anwalt schaltet sich kaum ein. Ich bin selbst überrascht, daß es mir überhaupt noch gelingt, zu argumentieren. Ganz haben sie meine logische Denkweise also nicht zunichte gemacht. Ein bißchen was habe ich mir aufbewahrt... Es ist Pause. Ich werde zur Toilette geführt. Dann darf ich von den mitgebrachten Broten essen. Ich habe keinen Hunger. Aber nachdem ich gesehen habe, daß da richtige Wurst drauf ist, Bierschinken und Teewurst, würge ich sie hinein. Dann geht's weiter. Ich werde den Gang langgeführt. Aha, da stehen sie alle im trauten

Gespräch vereint: Der Richter, seine Schöffen, die Staatsanwältin und mein Vernehmer! Es ist nicht zu fassen: Sie lachen und scherzen miteinander! Und da habe ich auf eine objektive Rechtssprechung gehofft... Ade, Wahrheitsfindung! Die Fragerei geht weiter. »Wollten Sie nach dem Westen gehen, um Partys zu feiern?« fragt mich der Richter plötzlich. Eine Frechheit! Ich koche! »Was soll denn das?« protestiere ich. »Ich habe ja wohl klar und deutlich angegeben, daß wir ständig beschattet wurden und daß uns das langsam auf den Wecker ging!« Und schon folgt die nächste Frage: »Was haben Sie denn immer so im Westfernsehen gesehen?« »Reiseberichte, politische Sendungen, Magazine, Bundestagsdebatten...« führe ich an. »Warum mußten Sie sich denn das im Westfernsehen ansehen, das konnten Sie doch auch im ›Neuen Deutschland‹ lesen«, erdreistet er sich. »Das kann man eben nicht! Außerdem ist es ein Unterschied, ob ich etwas life oder als Aufzeichnung erlebe, oder ob ich nur ein paar Zeilen darüber lese«, wage ich zu begründen. Dann wird jeder Tag in allen Einzelheiten beleuchtet. Wie die Flucht stattfinden sollte, wohin und vieles mehr. Als ich erkläre, wie ich vom Rosenthaler Platz nach Hause gekommen bin, weil kein Taxi da war, meint er herausfordernd: »Komisch, mich fährt keiner nach Hause!« Ich drehe mich zu meinem Anwalt um – auch er lächelt, im Einvernehmen mit mir. »Dieser alte Sack, warum sollte den wohl jemand mitnehmen!« schreit's in mir. Dann blättert er in den Akten. Ich sehe ganz vorn ein »Magazin«-Heft. Das, wo ich mit Aktaufnahmen abgebildet bin. Was hat denn das mit meiner »Republikflucht« zu tun? Ich bin empört. Aber naja, es nützt nichts, während der Verhöre wollte mein Vernehmer mir ja des öfteren klarmachen, daß so etwas unmoralisch sei... Dann wird von seiten der Staatsanwältin der Antrag gestellt, Klaus als Zeugen herzubitten. Man läßt im Verlag anrufen. Doch es kommt der Bescheid, daß der Herr Thiemann beruflich nicht abkömmlich sei! Dieser Feigling! Dadurch muß ich die ganze Prozedur nochmals über mich ergehen lassen! Was habe ich für ihn alles schon durchgehalten! Menschenskind! Wie kann man nur so ein Schwächling sein!

In meiner Zelle überdenke ich den ganzen Tag. Ich weiß nicht, das Ganze ist doch ein abgekartetes Spiel. Ich kann hier niemals günstig abschneiden. Obwohl mein »Fall« so einfach ist. Sie haben sich alle verschworen. Sie stecken alle unter einer Decke. Den Kriminellen wird's sicher besser gehen. Da können sie sich derartiges sicher nicht erlauben. Außerdem haben die ja Zuhörer im Saal, da ist das ohnehin ungleich schwerer...

So geht das ganze Spiel noch mal von vorn los. In den nächsten Tagen holt mich der Vernehmer wieder. Er brüllt: »Da haben Sie sich ja schöne Dinger geleistet! Vonwegen, ich hätte die Protokolle verfälscht!« Ich wehre mich. »Ich habe nur die Wahrheit gesagt!« »Jaja, die Wahrheit! Sie werden schon noch sehen, wer hier den Ton angibt! Ist Ihnen denn das immer noch nicht klar geworden?«

O ja, es ist mir klar geworden! Aber ich werde trotzdem um die Wahrheit kämpfen! Er brüllt und brüllt noch eine Weile weiter. Im Moment macht das auf mich keinen Eindruck. Es zeigt mir nur, daß der Prozeß einige Pluspunkte für mich gebracht hat, obwohl die mir letztendlich auch nichts nützen werden...

Ein paar Tage später erhalte ich wieder die Lockenwickler – es geht zum zweiten Termin am nächsten Tag. Am Morgen schließt »Gänsegräte« die Tür auf. Auch das noch! Ausgerechnet diese Furie muß mich begleiten! Die Fahrt zum Gericht wird schon entsprechend werden. Ich bin entnervt. Auf den Treppen im Gerichtsgebäude schikaniert sie mich.

»Schneller, schneller!« Ach, warum habe ich dieses Pech! Immer hat sie etwas zu meckern! Als ich mich im Vorraum hinsetze... als ich aufstehe und mitkomme... selbst dann noch, als ich Platz nehmen will. Wieder betritt Herr Starkulla den Raum. Ich hatte so gehofft, daß in der zweiten Verhandlung vielleicht Dr. Vogel selbst verteidigen könnte. Es geht wieder los mit Fragen und Antworten – unter Ausschluß der Öffentlichkeit, versteht sich! Aber die Hauptsache: Klaus ist als Zeuge geladen. Er betritt den Saal, graue Hose, dunkelblauer Blazer, hellblaues Hemd, blaugemusterte Krawatte. Korrekt, sportlich. Er ist unsicher. Die ersten Fragen kapiert er gar nicht richtig. Er soll über unser Kennenlernen und den Anfang unserer Ehe berichten. Er verliert

sich in Einzelheiten ... Ja, ist denn das möglich! Dann wird's schärfer. Der Richter kommt zur Sache. »Nun erzählen Sie mal, was sich am Fluchttag abgespielt hat.« Hoffentlich läßt er sich durch die vielen Fragen nicht zur Unachtsamkeit verleiten ... Ich bin sehr besorgt, er ist nicht clever genug ... er tappt sicher in Fallen hinein. Wenn sie mich fangen wollten, stellte ich mich immer dumm ...
Klaus erzählt und erzählt. Doch da stutze ich: Er spricht mit den Worten meines Vernehmers! Wie oft mögen sie zusammengewesen sein? Das ist nicht die Sprache meines Mannes! Er belastet mich ja ... unnütz! Was soll denn das? Haben sie ihn so weit gebracht? Wie oft war mein Vernehmer mit ihm zusammen? Was hat er von ihm verlangt? Was hat er ihm geboten? Es ist unfaßbar! Verzweiflung erschüttert mich ... Was ist da geschehen? Klaus, den ich deckte bis zum Umfallen. Klaus, der mich liebte bis zum Gehtnichtmehr! Was haben sie mit ihm gemacht? Das ist doch nicht mehr unsere Linie ...
Dann bin ich wieder dran. Doch ich bin hin- und hergerissen. Und das merkt auch der Richter. Das bißchen Fassung, was mir ohnehin nur verblieben war, ist restlos dahin. Auch mein Anwalt, den ich hilfesuchend anschaue, bemerkt das entsetzt. Klaus wird gefragt: »Bestehen Sie auf den Zeugenkosten?« Er guckt verdattert. »Nein«, haucht er hin. Dann begibt er sich zur Tür. Kein Blick zu mir. Doch da wird von hinten ganz schnell von meinem Vernehmer ein Zettel zur Staatsanwältin gereicht ... Aha, so geht das also lang! Klaus wird zurückgerufen. Er muß noch einmal in den Zeugenstand. Und die Staatsanwältin Röhl liest die Frage der Staatssicherheit vor, sie, die auch nur ein Werkzeug in diesem Terrorstaat ist: »Was hat denn Ihr Sohn erzählt, wie er nach der Festnahme von den bewaffneten Organen behandelt worden ist?« »Oh, er hat erzählt, daß man ihn sehr freundlich behandelt hat. Alle sind sehr nett zu ihm gewesen ...« und so ergießt sich Klaus noch eine Weile über das »tolle, liebenswerte« Benehmen derer, die mich durch *Folter zu Tode bringen wollen ...*? Das ganze Theater hat mich völlig erschüttert. Ich bin total aus der Fassung gebracht. Wie kann ein Mensch, der in Freiheit ist, sich so beeinflussen lassen? Wie ist

denn das nur möglich? Wenn er an meiner Stelle gewesen wäre, o je, er hätte doch keine fünf Minuten einen anderen gedeckt! Im Gegenteil! Er hätte noch alle möglichen Leute, unschuldige, hineingezogen! Ich habe keine Zeit, lange darüber nachzudenken. Mein Anwalt darf sein Plädoyer halten. Dann ist die Staatsanwältin dran. Und sie ist so eine richtige Funktionärszicke! Sie spricht mit dem üblichen Funktionärspathos. Geschliffen, eiskalt, scharf. Und dann kommt der entscheidende Moment. »Deshalb verlange ich eine Strafhöhe von ... drei Jahren ...« sie stockt, und mir bleibt das Herz fast stehen ... was noch mehr? »und ...«, wieder macht sie eine große Pause ... was, noch mehr?, denke ich ..., »fünf Monaten!« fährt sie extra gedehnt fort. »Nein! Nein! Nein!« schreit es in mir. Wofür denn nur? Das ist eine ausgesprochene Gemeinheit! Sie haben doch anfangs gesagt, daß ich mit etwa einem Jahr, höchstens aber zwei Jahren rechnen müsse! Das ist so ein unwahrscheinlich abgekartetes Spiel! Ich bin völlig am Ende. »Angeklagte, Sie haben das letzte Wort«, fordert mich der Richter auf. Ich weiß nicht, ob ich überhaupt vorgehen soll. Mein Anwalt nickt mir ermunternd zu, doch was weiß denn der! Mit solch einer Höhe hatte selbst Dr. Vogel nicht gerechnet ... Darüber hatte ich mit ihm beim letzten Zusammensein gesprochen. Und er kennt ja solche Fälle zur Genüge ... Etwas Ungeheuerliches ist geschehen. Hier wird eine Frau nur aus Gemeinheit, weil sie ihren Mann nicht verraten wollte, zu einer unerhört hohen Zuchthausstrafe verurteilt ...
Ich versuche aufzustehen, es gelingt mir nur mit Mühe und Not. Als ich da vor dem »Hohen Gremium« stehe, wackle ich auf meinen dünnen Beinen, ich bin ja durch das miese Essen und fast keinen Schlaf nur noch Haut und Knochen. Nur noch ein Schatten meiner selbst ...
Dann fange ich an zu sprechen ... zu stammeln ... ich kann nicht mehr. »Diese hohe Strafe habe ich nicht verdient. Ich habe nichts getan, was das rechtfertigt. Denken Sie an mein Kind ...« Zu mehr bin ich nicht fähig. Ich gehe zum Platz zurück. »Das kann doch alles gar nicht wahr sein!« sage ich zum Anwalt. Das Gericht zieht sich zur Beratung zurück. Es dauert nicht lange.

Nochmals hoffe ich, daß hier der Wahrheit die Ehre gegeben wird... doch zu lange habe ich trotz unseres Entschlusses wegzugehen, an diesen Staat geglaubt. Nun fällt es einfach schwer einzusehen, daß er durch und durch faschistisch ist. Nur von weitem dringen die Worte an mein Ohr: »... wegen staatsfeindlicher Tätigkeit gegen die DDR...« Was habe ich denn nur für eine staatsfeindliche Tätigkeit ausgeübt??? Ich wollte doch nur dem gegen uns inszenierten Hexenkessel entrinnen! »... wird dem Antrag der Staatsanwaltschaft stattgegeben... drei Jahre... und fünf... Monate!« Das gilt mir... wirklich und wahrhaftig... das gilt mir! Mein Anwalt legt mir die Hand auf die Schulter. Wie gut das tut. Ausgelaugt und ohne jegliche Kraftreserve blicke ich ihn hilfesuchend an. »Bleiben Sie stark. Wir tun, was wir können«, versucht er zu trösten. »Das ist selbst mehr, als Dr. Vogel in seinen kühnsten Erwartungen geschätzt hatte. Ich gehe in Berufung! Das kann nicht endgültig sein!«
»Ich werde es Dr. Vogel ausrichten. Er wird noch mal mit Ihnen sprechen, ob es Sinn hat.« Dann verabschiedet er sich. Die »Gänsegräte« hat sich neben uns aufgebaut. Mein Vernehmer kommt auf mich zu. »Sie können Ihren Mann jetzt noch sehen.« Will ich das überhaupt? Alles ist in mir zerbrochen... alles... Sie führen mich in ein Nebenzimmer. Es ist der 22. Mai. Morgen habe ich Geburtstag. Am Vorabend haben sie mich verurteilt... Klaus ist schon drin. Er umarmt mich. Doch was soll's. Du hast mich schändlich belastet. Ob durch Naivität oder bewußt, um deine Haut zu retten oder im Auftrag? Ich werde es nie erfahren... Wir sprechen über unseren Sohn. Ich weine fast die ganze Zeit. Das war zu viel. Drei Jahre und fünf Monate... mir geht das einfach nicht in den Kopf. Ich kann's nicht begreifen. Der Vernehmer sitzt dabei. Er kann mir nicht in die Augen schauen, obwohl ich das ein paarmal zu provozieren versuche. »Ich gehe in Berufung«, sage ich auch zu Klaus. »Das kann nicht das endgültige Urteil sein!« Selbst Dr. Vogel hatte angedeutet, daß, wenn es ganz hart zugehen würde, ich mit zweieinhalb Jahren – wenn's ganz, ganz schlimm käme – auch mit drei Jahren rechnen müßte. Aber daran hatte er wohl selbst nicht geglaubt. Nun ist's noch schlimmer gekommen... Die »Gänsegräte« sitzt auch im

Raum. Alle hören unserem Gespräch zu. Alle weiden sich an meinen Tränen, die nur so die Wangen herablaufen. Mein ganzer Körper wird geschüttelt. Für mich ist die Welt zusammengebrochen ... »So, Sie müssen jetzt zum Schluß kommen«, sagt der Vernehmer ausnehmend höflich. Wir verabschieden uns.
In meiner Zelle breche ich erst mal zusammen. Soll ich Schluß machen? Soll ich weiterkämpfen? Ich will nicht mehr. Ich kann nicht mehr! Ich suche nach Möglichkeiten. Es gibt keine. Keine Strümpfe ... ich habe nur Socken. Am Hocker ist keine Lehne ... ein Fenster gibt's auch nicht ... aussichtslos. Alles ist offensichtlich schon so eingerichtet, daß derartige unliebsame Zwischenfälle ausgeschlossen werden. Man kann's ja auch anders. So etwas erledigen die lieber selbst ... mit Schlafentzug ... mit Drogen ... mit täglichem Röntgen aller möglichen Organe ...
Irgendwie geht der Tag rum. Am nächsten Tag habe ich Geburtstag. 23. Mai 1973. Am Vormittag kommt einer von den Effekten und bringt mir meine Straßenschuhe. »Was ist denn jetzt?« »Sie haben heute Besuch!« »Wieso denn?« »Naja, Sie sehen, Ihr Vernehmer ist gar nicht so schlecht. Weil Sie Geburtstag haben, hat er Ihnen einen Sprechtermin mit Ihrem Mann gestattet.« Er ist also gar nicht so schlecht? Wem wollt ihr denn das noch weismachen, nach allem, was ich bis jetzt gesehen und erlebt habe!!! Aber auf den Sprechtermin freue ich mich trotzdem. So erfahre ich wieder etwas von meinem Kind ... das ist meine einzige Rettung!
Kaum habe ich im Zellenwagen Platz genommen, da klopft's von nebenan. Ganz leise erst, dann etwas stärker. Wollen sie mich auf die Probe stellen? Oder ist's ein Gefangener so wie ich? Ich klopfe zaghaft zurück. Noch haben sie nichts bemerkt. Am äußeren Seitenschlitz haucht eine Stimme vor mir: »Bist du ein Junge oder ein Mädchen?« »Ich bin eine Frau«, antworte ich verdutzt. »Und du?« »Ich bin ein Junge.« »Wie alt bist du?« fragt er weiter. Ich antworte. Dann er: »Ich bin erst sechzehn.« »Was? Wieso bist du denn hier drin?« »Ich wollte abhaun, da ham sie mich jeschnappt.« »Aber, ich denke, die dürfen keine Jugendlichen einsperren?« »Na klar machen die das. Ich bin

nicht der einzige!« »Wo fährst du denn jetzt hin?« fragt er weiter. »Ich habe Besuch von meinem Mann. Gestern bin ich verurteilt worden.« »Wieviel denn?« »Drei Jahre und fünf Monate!« »O wei, aber laß mal, das schaffst du auch. Ich rechne mit 18 Monaten. Das reicht mir auch.« Ich muß an meinen Sohn denken. Da sperren sie so ein Kind hier ein. Nur, weil es woanders wohnen möchte! Was für Schäden wird er psychisch erleiden! Das verkraftet ja kein gestandener Erwachsener! Wieder flüstert's: »Welche Zelle hast du denn?«
»306.« »Wenn ich vorbeigehe, huste ich mal ganz laut. Dann weißt du, daß ich das bin.« »Ja, ich passe auf«, ich bin ganz gerührt. Irgendwie gibt mir der Bengel Trost. Ich möchte ihn beschützen... natürlicher Mutterinstinkt... Der Besuch verläuft wie die anderen auch. Viel Tränen, Erschütterung, Trösten durch meinen Mann. Er fühlt sich offensichtlich auch nicht ganz wohl in seiner Haut... Ich frage immer noch: Ist's Naivität oder Absicht?
Der Sprechtermin ist kurz. Blumen habe ich bekommen. Und ich darf sie mit in die Zelle nehmen! Das gibt mir ein bißchen Kraft. Blumen sind für mich Lebewesen... In der Einsamkeit meiner Zelle habe ich schon Zwiesprache mit einer Fliege gehalten, die sich dorthin verirrt hatte... und um ihre Gegenwart gefleht! Ein Wachhabender bringt mir ein Gurkenglas. Ich stelle die Blumen vor mich auf den schmalen Tisch und starre sie an. Mein Herz und meine Seele erfreuen und laben sich daran...
Am nächsten Tag verlange ich, Berufung einlegen zu können. Aber nichts tut sich. Die Bediensteten sagen immer nur: »Warten Sie's ab, Sie werden schon noch davon hören.« Ich höre nichts mehr davon. Ich bekomme weder mein Urteil zu sehen noch zur Unterschrift vorgelegt! Das ist ungeheuerlich... und ungewöhnlich! Aber worüber sollte man sich eigentlich hier noch wundern? Es gibt an dieser Stelle ohnehin nichts, was es nicht gibt! Noch einmal läßt mich Dr. Vogel kurz holen. Er eröffnet mir, daß eine Berufung sinnlos ist, daß er alles versuchen wolle, mich so schnell wie möglich rauszuholen, und daß ich in Berlin im Strafvollzug bleiben könne. Aber solche Reden sind mir momentan egal, ich kann ohnehin nichts damit anfangen.

Transport

Am nächsten Tag rasselt's wieder an meiner Tür. »Eins, mitgommn! Aber Sachen packn!« Ich fange sofort wieder an zu zittern. Was ist nun schon wieder? Aufgeregt raffe ich alles zusammen. »Links rum, mir hinterher!« brummt mich der Uniformierte an. Vor einer anderen Zelle, drei Türen weiter, bleibt er stehen. Erst glotzt er durch den Spion, dann schließt er auf. »Aha, Zellenwechsel«, überlege ich. Dann bin ich drinnen. Überglücklich schaue ich in das Gesicht einer anderen Gefangenen! Sie trägt Sträflingskleidung – ich immer noch meine eigenen Sachen. Auch sie ist hocherfreut. Ich stelle mich vor. »Ich bin Gerda«, stellt auch sie sich vor. Erst seit einigen Tagen ist sie hier. Und auch ihre Stieftochter sitzt in einer dieser Zellen, gerade erst siebzehn Jahre alt. Dann erzählt sie mir ihre ganze Geschichte. Mit ihrem Mann, einem Arzt aus der Charité, und dessen beiden Kindern aus erster Ehe, Gaby und Holger, wollte sie fliehen. Ihre Route: Von Ostberlin aus ging's nach Warschau. Dort sollten sie im Flugzeug die falschen Pässe – westdeutsche – übernehmen. Dann sollte es weitergehen nach Leningrad, von dort nach Helsinki und zurück nach Frankfurt am Main. Ihr Mann befand sich bereits im Flugzeug. Auch der Angehörige der »Menschenhändler-Organisation« aus dem Westen – mit den falschen Pässen in der Aktentasche. Gerda wurde mit den Kindern unnötig lange aufgehalten bei der Leibesvisitation. Sie wurde bereits unruhig... da sah sie, wie man ihren Mann und einen ihr Fremden anbrachte. Geplatzt! In Warschau wurden sie getrennt ins Gefängnis geworfen, außer Holly, der kam ins Kinderheim, weil er erst sechzehn war. Am nächsten Tag dann wurden sie alle einzeln verhört... Und dann ging's zurück nach Ostberlin. Mit einem großen Passagierflugzeug... nur für die Familie! Jeder saß mit zwei Mann Bewachung – in achtbarer Entfernung, wie man das so macht mit Staatsfeinden! – in diesem Stasiflugzeug. So gelangte sie hierher. Ich war erstaunt,

daß sie einen friedlichen Vernehmer bekam ... daß sie viel weiter mit den Protokollierungen war als ich erst nach Wochen ... »Mein Vernehmer behandelt mich gut. Er sagt des öfteren: Sie tun mir leid, wirklich, Sie tun mir richtig leid.«
»Was, das gibt es hier?« frage ich ungläubig. Doch Gerda ist keine Aufschneiderin. Sie hat gütige Augen und einen angenehmen Charakter. Ich vertraue ihr. Und ich kann ihr vieles raten, in Hinsicht auf das, was auf sie zukommt. Darüber ist sie erfreut. Wir schließen uns stärker zusammen. »Du hast gesagt, daß du Krankenschwester bist. Hier, ich habe Angst, daß ich Brustkrebs bekommen habe. Ich entdeckte beim Waschen Knötchen in der Brust.« Sie untersucht mich. »Nein, nein, da ist nichts«, erklärt sie mir. Ich bin beruhigt.
Und am 26. Juni ist's dann soweit. Geschäftige Aktivitäten verraten bereits am Vortag, daß sich um meine Person etwas tut. Ich muß zu den Effekten. Alles wird mir vorgelegt. Ich muß die Vollständigkeit bestätigen. Klaus soll meine Sachen in den nächsten Tagen abholen.
Dann geht's los. Der nette Soldat aus den Effekten bringt mich mit einem Eßpaket ins Parterre in eine Zelle. Bevor er geht, haucht er noch: »Viel Glück!« Ich bin ihm dankbar dafür. Er ist noch menschlich geblieben ... Wie lange noch? Kaum bin ich in der Zelle unten eingeschlossen, klopft's von nebenan. Aber ich klopfe nur zurück, verstehen kann ich immer noch nichts.
Dann werde ich endgültig abgeholt. Ich muß in einem Zellenwagen Platz nehmen. Beim Einsteigen frage ich: »Wohin geht es denn?« »Das werden Sie schon noch sehen.« Die kleine Dicke fährt mit. Naja, sie hatte auch manchmal freundliche Minuten ... Wenn auch nur aufgesetzt, im nächsten Moment konnte sie schon wieder fuchsteufelswild reagieren. Aber immerhin ... Während der Fahrt auf der Autobahn öffnet sie meine Zellentür. Es ist ja so wahnsinnig eng da drin. Dann gibt sie mir was zu essen und aus einer Thermosflasche Tee zu trinken. Die Fahrt geht endlos. Wenn ich nur wüßte, wohin?
Irgendwann kommen wir an. Ich bin erschossen und erschlagen. Stundenlang in dieser engen Metallzelle, wo kaum ein Kind Platz hat! Geschäftigkeit im Gefängnisgebäude. Alles viel unfreundli-

cher. Dreckiger. Am Dialekt erkenne ich: Wir müssen in Karl-Marx-Stadt (Chemnitz) oder Leipzig sein. Auf einem langen Gang muß ich warten. Eine ganz junge Wachhabende, klein und dünn, mit verbitterten, scharfen Zügen, brüllt mich an: »Stelln Se säch mitm Gesicht zur Wand, sonst sätzt's was!« Um Gotteswillen! Wo bin ich denn hier hingeraten? Ich fange an zu zittern und drehe mich gehorsam um. Eine ganze Weile lassen sie mich so stehen, dann holen mich zwei andere junge Bedienstete ab. »Mitgommn!« Ich laufe wie ein Hund hinterher. Es geht in ein büroähnliches Zimmer. »Weshalb sind Se hier?« »Wegen ›Republikflucht‹.« »Und weshalb noch? Sonst hätten Se ja ni so viel begommn!« »Paragraph 213 und 100 – das ist ›staatsfeindliche Verbindungsaufnahme‹.« »Na also!« Dann muß ich wieder draußen warten. Häftlinge werden an mir vorbeigeführt. Sie mustern mich. Ich sie auch. Dann brüllt es wieder: »Gesicht zur Wand!« Ich gehorche.

Hier wird sicher auch geschlagen, geht's mir durch den Kopf. Bei dem Ton ... Dann bringt mich eine Beamtin fort. Zuerst muß ich meinen Blumenstrauß, den mir Klaus am Tag vorher beim Sprecher noch gegeben hatte, abliefern. »Das gibt es hier nicht!« Sie schließt eine Zelle auf. Ich blicke um mich: Vier Zweistockbetten, ein Schrank, ein Waschbecken, eine Toilette; hoch oben, kurz unter der Decke, ein Fenster; ein Tisch, drei Stühle. Ich stelle mich vor. Es sind drei junge Mädchen drin, eine ältere Frau, schon weißhaarig, eine dürre Rothaarige, eine große junge Frau. Ein Bett ist noch frei. Die Jüngste ist siebzehn Jahre alt, sie hat einen leichten Sprachfehler. Den ganzen Tag singt sie vor sich hin, wackelt dabei mit dem Kopf, selbst beim Einschlafen. Sie sitzt wegen Klauerei. Das andere Mädchen ist 21, hat ebenfalls geklaut. Blond, nett anzusehen, auch im Gespräch ganz aufgeschlossen. Sabine, 22 Jahre alt, hat ein uneheliches Kind und wurde schon zum zweitenmal eingesperrt. Sie sagt, wegen AE (Arbeitserziehung) und Prostitution.

Der Vater ihres Kindes lebte erst mit ihr zusammen, dann verließ er sie – zahlte ihr aber weiterhin Unterhalt. Deshalb bekam sie ein Verfahren wegen Prostitution angehängt! Karin, eine 24jährige Frau, nicht verheiratet, zwei Söhne, drei und vier Jahre alt.

Sie ist groß und schlank, hat eine überaus tiefe Stimme, wunderschöne schwarze Haare und ein hübsches Gesicht. Sie ist beim Diebstahl im Warenhaus ertappt worden, als sie mehrere Kleidungsstücke mit in die Kabine nahm und davon eine Hose und einen Mantel in die eigene Tasche steckte.
Die ältere Dame hat Gewerkschaftsbeiträge unterschlagen. Ich schätze sie auf mindestens 65, sie ist aber erst 54. Klein und etwas dicklich, ein hübsches, rundes Gesicht, sie jammert uns ständig etwas vor. Das schlimmste Geschöpf in der Zelle ist die Rothaarige. Eine Prostituierte der übelsten Sorte. Strähniges Haar, an den Ansätzen schon wochenlang nicht mehr nachgefärbt, das Gesicht von einer grau-gelblichen Färbung. Ihr Körper – beim Waschen mag man nur einmal hinschauen und selbst das ist zu viel! – ist knochig und schlampig. Die welke Haut schlakkert am ganzen Körper herum – ich ekle mich entsetzlich vor ihr. Wie können Männer dafür auch noch zahlen? Sie erzählt, daß sie schon mal auf der »Tripperburg« war und daß sie unter »HWG« (häufig wechselnder Geschlechtsverkehr) geführt wird. Ansonsten hat sie vier Kinder, und ist natürlich unschuldig im Gefängnis. Das ist sowieso typisch für Kriminelle, weil sie wissen, daß die Politischen nun wirklich nichts getan haben, außer ihre Freiheit zu suchen, kehren sie immer die absolut Unschuldigen heraus ... Im Nu habe ich die ganze Jungmädchenschar um mich herum. Sie sind natürlich an meinem »Fall« interessiert. Außerdem erzählen sie mir ausführlich, wo ich mich hier befinde, und wie alles lang geht. Ich bin also in der allgemeinen U-Haft von Karl-Marx-Stadt gelandet, wo Diebe, Prostituierte und Mörderinnen sitzen! Solche, die diese Stätte zum erstenmal sehen, aber auch sehr viele, die schon zum wiederholten Mal dort sind. Den ganzen Tag wird erzählt. Die Mädchen wollen von mir über die Film-, Fernseh- und Sportstars, die ich aus Berlin persönlich kenne, alles wissen. Außerdem ist es ihnen offensichtlich angenehm, mal keinen Radaumacher in ihre Zelle bekommen zu haben. Sie haben in den Wochen hier sehr viel mehr zu sehen bekommen, als ich in der Abgeschlossenheit von Berlin-Hohenschönhausen. Am nächsten Tag beim Rundgang im Hof mache ich große Augen! Was es da für Frauen gibt! Eine ganze Menge

ist tätowiert. Sogar auf den Oberschenkeln und damit man es sieht, tragen sie extra gekürzte Miniröcke. Dann brüllen sie sich gegenseitig die unmöglichsten Sachen zu.
Ordinäre Wörter, wie ich sie von Frauen bislang noch nie zu hören bekam! Sie scheren sich auch nicht drum, daß das Wachpersonal doppelt und dreifach im Hof steht. Ein paar Herausstellungen erfolgen. Aber auch das juckt sie nicht, sie brüllen weiter. Und sie brüllen sogar das Personal an! Beim Reingehen werde ich Zeuge, wie eine Wachhabende einer Gefangenen den Schlagstock ins Genick haut. Ein Glück nur, daß ich hier nicht allein in der Zelle bin!
In der Zelle ist alles äußerst primitiv. Es gibt keine Kaffeekannen, Kaffee wird nur in ein einfaches Kochgeschirr geschüttet. Wir müssen nacheinander essen, weil am Tisch nicht alle Platz haben und auch nicht genügend Stühle vorhanden sind. Die Rothaarige wird von den jungen Mädchen ständig aufgezogen. Sie erklären mir, daß sie, seit ich in der Zelle bin, plötzlich die Vornehme mimt – vielleicht versucht sie, mich zu imitieren...
Abends, wenn das Licht gelöscht ist, geht es los mit Erzählungen. Die jungen Mädchen haben nur ein Thema: Bumsen. Inzwischen ist auch noch Lucie, eine 56jährige Frau zu uns gekommen. »Mein Mann hat die Betriebszeitung immer nach dem Westen geschickt«, sagt sie. »Deshalb sind er, ich und unser großer Sohn eingesperrt worden.« Sie und die andere ältere Frau empören sich über die Bumsgespräche. Mich ergötzt das ständige Hin und Her zwischen den beiden Parteien. Ich kann die jungen Dinger verstehen. Denn eins wird mir bewußt, eigentlich zum erstenmal seit ich eingesperrt bin: Mir fehlt sehr viel hier. Ich meine Zärtlichkeit, Liebe, Sex... Stundenlang wird geschweinigelt. Manchmal hart an der Grenze. Die beiden Älteren ärgern sich. Ich höre mir's an und sage nichts dazu. Warum soll ich unbedingt meine Intimitäten ausplaudern oder zu denen der anderen etwas äußern... »Haben Sie denn noch nie auf Französisch geliebt?« fragt Edeltraud die Lucie. »Nein, so was mache ich nicht, iiih!« »Wieso denn iiih, versuchen Sie's doch erst einmal!« »Das ist eine ganz große Schweinerei!« mischt sich die andere Ältere ein. Und so geht es immer weiter. Zwischendurch

geht mal das Licht an und die Klappen werden hochgemacht. Hier sind's zwei ganz große, lange Klappen, beinahe wie Fenster, so daß man alles fein überblicken kann. Am nächsten Tag erhalten wir plötzlich Teller und zwei Kaffeekannen. Nanu, was ist denn nun los? Ist der Wohlstand ausgebrochen? Es klärt sich schnell. Mittags erscheint eine Kommission. Vorher wurde kontrolliert, ob die Betten auch akkurat gemacht waren. Als die Kommission weg ist, wird das Geschirr wieder abgeholt!
Am nächsten Tag gibt's plötzlich Arbeit. Wir bekommen schwarze und weiße Damesteine, die wir in vorher zu falzende Kartons einordnen müssen. Es ist zwar eine Idiotenarbeit, aber immerhin Arbeit. Wir sitzen alle nebeneinander und die jungen Mädchen machen ihre Späßchen. Karin versucht stets, einen Platz neben mir zu bekommen. Noch sehe ich darin nichts Besonderes. Daß sie alle von dem großen roten »L« erzählen, das man in die Akte geschrieben bekommt, wenn man lesbisch ist, soll mich nicht stören. Sie erzählen außerdem, daß fast jeder hier eine lesbische Freundin habe. Am nächsten Tag zeigen sie mir beim Rundgang, wer zu wem gehört.
Dann werde ich Zeuge, wie man sich von Zelle zu Zelle verständigt. Einmal gibt's das Knastalphabet, was ich nun endlich verstehen lerne... Sie erzählen sich ganze Geschichten damit. Und dann pumpen sie das Wasser aus der Toilette und quatschen in den Ausfluß. »Drüben sind die Männer untergebracht. Und einmal waren auch welche über uns eingesperrt. Mit einem Strick hat einer eine Nivea-Schachtel heruntergelassen. Mit seinem Samen drin. Da hat er sich erst einen gewichst und seine Ruf-Freundin hat sich den Samen mit dem Kaffeelöffel in die Scheide eingeführt, um schwanger zu werden«, erzählt Bärbel. »Und... ist sie's denn geworden?« frage ich zweifelnd. »Das wissen wir nicht...«. Sachen gibt's! Ich kann nur mit dem Kopf schütteln. Auch Briefe werden hin- und hergeschickt. Eines Abends ist bei uns was los. Es wird grundlos gelacht, gelacht und gelacht. Alle erfaßt es. Und je mehr die draußen toben, um so mehr müssen wir lachen. Auch die beiden Älteren in unserer Zelle geraten außer Kontrolle. Plötzlich steht ein großer uniformierter Bulle im Raum. Er brüllt, was er kann. So laut

habe ich noch niemanden toben hören. Nicht einmal »Meckvieh«.
Es wackeln tatsächlich die Wände: »Wenn Se nich sofort uffhörn, dann schlach ich Sie alle einzeln zusamm. Pack! Mistvolk!« Draußen ist er wieder, Licht aus. Wir müssen erneut lachen, aber gedämpfter – unter der Bettdecke. Der Schreck sitzt uns schon in den Gliedern. Zumal wir des öfteren tagsüber und vor allem auch nachts die Schreie zusammengeschlagener Frauen und Männer hören müssen ...
Karin wird am nächsten Tag gefoltert. Sie hat nur eine etwas freche Antwort gegeben. »Los, mitgommn!« Widerwillig läßt sie sich abführen. Als sie wiederkommt, nach Stunden, ist sie völlig durchnäßt und zittert am ganzen Leib. »Sie haben mich an der Dusche mit Handschellen befestigt. Obwohl ich groß bin, mußte ich mich erst auf die Zehen stellen, damit sie mich festmachen konnten. Dann haben sie das kalte Wasser stundenlang laufen lassen!« Ich bin erschüttert und wütend zugleich. Deshalb wollte mich Dr. Vogel sicher in Berlin lassen. Was steht mir noch bevor? Karin ist natürlich voller Zorn. Und bei jeder Gelegenheit gibt sie patzige Antworten. Kann man's ihr verdenken?
Ich bin nun schon acht Tage in dieser U-Haft. Bald soll's auf Transport gehen. Wahrscheinlich nach Hoheneck, meinen jedenfalls die Mädchen. Eines Abends tauscht Karin ihr Bett mit einer anderen. Ich liege oben, sie liegt nun auch oben. In dem Bett, das längs an meins grenzt. Als ich zwischen dem Schrank und ihrem Bett vorbei will, hält sie mich fest. Sie schaut mir tief in die Augen und sagt: »Ich liebe dich!« Erst bin ich platt. Doch sie haben so viel über lesbische Liebe in diesem Gefängnis erzählt, daß ich mich schnell wieder fange. »Wie meinst du das denn?« »Na, richtig so.« »So, als wenn du ein Mann wärst?« »Ja, genau so. Du hast mir vom ersten Augenblick gefallen. Ich mag sowieso keine Männer mehr. Auch draußen nicht. Du gefällst mir.« Ich bin etwas verwirrt, obwohl mir's nun nicht ganz und gar unangenehm ist. Da ist endlich ein Mensch, der mich mal nicht anschreit, nicht kommandiert. Der mich mag. Der mir zeigt, daß es noch Gefühle gibt in dieser grausamen Umgebung.

Noch weiß ich nicht, wie ich mich verhalten soll. Ich ordne erst mal meine Sachen. Aber immer, wenn ich an Karin vorbei muß, hält sie mich fest, streichelt mich, versucht mich zu küssen. Einmal lasse ich diesen Kuß geschehen, es ist irgendwie komisch, aber nicht direkt unangenehm. Sie scheint Erfahrung mit Frauen zu haben, obwohl sie erst 24 ist. Ich weiß nicht, was es ist, daß ich Distanz bewahre. Ist es die Angst vor denen da draußen wegen des großen roten »L« in der Akte? Ist's Scheu wegen der zwei älteren Frauen, die für ganz und gar nichts Verständnis haben? Ist's Zurückhaltung vor dem Unbekannten? Das Licht wird gelöscht. Karin kommt ganz nah an mein Kopfende. Dann nimmt sie meine Hände und streichelt sie. Oh, wie angenehm! Dann fährt sie mir übers Haar, übers Gesicht, sie streichelt ganz zart über meine Lider, meine Wangen, meinen Mund. Es ist ein kaum zu beschreibendes Gefühl, von einem Menschen mal etwas anderes zu spüren, als Brüllereien, Beleidigungen, Drohungen... Dann küßt sie mich durch die Gitterstäbe. Wir müssen aufpassen, von Zeit zu Zeit geht das Licht an. Karin liegt etwas geschützter, weil vor ihrem Bett der große Schrank steht. Ich liege voll im Blickfeld. Dann flüstert sie mir zu: »Ich komme jetzt rüber zu dir ins Bett. Du wirst sehen, es ist sooo schön. Ich werde dich am ganzen Körper streicheln. Ich habe dich die ganzen Tage beobachtet – ich liebe deinen Körper. Du hast eine herrliche Figur!« »Nein, du darfst nicht kommen. Ich habe Angst, daß das jemand merkt... und außerdem!« Vor der Sache selbst ist mir nicht so bange wie anfangs bei den Gesprächen geglaubt. Vielleicht ist's Neugierde. Sicher sogar! Aber auch Bedürfnis nach Zärtlichkeit. Nach innerer Verbundenheit. Ihr scheint alles egal zu sein. Sie ist offenbar wirklich verschossen in mich. Mit ihrem Arm greift sie durch die Gitterstäbe. Sie fährt über meine Brüste, reizt meine Warzen. Warum weise ich sie nicht ab? Dann wandert sie tiefer. Sie streichelt meinen Bauch. Dann rutscht sie noch tiefer. Auch da wehre ich mich noch nicht. Irgendwie stärkt mich diese Verbundenheit im Dunkeln. Und dann hat sie's geschafft: sie ist zwischen meinen Beinen gelandet. Ganz zart fährt sie mir übers Kräuselhaar. Aber nun wird es mir doch etwas zu heikel. Ich entziehe mich ihr. Doch sie will rüberkomen.

Ich vergehe fast vor Angst. Jetzt auch noch ein »L« in die Akte, um Gotteswillen! Und siehe da: Das Licht geht an! Es bleibt länger an als sonst. Ich schiele durch die Armbeuge zum Fenster hinüber. Sie schauen angestrengt in meine Richtung. Ich hebe die Decken etwas an. So können sie Karins Arm nicht sehen. Dann geht das Licht wieder aus. »Bitte, tu mir einen Gefallen und höre jetzt auf! Nimm den Arm zurück. Wenn's dich beruhigt: du gefällst mir auch. Aber anders... Hör jetzt bitte auf!« Sie gehorcht. Wir erzählen noch lange durch die Gitterstäbe. Sie scheint es sehr ernst zu meinen...

Am nächsten Tag gibt's einen erneuten furchtbaren Zwischenfall. Ein junges Mädchen hat gerade die Toilette leergepumpt und spricht mit anderen Inhaftierten über uns. Plötzlich kommt eine vom Personal herein. Sie packt das Mädchen am Nacken und stößt es ins Toilettenbecken! Dabei betätigt sie mit der anderen Hand den Spüler, so daß die Ärmste ganz naß wird! »Nu wird's hoffendlisch genieschen!« Uns hat's allen die Sprache verschlagen. Doch von oben klopft's und ruft's weiter...

Zwei Tage lang haben wir nichts zu arbeiten. Ich bringe den Mädchen das Schachspielen bei. Sie freuen sich darüber. Besonders Karin. Sie spielen nun auch untereinander. Die Tür geht auf, und wir bekommen diesmal »Mensch-ärgere-dich-nicht«-Steine zum Einsortieren. Karin weigert sich zuerst, doch auf mein Zureden hin macht sie mit. Stein für Stein packen wir in die Schachteln. Stunde um Stunde. Für tausend Packungen gibt's 36 Pfennige! Es ist ein Hohn! Wir sitzen ewig dran...

Es gibt Mittagessen. Wir unterbrechen die Arbeit. Karin nimmt den Fraß entgegen. In Berlin war's schon schlimm. Aber was uns hier vorgesetzt wird! Plötzlich gibt's Krach. Der einen »Wachtel«, das sind die Bediensteten, geht's zu langsam. Karin kann wieder ihr Mundwerk nicht in Zaum halten. »Rauskommn!« Karin weigert sich. Heute nachmittag geht sie auf Transport. Wir sind die letzten Stunden alle zusammen. Dann sehen wir uns mit Sicherheit nie wieder. Auch zwei von den jungen Mädchen kommen weg. Es hilft nichts. Man zerrt sie zu zweit hinaus.

Ich bin traurig. Stein für Stein packe ich in die vorgesehenen Kartons. Was wird sie jetzt machen? Wie lange werden sie sie

draußen lassen? Es war angenehm, neben ihr zu sitzen. Sie war meine Verbündete. Außerdem spürte ich ihre echte Verehrung. Liebe? Das weiß ich nicht so genau. Jedenfalls fehlt sie mir mit ihren Späßen ... etwas Heiterkeit hatte ich so bitter nötig!
Nach etwa zwei Stunden wird sie wieder hereingebracht. Tränen der Wut stehen ihr in den Augen. »Mir war das alles egal gewesen. Aber deinetwegen ist mir das schon sehr schwer gefallen. Zuerst habe ich an die Arresttüre gedonnert und gebrüllt. Dann haben sie mir gedroht, da ließ ich's lieber sein. Ich wollte doch unbedingt die letzten Stunden bei dir sein ...«. Ich drücke ihren Arm. Auch ich empfinde es beruhigend, daß sie wieder da ist. Es dauert nicht lange, da werden die ersten beiden geholt. Tränen, Umarmungen ... »Schreib uns wirklich«, bitten sie mich inbrünstig. »Jaja, ich habe eure Anschriften gut im Gedächtnis niedergeschrieben«, verspreche ich. Dann kommt das dritte Mädchen, auch hier die gleiche Szene. Viel, viel Tränen ... doch was nützt's, die Wachteln drängen. Wir haben aufgehört zu arbeiten. Karin lockt mich hinter den Schrank. Dort nimmt sie mich noch einmal in ihre Arme. »Glaub mir, wenn ich mit dir im Strafvollzug wäre, ich würde dir die Zeit wirklich angenehm verkürzen.« Ich glaube ihr beinahe ... vielleicht hat sie recht. Das Wissen, einen Menschen mit Gefühlen in der Nähe zu haben, macht alles spürbar leichter. Warum nicht auch ich? Es machen doch so viele hier ...
Die Tür wird aufgeschlossen. »Mitgommn!« brüllt eine Wachtel zu Karin. Ihr schießen die Tränen in die Augen. So gut sie sich bis jetzt beherrschte, nun ist's vorbei. Erst nach mehrmaligem Brüllen reißt sie sich von mir los. »Vergiß mich nicht!« ruft sie mir noch von der Tür aus zu. Ich denke noch lange über sie nach ...
Am nächsten Tag geht die Rothaarige auf Transport. Ich bin nun schon fünfzehn Tage hier. Am 16. Tag kommen Lucie und ich dran. »Nach Hoheneck«, hat man uns gesagt. Wir nehmen unsere Bündel in Empfang. Im Hof wartet eine »Grüne Minna«. Eine echte »Grüne Minna«! Ich habe sie mir ganz anders vorgestellt. Innen ist sie in der Mitte geteilt. Auf jeder Seite sind je zwei Holzbänke. Dort sitzen aneinandergepfercht lauter Häftlinge. Und immer mehr kommen dazu. Wir müssen uns übereinander-

setzen. Nebenan sind Männer. Es beginnt sofort eine Klopferei und Ruferei. Ordinäre Worte werden gewechselt. Man kann alles recht gut hören. Das Personal vorn brüllt durcheinander. Als alle zusammengedrängt sind, wird eine breite Gittertür davorgezogen.
Mir schießt's durch den Kopf: Wenn damit ein Unfall passiert! Nicht auszudenken! Wie Vieh sind wir übereinandergestapelt. Maximal können hier wahrscheinlich 25 Leute sitzen, wir sind etwa 70! Dann geht die Fahrt los. Unterwegs wird ein paarmal haltgemacht, noch mehr Häftlinge kommen hinzu. Weil bei uns keine mehr reinpassen, werden diese Frauen zu den Männern gesteckt. Das gibt natürlich erst mal ein Gejohle. Und mit entsprechenden Kommentaren ist man bei uns im »Abteil« nicht gerade sparsam! Vulgärer geht's gar nicht! Solche Frauen habe ich in Freiheit nie gesehen. Eine ist sogar im Gesicht tätowiert. Zwischen den Augenbrauen hat sie ein Kreuz. Auf der Wange ist der Name »Rita« eingekratzt. Am Jochbein trägt sie einen Punkt. »Das ist eine Pennerträne«, lasse ich mich belehren. Drei Punkte auf der Wange oder anderswo heißen: »Schwul – pervers – arbeitsscheu«. Auch die Finger sind tätowiert mit den verschiedensten Namen und Zeichen. Aber es sind keine kunstvollen Tätowierungen – laienhafte nur. Im Knast gemachte, das ist unschwer zu erkennen. Der vollbesetzte Wagen schaukelt durch die Gegend. Die Luft wird zusehends schlechter. Die Weibsen erzählen einen Witz nach dem anderen. Unterhalb der Gürtellinie natürlich. Dann fangen einige von ihnen an zu singen. Knastlieder. Mit Texten, die auf unsere Situation passen. Auch mit erotischem Inhalt. Ihnen scheint's sichtlich Vergnügen zu machen, so auffällig in der Masse aufzutreten. Und viele kennen sich offenbar schon länger. Aus einigen Äußerungen entnehme ich auch, daß manche nicht zum erstenmal in solch einem Gefängnis sitzen. Ich komme mir ganz verloren vor. Gottseidank geht's Lucie ebenso. Sie schaut mich immer und immer wieder ganz entsetzt an. Völlig durchgerüttelt und zerschunden kommen wir am Ziel an: Frauenzuchthaus Hoheneck, das berüchtigtste unter seinesgleichen.

Frauenzuchthaus Hoheneck

Das Gitter wird aufgeschlossen. Einzeln verlassen wir die »Grüne Minna«. Wir treten in einen großen Hof, umgeben mit alten Gemäuern. »Anstellen!« brüllt eine Wachtel. Der Ton hier ist also auch nicht anders, konstatiere ich. Mit Gerangel und Gedrängel stehen wir letztlich doch in Reih und Glied. Wir müssen in ein Gebäude hinein. Das Zimmer faßt gar nicht alle. So warten wir davor auf den Gängen. In einem Zimmer müssen wir uns einzeln melden. Irgendwann bin auch ich einmal dran. Völlig entnervt und verschüchtert betrete ich den Raum. Eine Uniformierte mustert mich eingehend. »Name... Adresse... Delikt... Strafzeit!«

Ich antworte. »Sie sind zum erstenmal hier?« »Ja«, sage ich kläglich. Im Grunde weiß sie das doch! Ich bekomme die Nummer 5032. Dann geht's zum Arzt. Im Vorraum sehe ich, daß die Tätowierte nicht nur an den sichtbaren Stellen diese blauen Zeichen trägt, sondern am ganzen Körper! Es ist kaum noch eine Stelle frei... Auf den Brüsten, am Bauch, auf dem Rücken, auf den Schenkeln – ja, sogar auf den Fußsohlen! Ob sie sich jetzt nicht schämt beim Arzt? Naja, die Frage erübrigt sich im Grunde, sie macht nicht den Eindruck, als sei sie zum erstenmal hier. Außerdem hat sie eine sagenhaft große Klappe – ihr scheint überhaupt nichts etwas auszumachen...

Dann bin ich dran. Noch trage ich meine Privatkleidung. In Unterwäsche stehe ich vor dem medizinischen Personal. Die Wachteln schauen erst mich an, dann wechseln sie eindeutige Blicke. »Ich weiß, derartige Wäsche habt ihr sicher noch nicht zu sehen bekommen«, denke ich. »Tja, vielleicht ist das jetzt modern«, meint eine dicke, etwa 50 Jahre alte Bedienstete im weißen Kittel. »Aber, schauen Sie doch mal, das ist ja alles durchsichtig!« die Jüngere kann's gar nicht fassen. Ganz wohl fühle ich mich nicht in meiner Haut. Dieses Begaffen, dieses unverfrorene Glotzen...

Aber ich muß ja noch den Arzt durchstehen. Er guckt interessiert – Bemerkungen hebt er sich sicher auf, bis ich draußen bin. »Herr Major, Strafgefangene Thiemann meldet sich zur Untersuchung.« Das hat man mir draußen noch eingebleut. Er stellt ein paar Fragen. Dann muß ich ins Nebenzimmer. Ein Wesen im weißen Kittel mit gelben Streifen, nicht Frau, nicht Mann, kommt auf mich zu. »Hosen runter!« Ich gehorche. Mit einem Spachtel fährt das Neutrum durch meine Schamhaare, schaut unter die Achselhöhlen, in die Wimpern und Augenbrauen.
Nun geht's zu den Effekten. Wir müssen unsere Kleidung abgeben und erhalten Knastklamotten. Ein dunkelblaues Kostüm aus dickem, hartem Stoff, zwei Kleiderröcke, ebenfalls in Dunkelblau, zwei gestreifte Blusen, innen angerauht, zwei Nachthemden, drei Büstenhalter (ich habe Glück, ich bekomme neue Halbschalen – die meisten müssen Stillbüstenhalter nehmen!), je vier Unterhemden und Unterhosen aus Großmutters Mottenkiste, zwei Paar dicke Makkostrümpfe, ein Paar schwarze Halbschuhe.
Weiter geht's mit zwei Decken, alte, graue schwere Decken, Blechbecher, Besteck und Zahnbürste. Alles muß ich zu einem großen Bündel schnüren, auch die graue, blaukarierte Bettwäsche kommt noch hinein. Ich werde das gar nicht tragen können. Es ist mir jetzt schon zu schwer, es anzuheben. Als alle bepackt sind, ertönt das Kommando: »Anstellen! Los, los, bißchen dalli! Und Ruhe, sonst können Sie gleich ein paar Runden drehen!« O je, o je, hier herrscht ja genauso ein furchtbarer Ton!
Dann bin ich erlöst. Flink ziehe ich die Kleidung wieder an – noch meine eigene. In Zweierreihen marschieren wir ab. Schon nach wenigen Schritten fällt mir das Bündel aus den Händen. Gehetzt raffe ich es wieder auf, nur nicht gleich zum Stein des Anstoßes werden...
Einer anderen geht der Knoten auf und der gesamte Inhalt fällt auf die von Kohlenstaub schwarze Erde. »Gönn Se ni besser uffbassn!« brüllt die Wachtel, die am nächsten steht. Rechts von uns schaufeln Sträflinge Kohlen. Ich wundere mich: Ist da

ein Mann dabei? Doch ich werde bald aufgeklärt... das sind alles Frauen, aber einige sind Lesbierinnen. Ich denke an Karin... was für ein Unterschied!

Weiter geht's. Wir kommen an den Trakt, wo Häftlinge untergebracht sind. Links ist das Gebäude, riesengroß taucht es vor uns auf. Viele, viele vergitterte Fenster sehe ich... und daran hängen wie die Trauben weibliche Häftlinge. Und sie sehen zum Teil so furchterregend aus, daß mir erneut das Herz stehenzubleiben droht. Dann geht's los mit der Brüllerei: »Na, Gisela, da bist du ja endlich wieder! Ach, meine Süße, wie du mir gefehlt hast!«
»Hehe, ihr Lieben, ist denn was für mich mit dabei?«
»Hallo, Marlies, was hast du denn wieder angestellt?« «Oh, du da, du bist vielleicht ein Schätzchen, hoffentlich kommst du auf meine Zelle, Schmatz!« »Halten Se jetzt ändlisch Ihre Klappen! Und Sie machen, daß Se vom Fenster wegkummn!« Doch die Wachtel nimmt keiner ernst. Nicht eine bewegt sich vom Fenster weg. Im Gegenteil. Jetzt geht's erst richtig los. Was die sich alles trauen... geht's mir durch den Kopf. Ist das Mut oder Dummheit? Dann haben wir endlich den Hof durchquert. Rechterhand ist ein Stacheldrahtzaun, dahinter ein tiefer Graben. Dann kommt eine hohe Betonmauer mit Glasscherben drauf. Und dahinter wiederum hört man lautes Hundegebell. An ein Entkommen ist hier sicher auch nicht zu denken. Wohin auch?
Es geht durch endlos lange Gänge. Treppen hoch, Eisengitter werden zu jeder Etage aufgeschlossen. Dann sind wir endlich oben. Im letzten Stock werden wir in zwei große Zellen verteilt. Einige Betten sind schon besetzt. Die Zellen nennt man »Zugangszellen«. Um mich kümmert sich gleich eine schwarzhaarige, dunkeläugige Frau. Babsi könnte man ebenso als Mann ansehen. Doch inzwischen weiß ich ja, daß das hier absolut unmöglich ist.
Babsi kümmert sich um meinen Bettenbau. Es ist genauso wie in Karl-Marx-Stadt. Alles muß akkurat übereinander liegen, sonst gibt's Ärger mit dem Personal. Als alles an Ort und Stelle ist, betrachte ich mir die Insassen etwas genauer. Auch hier kennen sich einige durch frühere Aufenthalte in diesen Kerkern. Eine

sieht aus wie ein Spitzbube. Wenn ich ihr draußen begegnet wäre, ich hätte nie und nimmer gedacht, eine Frau vor mir zu haben!
Ingo ist mit uns angekommen. »Ich bin schon zum vierzehntenmal hier«, erklärt sie. Auch sie würde ich für einen Mann halten. Einige der Mitgefangenen scharen sich gleich um sie. Naja, sowas ist sicher hier begehrt: Tiefe Stimme, männliche Züge, männlicher Gang...
Ingo wartet mit dem Waschen, bis alle fertig sind. Erst dann geht sie in den Waschraum. Von dem bin ich übrigens entsetzt. Ein langer Trog aus Stein – wie für Kühe. Drei Wasserhähne, nur eiskaltes Wasser. Hoheneck liegt im Erzgebirge, da ist's besonders kalt. Wenn man sich wäscht, fließt einem das Dreckwasser vom Nachbarn automatisch über die Füße. Wenn das mal keine Pilzkrankheiten nach sich zieht... Es ist schon spät. Wenige Minuten drauf wird das Licht gelöscht. Aber man kann keine Ruhe finden. Es wird erzählt und erzählt, Witze werden gerissen und im Waschraum wird sogar gesungen. Barbara, auch keine Unbekannte mehr auf Hoheneck, aber vom Äußeren her noch am sympathischsten, nimmt eine gußeiserne Schüssel und fängt an zu trommeln. Zwei Häftlinge können sehr gut singen. Ich bin überrascht, was sie für tolle Musik zu machen verstehen... In meinen Kopf geht es allerdings nicht, daß man an diesem Ort überhaupt singen kann...
Ich liege auf einem Oberbett – auch hier sind Doppelstockbetten. Babsi liegt schräg unter mir. Sie wirft mir laufend schmachtende Blicke zu. Ich habe ein bißchen Angst vor ihr. Überhaupt habe ich Angst in dieser Zelle. Es kommt mir vor, wie im Märchen, wo man in eine Räuberhöhle gerät mit lauter unsauberen und mörderischen Gesellen...
Aber auch diese Nacht überstehe ich, allerdings, ohne auch nur eine einzige Stunde zu schlafen.
Zum Frühstück am nächsten Morgen stehen wir Neuen erst mal dumm da. Wir bekommen nur ein paar Scheiben trockenes Brot! Marmelade und Zucker wird an einem anderen Wochentag ausgegeben. Babsi bietet mir Marmelade an, die ich dankbar annehme. Ich muß mich zwingen, überhaupt etwas zu essen. Die

anderen tragen's viel leichter: Sie scherzen und singen unentwegt und geben uns Neulingen gute Ratschläge. Einer davon lautet: »Merkt euch eins, hier habt ihr 99 Pflichten und ein Recht. Dieses eine Recht besteht darin, die 99 Pflichten zu erfüllen!« »Hahaha!« alles amüsiert sich. Ich finde es gar nicht zum Lachen. Im Laufe des Tages werden wir alle zu Frau Leutnant Dietrich gerufen. Daß sie meinen Mädchennamen trägt, will ich als gutes Omen werten. Doch das entpuppt sich als totaler Irrtum! »Strafgefangene Thiemann meldet sich«, hauche ich leise. »Gönn' Se säch nich ordentlich mällden?« greint sie mich an. Verunsichert und erschreckt schaue ich ihr ins Gesicht. Nur nicht aus der Reserve locken lassen, spreche ich mir im stillen zu... »Ab sofort ham Se erscht den Dienstrang zu saachen und dann, daß Se de Strafgefangene Soundso sin!« Bumm, da habe ich mein erstes Fett von ihr weg. Ich zittere – und bin völlig verängstigt. »Weshalb sind Se hier?« fragt sie. »Paragraph 213 und Paragraph 100.« »Aha, so eene sind Se also! Schämen Se säch denn überhaupt nich! Republikflucht kommt glei nachm Massenmord!« Das ist doch wohl die Höhe! Habe ich denn richtig gehört? Was erlaubt sich diese, diese... Ich muß mich nach allen Regeln der Kunst beherrschen. »Warum wollten Se denn Republikflucht begehn?« Ich versuche, in wenigen Worten meine Motivation zu erklären. »Ach, ach, erzählen Se doch ni, daß is doch alles galter Gaffee. Das glooben Se doch sälber nich!« Es ist sinnlos. »Doch, mir gegenüber ist mehrfach die Verfassung verletzt worden, deshalb dieser Schritt.« »Na, eins gann ich Ihnen versprächn. Sie kriechen de Verfassung als Pflichtlideradur, da gönn' Se säch erst mal über Ihre Pflichten informiern, ehe Se von Rechten sprächn!« Ich habe eine unbändige Wut. Und Wut macht mich manchmal stark. So auch hier. »Wenn Sie mich nach meinen Gründen fragen, müssen Sie sich auch mit meinen Antworten abfinden.« Sie schaut mich entgeistert an. »Machen Se jetzt, daß Se rausgommn!!!« Ich mache kehrt. Doch ehe ich die Türklinke in der Hand habe, brüllt sie wieder: »Mällden Se säch gefällischst ordentlisch ab!« »Frau Oberleutnant, Strafgefangene Thiemann meldet sich ab!« Dann nichts wie raus. In der Zelle empfängt man mich gespannt. Die Häft-

linge wissen alle, daß Republikflüchtlinge immer besonders schikaniert werden. »Na, wie war's?« Ich gebe den Dialog mit dieser Kuh zum besten. Alle sind auf meiner Seite. Das tröstet. Dann muß ich hemmungslos weinen... Den ganzen Tag geht's so weiter. Bei der einen dauert's nur kurze Zeit, die andere bleibt länger draußen.
In den nächsten Tagen gewöhne ich mich an den Tagesablauf eines solch großen Gefängnisses. Wir haben Freistunde, das heißt, eine halbe Stunde Hofrundgang. In Dreierreihen müssen wir antreten. Im Block. Eine muß vorn das Kommando geben. Und dann geht's los. »Links, links... links... zwo... drei... vier.« Ich wäre nach kurzer Zeit heiser. Es sieht entsetzlich aus. Ein Hof voller Frauen in dunklen Kostümen, bei stechender Sonne. Wir schwitzen wie verrückt. Aber die Jacken dürfen wir nicht ausziehen. Was sind das nur für Barbaren! Dann ist die Zeit um. »Anstellen!« brüllt eine Wachtel. Ohne zu sprechen, müssen wir die Gänge hochlaufen bis zu unserer Zelle. Wir sind ungefähr 25 Frauen, auch eine Hochschwangere ist dabei. Das erschüttert mich am meisten. Aber auch sie ist nicht zum erstenmal hier. Und ich staune, wie leicht sie das Ganze nimmt. Trotzdem tut sie mir unendlich leid...
Ein paar Tage sind wir in der Zugangszelle noch zusammen. Dann werden wir aufgeteilt. Ich bin die einzige mit »Republikflucht«. Ich komme zuletzt dran. Warum, kann ich nicht beurteilen. »Sachen packen«, herrscht mich eine Wachtel an. Ich schnüre wieder mein Bündel und laufe ihr die Gänge und Treppen hinterher. Es geht bis zum Erdgeschoß runter. In einer riesengroßen Zelle werde ich eingeschlossen. Es sind etliche Frauen und junge Mädchen drin, die meisten machen auf mich einen äußerst angenehmen Eindruck nach dem bisher Erlebten. Ich stelle mich vor, sage, warum ich da bin. »Wir sind auch alle RF«, erklären sie. Das ist die Abkürzung für Republikflucht. Dieser Umstand beruhigt mich erst mal. Ingrid ist Ärztin, Angela Verkäuferin, Elke Sekretärin, Brigitte ebenfalls. Und die jüngeren sind meist erst 18 und haben noch gar keinen Beruf, kommen teilweise aus zerrütteten Familienverhältnissen. Ein lesbisches Pärchen sitzt am Waschraumfenster. Freddy heißt eigentlich

Rosemarie, und ihre Freundin ist ein kleines, freches Luder mit hübscher Figur. Freddy hat einen typischen Fußballergang, O-Beine und bewußt schnoddriges Auftreten. Wir setzen uns alle an einen langen Tisch, den wir aus mehreren kleinen zusammengestellt haben. Und erzählen. Jeder seine Geschichte. Und aus seinem früheren Leben. Wir haben sieben Fenster mit Blick ins Grüne. Das ist ein Vorteil. So können wir manchmal Kinder auf der Wiese spielen sehen – wenn's auch sicherlich Kinder von Angestellten des Strafvollzugs sind.
Es schließt an der Tür. Eine ältere, weißhaarige Oberleutnant steht vor uns. Ingrid, die Ärztin, macht Meldung: »Frau Oberleutnant, Verwahrraum 60 mit vierzehn Strafgefangenen belegt, meldet Strafgefangene Tetzner.« »Guten Tag, Strafgefangene!« »Guten Tag, Frau Oberleutnant!« sagen wir im Chor. »Sie sind neu hier. Machen Sie sich mit unserer Anstaltsordnung vertraut. Lernen Sie vor allem die Dienstränge, exakte Meldung ist wichtig.« Sie macht einen friedlichen Eindruck, zumindest ist sie intelligenter als alles, was ich bisher hier an Personal zu sehen bekam! »Ich bin Ihre Erzieherin. Wenden Sie sich also mit allen Fragen an mich.« Erzieherin? Erzieherin? Was soll denn das nun wieder bedeuten? Ich habe doch längst die Schule hinter mich gebracht! Wozu wollen die mich denn erziehen? Aber ich entsinne mich: Im letzten Gespräch mit Dr. Vogel sagte er mir, daß im Gefängnis Erzieher mit uns sprechen werden ... »Einmal im Monat können Sie einen Brief schreiben und einen empfangen. Wer Kinder hat, kann alle Vierteljahre einen Kinderbrief schreiben und einen empfangen. Einmal im Vierteljahr gibt's einen Besuchstermin für eine halbe Stunde. Aber wenn Sie sich was zuschulden kommen lassen, kann das eine oder andere gestrichen werden.« Frau Oberleutnant Schmidt erklärt das alles in schlichter Form. »Und wegen Arbeit, da werden Sie in den nächsten Tagen eingeteilt. Sie müssen sich noch ein Weilchen gedulden. Es kommt erst wieder alles in Gang. Es war ja gerade erst eine Amnestie und hier gab es nur noch ganz wenige Strafgefangene. Ansonsten tragen wir uns hier vorwiegend selbst, das heißt, alles, was die Strafgefangenen erwirtschaften, fließt an die Anstalt zurück. Sie bekommen ein geringes Entgelt,

das andere wird für Essen und Unterkunft, Wäsche und dergleichen einbehalten«, fährt sie fort.
Für den Anfang sind wir genug belehrt. Lucie ist inzwischen auch in meiner Zelle gelandet, ihr Delikt kommt unserem ja noch am nächsten, jedenfalls ist es ein »politisches«. Ich zähle zum »strengen Strafvollzug«, das ist gleichzusetzen mit Zuchthaus, was es ja nicht mehr gibt. Abhängig ist das vom Strafmaß. Wer nur ein oder zwei Jahre hat, rechnet zum »allgemeinen Strafvollzug«. Wir erfahren, daß die Zuchthäusler es früher besser hatten. »Damals gab's im Jahr fünf Tage Urlaub. Wir mußten dann zwar hier im Knast bleiben, aber wir wurden in eine Zelle gebracht, wo wir Radio hören, Handarbeiten machen und lesen konnten, soviel wir wollten«, erzählt uns eine Kalfaktorin, die schon acht Jahre hier ist. Jetzt haben die Zuchthäusler keine verschärften Bedingungen mehr. Die Politischen sind also den Mörderinnen und ehemaligen KZ-Aufseherinnen gleichgestellt. Sie sind ihnen ausgeliefert, wie sich später noch zeigen wird.
In unserer Zelle stehen sechzehn Doppelstockbetten. Es dauert nicht lange, dann sind sie alle besetzt. Als nächstes kommt Bärbel, eine Ärztin aus Jena. Mit ihr freunde ich mich an. Sie liegt in dem Bett unter mir. Jeder hat eine andere Geschichte – und irgendwo ähneln sie sich wiederum. Von Christa erfahre ich, daß man ihr bei der Stasi in der U-Haft in den Unterleib getreten hatte, so stark, daß sie operiert werden mußte! Und eine andere erzählt, daß sie schwanger war und ihr Kind gegen ihren Willen abgetrieben wurde! »Erst haben sie's mit Spritzen versucht. Als das nicht half, hievten sie mich auf den ›Pflaumenbaum‹, fesselten mich, gaben mir Narkose. Als ich erwachte, war alles vorbei!« Wir sind alle entsetzlich empört. Dann stößt Heidi aus Leipzig zu uns.
Nach ihren Angaben ist sie Gynäkologin. Sie haut mächtig auf den Putz und will sofort das Zepter an sich reißen. Nachdem Ingrid auf Transport gegangen war, wählten mich die anderen Mitgefangenen als »Verwahrraumälteste«. Mir war's gar nicht recht. Erstens hatte ich etwas gegen Ämter, außerdem spekulierten andere darauf. Auch Heidi gehört zu den Frauen, die gern ein

Amt innehätten. Um die Aufmerksamkeit trotzdem auf sich zu lenken, beginnt sie mit einem Sportprogramm in der Zelle. Inzwischen haben wir Dreistockbetten bekommen. Es ist entsetzlich eng. Ich liege ganz oben. 42 Frauen sind jetzt in unserer Zelle zusammengepfercht. Biggi, eine 20jährige freche Göre, sitzt neben mir auf dem Bett. Von oben beobachten wir das Sportprogramm von Heidi. Es sieht wirklich zum Totlachen aus, wie sie alle in ihren langen Krankenhausnachthemden krampfhafte Bewegungen machen – mehr oder weniger sportlich... Aber Heidi ist in ihrem Element. Endlich kann sie Kommando geben. Nach ein paar Tagen läuft sich das kaputt. Keiner macht mehr mit. Naja, es war mal eine Abwechslung...

Fremdsprachen üben ist streng verboten. Bücher gibt's noch keine. Nur täglich die Zeitung – natürlich das »Neue Deutschland«, die Parteizeitung der SED.

Dann endlich werden wir zur Arbeit eingeteilt. Wir müssen im Elmo-Kommando Motoren machen für Waschmaschinen. Im Drei-Schicht-System müssen wir ran. Früh von 5 bis 13 Uhr, die nächste Schicht ist von 13 bis 21 Uhr, die Nachtschicht geht von 21 bis 5 Uhr früh. Fünf Schweißapparate brennen also sechs Tage in der Woche rund um die Uhr. Die Luft ist gasgeschwängert. Wir befürchten, Schäden an den Atmungsorganen davonzutragen...

An die schwere Arbeit können wir uns schlecht gewöhnen. Wir müssen über 30 Elektromotoren schalten, um vier Mark Einkaufsgeld zu bekommen. Im Monat! Davon müssen wir uns das Nötigste wie Seife, Zahncreme, Hautcreme und die Raucher auch noch Zigaretten kaufen. Von Bonbons oder Keksen kann man also nur träumen...

Aber diese Norm ist nicht zu schaffen. Die ersten Tage bringe ich's auf ganze sieben Stück. Die meisten von uns sogar nur auf vier. Dreißig? Dreißig? Die Zahl geistert in unseren Köpfen herum. Wie soll man das jemals schaffen können??? Aber es gibt einige im Kommando, die schon lange dort sind, die bewältigen das.

Wieder begegnen mir einige Frauen, die ich auf Anhieb als Männer angesehen hätte. Auch Babsi aus der Zugangszelle ist in der Schicht. Man erzählt, daß im Kommando fast nur Mörderinnen sind. Manche haben ihre eigenen Kinder umgebracht. Seppl hat sechs Kinder. Das letzte soll sie getötet haben und mit dem toten Kind im Kinderwagen noch 14 Tage lang durch Naumburg gelaufen sein! Deshalb ist sie jetzt hier. Lebenslänglich. Sie hat natürlich einen Posten inne. Wir müssen ihr gehorchen. Auch alle anderen Kommandoposten sind mit Lebenslänglichen besetzt. Ilse, lebenslänglich wegen KZ-Mittäterschaft, jetzt ist sie circa 50 Jahre alt. Sie ist belesen, intelligent, aber kann auch sehr böse werden. Besonders auf uns Politische. Sie hat in all den Jahren dort schon einige politische Gefangene auf Transport gehen sehen – und jeder, der dort vorfristig die Freiheit wiedererlangt, ist den Lebenslänglichen ein Dorn im Auge. Also auch automatisch wir. Bandleiterin ist Hildegard Schwarz. Sie hat 15 Jahre bekommen – auch wegen Mord an ihrem eigenen Kind. Sie ist primitiv, dümmlich und schikaniert, wo sie nur kann. An der Kontrolle sitzt Juliane. Mit ihr freunde ich mich ganz schnell an. Sie imponiert mir mit ihrer gepflegten Erscheinung, mit ihrer geraden Haltung. Sie war Theologiestudentin …

In der vierten Woche bekomme ich eine ganz schlimme Entzündung am rechten Zeigefinger. Der Finger ist fast auf doppelte Stärke angeschwollen und schmerzt entsetzlich. Doch ich muß weiterarbeiten. Nachts versuche ich, mir durch Kühlung Linderung zu schaffen. Aber es hilft nicht viel. Wie mit Nadeln sticht es von der Hand angefangen bis hoch zur Schulter. Ich stelle unten ans Bett eine Schüssel mit eiskaltem Wasser. Dann steige ich nachts mehrmals runter, um die Handtücher klatschnaß zu machen, die ich mir um den Arm wickle. Inzwischen hat der Schmerz die ganze rechte Seite ergriffen. Ich schlafe keine Minute, sondern jaule vor mich hin.

Manchmal muß ich in den Waschraum gehen, um die anderen mit meinem Gejammere nicht wach zu machen. Und ich kann wahrhaftig Schmerzen vertragen! Mehrfach meldete ich mich schon zum Arzt. Doch man nimmt keine Notiz davon. Eines Tages geht's nicht mehr. Ich klingle und bitte um Medikamente. Nach langem Hin und Her erhalte ich eine Schmerztablette. Doch sie hilft überhaupt nicht. Bevor ich zur Arbeit gehe,

bekomme ich nochmals eine. Und so geht es die nächsten Tage weiter. Immer, wenn's zur Arbeit geht, gibt mir die zuständige Frau Meister Schmerztabletten, für die Nacht nicht... Ich kühle weiter, und kühle und kühle... Gibt's etwas Unmenschlicheres? Die Schmerzen sind viehisch. Irgendwann habe ich es trotzdem überstanden – wie, das weiß ich bis heute nicht.
Inzwischen schaffe ich zwölf Motoren, die anderen Politischen sechs bis sieben. Die Kriminellen dagegen ackern 30 bis 40 Stück zusammen. Wie sie das machen, weiß ich nicht. Wir schauen ihnen auf die Finger, doch bei uns will's und will's nicht besser werden...
Eines Tages gibt's ein schlimmes Erlebnis. An meinem Tisch sitzt »Tino«, eine Lesbierin. Sie hat zwölf Jahre wegen Totschlag bekommen – drei Jahre hat sie rum. Als wir den Zettel fürs Einkaufsgeld bekommen, stellt sich heraus, daß sie mit weit mehr Geld gerechnet hat. Sie ackerte immer wie ein Pferd, sie schaffte stets die höchste Norm. Nun soll sie nur wenige Piepen erhalten! Sie bekommt regelrecht einen Tobsuchtsanfall. Dann wird sie weggebracht... in Arrest. Zwei Tage später ist sie tot. Sie hatte sich an ihren Strümpfen erhängt!
Im Laufe der Zeit werden die Kriminellen, bis auf die Bandleiterin und die Kontrolle, aus unserem Kommando genommen. Inzwischen sind so viele Politische aufgetaucht, daß unser Kommando nur aus Republikflüchtlingen besteht. Das Leitungspersonal, das vom Werk »Elmo« eingesetzt wurde, besteht aus einem Mann und zwei Frauen. Eine der beiden ist ausgesprochen nett. Schwarzhaarig, schlank, gute Manieren. Ich habe sie nicht ein einziges Mal brüllen hören. Die kleinere, blonde Kollegin ist etwas launisch. Sie flippt auch schon mal aus und läßt uns ihre Macht spüren. Ausgesprochen fies ist der Mann. Als ich eines Tages an die hydraulische Presse muß, weil keine kriminelle Strafgefangene in unserem Kommando ist, der sie diesen »verantwortungsvollen« Posten übertragen können, trifft's mich. Ich muß eine bestimmte Norm schaffen. Doch die Presse geht automatisch. Ich kann sie nicht schneller antreiben. Die Norm haben sie so festgelegt, daß sie nicht zu schaffen ist! Mit einer Uhr, die mir eine Strafgefangene von der Kontrolle leiht, versu-

che ich diesem »Betriebsleiter« das klarzumachen. Außerdem weiß ich, daß die beiden anderen Schichten, in denen Kriminelle die Presse bedienen, eine weitaus günstigere Norm haben. »Sehen Sie, die Presse braucht soundsoviel Sekunden, um zu prägen. Ich kann sie nicht anschieben. Das bedeutet, daß sie in einer Stunde soundsoviel Motoren preßt. Sie verlangen von mir aber das Doppelte!« »Jaja, das hat schon seine Richtigkeit!« »Aber, die Presse geht doch hydraulisch! Ich kann doch gar nichts daran tun!« »Moment mal, seit wann legen denn jetzt schon die Strafgefangenen die Norm fest?« »Aber ich weiß aus den anderen Schichten, daß die eine ganz andere Norm haben, die von der Presse auch zu schaffen ist!« »Sie haben sich überhaupt nicht mit den anderen Schichten zu unterhalten!« Voller Zorn arbeite ich weiter. Ja, ich fertige sogar nebenbei auch noch Motoren! Alles nur, um auf die Norm zu kommen, um ein paar läppische Mark Einkauf zu haben, um eventuell eher entlassen zu werden!

Eines Morgens warten wir vor der Arbeitshalle. Auch die Jugendlichen vom Quergebäude, meist 15- bis 17jährige Mädchen, die wegen Lächerlichkeiten im Gefängnis sitzen, befinden sich dort und warten auf den Ausschluß zur Freistunde. Ein hübsches junges Mädchen schaut uns an. Plötzlich springt Frau Meister Jarsumbeck, genannt »Ordnung«, hervor und brüllt: »Mit dem Gesicht zur Wand stellen!!!« Die Jugendliche hört nicht gleich. »Los, Gesicht zur Wand!« brüllt die »Ordnung« noch schärfer. Das Mädchen gehorcht. Dann dreht sie sich kurz um und äugt zu uns rüber. Mit wenigen Sätzen ist die »Ordnung« bei ihr. Sie faßt sie an den Schultern, reißt sie nach hinten und tritt, obwohl sich das Mädchen mit keiner Faser zur Wehr setzt, mit dem Knie ins Gesäß! Juliane, Biggi und ich wollen hinstürzen und helfen. Da dreht sie sich wutentbrannt um, reißt ihren Schlagstock heraus und springt auf uns zu. Wir weichen aus, so kann der Stock nicht landen. Alles tobt und murrt. Sie verliert die Beherrschung. Hysterisch schreit sie: »Sie brauchen's nur zu sagen, Sie können jederzeit auch die Hucke vollkriegen!«

Wir müssen zur Schicht einlaufen. Wir wissen nicht, was mit

dem Mädchen noch geschah. Hilflos... machtlos... ausgeliefert einer Handvoll grausamer, unmenschlicher Furien...
Die Schicht verläuft wie immer. Wir ackern wie verrückt und schaffen doch nicht viel mehr. Die meisten haben sich in ihrer Leistung zwar schon gesteigert, doch was ist's gegen das, was von uns verlangt wird... 21 Uhr ist Schichtende. Dann geht's in die Zellen. Waschen. Noch etwas essen, und dann fallen wir alle todmüde in die Kojen. Schlafen kann ich immer noch nicht viel besser. Man hat's mir in der U-Haft zu sehr abgewöhnt. Die meiste Zeit nachts liege ich wach und grüble. Außerdem muß ich als Verwahrraumälteste auf der Hut sein, damit sich keine das Leben nimmt. In anderen Kommandos haben's schon etliche getan, meist Langstrafer, darunter versteht man Strafen ab acht Jahren etwa.
Fast jeder Tag verläuft gleich. Früh um fünf Uhr ist Wecken. Meistens stehen ein paar von uns, auch ich bin darunter, schon etwas früher auf, sonst ist's mit den vorhandenen Wasserhähnen beim besten Willen nicht zu schaffen. Fünf Wasserhähne und eine Toilette für inzwischen 42 Strafgefangene! Wir müssen alle akkurat angezogen sein, wenn der Zählappell stattfindet. Wehe, einer hat statt der Straßenschuhe die Hauslatschen an oder keine Strümpfe! Dann gibt's sofort irgendwelche Strafen. Wenn's ganz hart wird, sperren sie die Post. Das ist beinahe das schlimmste, was einem dort passieren kann. Daß man das einzige, was einen noch mit der Außenwelt verbindet, verboten bekommt. Die Betten müssen exakt gebaut sein. Die Zelle in Ordnung gebracht werden. Es bleibt also für alles zusammen nur eine Stunde Zeit. Das ist verdammt wenig. Mehr als einmal eckt die eine oder andere an. Es schlüsselt. Vor uns stehen stets zwei oder drei Wachteln, manchmal auch eine Erzieherin. Die Verwahrraumälteste muß immer die Meldung machen, bei ihrer Abwesenheit die Stellvertreterin.
»Frau Obermeister, Verwahrraum 60 mit 42 Strafgefangenen belegt, davon 41 Strafgefangene angetreten, eine Strafgefangene beim Arzt, meldet Strafgefangene Thiemann!« »Guten Morgen, Strafgefangene!« »Guten Morgen, Frau Obermeister!« antworten wir im Chor. Dann schaut sie in die Runde. Für diesmal

scheint alles okay zu sein. Sie tritt hinaus, ich hole die Schlüssel mit Besteck, die wir abends immer vor die Tür stellen müssen, herein. Dann schließt sie ab. Als nächstes sind die Kaffeeholer dran. Bei uns gehen die Verwahrraumälteste und die Stellvertreterin Kaffee holen. Unterwegs trifft man dann auch mal andere Häftlinge, mit denen man sonst keinerlei Verbindung aufnehmen kann. Es ist sehr häufig, daß Mutter und Töchter im selben Gefängnis sitzen und sich nie zu Gesicht bekommen. Nach dem Kaffeeholen wird gefrühstückt. Das Brot ist scheußlich, nicht richtig durchgebacken – naja, für Knastologen gerade noch gut genug... Die Margarine reicht nicht vorn und nicht hinten, die Marmelade ist verdünnt und häufig verschimmelt. Zucker gibt's auch lose, dadurch essen wir manches Mal einfach trockenes Brot und Zucker. Bei einigen hat das bereits Spuren hinterlassen. Sie sind ausgesprochen fett geworden. Aber satt wird man nie. Nach dem Frühstück beschäftigt sich jeder mit sich selbst. Die einen waschen ihre Klamotten. Im eiskalten Wasser, mit Kernseife. Die anderen erzählen. Eine schreibt. Manche, die schon Bücher bekommen haben, lesen. Einige starren nur einfach in die Landschaft. Obwohl wir Spätschicht haben, wird ständig aufgeschlossen. Bärbel muß zum Arzt. Sie braucht dringend Medikamente, die sie auch in der Freiheit täglich zu sich nahm. Bislang hat man sie ihr verwehrt. Sie ist selbst Ärztin und kennt die Folgen, wenn sie die Pillen über längere Zeit nicht bekommt. Endlich hat sie Gehör gefunden und wird zum Arzt gebracht.
Zum Mittagessen müssen wir alle wieder raustreten. Es geht in Zweierreihen hintereinander den Gang lang. Der Speiseraum liegt auf unserem Geschoß. Es ist schwierig, 42 Frauen zum absoluten Stillschweigen zu bringen. Eine flüstert immer, eine andere kichert. Die jungen Dinger nehmen das Ganze sowieso nicht so tragisch. Für sie ist's wichtiger, mal aufzufallen. Selbst auf die Gefahr hin, daß sie dafür bestraft werden. Der Fraß schmeckt wieder schauderhaft. Fleisch kennen die überhaupt nicht. Krautsuppe ist das häufigste Mahl. Die Kakerlaken krabbeln uns zwischen den Füßen herum. Auch während des Essens darf kein Wort gewechselt werden. »Halten Se endlich Ihre Glappn!« brüllt eine Wachtel. »Wir haben keine Klappen!«

wagt eine Gefangene den Gegenangriff. »Sind Se nich ooch noch frech, da gönn' Se mich glei richtsch gennlern!« Das Essen teilt unsere Bandleiterin, die Kindesmörderin, aus. »Wenn Se nich endlich Ruhe gähm, kriechen Se keen Nachschlach!« Was ereifert sie sich denn bloß? fragen wir uns. Die ist doch genauso Gefangene wie wir! Und es wird weitergemosert. Und tatsächlich! Für die Politischen gibt's keinen Nachschlag! Eine andere Kalfaktorin, die ebenfalls wegen Mord eine langjährige Haftstrafe hat, erdreistet sich: »Die Politischen, diese Staatsverbrecher, die haben sowieso kein Anrecht auf einen Nachschlag!« Wir können nicht schweigen dazu. Allgemeines Gemurre steigert sich zum lauten Protest. »Aufstehn!« brüllt plötzlich eine Wachtel, die bisher kein Wort dazu gesagt hat. Das Personal ergötzt sich im allgemeinen, wenn sich Strafgefangene untereinander das Leben zur Hölle machen. Und um so mehr, wenn's um Politische geht. »Aufstehn, habe ich gesagt!« Wir stehen auf. Sie läßt uns minutenlang stehen. Natürlich ist das Essen, das ohnehin schon lauwarm ankam, kalt. Viele von uns schütten's weg. Auch aus Protest. »Ihr Fotzen!« schreit plötzlich eine von den Kriminellen zu uns. »Selber Fotze!« schreit Freddy zurück. Es entwickelt sich ein ordinärer Wortwechsel, den man kaum wiederzugeben vermag. Dann heißt's wieder antreten. Wir versuchen diejenigen, die immer aus der Reihe tanzen müssen, zu überzeugen, daß es besser ist, denen keine Angriffsfläche zu bieten. Doch sie begreifen's einfach nicht. Den Gang lang gibt's das übliche Geschlabber und Geschwafel. Die Wachteln brüllen, doch Biggi muß noch einen ihrer Verse zum besten geben. In dem Moment erscheint der Anstaltsleiter, Hauptmann Georgi. Er ist ein Mann um die Fünfzig, untersetzt, Brillenträger, böser Blick. »Was ist denn hier los!« brüllt er uns an. »Stellen Se sich der Reihe nach auf, aber schnell!« Wir tun's, in Zweierreihe stehen wir nebeneinander. Ich muß Meldung machen. Da funkt Biggi wieder mit irgendeinem Wort dazwischen. Er springt auf sie zu. Ganz flink schlägt er ihr das große Schlüsselbund zwischen die Rippen! Biggi schreit gequält auf und bricht zusammen. So eine Gemeinheit! Wir sind empört... »So, und wenn noch einer was will, der kann's ruhig sagen... Sie werden mich noch kennenlernen!« Keiner muckst sich mehr. Das Vorkommnis reicht. Wir werden eingeschlossen. Biggi weint vor Wut und vor Schmerzen. Wir setzen uns alle zusammen. »Es hat keinen Sinn, die herauszufordern. Glaubt mir, in der U-Haft meinte ich auch immer noch, daß man mit uns nicht wie mit Vieh umgehen darf. Inzwischen weiß ich's besser«, versuche ich die Jüngeren zu überzeugen. Sie sind doch ein bißchen schockiert. Wie lange wird's anhalten?

Abends nach dem Zählappell sehen wir aus dem Fenster. Eine Kommandostimme, die wir noch nie vernommen haben, schallt durch den Hof. »Jetzt in die Hocke, tiefer, tiefer!« Wir lauschen. »Und jetzt auf allen vieren... los, los, bißchen schneller!« Wir sehen die Jugendlichen in Nachthemden Übungen machen. Es ist hundekalt draußen. Sie werden sich alle erkälten! Endlos lang dauern diese Übungen, mindestens eine Stunde. Sie haben nicht einmal Schuhe an... die Schottersteine werden ihnen die Fußsohlen zerschneiden. Die armen Kinder! Tränen schießen mir in die Augen. Auch Bärbel hat damit zu kämpfen. Sie selbst hat zwei Jungen zu Hause. Gottseidank sind sie bei den Großeltern, meistens werden sie in Kinderheime gesteckt und dann sogar an irgendwelche Bonzen zur Adoption freigegeben. Auch in unserer Zelle ist eine Lehrerin, deren Kind so »verschenkt« wurde! Wenigstens dieses Schicksal konnte ich meinem Sohn ersparen! Die jungen Mädchen, Kinder noch, werden gestört an Leib und Seele von dort zurückkommen. Sie können niemals im Leben mehr eine normale Entwicklung nehmen. Die Gefängniserlebnisse werden sie prägen... in eine Richtung: Sie lernen zu hassen, sie sehen in kurzer Zeit mehr vom Abschaum der Gesellschaft, als man es draußen sein ganzes Leben zu sehen bekommt. Sie werden zu überreifen Kindfrauen...

Was ist das für ein Staat? Ist er an Unmenschlichkeit eigentlich überhaupt noch zu überbieten? Ich möchte es hinausschreien... ich möchte meinem Herzen Luft machen... und wieder erfüllt es mich mit Befriedigung, mit Stolz, daß mein Kind sich wegen meiner Standhaftigkeit bei seinem Vater aufhält... nicht in irgendeinem Kinderheim dieser barbarischen Staatsknechte!

Im August habe ich meinen ersten Besuchstermin. Klaus bringt mir eine große Tüte mit herrlichem Obst und Süßigkeiten. Meine Erzieherin drückt beide Augen zu, das muß ich ihr lassen. Ich bekomme alles herein. Natürlich zieht das sofort den Neid der anderen nach sich. Obwohl ich, so gut es geht, fast jeden etwas kosten lasse, gönnen mir's einige nicht. »Sie arbeitet garantiert für die Stasi. Das geht nicht mit rechten Dingen zu ...« ereifert sich eine von den zuletzt Hinzugekommenen. Doch die anderen erzählen's mir wieder. Ich habe sie fast alle auf meiner Seite. Bis auf die, die auf mein unseliges Amt als Verwahrraumälteste scharf sind! Mehr als einmal bitte ich das Personal, daß sie den Posten einer anderen übertragen, aber ich schlichte offenbar so viel, daß ich ihnen damit eine Masse Arbeit abnehme.

Doppelte Zwangsarbeit

Eines Tages erscheint Frau Oberleutnant Schmidt: »Strafgefangene Thiemann, mitkommen!« Ich laufe ihr hinterher. In der Bücherei macht sie halt. »Sie können doch zeichnen?« »Naja, ein bißchen, aber woher wissen Sie denn das?« »Na, Sie haben ja schließlich einen Lebenslauf...« Ich überlege, ob da was von Zeichentalent drin stehen könnte... Merkwürdig. »Könnten Sie Plastikteller bemalen?« fragt sie. »Das kommt darauf an. Ich weiß nicht, was für Farben darauf halten. Bisher habe ich nur Porzellanteller gemalt.« »Na, was soll ich Ihnen besorgen?« »Ich kann das von hier aus nicht beurteilen. Vielleicht sollten Sie mal in solch einem Geschäft fragen.« »Wissen Sie was, hier haben Sie drei Plastikteller und farbige Tusche. Versuchen Sie's mal. Ich komme dann wieder und schaue mir Ihre Kunstwerke an.« Auch das noch! Sie erwartet doch nicht im Ernst in meiner Verfassung Kunstwerke? Als sie abgeschlossen hat, mache ich mich an die Arbeit. Natürlich hält die Tusche auf der glatten Plastikfläche überhaupt nicht. Ich bin am Verzweifeln. Wird sie mir's glauben, daß es nicht geht? Oder wird sie es als Sabotage auslegen? Als Politische ist man doppelt und dreifach verraten... Ich versuche es mit Spucke und Kratzen. Ein paar Blumenmotive bringe ich so zustande. Doch halten wird das keinesfalls. So kann sie aber erst einmal sehen, daß ich mir Mühe gegeben habe. »Naja, da läßt sich ja was draus machen«, lobt sie mich. »Aber ich muß andere Farben haben.« Ich erkläre ihr meine Versuche. »Das wird alles besorgt. Ab sofort werden Sie in Ihrer Freizeit Teller malen.« Ich weiß nicht, ob ich mich darüber ärgern oder freuen soll. So warte ich erst mal ab...

Im Laufe der nächsten Tage schleppt sie jede Menge Teller an und die leuchtendsten Plakatfarben. Außerdem lasse ich noch Nitrolack und Verdünnung kaufen. Jeder Teller muß einen Lacküberzug bekommen, sonst hält das nicht.

Täglich, auch sonntags, werde ich ab sofort in jeder meiner

freien Stunden in ein Zimmer im Parterre eingesperrt. Dort muß ich Teller bemalen. Mir fallen erstaunlicherweise viele schöne Muster ein. Ich male Blumen, ornamentale Muster, Volkskunstmotive. In der Zelle ist nur ein winzig kleines Fenster. Ich muß etwa 25 Teller auf einmal lackieren.
»Können Sie bitte die Zellentür auflassen, der Abzug ist zu gering. Auf den Lackflaschen steht, daß es ein schwer gesundheitsschädigendes Mittel ist«, bitte ich eine Wachhabende. »Was stellen Sie sich denn vor! Offene Türen! Da können wir Sie ja gleich nach Hause gehen lassen!« reagiert sie empört. Ich kann's nicht fassen. Aber was soll ich machen? Ich lackiere also. Mittags haben sie mich eingeschlossen. Etwa um 14 Uhr. Abends breche ich zusammen. Mir ist schwindlig, meine Galle schmerzt, der Magen tut weh. Ich werde fast ohnmächtig. Niemand kommt den Gang entlang. Hat man mich vergessen? Muß ich die ganze Nacht in diesem Gestank eingesperrt bleiben? Das überstehe ich nicht! Da, ein Schlüsselgerassel! Ich klopfe wie verrückt an die Tür, gerade noch so, wie's meine Kräfte hergeben. Es schließt. »Was machen Sie denn noch hier unten?« fragt die Frau Meister erstaunt. »Man hat mich offensichtlich vergessen«, japse ich und kann mich kaum auf den Beinen halten. »Also deswegen hat der Zählappell nicht gestimmt... Wir haben zweimal gezählt und immer kam was anderes raus.« Sie bringt mich in die Zelle. Bärbel, die Ärztin, kümmert sich sofort um mich.
Alle sind empört. »Da mußt du nun schon doppelt arbeiten, da bringen sie dich auch noch um!« Biggi kann ihr Mundwerk wieder mal nicht halten. »Es ist ja noch mal gut gegangen«, beschwichtige ich.
Tagelang geht's mir noch übel. Vor allem habe ich unter den Gallenschmerzen sehr zu leiden. Frau Oberleutnant Schmidt sieht das ein. Und sie trifft eine für dortige Verhältnisse sagenhafte Entscheidung: Wenn ich lackiere, bleibt die Türe offen! Egal, ob andere Gefangene vorbeigehen, ich darf sogar, wenn's viele Teller sind, diese auf dem großen Gang trocknen lassen! Offensichtlich ist sie stolz, daß sie in ihrem Kommando eine Strafgefangene mit künstlerischem Talent hat... Für mich

bringt's den kleinen Vorteil, daß einige vom Personal doch etwas Achtung zu haben scheinen. Jedenfalls sehe ich mehr als einmal in ihren Augen einen anerkennenden Blick. Manch eine lobt sogar! Auch eine heiße Verehrerin unter den Häftlingen erwächst dadurch: eine Mulattin! Sie ist superschlank, hat ein sehr schönes Gesicht und einen tollen Krauskopf. Wenn sie vorbeigeht, wirft sie mir immer schmachtende Blicke zu – doch ich reagiere nur freundlich. Erstens bin ich immer noch »normal« geblieben, zum anderen weiß ich, daß sie eine Freundin in ihrer Zelle hat. Unter Frauen gibt das wahnsinnige Komplikationen. Die Mulattin sitzt wegen Todschlags ihres Kindes. Zwölf Jahre bekam sie dafür, weil sie es nach ihren Angaben versehentlich so geschlagen hatte, daß es an die Tischkante fiel und starb. Nach acht Jahren wird sie entlassen. Doch zuvor beordert man sie zur »Staatssicherheit«. Sie soll draußen dafür arbeiten. Natürlich ist sie vom Angebot erst überrascht und kann sich nicht wehren. Die Angst, daß man ihre vorzeitige Entlassung dann ablehnen könnte, läßt sie vorerst vage drauf eingehen. So vertraute sie sich jedenfalls einer aus unserem Kommando an ... Eines Tages werde ich aus meiner Wandtellerzelle im Erdgeschoß ganz nach oben geführt. Dort sitzt unsere Bandleiterin und macht in der Freizeit Arbeiten aus Lederresten. Sie grinst mich blöde und unsicher an. Recht ist's ihr keinesfalls, daß jetzt eine andere dazukommt. Und ihr vielleicht die Schau stiehlt... Und dann auch noch eine Politische! Bislang war sie die einzige, die solche Arbeiten machen durfte. Dann kommen aber noch zwei dazu: Birgit und Christine. Auch sie machen Lederarbeiten. Sonntags arbeitet die Bandleiterin Schwarz nicht mit uns. Darüber sind wir natürlich sehr froh. Sie gilt als »Anscheißerin«. Laufend schreibt sie Meldungen über andere Strafgefangene ans Personal, um sich lieb Kind zu machen. Und besonders gern über die Politischen. Alle hassen sie. Mit Birgit und Christine schließe ich mich ganz eng zusammen. Wir werden echte Freunde. Im Laufe der Zeit verlangt das Personal von mir immer kompliziertere Kunstartikel. Da sich in unserem Arbeitsraum keine Toilette befindet, und es nicht möglich ist, einen Kübel aufzustellen, weil ab und zu irgendwelche Abordnungen von Ministerien und der

»Stasi« zu uns geführt werden, müssen sie unsere Türe offenlassen. Wir benutzen gegenüber die Toilette der Wachteln. Ganz hinten auf dem letzten Gang sind ein paar Arrestzellen. Zusätzlich zu denen, die sich im Keller befinden. Tagsüber müssen die Arretierten ihre Matratzen vor die Tür stellen, damit sie sich nicht hinsetzen können. Birgit, Christine und ich haben ein System ausgearbeitet, wie man den Arresthäftlingen etwas zu essen zukommen lassen kann. Christine ist die Mutigste. Sie schleicht bis nach hinten. Ich halte vorn mit Birgit Wache. Christine steckt immer in die aufgetrennte Matratze ein paar Scheiben Brot, spärlich mit Wurst belegt. Meist billigste Blutwurst, im Knast »Negerpimmel« oder »tote Oma« genannt. Wir sparen uns das zwar selbst vom Munde ab, aber die da hinten bekommen ja nur alle paar Tage was zu essen. Einmal geht's beinahe schief. Christine ist ganz hinten, Birgit in der Hälfte. Ich passe vorn auf. Aber plötzlich taucht, über die Turmtreppe kommend, der neue Anstaltsleiter auf! Er ist groß und schlank, und er scheint nicht eben sehr glücklich in seiner Eigenschaft als Leiter eines solchen Frauenzuchthauses zu sein. In seinem Gesicht kann man keine Regung lesen. Er ist zu schnell da. Erschrocken stehen wir vor ihm. Wir wissen nicht, was wir zu unserer Verteidigung sagen sollen und zittern alle drei um die Wette. Jetzt, jetzt kommt das dicke Ende! Jetzt werden wir bestimmt selbst in den Arrest gesperrt... Doch er schaut uns nur in die Augen, dann setzt er seinen Gang durchs Haus fort! Danke! Wir sind baff. Eins wissen wir in dieser Minute: Er wird hier nicht lange bleiben. Menschen sind hier fehl am Platz!

Dann geht's zur Nachtschicht. Ich bin erschöpft und zerschlagen. Die Doppelzwangsarbeit macht mir schwer zu schaffen. Ich habe ständig Hunger, denn ich bekomme auch nicht mehr zu essen als die anderen. Acht Stunden lang mache ich Elektromotoren. Früh fünf Uhr ist Schluß. Doch diesmal geht's nicht zurück in die Zelle. Auf einmal steht eine Unmenge an Personal im Arbeitsraum. Wir müssen alle mit hoch in den Kinosaal. Einzeln werden wir dann hinauskommandiert. Ich bin an der Reihe.

»Mitgommn!« Ich gehorche. Im Zimmer sind vier Wachteln und

eine Erzieherin: »Ausziehn!« Nacheinander lege ich alles ab. Die Wachteln grabschen nach meinen Sachen und fühlen jeden Saum ab. Was suchen sie nur? »Ganz ausziehen!« brüllt mich so ein junges Ding von höchstens 20 Jahren an. »Beine breitmachen. Und Kniebeugen! Eins... zwei... drei... richtig breit die Beene!« Es ist entwürdigend! Dann darf ich mich wieder anziehen und muß mich auf dem Gang bei den anderen aufstellen. Es dauert noch eine ganze Zeit, ehe wir dann fertig sind.
Geschlossen marschieren wir in die Zellen. »Nein!« schreit die erste von uns, die die Zelle betritt. »Nein, nein, nein!!!« schreien alle durcheinander. »Die Schufte! Die Schweine!« »So eine Gemeinheit!« »Umbringen müßte man die alle!« So geht's durcheinander. Die Zelle ist nicht mehr wiederzuerkennen. Alles, aber auch alles ist aus den Angeln gehoben. Die Matratzen und die Bettwäsche sind runtergerissen. Die Unterwäsche, Hemden, Hausschuhe, der Zucker, die Marmeladengläser, die Briefe von zu Hause, die Fotos unserer Kinder oder unserer Männer, alles liegt quer verstreut und übereinandergetürmt auf dem Boden. Bei 42 Inhaftierten ist das eine Pyramide unermeßlichen Ausmaßes! »Und in einer Stunde ist Zählappell, da ist das alles in Ordnung gebracht!« schreit uns die Wachtel noch hinterher. »Die muß doch nicht ganz dicht sein! In einer Stunde ist das doch nie zu schaffen!« Biggi kann's nicht lassen. Viele Frauen bekommen Tobsuchtsanfälle. Viele schreien unartikuliert in der Gegend herum. Einige weinen still vor sich hin. Ich kann nichts dergleichen tun. Ich bin still und es gräbt sich bei mir ein. Tief im Herzen. Tief in der Seele... Das ist auch eine Situation, die ich euch nie im Leben vergessen werde! »Das sind doch keine Menschen!« schreit's in mir. Dann machen wir uns ans Werk. Einige schalten auf stur. Sie wollen nicht. Nun, wir sortieren, es wird sich zeigen, was übrigbleibt, das gehört dann eben denen, die nicht mit halfen...
Zum Zählappell haben wir's nicht geschafft. Es war vorauszusehen. »Na, hier sieht's ja noch schön aus!« verhöhnt uns eine Wachtel. Aber da ist's auch mit meiner Beherrschung vorbei! »Was denken Sie sich eigentlich! Wir haben acht Stunden schwere Nachtschicht hinter uns, dann diese entwürdigende

Körperrazzia, und jetzt auch noch diese Zellenrazzia!« Sie ist erstaunt, von mir sind sie einen derartigen Ton nicht gewöhnt. Ich halte mich sonst immer zurück. Erstens weil's wenig Sinn hat. Außerdem habe ich gemerkt, daß man um so mehr Chancen hat zu helfen, je weniger man auffällt...
Es dauert noch Stunden, ehe wir halbwegs wieder Ordnung haben. Geschlafen wird an diesem Tage überhaupt nicht. Manche können sich partout nicht beruhigen. Mir geht's genauso, nur, ich habe gelernt, mich zu beherrschen. Wenn all das, was sich in den letzten Monaten in mir angestaut hat, einmal hervorbräche, ich würde mir mit Sicherheit noch fünf Jahre zusätzlich einfangen! Also, was soll's...
Mittags treffen wir auf dem Gang eine andere Schicht. Vorwiegend Politische. Mütter begrüßen ihre Töchter im Vorbeigehen. Schwestern umarmen sich kurz. Auch Babsi hat eine Bekannte aus der U-Haft begrüßt. Eine Wachtel kommt dazwischen. »Los, los, weitergehen!« schreit sie. Doch Babsi hört nicht sofort. Da packt sie sie an den Haaren und zerrt sie fort. Babsi läßt sich fallen. Die Wachtel schleift sie meterweit an den Haaren den Gang entlang. Babsi ist blutrot im Gesicht, krallt sich an den Beinen der Wachtel fest und zerreißt ihr die Strümpfe. Patsch, patsch! Schlägt die ihr voll ins Gesicht. Dann holt sie mit dem Stiefel aus. Jetzt reicht's! Ich kann's nicht mehr mit ansehen. Die Wachtel darf ich nicht berühren. Ich halte meinen Arm zwischen Babsi und die Wachtel. Wenn sie jetzt nochmals zutritt, trifft sie mich. »Babsi, Babsi, komm, steh auf!« flehe ich sie an. »Nein, ich habe auch nichts anderes gemacht, als die anderen«, sie schaut mich mit fast irrem Blick an. Sie ist nicht mehr Herr ihrer Sinne. Das wird mir hier klar. »Komm, Mädchen, mach's dir nicht noch schwerer, du ziehst doch hier den kürzeren...« Langsam steht sie auf. Die Wachtel hält sie jetzt am Arm fest. »Das ist ja schlimmer als im KZ!« entfährt's Babsi noch. Während wir in die Zelle eingeschlossen werden, muß Babsi sofort in Arrest. Drei Wochen lang schmachtet sie im Keller. Alle sind sich einig: Normalerweise wäre ich für mein Dazwischengehen auch bestraft oder angeschnauzt worden. Und wieder einmal wird uns so richtig

bewußt, daß wir der letzte Dreck sind, daß wir denen auf Gedeih und Verderb ausgeliefert sind.
In der Schicht läuft's langsam etwas besser. Die meisten schaffen jetzt schon über 20 Motoren. Dadurch hat fast jeder acht Mark Einkauf in der Zelle. Und das ist besonders wichtig für die Raucher. Für meine Doppelzwangsarbeit wurde mir ein Paket von zu Hause als »Auszeichnung« gestattet. Ich schreibe auf, was ich mir wünsche. Auch zwei Schachteln Westzigaretten bestelle ich. Ich rauche zwar nicht, doch ist es gut, wenn Ende des Monats jemand Zigaretten hat, da läßt sich so mancher Streit, manche Schlägerei abbiegen. Der Raucherkoller erfaßt auch gebildete Strafgefangene. In unserer Zelle kommt es ein paarmal zu sehr häßlichen Szenen.
Eines Tages habe ich hohes Fieber. Als ich vom Kunstgewerbe-Kommando runter in meine Zelle gebracht werde, um mit meinen Leuten anschließend ins Elmo-Kommando arbeiten zu gehen, fällt einer Wachtel mein Zustand auf. »Was haben Sie denn?« »Mir ist ganz elend zumute.«
»Warum melden Sie sich denn nicht zum Arzt?« Ich zucke mit den Schultern. »Ich wollte es versuchen ...« Sie bringt mich nicht in die Zelle, sondern zum Arzt.
Dr. Bernhard ist sogenannter »Freiheitsarzt«. Er ist nicht fest angestellt im Strafvollzug wie Major Dr. Janata. Und trägt auch keinen Dienstrang. »Strafgefangene Thiemann meldet sich an.« »Welchen Paragraphen haben Sie?« fragt er mich. »100 und 213.« »Soso, und was haben Sie?« fragt er endlich. »Mir ist hundeelend, ich bin schwach, habe Kopfsausen, Schwindel ...« Er mißt den Blutdruck. »Sie können sich abmelden.« »Und was habe ich? Was bekomme ich dagegen?« »Nichts! Gehen Sie zur Nachtschicht!« Ich melde mich ordnungsgemäß ab und gehe zur Schicht. »Wieso kommst du denn zur Arbeit?« fragen mich die anderen. »Ich muß ... der Arzt schien sich mehr für mein Delikt zu interessieren als für meine Krankheit!« Einige Stunden später werde ich zu einer Erzieherin gerufen. »Sie haben hier Parolen verbreitet!« fährt sie mich an. »Was für Parolen?« »Ich habe hier eine Meldung vorliegen, daß Sie gesagt haben, daß ab sofort die Politischen keine Medizin mehr bekämen!« Ich könnte aus der

Haut fahren! »Das ist eine ganz üble Verleumdung!« Ich erzähle ihr den tatsächlichen Wortlaut des Gespräches. Dann arbeitet mein Gehirn. Wer hat das nur so schnell weitergeleitet? Wer will mir da eins auswischen?
An der hydraulischen Presse klappe ich kurz darauf zusammen. Wie ein nasser Sack rutsche ich von meinem Stuhl. Und dabei habe ich noch Glück: Wenn nun ein Arm oder eine Hand in die Maschine gerutscht wäre? Es hätte mir die Gliedmaßen zerschmettert!
Ein paar Tage muß ich auf die Krankenstation. Ich komme in eine Zelle zu einer Strafgefangenen, die ihren Mann ermordet hat. Sie scheint nicht ganz dicht zu sein, denn sie spricht lauter wirres Zeug. Sie ist mir unheimlich. Und dann entdecke ich etwas, was mir noch mehr den Rest gibt. Sie geht auf die Toilette, anschließend faßt sie unser gemeinsames Brot an. Dann fummelt sie sich unter ihrem Nachthemd herum und geht wieder ans Geschirr und ans Essen. Das wird mir zu viel. Ich bitte eines Tages den Arzt, Major Janata, um ein Gespräch unter vier Augen. Er läßt mich holen. Ich erkläre ihm alles ganz ruhig und sachlich. Ich weiß, daß ich hier keine Wünsche zu äußern habe. Doch er hat ausnahmsweise Verständnis. »Ja, ich lege eine andere zu Ihnen.« Sie protestiert mit Händen und Füßen, als sie verlegt werden soll. Doch es nützt ihr nichts.
Als ich am nächsten Tag von der Untersuchung komme, haben sie die Krankenzelle gerazzt. Meine kleine Spiegelscherbe, die ich von irgendeiner Strafgefangenen geschenkt bekommen hatte, ist weggenommen worden. Nun ja, ich werde auch ohne auskommen...
Die Krankenstation hat übrigens nichts mit Fürsorge zu tun. Es geht dabei einzig und allein nur um eins: die Vorschriften müssen eingehalten werden! Ein Sondertrakt »beherbergt« etwa fünfzehn Frauen, die an offener Tuberkulose leiden. Ab und zu sehen wir sie beim Rundgang im Hof. Sie werden isoliert von uns gehalten. Außerdem heißt es, daß sie nicht arbeiten. Wir erfahren aber um drei Ecken, daß sie Figuren und Würfel für Spiele einsortieren müssen. Und das bei offener Tbc!
Als ich wieder rüberkomme in meine Zelle, ist mein erster Gang

zu meinen Kostbarkeiten. Doch mein Fach ist leer. Das Paket von zu Hause ist nicht mehr drin. »Wo sind meine Sachen hin?« frage ich in die Runde. Alle sind betreten. »Hat man dir das noch nicht gesagt?« fragt Bärbel ganz niedergeschlagen. »Was ist los?« »Wir kamen eines Tages von der Schicht, da war alles weg, die Tüte lag hinten in der Ecke«, erklärt Bärbel. Ich bin wie erstarrt. Meine Sachen von zu Hause!!! Wenn ihr wüßtet, was mir das von zu Hause bedeutet hat! Ich breche fast zusammen. Tage brauche ich, um das zu verwinden. Dieser Vertrauensmißbrauch, diese schändliche Tat! Ihr alle habt schon davon gekostet! Nur ich selbst hatte noch nichts davon gegessen! Nicht ein einziges kleines Kekschen! Tränen der Wut und der Enttäuschung treten mir in die Augen. Wer bringt denn nur so etwas fertig? Kann er mir überhaupt noch in die Augen sehen? Die ersten äußern ihren Verdacht... aber, wie will man's beweisen? Das hätte sofort geschehen müssen. Und das Personal? Um so etwas kümmern die sich doch nicht! Im Grunde kann's nur eine einzige getan haben: die Christa Krawack. Die ist nicht in unserem Kommando. Die arbeitet bei den Diabetikern und bespannt Federballschläger. In dem Kommando arbeiten vorwiegend Mörderinnen. Sie haben die angenehmste Tätigkeit im ganzen Knast. Sie sind zuckerkrank. Doch sie halten sich überhaupt nicht an die Anordnungen des Arztes. Sie organisieren sich Süßigkeiten, wo immer sie sie herbekommen können. Sie erhalten fast jeden Tag einen Apfel oder eine Birne. Diese vertauschen sie gegen Zucker und Marmelade oder andere süße Sachen. Durchaus könnte es sein, daß die Krawack meine süßen Köstlichkeiten mit dorthin genommen hat! Und ausgerechnet zu diesem Kommando! Die Bandleiterin ist eine Frau von rund 50 Jahren. Man erzählt, daß sie ihren Mann, einen Professor und dessen schwangere Geliebte umgebracht hat! Und hier im Knast schwingt sie große Reden, schikaniert Gefangene, so auch uns. Obwohl sie selten Gelegenheit hat, weil wir ihr nicht oft begegnen. Höchstens mal im Kinosaal oder bei einem Vortrag. Da greift sie dann die Politischen meist mit sehr salbungsvollen Worten an.

Arrest für Biggi

Das Anstaltsleben nimmt seinen Lauf. In meiner Zelle wird gesungen, werden Spiele gemacht. Ich kann's nicht. Bärbel auch nicht. Margitta hat im Waschraum um die Glühbirne rotes Papier befestigt. Woher hatte sie's nur? Draußen vom Hof ist's zu sehen. Vom Gang aus nicht, weil's zu den Waschräumen keinen Spion gibt. Plötzlich wird aufgeschlossen. Die Wachtel »Töfrau« (wegen der gelben Haarfarbe) oder auch »Bettenschreck« genannt (weil sie immer alle aus den Betten scheucht), kommt herein. Ihr erster Schritt: Zur Toilette! »Wer hat das angebracht?« faucht sie. Keiner meldet sich. »Los, runterholen!« brüllt sie Biggi, die am nächsten steht, an. »Nee, nee, Frau Meister. Ich hab das nicht dran gemacht, ich mach's auch nicht runter. Ich bin doch nicht für andere der Kuli!« »Na, da sagen Se doch, wer's angemacht hat!« »Das könnte Ihnen so passen, daß ich jemanden verrate!« Frau Meister läuft rot an. »Los, machen Sie das runter!« brüllt sie eine andere an. Die gehorcht. »Und Sie kommen mit!« »Ich denke gar nicht daran, warum denn nur?« Biggi sträubt sich. Auch wir versuchen, einzulenken. »Frau Meister, sie hat doch damit wirklich nichts zu tun gehabt!« »Reden Sie nicht, sonst kommen Sie auch noch mit!« Es wird ernst. Biggi fügt sich und trottet ihr hinterher. Wir rätseln, was mit ihr geschieht. Sie wird einen Anpfiff bekommen, Arrest ist dafür nicht drin. Doch wir sollen uns noch wundern!
Einige Stunden später kommt eine Wachtel. »Eine Decke von der Strafgefangenen!« »Warum denn, kommt sie nicht wieder?« frage ich vorsichtig. »Sie hat drei Wochen strengen Arrest bekommen!« Rufe der Empörung gehen durch die Zelle. Keiner ist mehr still. Das ist ja infam! Und auch noch strengen Arrest! Das bedeutet: Alle drei Tage einen Löffel Suppe! Das bedeutet: Pro Tag nur drei Scheiben trockenes Brot! Das bedeutet: Pro Tag nur zweimal einen Becher Kaffee! Das bedeutet: Kälte, Nässe ... und eventuell Darmverschluß ... Erkältung ... was noch? Wir sind

empört. Doch das hilft Biggi momentan nicht. Am nächsten Tag kommt die Erzieherin. Sie teilt Post aus. Ich frage sie: »Kann ich Sie einen Moment sprechen? Allein...« Sie nimmt mich mit vor die Tür. »Gestern, das Geschehnis mit der Strafgefangenen war wirklich sehr ungerecht. Es ist kein Grund vorhanden, sie dafür mit Arrest zu bestrafen.«

»Für das Personal ist es manchmal nicht so einfach, richtig zu entscheiden. Sie stehen auch unter einem unerhörten Druck. Aber lassen Sie mal, es ehrt Sie zwar, daß Sie sich für diese Strafgefangene einsetzen, aber schaden kann ihr das gewiß nicht... sie hat sowieso immer die große Klappe.« Ich werde wieder eingeschlossen.

Niedergedrückt setzen wir uns zusammen. »Wieder ein Beweis, wie wir denen ausgeliefert sind!« schreit Christina. Dann geht Freddy auf die Palme: »Solches Mistpack! Diese Hunde! Das können wir uns doch nicht alles gefallen lassen!« »Und was meinst du, was zu tun wäre?« »Naja, wir müßten alle protestieren!« »Dann wird's doch nur noch schlimmer. Die lassen uns robben, bis wir nicht mehr können. Das haben wir doch schon alles zur Genüge gesehen.« »Trotzdem, wir müssen etwas unternehmen!« So geht die Diskussion noch eine Weile weiter – aber letztlich ergeben wir uns ins unvermeidliche Schicksal: ausgeliefert zu sein!

Die Situation in der Zelle wird immer unerträglicher. Wir hokken zusammengepfercht wie Ratten. Und immer mehr Gefangene kommen an. »Es ist voller als vor der Amnestie«, erklärt eine Wachtel einer anderen. Im Vorbeigehen schnappen wir's auf. Wir schätzen: Laut Aussagen der Lebenslänglichen, die hier schon fünfzehn oder zwanzig Jahre sitzen, umfaßt die Kapazität des Zuchthauses eine Zahl von maximal 700 Häftlingen. Wir überschlagen: Jetzt müßten etwa doppelt soviel da sein. Etwa 250 Politische darunter. Die jüngste Politische bei uns ist 18, bei der Jugend 15. Die älteste Politische ist eine 62jährige Ärztin. Für sie ist's besonders schlimm. Sie wurde nur wegen Mitwisserschaft verdonnert – zu viereinhalb Jahren! Ihre Kinder wollten fliehen: Beide Schwiegersöhne sind Ärzte, die eine Tochter ebenfalls, die andere ist Kunsthistorikerin. Natürlich hat man die drei Frauen getrennt untergebracht. Überhaupt. Unter den Häftlingen befinden sich sehr viele ältere Frauen. Ich wußte bis dahin gar nicht, daß man sie in diesem Alter noch dort behält! Sie haben alle lebenslänglich. Eine ist 72 Jahre alt. Sie hat zwei Männer vom Elbsandsteingebirge in die Tiefe gestürzt. Man nennt sie »Bastei-Schreck«, aber auch »Perle«. Wie paradox! Doch das kommt daher: Sie wischt den ganzen Tag lang die endlosen Gänge im Knast...

Edith Hanke aus Berlin – ursprünglich hatte sie die Todesstrafe, wurde aber auf lebenslänglich begnadigt – wird »Seifen-Elli« genannt. Sie ist etwa Mitte Dreißig. Auf bestialische Weise soll sie eine alte Oma, die in Berlin-Lichtenberg ein kleines Seifengeschäft hatte, umgebracht haben. Für ein paar Mark! Ich erinnere mich vage, darüber schon mal was gehört zu haben. In der Zeitung wird ja bekanntlich über solche Verbrechen nichts berichtet... Kriminalität gibt's ja in einem sozialistischen Staat nicht! Um so überraschter bin ich, so viele Lebenslängliche in Hoheneck anzutreffen. Etwa 150 sind's. Dann gibt's noch eine, deren Tat uns aufs stärkste erregt. Karin hatte ihrem Säugling beim Wickeln das Geschlechtsteil abgebissen! Ihre Strafe: zwölf Jahre...

Auffallend in dieser Zeit: Alle Täterinnen, die ihre Kinder ermordet haben, geraten bei Zeitungsfotos oder privaten Bildern von Kindern stets in Entzücken! Wir können das überhaupt nicht begreifen. Ist das Masche? Oder ein Tick? Wollen sie damit von ihrem schrecklichen Verbrechen abzulenken versuchen? Eine Antwort gibt's auch darauf nicht...

Krampfhaft versuchen wir in den nächsten Tagen über die Kalfaktoren etwas über Biggi zu erfahren. Es ist sehr schwer, weil die Kalfaktoren, die uns das Essen bringen, meist aus Lebenslänglichen bestehen, die uns Politische besonders auf dem Kieker haben. Abends wird das Essen in die Zellen gebracht und besteht meist aus einem kleinen Stück Margarine, einem noch kleineren Stück Wurst, selten mal eine saure Gurke oder eine Ecke Käse.

Nach drei Wochen kommt Biggi immer noch nicht zurück. Ich frage unsere Erzieherin nach ihr. »Sie hat nochmals 21 Tage Arrest bekommen!« Zu fragen warum, wäre sinnlos... 42 Tage

hintereinander in einer Kellerzelle? Nicht auszudenken! Normalerweise werden Häftlinge, die sich nochmals verschärften Arrest einhandeln, erst mal drei Tage rausgelassen. Aus gesundheitlichen Gründen heißt's... Doch wir müssen uns damit abfinden. Wir können Biggi vorläufig nicht helfen. Wir wollen sie dann richtig hochpäppeln. Nach 42 Tagen kommt sie. Sie ist nur noch ein Schatten ihrer selbst! Abgemagert, die Augen tief in den Höhlen, steht sie vor uns. Bleich ist gar kein Ausdruck für ihre Gesichtsfarbe! Wir sind erschüttert! Die Klamotten schlackern um sie herum. Die Füße sind erfroren. Und das mitten im August! Erst einmal weint sie sich aus. Ihr großkotziges: »Na, da bin ich mal wieder!« hat sie nur vor der Wachtel abgezogen. Nun ist die Beherrschung vorbei. Wir machen ihr zuerst etwas zu essen.
Wer Besuch in dieser Zeit hatte, reicht ihr irgendeine kleine Kostbarkeit von zu Hause. Aber sie kann gar nichts essen. »Eine Zigarette hätte ich gern oder wenigstens einen Zug...« Da kann ich helfen. »Hier, ob's gut ist?« »Ist doch egal, ich bin sowieso halbtot!« Dankbar greift sie nach der Zigarette. »Naja, aber ob du sie vertragen wirst?« »Macht doch alles nichts!« Sie ist fix und fertig. Wir beobachten sie. Sie zwinkert mit den Augen. Wann wird sie erzählen? Biggi kann's nicht lange zurückhalten. »Die Schweine! Wenn ihr wüßtet, was die alles mit mir gemacht haben! Ich hasse die alle! Ich hasse alles, was mit diesem KZ-Staat zusammenhängt! Diese Mörder! Diese Strolche! Dieses Pack!« Wir antworten nicht. Aber jeder von uns denkt genauso. Dann sprudelt's aus ihr hervor: »Die Schweine... ich hatte meine Periode... die haben mir keine Vorlagen gegeben... ich mußte mein Taschentuch nehmen... und da ich meine Tage so stark hatte, mußte ich es immer wieder auswaschen... naß habe ich mir das Taschentuch davorgelegt... jetzt habe ich seit meinem Arrest ganz schlimme Unterleibsschmerzen... und die Blutungen haben die ganze Zeit nicht mehr aufgehört... die Schweine... die Toilettenspülung war nur von außen zu betätigen... das haben sie gemacht... unentwegt... bis die Zelle unter Wasser stand... ich konnte mich nicht auf die Pritsche flüchten... die haben sie tagsüber an der Wand festge-

schraubt... die Schufte... ich hatte auch keinen Hocker da drin... ich konnte entweder auf dem Boden sitzen oder mußte stehen... aber bei der Nässe! Dann haben sie sich draußen noch amüsiert... ich hörte, wie sie mit ein paar Kätzchen sprachen, die dort unten hausten... zu denen waren sie anders als zu uns Menschen... zu essen haben sie mir manchmal überhaupt nichts gegeben... zu trinken auch nur kalten Kaffee...« Tränen treten uns allen in die Augen. Diese Barbaren! Diese unmenschlichen Kreaturen! Unbändiger Haß kommt auch in uns wieder auf. Das wird denen keiner verzeihen! Das wird keiner vergessen!
Biggi ist die ganzen nächsten Tage kaum zu spüren. Natürlich schafft sie bei der Arbeit auch nicht annähernd die Norm. Die ganze Zeit über wurde sie nicht ein einziges Mal an die Luft geführt! Obwohl wir Politischen von einer halben Freistunde auch meist nur zehn Minuten bekommen, ist's immerhin etwas. Für ihre erfrorenen Füße bekommt Biggi nichts, keine Salben... wer ist sie denn schon! Ich beginne alle zu hassen... die Männer, die Frauen... das ganze verlogene System!
In dieser Zeit bedaure ich immer mehr, daß nur ein einziges Kind auf mich wartet, ich wünsche mir sechs, sieben und mehr dieser unverdorbenen, reinen Seelen...
Natürlich bekommt Biggi nun auch kein Geld, so daß sie nicht mal das Nötigste wie Seife und Zahncreme kaufen kann. Doch immer noch gibt's unter uns genügend Hilfsbereite, die das wenige auch noch zu teilen vermögen. Meist wird alles sehr hoch gehandelt. Die Lebenslänglichen sind da wahre Meister drin! Einmal in der Woche – freitags – gibt's ein kleines Stück Butter. Die wird sofort eingetauscht gegen Zigaretten, Obst oder andere Dinge. Westzigaretten stehen ganz hoch im Kurs. Für eine könnte ich vier Wochen lang die Butter einer Mitgefangenen bekommen. Oder Obst, was es ganz, ganz selten gibt. Bei den Politischen floriert dieser Handel nicht so ausgeprägt. Man versucht allgemein, sich zu helfen, ohne eine materielle Gegenleistung zu erwarten. Natürlich gibt's auch bei uns eine Reihe Frauen, die ausgedrückte Zigarettenkippen im Arbeitsraum suchen. Manchmal finden sie welche in den Elmo-Paletten, die vom Werk zu uns gebracht werden. Die Arbeiter wissen ganz sicher

nicht, was sie mit ihrer Unachtsamkeit manch einer Gefangenen für eine Freude bereiten! Oder doch? Aus den Kippenresten werden dann sogenannte »Prawdas« gemacht. Man nimmt Papier vom »Neuen Deutschland« und wickelt die Tabakreste darin ein – meistens ziehen drei oder vier Häftlinge gemeinsam an einer Zigarette. So kann man häufiger rauchen. Aber auch die unmöglichsten Dinge werden so »verarbeitet«. Manche stopfen sich »Prawdas« mit Gras aus den Matratzen, manche füllen Zahncreme hinein, einige sogar zerkleinerte Tabletten. Die Not läßt auf die unmöglichsten Gedanken kommen...
Die hygienischen Bedingungen sind katastrophal. Wir bekommen nicht genügend Vorlagen – deshalb wird sogar untereinander geklaut. Auch Waschmittel reichen vorne und hinten nicht. Da wir im dreckigsten Kommando arbeiten, Metallstaub und Öl haften an der Kleidung, müssen wir auch öfter waschen. Die Sachen trocknen in dem engen Bad nicht. Natürlich hat man die Möglichkeit, sie in die hauseigene Wäscherei, die auch von Strafgefangenen bewirtschaftet wird – Kriminellen oder Mörderinnen – zu geben. Doch erstens dauert's dort drei bis vier Wochen und außerdem bekommt man dann selten seine eigenen Sachen zurück. In jedem Wäschestück muß aber der vollständige Name eingestickt sein. Einige, die überhaupt nicht sticken können, lassen das von anderen machen. Aber es ist so beschwerlich, daß man irgendwann auch mal die Lust daran verliert. Stickgarn zu bekommen, ist eine erneute Schwierigkeit. Es wird vom Personal ausgegeben, und das ist nicht gerade entgegenkommend. Bettwäsche wird bei den anderen alle drei bis vier Wochen getauscht. Bei den Politischen alle acht bis zehn Wochen! Wenn's ans Deckenschütteln geht, ist immer was los! Jeder muß seine beiden Decken nehmen und dann geht's in den Hof. »Schütteln«, heißt dann das Kommando. Eine, die schon 18 Jahre dort ist, erzählt mir, daß sie 18 Jahre lang ein- und dieselben Decken geschüttelt hat! Gewaschen wurden sie nicht ein einziges Mal! Sie fallen bald auseinander. Außerdem wärmen sie überhaupt nicht mehr!

Lesbierinnen

Dann erfahren wir etwas Scheußliches von den Jugendlichen: Bei ihnen wimmelt's von Läusen! Einige bekommen die Köpfe kahlgeschoren... alle müssen täglich zweimal zum Duschen mit Desinfektionsmitteln. Außerdem haben fast alle die Krätze. Sie müssen nun den ganzen Tag im Nachthemd herumlaufen. Sämtliche Kleidungsstücke sind eingezogen worden. Desgleichen die Bettwäsche, die Matratzen, die ebenfalls voller Läuse waren. Sie werden abtransportiert und verbrannt. Das zieht sich über viele Wochen hin. Uns schüttelt's bei dem Gedanken, daß solch eine »Epidemie« auch bei uns auftreten könnte... Ein Wunder wäre es nicht, bei den katastrophalen hygienischen Verhältnissen. Schon einmal hat's deshalb Alarm gegeben. Die Zelle, die nur mit lesbischen Strafgefangenen belegt war, war total verseucht – mit Filzläusen! Ein Neuzugang hatte sie mitgebracht. Bei der Kontrolle war es nicht entdeckt worden. Und da in der Zelle jede mit jeder schlief, wurden die Viecher im Nu übertragen. Es war überhaupt erstaunlich, wie wenig Hemmungen die dortigen Lesbierinnen voreinander hatten! Eine erzählte uns mal: »Zuerst haben alle noch Decken vors Bett gemacht, wenn sie ihre Liebesgespielin in der Koje hatten. Dann wurden extra die untersten Betten freigemacht... und jeder kam mal an die Reihe. Aber dann... da wurde hemmungslos rumgeheckt. Keiner hat sich mehr vor dem anderen geschämt. Und ausgeschlossen hat sich auch keiner. Das wäre dem auch schnell abgewöhnt worden! Das Personal duldete es sogar, daß wir alle zusammen kamen, weil dadurch viel mehr Ruhe und Ordnung in den Kommandos war...« Wir hören gespannt zu. Bei uns machen's die Lesbierinnen da weitaus verschämter...
Auffallend: Die sogenannten »Bubis« tragen die kürzesten Mini-Röcke, meist die kürzesten Haarschnitte und sind am stärksten geschminkt! Nach dem Kaffeeholen hat sich mal eine von ihnen aus der dritten Etage in einer Zelle im Parterre einschließen

lassen, zu ihrer Freundin, die sie schon vom erstenmal her kannte. Natürlich war die Wachtel neu, sonst wäre es gewiß nicht möglich gewesen. Aber in der Zelle ging's dann los! Die Verwahrraumälteste stürzte sich auf den Lichtschalter, um damit das Personal zu rufen. Die anderen waren dagegen. Es gab eine wüste Prügelei! Zu einem Schäferstündchen kamen die beiden dadurch nicht... Aber: Sie erhielten anschließend strengen Arrest!

Bei den Kriminellen herrschten sowieso ganz andere Sitten. Wenn bei ihnen eine Strafgefangene nicht richtig spurte oder als »Anscheißer« verschrien war, dann gab's Hiebe! Nachts, wenn's dunkel war, schlichen sich die Schlägertypen – mit Decken bewaffnet – zum Bett der Betreffenden. Dann warfen sie ihr die Decken über den Kopf und schlugen sie windelweich. Erstens konnten sie so nicht erkannt werden und zweitens waren die Schreie unter den Decken nicht zu hören... Wenn sie dann am nächsten Tag mit blauen Flecken übersät war, mußte sie auf Fragen des Personals auch noch antworten: »Ich bin gestürzt!« Die Wahrheit hätte ihr weitere Schläge eingebracht.

Außer in unsere Motorenfertigung konnte man ins Bettwäsche- oder Strumpfhosenkommando eingegliedert werden. Aber die Politischen waren vorwiegend mit der Herstellung von Elektromotoren beschäftigt. Erst als keine Plätze mehr frei waren, steckte man einige ins Bettwäschekommando.

Nachdem wir unsere Betten wieder vorschriftsmäßig gebaut haben, macht eine den Vorschlag: »Laßt uns doch ein paar Gesellschaftsspiele machen.« Zuerst wird eine Stuhlpolonaise vorgeschlagen. Ich ziehe mich gleich zurück. Alle wissen, daß ich nicht singen und fröhlich sein kann. Hier nicht. Als die Stühle aufgestellt sind, bestürmen sie mich: »Mach doch mit, mach doch auch einmal mit!« Ich lasse mich überzeugen. Eine stimmt ein Lied an, wir setzen uns in Bewegung. Sie stoppt... der Kampf um die Plätze beginnt. Früher war ich immer sehr reaktionsschnell bei diesem Spiel. Auch hier erwacht mein Kampfgeist. Wir haben erst zwei Stühle rausgestellt. Ich sitze genau vor dem Spion und habe gerade den Kampf gegen eine ebenfalls sehr flinke Kontrahentin gewonnen. Ich bin noch ganz abgekämpft und muß lachen. In dem Moment schaut durch den Spion ein

Auge. Es guckt mich genau an. Ich muß es anlachen ... das ist für mich wirklich ungewöhnlich. Die Klappe wird zugemacht. Wir starren zum Spion. Nochmals guckt das Auge durch ... und wieder muß ich lachen. Dann rasselt der Schlüssel. Vor uns steht unsere neue, große blonde Erzieherin. »Sie auch?« ihre Stimme ist voller Empörung. »Ja, ich auch mal! Zum erstenmal«, entgegne ich voller Wut, ungeachtet der Folgen. Sie knallt die Tür wieder zu. Wenige Minuten später kommt sie zurück. Mit Verstärkung. »Alle antreten und rauskommen!« »Ich habe nicht mitgemacht!« »Ich auch nicht!« »Ich auch nicht!« Drei melden sich. Feiglinge! Wenn mehr Stühle vorhanden gewesen wären, hätten sie genauso mitgemacht! »Die nicht mitgemacht haben, können hierbleiben«, entscheidet die Erzieherin. Wir treten raus, wie wir sind. Nicht korrekt angezogen, nur mit Pantoffeln bekleidet. Wir müssen ins Freie. Dort nimmt uns Oberleutnant Free in Empfang. »Sie haben sich unmöglich benommen. Sie werrrden bestrrraft werrrden. Daß Sie sich nicht schämen. Sie sind hierrr, weil sie Verrrbrrrechen begangen haben. Jetzt benehmen Sie sich auch noch so schlecht. Aberrr, das werrrde ich Ihnen austrrreiben! Stundenlang werrrde ich Sie durrrchs Gelände jagen! Sie werrrden mich noch auf Knien anflehen, aufzuhörrren!« Wir sind alle mucksmäuschenstill. Der Oberleutnant Free ist als ganz übler Schlägertyp bekannt, obwohl er nur ein kleiner, schmächtiger Hänfling zu sein scheint, aber er hat's in sich! Er ist entweder Pole oder Tscheche, seine Aussprache mit dem rollenden »R« deutet darauf hin. Man munkelt, daß er dem KZ entronnen sei und deshalb besonders scharf ist. Und dann droht er weiter: »Ich werrrde Sie robben lassen, bis Ihnen die Sinne schwinden! Sie werrrden stundenlang rrrennen, hokken, aufstehn, rrrennen müssen! Und marrrschierrren!« Etwa eineinhalb Stunden lang traktiert er uns so. Plötzlich fragt er: »Werrr ist hierrr die Verrrwahrrraumälteste?« Ich trete vor. »Ich, Herr Oberleutnant.« »Alle, die in diesem Monat Sprrrecher haben, bekommen keinen! Melden Sie das Ihrrrerrr Errrzieherrrin!« Wir erstarren. Das ist das Gemeinste, was man uns antun kann! »Werrr hat diesen Monat Sprrrecherrr?« fragt er eindringlich. Keiner tritt vor. »Bei uns hatten schon alle Sprecher«, versuche ich abzulenken. »Na, ich werrrde das klärrren – warrrum haben Sie sich so schlecht benommen?« fragt er nochmals in die Runde. Erstaunlich, bei einem anderen vom Personal hätte es längst Proteste von einigen Mithäftlingen gegeben. Vor ihm haben alle Angst. Ich melde mich zu Wort und frage: »Was bezeichnen Sie denn als schlechtes Benehmen? Wir haben nur eine Polonaise gemacht und dazu gesungen.« »Ja, aberrr viel zu laut, und dabei haben Sie die Fensterrr aufgelassen!« »Nun ja, bei so vielen Gefangenen in einem Raum muß man doch die Fenster auflassen. Außerdem ist's ein Unterschied, ob wir zu sechst oder mit 42 Frauen untergebracht sind.« Irgendwie leuchtet's ihm ein. Dennoch, er droht weiter: »Wenn das noch mal vorrrkommt, werrrden wirrr anderrre Maßnahmen errrgrrreifen! Jetzt werrrden Ihnen errrstmal die Fensterrr zugenagelt!« Das ist so ungeheuerlich, daß wir's nicht glauben. Die können doch nicht den ganzen Raum zunageln! Und ob die das können! Am nächsten Morgen schon beginnen männliche Häftlinge, die zu Instandsetzungsarbeiten an Rohrleitungen und ähnlichem aus dem Karl-Marx-Städter Gefängnis zu uns gebracht werden, die Fenster zu vernageln. Es ist unfaßbar! Alle sieben Fenster werden verrammelt. Kein Blick mehr auf die Landschaft ist möglich ... wir haben nun zusätzlich zu den Gitterstäben auch noch die Bretter vor den Augen! Nur in der Toilette bleibt das Fenster frei. Dort drängt sich in den nächsten Wochen alles, um mal einen Blick in die Freiheit zu erhaschen ...

Doch eines Tages müssen wir alle unsere Bündel packen. Im ganzen Gefängnis wurden bereits Umbelegungen vorgenommen. So erwischt's auch uns. Wir kommen in die erste Etage, Zelle 51 mit Durchgang zur Zelle 50, das heißt in der Mitte der beiden Zellen liegt der gemeinsame Waschraum. In unserer Zelle stehen Dreistockbetten für insgesamt 18 Häftlinge. In der Nebenzelle für zwölf Häftlinge. Einige von uns werden in andere Zellen verteilt. Wir sind entsetzt. In der jetzigen Zelle, die zum Innenhof geht, gibt's nur drei ganz kleine Fenster, die zusätzlich mit Gaze verkleidet sind. Dadurch kommt fast überhaupt keine Frischluft herein. Wenn wir Nachtschicht haben, können wir

nicht schlafen, weil den ganzen Tag über das Kommando durch den Hof schallt: »Links... links... links... zwo... drei... vier!« Wir weinen uns alle die Augen aus dem Kopf. Aber es nützt nichts. Die werden sich schon etwas dabei gedacht haben! Die jetzt in unsere frühere Zelle einquartiert wurden, sind alles Mehrfachtäterinnen, das heißt, sie haben Gefängnisse schon ein paarmal kennengelernt. Und was bezeichnend an der Zusammensetzung dieser Häftlinge ist: Sie sind alle lesbisch! Man erzählt uns: Da gibt's Pärchen drunter, wenn von denen eine eher entlassen wird als die andere, dann macht die draußen sofort das nächste Ding, um wieder zu ihrer Freundin zu gelangen! Wir können's kaum glauben, daß einer freiwillig hier wieder reingeht. Aber dieser Umstand erhält im Laufe der Zeit noch vielfache Bestätigung.
Auch bei uns gibt's zwei Pärchen, von denen wir's genau wissen. Zwei andere Frauen machen's versteckt, so daß wir uns nicht sicher sind. Es stört keinen, deshalb lassen wir sie auch in Ruhe. Nur einmal gibt's Zoff. »Zwecke«, eine 23jährige, die aussieht wie ein Junge, und auch in ihrem Benehmen so auftritt, hält sich fast die ganze Nacht mit ihrer Freundin in der Toilette auf. Ab und zu kommt sie wieder in den Schlafraum... und sie ist nicht gerade leise. Außerdem spielen sich im Waschraum nicht nur Liebesszenen ab, sondern auch Eifersüchteleien. Und »Zwecke« ist nicht eben zurückhaltend! Dann brüllt sie die Freundin lautstark an. Klar, daß die am nächsten Liegenden dabei wach werden. »Eh, jetzt reicht's aber! Ihr spinnt wohl da draußen!« schreit Freddy durch den Raum. »Kümmert euch um eure Sachen!« brüllt »Zwecke« zurück. Des öfteren ist der Waschraum früh total überschwemmt. Was für »Wasserspiele« dort stattfinden, entzieht sich unserer Kenntnis. Jedenfalls tritt's immer dann auf, wenn »Zwecke« ihre nächtlichen Rendezvous mit ihrer Freundin hat...

Auch bei den bisher zurückhaltenderen Strafgefangenen unserer Zelle macht sich zusehends die Neugierde breit. Bei jedem neuen Transport werden die Ankömmlinge gemustert, ob nicht was »Männliches« drunter ist. Aus unserer Nachbarzelle hat eine

Politische, Mutter von vier Kindern, klein, das schwarze Haar von erstaunlich vielen grauen Strähnen durchzogen, eine gewisse Ähnlichkeit mit Gina Lollobrigida ist vorhanden, ein Techtelmechtel mit einer Kriminellen aus einem anderen Kommando. Das spielt sich dann meist im Vorbeigehen auf Gängen ab. Da küssen sie sich schnell, stecken sich Liebesbriefe zu oder lassen diese durch andere befördern. Eines Tages bittet diese Frau die Erzieherin, aus unserer Nachbarzelle in die ihrer Freundin gelegt zu werden. Warum diesem Wunsch stattgegeben wird, wissen wir nicht. Aber sie hat's geschafft.

Doch wenig später ist sie wieder bei uns. Einer engen Vertrauten erzählt sie. »Ich hatte ein Verhältnis zu der anderen. Wir saßen abends im Waschraum. Und da hat sie mich mit einer Flasche befriedigt. Plötzlich ging die Flasche nicht mehr aus der Scheide raus. Wir haben alles versucht, aber es ging nicht. Wir haben Wasser genommen, Seife, erfolglos ... Das war entsetzlich peinlich ... Wir mußten Licht werfen, mitten in der Nacht. Dann bin ich in die Krankenstation gebracht worden. Erst am nächsten Tag hat der Arzt mir eine krampflösende Spritze gegeben und die Flasche entfernt. Es war schrecklich peinlich ...« Natürlich kann ihre Vertraute so etwas nicht lange für sich behalten. Irgendwie tut mir diese Frau leid ...

Uschi kommt neu in unsere Zelle. Sie ist groß, hat eine sportliche Figur. Ein hübsches Gesicht und ... eine tiefe Stimme! Das sind schon jede Menge Pluspunkte. Sie setzt sich des öfteren auf mein Bett, und wir erzählen. Sie ist lustig, sie nimmt den Knast nicht so furchtbar ernst wie ich, deshalb ist sie mir angenehm. Es dauert nicht lange, da kommt Heidi hinzu, meine »Widersacherin« in puncto Ämtern. Sie kokettiert ... ich staune nur so: Sie hat sich die Wimpern mit Schuhcreme schwarz getuscht! Und sie turtelt und turtelt ... Ist sie etwa scharf auf Uschi? Bislang hat sie die Liebe zwischen Frauen doch immer stark angegriffen ... Naja, ich beobachte belustigt. Auch Uschi hat's gemerkt. Wir blinzeln uns ab und zu an. Heidi ist ganz Charme. So nett haben wir sie noch nie gesehen – bisher wollte sie immer nur kommandieren und belehren. Doch auch die Schuhcreme nützt nichts. Uschi hat kein Interesse. Überhaupt, man muß staunen, mit welchen Mitteln die Frauen versuchen, sich ein bißchen hübscher zu machen! Da wird Bohnerwachs mit Hautcreme gemixt – das ergibt Make-up. Mit Bleistiften oder Filzstiften werden Lidstriche gezogen (auch ich benutze zu diesem Zweck einen Bleistift). Im Elmo-Kommando werden mit roten, grünen, blauen und gelben Fettstiften die Motoren gekennzeichnet, die eignen sich herrlich als Lippenstift und Lidschatten. Natürlich ist das alles streng verboten. Meist vor dem Hofrundgang kommandiert eine Wachtel alle so Verschönten zu sich. Und dann müssen sie mit Seife und Wasser alles abrubbeln. Manches Zeug ist hartnäckig, es läßt sich eigentlich nur mit Creme entfernen. Doch darauf nehmen die Wachteln keine Rücksicht. Hinterher sehen die Frauen meist sehr jämmerlich aus. Gerötet, zerschunden ... Ich werde selten erwischt. Ich mache meinen Strich am Augenlid so dezent, daß es kaum auffällt. Einmal, ich hatte Rundgang in einem kleinen Kreis, weil wir vorher beim Arzt waren. Die anderen Schichten bestanden alle aus Kriminellen. Als es zum Einlaufen ging und wir vor der Tür Aufstellung nahmen, brüllte plötzlich Frau Meister Schröder: »Strafgefangene Thiemann, Sie haben sich ja auch wieder angemalt. Machen Se gefälligst das Zeug ab!« »Nein, das werde ich nicht. Wenn ich in diesen ›heiligen Hallen‹ weiße Wimpern bekommen habe, kann ich auch versuchen, das etwas zu kaschieren!« Sie ist über meinen Protest erstaunt. Und das reizt sie erst recht. »Hätten Se sich draußen besser geführt, dann wären Se auch nicht hier!« Da geht ein wüstes Getobe und Gepfeife los – ich wußte gar nicht, daß ich unter den Kriminellen so viele Sympathisanten hatte. »Wenn ich dann hochkomme, haben Sie das Zeug abgemacht!« »Werde ich nicht!« entgegne ich, nun noch etwas mutiger geworden. Die alte Zicke, laufend muß ich ihr privat Entwürfe zum Knüpfen von Teppichen machen. Die soll mich ja in Ruhe lassen! Etwa zwei Stunden später taucht sie im »Künstlerzimmer« auf. »Sie haben das Zeug ja immer noch dran!« »Ich sagte Ihnen ja auch, daß ich's dran lasse!« erwidere ich mit Bestimmtheit. Sie ist verunsichert. Schließlich ist man von mir derartige Töne nicht gewöhnt. Nun ja, fast ein Jahr lang habe ich mich äußerst beherrscht. Ich habe weder widersprochen – nur in ganz seltenen

Fällen – noch habe ich Kassiber für andere weitervermittelt. So hat man bei den vielen Razzien, die plötzlich beim Kaffeeholen, wenn man von der Schicht kam oder auch mitten in der Nacht stattfanden, nie etwas bei mir gefunden. Erst nach vielen Monaten wurde ich mutiger. Ich transportierte dies und transportierte das. Auch mündliche Nachrichten überbrachte ich – und die waren ja ohnehin die ungefährlichsten. »Haben Sie meinen Entwurf schon fertig?« fragt sie plötzlich überlegen lächelnd. »Sie glauben doch nicht, daß ich Ihnen noch mal einen Entwurf anfertige, da Sie mich so unverschämt anschnauzen!« Sie guckt belustigt... meinen Wutausbruch und den mehr als barschen Tonfall scheint sie gar nicht ernst zu nehmen. Aber eins haben wir spitz bekommen: Wenn man allzu höflich ist, kommt man auch nicht weiter. Zwar darf man denen keine Angriffsfläche geben, dann ist man geliefert. Und wenn sie Gefangene als äußerst zurückhaltend und friedfertig kennen, dann sind sie entwaffnet, wenn die Betreffenden dann auch mal zum rüden Ton übergehen. So auch bei mir...

Auf Krankenstation

Die Haft hat an meiner Substanz gezehrt. Ich habe keine Widerstandskraft mehr. Ich bin anfällig... und als die nächste Grippewelle kommt, erwischt's mich ganz beträchtlich. Ich muß auf die Krankenstation, GW genannt. Dort begegne ich einer Frau, deren Schulter und rechter Schenkel ganz violett-schwarz gefärbt sind. »Was haben Sie denn gemacht?« frage ich sie. »Man hat mich auf ein Metallbett ohne Matratzen geworfen. Dann haben sie mich an Händen und Füßen mit Handschellen festgemacht. Und dann haben sie zu dritt mit dem Schlagstock auf mich eingeschlagen.« »Wer?« »Frau Meister Wieland, Meister Richter und Oberwachtmeister Gores.« »Was? Der Richter hätte ich das nicht zugetraut!« »Doch, es war in der Arrestzelle...« Dann muß sie weitergehen. Ich überlege. Ja, wir haben sehr oft unmenschliche Schreie von Frauen gehört. Ja, wir wußten, daß diese dann vom Personal brutal zusammengeschlagen wurden. Aber so etwas? Wieder ein Mosaiksteinchen in meinem Haßgebilde!
Christine hat mir auch mal oben im Kunstgewerberaum anvertraut, daß die Jugendlichen ganz entsetzlich gefoltert und geknechtet werden. Einmal haben sie abends noch laut gesungen. Sie lagen schon alle in den Betten. Plötzlich wurde die Tür aufgeschlossen und die Hauptmann Grabo, der Leutnant Schmidt und die Meister Jarsumbek erschienen. Alle mußten, so wie sie waren, raustreten. Dabei donnerten die Gummiknüppel auf die Köpfe und Schultern der Mädchen. Sie mußten dann stundenlang draußen Freiübungen machen. Anschließend noch einmal Stunden an der Wand stehen. Immer das Personal vor sich. Manche fielen vor Erschöpfung um. Sie wurden wieder hochgedroschen. Christine war damals 16. Wenn die Mädchen 18 werden, kommen sie zu den Frauen. Die meisten jungen Mädchen haben eine lesbische Freundin. Sie tun's aus Neugierde, und weil's sich im Knast so gehört. Wer nicht mitmacht, wird

vergewaltigt! Christine erzählt, daß sie wegen »unsittlichen Verhaltens« ins Gefängnis gekommen sei. Ich will Näheres wissen. »Wir haben eine Party gefeiert, mit drei Pärchen. Wir hatten sturmfreie Bude. Natürlich haben wir auch Alkohol getrunken. Dann wurde das Licht ausgemacht und jeder hat mit seinem Partner intime Beziehungen aufgenommen. Irgendeiner hat dann hinterher gequatscht, und wir kamen alle vor Gericht.« Ich kann's nicht fassen! Ich kenne in Berlin Richter, Staatsanwälte, Ärzte, Politiker, Minister... sie alle betreiben Gruppensex – zumindest prahlten sie bei diversen Anlässen damit. Christine hat dafür ein Jahr und sieben Monate Gefängnis bekommen! Und dann passierte auf der Jugendabteilung folgendes: Eine Neue war hinzugekommen, die sich den Mädchen nicht fügen wollte. Christine und noch drei andere Mädchen griffen sich das arme Ding und rissen ihr die Klamotten vom Leib. Dann nahmen sie die »Lissy«, das ist die Toilettenbürste, und rammelten sie ihr in die Scheide! Das Mädchen wimmerte zum Gotterbarmen, doch die jungen Biester kümmerten sich nicht drum. Dann zogen sie die »Lissy« wieder heraus, das Mädchen blutete stark. Es blieb ihnen nichts anderes übrig, als den Vorfall am nächsten Tag zu melden, denn die Blutungen wurden immer stärker. Das Mädchen mußte operiert werden. Für die Täterinnen brachte das einen neuen Prozeß. Christine bekam nochmals ein Jahr und drei Monate dazu...

Auf Transport nach Westen

Und dann begann die Zeit der Transporte. Politische Häftlinge wurden plötzlich aus der Schicht, aus dem Verwahrraum und während der Nacht geholt. »Sachen packen, mitkommn!« hieß es dann nur kurz. Ehe wir durch Besuche erfuhren, daß die Betreffenden in der Freiheit, in der Bundesrepublik Deutschland, gelandet waren, dauerte es noch Monate. Bis dahin ging das Rätselraten weiter. Wir vermuteten zwar das Richtige, doch nicht in jedem Fall traf's zu. Einmal gingen fünf Frauen aus unserer Zelle gleichzeitig auf Transport. Sie waren erst wenige Wochen bei uns gewesen. Bärbel und ich waren schon am längsten da. »Hurra! Wir haben's geschafft!« jubelten sie durcheinander. Doch da kam Frau Oberleutnant Schmidt: »Sie brauchen sich gar nicht so zu freuen, Sie sehen sich noch alle wieder!« Boing, das saß vorerst! Doch dann bezweifelten wir ihre letzten Worte. Sie würde ja gar nicht zugeben, daß diese Frauen endlich die Freiheit wiedersähen... Später erfuhren wir dann, sie waren tatsächlich nicht in der Freiheit gelandet. Man hatte sie nach Bautzen ins Männergefängnis verfrachtet, weil dort weibliche Häftlinge für die Küche, zum Nähen und Waschen gebraucht wurden. Auch nahmen in dieser Zeit die Gerüchte um eine Amnestie immer mehr zu. Selbst die Politischen, die bis dahin immer noch einen klaren Kopf behalten hatten, ließen sich von diesem Phänomen anstecken. »Hihihi, ich bin die Amnestie, und komme nie...« geisterte es durch die Münder der ewig Hoffnungslosen. Doch an jede neue Mitteilung von draußen klammerten wir uns. Stets, wenn eine Neue eingeliefert wurde, bestürmten wir sie mit Fragen. Viele Erwartungen wurden dadurch geweckt. Denn in der allgemeinen U-Haft von Karl-Marx-Stadt und während des Transportes wurden diese Gerüchte natürlich von den Kriminellen bestärkt. Eine wollte sich interessanter machen als die andere. Die Politischen konnten in ihrer Abgeschlossenheit und Isoliertheit ja gar nicht mit irgend jemandem

Kontakt aufnehmen. »Kennt ihr den Grotewohl-Express?« fragt ein Neuankömmling aus Suhl. »Nein, was ist das?« »Ich bin damit gekommen. Entsetzlich. Ich bin seit vier Tagen unterwegs. Immer eingesperrt in einem Eisenbahnabteil. Mit lauter anderen Strafgefangenen, die in den einzelnen Gefängnissen der Republik eingesammelt werden.« Da habe ich ja noch mal Glück gehabt mit meinem Transport, konstatiere ich. »Wir wurden zuerst wie Vieh über den Bahnhof geführt. Angekettet. An der Seite liefen Uniformierte mit Karabinern und Hunden. Die anderen Reisenden starrten uns ungläubig an. So ging's dann zu diesem Grotewohl-Express. Wir mußten in mehreren Zuchthäusern übernachten. Alle in einer Zelle auf der Erde. Während der Fahrt von einem Gefängnis zum anderen haben wir kaum etwas zu essen gehabt. Zu trinken gar nichts. Und auf die Toilette mußten wir auf Kommando gehen. Einige haben sich in die Hosen gemacht unterwegs ... wir stanken alle wie die Pest ... Wasser zum Waschen gab's sowieso nicht.« Wir können's kaum glauben ...

In dieser Zeit nehmen auch die Angriffe der Kriminellen auf uns zu. Sie merken immer mehr, daß dem Personal das sehr entgegenkommt, wenn sie uns zusätzlich knechten und piesacken. Sie beschimpfen uns mit denselben Worten, wie das Personal sonst mit uns umspringt. »Ihr Vögel!« schallt's durch den Arbeitsraum. »Viechzeug!« brüllt eine andere dazu. »Elende Fotzen!« ruft eine dritte. Überhaupt: Das ist das häufigste Schimpfwort unter den Frauen ... »Kroppzeug!« schreit eine Kindesmörderin dazu. »Sollten schneller arbeiten!« ereifert sich eine andere Doppelmörderin. »Dieses Viechzeug sollte man abknallen!« erdreistet sich »Seppl«. »Für dieses Gesindel wären selbst die Kugeln zu schade!« Ausgerechnet die ehemalige KZ-Aufseherin Ilse muß das sagen! Wir leiden sehr unter diesen zusätzlichen Diskriminierungen. Doch wir können's nicht ändern. »Geh in die Urne!« und »Geh in die Suppe!« schreien sie uns an, wenn wir es wagen, uns einmal zu wehren. Je mehr auf Transport von uns gehen, um so unverschämter werden die Kriminellen. Die Polizei läßt sich auch immer mehr Schikanen einfallen. Während der Freistunde, in der wir sonst stets nach Kommando mar-

schierten, müssen jetzt Freiübungen gemacht werden. Eine halbe Stunde lang ... bei sengender Hitze ... in voller Kluft! Einige fallen um wie die Fliegen. Auch ich kann nicht mehr. Ich stelle mich hin, ohne die Übungen mitzumachen. »Mitmachen!« brüllt mich die Wachtmeister Gores an, die bei uns »Bulldogge« heißt. »Ich kann nicht mehr!« rufe ich zurück. »Sie werden schon noch gönn'!« Ich beachte sie nicht mehr. Ich habe noch nie provoziert. Ich halte mich weitgehend zurück, weil ich die Sinnlosigkeit, Proteste anzubringen, einsehen lernte... Wenn ich nicht gehorche, dann kann ich wirklich nicht mehr. Sie hat sofort andere Opfer gefunden. Das ist wahrscheinlich mein Glück. Zwei Frauen liegen ohnmächtig am Rand. Sie japsen nach Luft. Eine verdreht die Augen. Wir bemühen uns, ihnen zu helfen. Doch ein kräftiger Schubs von hinten läßt uns beiseite springen. Die »Bulldogge« kennt kein Pardon! »Stelln Se sich an und nähm Se die hier mit!« Wir hieven sie zu viert hoch. Wir haben ja selbst keine Kraft mehr. Wir sind ausgepumpt, ausgelaugt, ausgehungert... In der Zelle legen wir die beiden auf ihre Betten. Doch das wachsame Auge an der Tür scheint nur darauf gewartet zu haben. »Stehn Se gefällischst uff, sonst hagelt's Strafen! Sie wissen doch ganz genau, daß Se sich am Daach ni uff de Betten läschen derfen!« Verdammt, was muß man eigentlich für eine Kreatur sein, um so mit halbtoten Frauen umzuspringen!? Wir hören nicht darauf. Wir versorgen unsere Kranken. Langsam kommen sie zu sich. Das ist kein Fall für den Arzt. Die Politischen bekommen ihn sowieso kaum zu Gesicht, geschweige denn Medikamente...
Wenn wir Glück haben, werden wir einmal pro Woche zum Duschen gebracht. Auf dem Hof steht sehr viel Wachpersonal – weibliches. Aha, wir entdecken, warum: Man hat die männlichen Strafgefangenen mal wieder geholt. Wir trauen unseren Augen kaum ... sie befestigen einen elektrischen Zaun! Es ist ungeheuerlich. Die Gefahr, bei Rundgängen oder beim Deckenschütteln an diesen Zaun zu kommen, ist viel zu groß. Wer sollte denn von hier aus zu fliehen versuchen? Nun ja, eine, die schon lange hier ist, erzählt: »Einmal hat sich eine von uns beim Verladen der Elmo-Paletten im Lkw versteckt. Man hatte sie

nicht bemerkt. Allerdings: Es wurde gemunkelt, daß ihr die männliche Lenkungskraft, mit der sie sowieso eine besondere Beziehung hatte, behilflich gewesen sei. Möglich ist's, da er kurz darauf nicht mehr gesehen wurde... Sie hat's bis zum Bahnhof geschafft ... dann haben sie sie wieder geschnappt. Das hat ihr noch mal mehr als zwei Jahre eingebracht...« Fluchtgedanken hat sicher jeder mal in diesen Mauern. Doch es ist sinnlos, sie überhaupt zu Ende zu denken. Und wenn man's weit schafft, wohin letzten Endes?

Eines Tages wird eine Kriminellen-Zelle auf Vordermann gebracht. Um vier Ecken erfahren wir: Eine Kommission hat sich angesagt. Die Betreffenden bekommen neue Bettwäsche, Kopfkissen (die's hier noch nie gab!) mit einem bunten, freundlichen Bezug. Als die Kommission wieder weg ist, ihr wurde nur diese eine Zelle gezeigt, werden die Kissen wieder eingesammelt. Doch die neugierigen Frauen haben längst nachgeschaut, woraus die Füllung der Kissen besteht. Und siehe da ... es sind Reste von Gardinen, durchsichtige Stoffe. Not macht erfinderisch ... und so tauchen in der nächsten Zeit die hübschesten Slips, Nachthemdchen und Taschentücher auf! Doch nicht lange, dann hat die Polizei das spitz, und es hagelt nur so Razzien und Strafen. Auch ins Kunstgewerbe verirrt sich mal ein hohes Tier. Ein Oberstleutnant erwartet die Meldung. »Herr Oberstleutnant, sieben Strafgefangene zur Arbeit anwesend, meldet Strafgefangene Thiemann.« Er schaut hierhin und dorthin. Ich wittere eine Chance. Er hat freundliche Augen. Alles läßt er sich genau erklären. Da wage ich's. »Könnte ich Sie einen Moment unter vier Augen sprechen?« »Bitte sehr!« fordert er mich auf, mit hinauszugehen.

Ich kann ihm mein Anliegen nicht drin im Raum vortragen. Ich bin die einzige Politische dort oben. Die anderen sind kriminell, und seit kurzem ist Gisela Schubert, eine Kindesmörderin zu uns gestoßen. Man erzählt, daß sie ursprünglich die Todesstrafe hatte, weil sie ihre drei Kinder auf bestialische Weise zu Tode gebracht hatte. Und zwar sperrte sie sie im Keller ein. Die Kleinen waren damals vier, drei und eineinhalb Jahre alt. Dann gab sie ihnen nur Regenwürmer ins Verlies und ließ sie so

regelrecht verhungern! Später wurde sie dann begnadigt und kam direkt in das Hauptuntersuchungsgefängnis der Staatssicherheit in Berlin-Hohenschönhausen. Dort war sie über zehn Jahre lang. Für Knastverhältnisse lebte sie wie die Made im Speck. Sie mußte das Essen für die Untersuchungshäftlinge mit noch ein paar anderen Strafgefangenen kochen. Sie befand sich in einem Zellentrakt, der aus mehreren Räumen und einer Küche bestand. Den teilte sie mit vier weiteren Frauen. Diese Häftlinge konnten sich in der Küche selbst Kuchen backen und andere Speisen zubereiten! »Sie müssen was für die Gefangenen tun! Es ist so grausam hier ... das Essen ... man hat keinen Schlaf ... die medizinische Betreuung ... Die Republikflüchtlinge werden besonders schikaniert ... bitte, tun Sie was!« Er ist überrascht über meine Freimütigkeit. Aber mein Instinkt sagt mir, daß es sich für mich nicht nachteilig auswirken wird. Er hätte dieses Gespräch durchaus auch ablehnen können.
»Kopf hoch!« verabschiedet er sich. Also gibt's auch in Uniform noch Menschen?
»Was wollten Sie denn von dem?« fragt mich Christel Knoll. Sie sitzt wegen Unterschlagung von Volkseigentum – einer beträchtlichen Summe, die sie uns wissentlich verschweigt. Natürlich ist sie »unschuldig« – wie alle Kriminellen! Sie sind immer nur Opfer einer Intrige oder eines Irrtums! Sie hat sieben Jahre bekommen. Sie ist falsch und intrigant. Es vergeht kaum ein Tag, an dem sie nicht eine andere verpetzt und anschwärzt. Ich vermeide es, überhaupt mit ihr zu sprechen. Im Mai 1974 ist dieses Kunstgewerbekommando gegründet worden. Vorher arbeitete ich nur mit Birgit und Christine in der Freizeit oben. Jetzt muß ich nicht mehr zur Elmo-Schicht, aber nach wie vor an die 16 Stunden Kunst machen. Man hat meine Talente entdeckt ... Und ich muß andere Häftlinge befähigen, ebensolche Produkte zu schaffen. Die künstlerische Leitung dieses kleinen Kommandos hat man mir übertragen, ansonsten ist Brigitta Häring verantwortlich. Auch sie hat Volkseigentum unterschlagen. Sie war Verkaufsstellenleiterin in ihrem Heimatort in der Lebensmittelverkaufshalle. Auch sie ist natürlich »unschuldig« und das Opfer eines Komplotts der anderen Kollegen! Sie ver-

steht sich mit der Knoll ausgezeichnet. Denn auch sie benutzt jede nur denkbare Gelegenheit, um sich mit Anschwärzungen bei dem Erzieherpersonal lieb Kind zu machen. Häufig versucht man, mich in politische Gespräche zu ziehen. Ich wehre sie ab. Ich bin nicht so blöd, daß ich ins offene Messer laufe – dazu haben mich schon geschultere Leute bringen wollen. Ich sitze vorm Fenster und ackere, soviel ich nur irgend kann. Manchmal schaffe ich ein Produkt viel eher als eigentlich möglich – nur aus der Wut heraus! »Falls Sie nach dem Westen entlassen werden, lassen Sie denn dann Ihren Sohn zu den Soldaten gehen?« fragt die Häring süßlich. Mir reicht's. »Mein Sohn wird nie zu den Soldaten gehen. Weder hier noch anderswo! Ich absolviere gerade seine Soldatenzeit!« Sie sind baff. Haben sie mich doch mal aus der Reserve gelockt? Die Häring und die Knoll wechseln bedeutungsvolle Blicke. Doch mich kann's nicht verunsichern. Es ist meine feste Meinung. Man kann nicht alles hinunterschlucken... Frau Liebert ist eine Frau so um die Sechzig. Sie leidet sehr unter ihrer Inhaftierung. Auch sie hat irgendwelche Gelder unterschlagen und dafür dreieinhalb Jahre bekommen. Monika hat ihr Kind umgebracht und bekam dafür lebenslänglich. Die Häring hat nur zwei Jahre und vier Monate. Na, wenn die so weitermacht mit Anschwärzen, ist sie beizeiten wieder draußen! Ich setze es durch, daß alle Mitarbeiter, die mit Lacken und Säuren zu tun haben, täglich einen Viertelliter Milch bekommen. Nutznießer sind auch die anderen, die nur dort im Raum arbeiten. Sie nehmen's als Selbstverständlichkeit. Obwohl ich die Milch viel dringender selbst brauche, nehme ich ab und zu welche mit in die Zelle und teile sie – mal hier, mal da – unter einigen mir Nahestehenden auf. Es ist im Grunde nur ein Tropfen auf den heißen Stein. Manchmal lassen wir die Milch sauer werden und machen uns Quark daraus. Das ist mal ein anderer Geschmack.

Birgit ist erfinderisch. Da wir oben im Kunstgewerbe auch Stoffsachen nähen müssen, brauchen wir ein Bügeleisen. An einem Sonntag, die Kriminellen, die sonst im Kommando arbeiten, kommen sonntags nicht, hat sie eine gute Idee. »Wir drehen das Bügeleisen einfach um und machen uns Röstbrot!« Gesagt, getan... Bald erfüllt ein herrlicher Duft unseren Raum. Auch Milch machen wir uns so heiß. Gerade habe ich meine Scheibe auf dem Bügeleisen liegen, da kommt ein Major zur Tür herein. Ich werde ganz nervös, werfe alles mögliche übereinander. Dann mache ich Meldung. Er schaut sich die Arbeiten an. Hat er denn nichts bemerkt? Auch den Geruch nicht? Wir sind äußerst gespannt. Wie sollen wir uns rausreden? Aber ohne weitere Fragen zu stellen, verläßt er uns wieder. Zuvor sagt er noch: »Übrigens, die Teller zum 25. Jahrestag der DDR sind äußerst gelobt worden!«

Was, hier gibt's Anerkennung? Damit hatte ich wirklich nicht gerechnet. Ein wenig freue ich mich darüber... Ein Schritt zur vorzeitigen Entlassung? Schließlich hatten die Teller in gewissem Sinne politische Motive... Eine Stadtansicht von Karl-Marx-Stadt mit der neu aufgestellten riesengroßen Karl-Marx-Skulptur...

»Mann, da haben wir noch mal Glück gehabt!« Birgit ist immer noch ganz bleich. »Naja, was hätten sie im Grunde machen können. Uns doch nur das Bügeleisen wegnehmen... Die sind doch froh, daß wir ihnen zusätzlich so viele Arbeiten liefern!« Ich fasse mich am schnellsten. »Aber in Zukunft müssen wir etwas vorsichtiger sein«, fügt Christine hinzu. Das ist natürlich leichter gesagt als getan. Sie können auf verschiedenen Wegen zu uns gelangen. Die normale Treppe hoch ist am günstigsten, weil man dann immer das Gitterrasseln hört, wodurch jeder Zugang zur nächsten Etage abgesichert ist. Dann besteht noch der Zugang über die Turmtreppe, der ist unmittelbar neben unserem Raum. Und dann hinten lang, da ist auch noch ein Gang. Als das feste »Kunstgewerbe-Kommando« gegründet wurde, mußten wir alle einen Wisch unterschreiben, daß wir über die dort angefertigten Arbeiten mit keinen anderen Strafgefangenen sprechen würden. Wir setzten zwar alle unseren »Wilhelm« darunter, doch eingehalten wurde das von keiner. Die einen erzählten von unserer Arbeit, um sich wichtig zu tun. Ich erzählte meinen engsten Vertrauten davon, um einerseits Zeugen für die von mir zusätzlich verlangten Arbeiten zu haben, und andererseits, um ihnen mit den exakt beschriebenen Artikeln etwas Freude ins angeschlagene Gemüt zu bringen. Im letzten

Jahr wurde ich kühner und kühner. Kleinere Produkte nahm ich mit in die Zelle, um sie den anderen zu zeigen. Ich mußte äußerst vorsichtig sein, da auch wir, wie überall, mehrere Spitzel in der Zelle hatten. Erstaunlich war's trotzdem immer wieder, daß viele von uns sich über eine Reihe Verbote hinwegsetzten. Auffällig: Es handelte sich fast ausschließlich um Mädchen und Frauen, die keine Kinder hatten. Die meisten Männer oder Freunde saßen ebenfalls in einem Gefängnis. Ab und zu wurden beide Seiten hin und her gefahren. Das heißt: Von Cottbus oder Brandenburg kam eine Grüne Minna mit männlichen Häftlingen, deren Frauen in Hoheneck einsaßen. Sie durften sich dann eine halbe Stunde sehen. Auch von uns gingen die weiblichen Häftlinge mal auf »Besuchsreise« zu ihren Männern...

Einmal, als ich nachts zur Toilette mußte, hockten Freddy, die Spitzelheidi und Liane im Waschraum und spielten Skat. Das war streng verboten ... denn Karten gab's nicht im Knast, und anfertigen durfte man sich keine. Normalerweise hätte ich darüber eine Meldung schreiben müssen. Doch ich tat so, als wenn ich schlaftrunken sei... Ausgerechnet Heidi Schulze war dabei! Sie würde das eines Tages an die große Glocke hängen, daß ich nichts gemeldet hatte... Ich verständigte am nächsten Morgen meine engsten Vertrauten davon und bat sie, daß sie dafür sorgen sollten, daß die Karten verschwänden. »Was denkst du denn, das ist nicht das einzige Kartenspiel in der Zelle. Die Uschi hat auch eins und legt uns heimlich immer die Karten...« »Pfannkuchengesicht« alias Heidi teilt mir die Neuigkeit mit. »Ja, seid ihr denn verrückt! Wenn das einer verpfeift! Und jetzt, nachdem ich die anderen im Waschraum gesehen habe, wird Spitzelheidi gewiß wieder eine Meldung loslassen!« Ich kann über so viel Leichtsinn nur den Kopf schütteln. Den ganzen Tag wird über die »Anscheißerei« gesprochen. Fast jeder wurde schon mal verdächtigt. Und da befassen sie sich mit derartig blödsinnigen Dingen!
Als ich einmal gegen 22 Uhr aus dem Kunstgewerbekommando komme, mache ich beim Einschluß mein Späßchen: »'n Amd...«, imitiere ich die Mainzelmännchen. Ich bin selbst

überrascht, wie treffend ich das herausgebracht habe. Natürlich geht ein allgemeines Wiehern los. Die Wachtel schließt sofort wieder auf: »Ausgerechnet Sie, Thiemann! Sie sollten Vorbild sein!« Tür zu, Licht aus. Wieso sollte *ich* Vorbild sein?
Ein andermal empfängt mich eine merkwürdige Stille im Verwahrraum. Fast alle befinden sich im Waschraum. Das Licht wird gleich wieder ausgemacht, aber ich finde mich auch im Dunkeln ganz gut zurecht. Kaum ist wieder abgeschlossen, da ist's mit der trügerischen Stille vorbei! Eine nach der anderen kriecht aus ihrer Koje hervor ... ich staune nur. Alle haben sie sich angeputzt und veranstalten so etwas wie ein Kostümfest. Ich kann's nicht begreifen. Bärbel auch nicht. Wir sind die beiden einzigen, die so etwas nicht mitmachen können. Nicht aus Angst, von innen heraus nicht... Manche sehen richtig toll aus in ihrer Verkleidung. Erstaunlich, woraus sie sich ihre Kostüme zurechtgezimmert haben! Mehrmals klopfen die Wachteln an unsere Zellentür. »Hörn Se endlisch uff mitm Krach, sonst gönn' Se de ganze Nacht hier draußen stehn!« schreien sie. Kurz ist Stille, doch dann geht's weiter. Sie sind alle aus dem Häuschen. Ob das gut geht? Doch nach einigen Stunden kriechen immer mehr in die Betten. Morgen heißt's wieder: Norm schaffen!

Als Spitzel verdächtigt

Verrückt wird's erst Weihnachten und Silvester. Die meisten bekommen einen Koller. Augenscheinlich: Die, die sonst immer die größte Klappe haben, kippen zuerst um! Sie heulen Rotz und Wasser. Damit stecken sie natürlich weitere Häftlinge an. Es wird unausstehlich. Die Jüngsten versuche ich zu trösten, sie sind ja noch halbe Kinder. Doch solche, wie die Heidrun, die den anderen immerzu das Leben schwermachen, verachte ich, daß sie sich nicht besser in der Gewalt haben... Aus Schokoladenpapier haben wir kleine Sterne gebastelt. Auch aus glattem, weißem Papier wird Weihnachtsschmuck gearbeitet. Für die Nächststehenden unter den Gefangenen fertigen wir Geschenke an. Das alles ist natürlich streng verboten. Und siehe da! Zwei Tage vor Weihnachten ist nochmals eine große Zellenrazzia. Alles wird vernichtet! Alle Kostbarkeiten... Wir sind wütend und traurig zugleich. Nur Heidi jubiliert: »Haha, da habe ich die aber ins Knie gefickt! Mein Geschenk für meine Gretel haben die Idioten nicht gefunden!« Auch ich habe Glück. Meine kleinen Geschenke versteckte ich im Kunstgewerbezimmer. Dort gab es noch nie eine Razzia. Jedenfalls nicht sichtbar für uns. Einmal, als eine Wachtel Wolle bei uns geklaut hatte, waren die Bestimmungen verschärft worden. Stets mußten dann die Schränke verschlossen werden, selbst wenn wir nur kurz zum Essen gingen. Das war ein Theater – und es mußte geheim bleiben...

Meine selbstgemalten Buchzeichen und die bestickten Taschentücher befinden sich bei anderen künstlerischen Arbeiten. Wenn das wirklich einer vom Personal finden sollte, kann ich mich immer noch damit rausreden, daß es neue Muster sind... Auf den Gängen des Gefängnistraktes werden Weihnachtsbäume aufgestellt. Auf jeder Etage einer. Ich werde damit betraut, sie zu schmücken. Da ich verschiedene Zweige abmachen muß, damit die Bäume in die Ständer passen, bitte ich, sie mit in meine Zelle nehmen zu dürfen. »Gut, aber machen Se keene Reklame damit... ausnahmsweise, weil Se alles so scheen geschmückt ham«, sagt Frau Meister Jarsumbek. Ich bin überrascht. Mit »Hallo« werde ich empfangen. Außerdem habe ich noch ein bißchen Lametta »eingekreist und hochgezogen«, wie's im Knastjargon heißt. So können wir uns einen hübschen Weihnachtsstrauß schmücken.

Zu Silvester wird die Stimmung noch bedrückender. Einige kriegen richtige Schreikrämpfe. Hysterisches Brüllen, Hin- und Herwerfen der Körper ... das alles geht durch Mark und Bein! Wir haben keine Möglichkeit, diese unbeherrschten Weibsen zu beruhigen. Stundenlang geht's so bei einigen... Ich mache mich indes über mein Glas »Bowle« her. Juliane hat es mir als Überraschung geschenkt. Es sind verschiedene Früchte, die mit Brot angesetzt werden. Dadurch kommt's zu einer Gärung ... und letztlich entsteht ein bowlenähnliches Gesöff. Es ist zwar nur ein Marmeladenglas – aber das hat's in sich! Ein verdächtiger Geruch durchzieht die Zelle ... ich bin extra von meinem Bett auf die andere Seite zu Liane geflüchtet. Das Zeug schmeckt so gut ... ich verteile davon etwas an meine Freundinnen, je einen Kaffeelöffel voll. Plötzlich merke ich: Ich habe einen sitzen! Da brüllt's auch schon aus der anderen Ecke: »Mann, da hat doch eener Schnaps in de Zelle! Ick rieche det janz jenau!« Spitzelheidi kann's natürlich nicht für sich behalten. Und jetzt riechen's auch die anderen. Einige Neugierige gehen auf die Suche. Ich kann das Glas nicht mehr verstecken. »Aha, hier kommt das also her! Von wem haben Sie denn das?« Heidi will's genau wissen. »Geschenkt bekommen, das ist Obstsalat!« »Haha, mir könn' Se nischt vormachen, ick kann nämlich selber Schnaps ansetzen!« Darauf ist Heidi natürlich stolz. Schließlich hat sie bereits einschlägige Knasterfahrung... Und ebenso natürlich muß sie das dann in den nächsten beiden Wochen beweisen. Doch sie hat Pech. Obwohl das Glas ganz hinten unterm Bett, auf der Erde steht, entdecken's die Wachteln und nehmen's weg. Ich bin nicht anwesend, als die Erzieherin den großen Krach abzieht. Keine meldet sich, daß sie's gewesen

ist ... Die Strafe trifft dadurch alle: Der nächste Vortrag findet ohne uns statt!
Inzwischen gibt's auch Gottesdienst im Kinosaal. Ich selbst nehme nicht daran teil. Aber viele aus meiner Zelle. Teils sind sie wirklich gläubig, teils ist's nur eine willkommene Abwechslung. Und was am wichtigsten ist: Dort treffen sie meist die politischen Gefangenen der anderen Schichten – darunter auch Familienangehörige! Offensichtlich ist der Gottesdienst auf Einwirken von Bärbels Eltern eingeführt worden, die ihren Schwiegersohn in Cottbus besuchten und von solch einer Einrichtung erfuhren. Laut Gesetz steht es den Häftlingen zu ... doch in Hoheneck nimmt man's da nicht so genau. Nun dürfen sie alle 14 Tage die Worte des Pastors hören. »Er hat so gütige Augen. Er fühlt mit uns. Ich merke es jedesmal«, berichtet mir Bärbel. »Wenn ich vom Gottesdienst komme, bin ich viel hoffnungsvoller«, fügt sie hinzu. Naja, ich arbeite indessen ...
»Strafgefangene Thiemann, mitkommen!« werde ich eines Tages von der Erzieherin aufgefordert. Wir haben eine Neue: Leutnant Leske. Sie ist jünger und schärfer als die Oberleutnant. »Rauchen Sie?« Oh, jetzt muß ich auf der Hut sein. »Ja«, antworte ich mit Bestimmtheit. »Man hat mir aber erzählt, daß Sie eigentlich nicht rauchen!« »Wer ist man?« »Nun, Sie wissen doch, daß hier keine Namen bekanntgegeben werden ...« »Jedenfalls rauche ich, das muß ich ja wohl am besten wissen.« »Nun gut, dann war das sicher ein Irrtum.« Sie läßt mich wieder einschließen. Ich überlege. Wer kann mich verpfiffen haben? Ich habe doch nur für die anderen die Zigaretten bestellt ... damit sie am Monatsende friedlich wurden. Wenn's mit dem Koller losging, legte ich allen Betroffenen zwei Zigaretten aufs Kopfkissen, und im Nu war wieder gute Stimmung vorhanden. Meine Devise lautete: nur nicht untereinander zerfleischen, darauf warten die doch da draußen! Aber, wer hat mich verpfiffen? Die, die in erster Linie in Frage kämen, sind selbst die stärksten Nutznießer. Was soll man davon halten? Mit meinen engsten Vertrauten berate ich, wer über mich eine derartige Meldung geschrieben haben könnte. Dann gehe ich zum Frontalangriff über: »Übrigens, wer sich darüber Gedanken macht, ob ich

rauche oder nicht: Ich rauche meistens oben, wenn ich meinem zweiten Job nachgehe! Ihr wißt ja alle, daß ich kaum in der Zelle bin. Und wenn, dann nur zum Schlafen!« »Eine Gemeinheit!« »Ausgerechnet dir so etwas anzuhängen!« »Die Hände abhakken müßte man der, die das angeschwärzt hat!« »Spitzel!« So geht's noch eine Weile munter drauflos. Klarheit erlangen wir an diesem Tage nicht.

Auch eine richtige Panik bricht einmal bei uns aus! Und zwar platzt im Waschraum ein Wasserrohr. Der Wasserstrahl schießt derart stark aus der Wand heraus, daß der Waschraum im Nu unter Wasser steht. Der Strahl hat etwa 15 Zentimeter Durchmesser. Wir werfen in beiden Zellen Licht ... doch nichts geschieht. Wir donnern wie verrückt an die Tür. »Hilfe, Hilfe, Wasser!« Doch niemand hört. Während einige weiterdonnern, schreien und weinen, schreiten Elke und Spitzelheidi zur Tat. Ungeachtet des eiskalten Wassers begeben sie sich in den Waschraum. Im Nu sind beide völlig durchnäßt. Das Wasser steigt und steigt ... auch bis in die hinterste Zellenecke breitet sich's bereits aus. Von einer Wachtel keine Spur ... Mit Handtüchern und Decken versuchen die beiden das Loch abzudichten ... immer wieder werden sie von dem kräftigen Strahl zurückgedrängt. Ich mache mir einige Gedanken über die grell durch den Raum schreienden Weibsen. Wenn hier einmal Feuer ausbrechen sollte, nicht auszudenken! Elke und Heidi zittern wie Espenlaub ... andere müssen sie ablösen. Mit zwei Aufwischlappen ist das Ganze ein sinnloses Unterfangen. Da, endlich! »Was ist denn da hinten los? Sie ham wohl nich alle Dassen im Schrank!!!« Die Gores, auch das noch! Doch was soll's, sie wird gleich still sein ... Schlüsselrasseln, Licht an. Mit drohender Gebärde steht sie vor uns. Und da verschlägt's ihr selbst die Sprache. Mit zwei – drei Schritten ist sie im Waschraum. »Das ist ja ne scheene Bescherung. Und ooch noch mitten in der Nacht!« Das Wasser wird abgedreht, so kann wenigstens nichts mehr nachlaufen. Bibbernd und aufgeregt gehen wir in die Betten. Keiner findet Schlaf. Elke und Heidi bekommen ein Sonderlob. Es ist merkwürdig: Heidi ist so ein unangenehmer Zeitgenosse, doch wenn die Toilette verstopft ist oder so etwas passiert wie heute, dann kann man sicher sein, daß sie, ohne Rücksicht auf sich selbst, zur Tat schreitet... Auch »Spitzelheidi« ist Lesbierin. Sie behauptet zwar, wegen »Republikflucht« zu sitzen, doch sie kennt sich mit den Gepflogenheiten derart gut aus und versteht sich mit den Kriminellen so gut, daß wir ihr das nicht ganz abnehmen. Doch das Gegenteil können wir ihr nicht beweisen. Also gewöhnen wir uns an ihre Anwesenheit. Ihre Freundin arbeitet mit in unserer Schicht, lebt aber in einer kleinen Zelle. Gretel Zimmermann gehört zu den Kalfaktoren, den Lebenslänglichen. Man erzählt, daß sie zusammen mit ihrem Mann ihre beiden Kinder umgebracht habe. Er sitzt ebenfalls. Heidi und Gretel sind ausgesprochen dürr. Sie zanken sich laufend. Aus purer Eifersucht. Wo sie den Grund hernehmen, ist uns eigentlich nie klar, da sie beide so entsetzlich häßlich sind, daß keiner auf die Idee käme, näheren Kontakt zu einer von beiden aufzunehmen. Ich habe das Pech, daß Heidi neben mir im Bett liegt. Anfangs war ich äußerst sauer darüber, doch mit der Zeit finde ich mich damit ab. Erstens ist sie nicht sauber genug. Außerdem erzählt sie mir, daß sie Tbc habe. Ihr Fall: Sie hatte in Berlin mit zwei Männern eine alte Oma im Treptower Park überfallen, um sie auszurauben. Irgend jemand kam dazwischen und sie mußten fliehen. Sie brachen ein Auto auf und machten sich damit davon, wurden aber von einem Taxifahrer verfolgt. Angeblich wollten sie dann mit dem gestohlenen Wagen die Grenze nach dem Westen durchbrechen ... deshalb hatte sie angeblich »RF« bekommen. Naja. Als ich eines Tages von oben runterkomme, empfängt mich eine merkwürdige Stimmung. Alle sind betont ruhig. Diejenigen, die ich anspreche, verhalten sich äußerst einsilbig. Ich kann es mir beim besten Willen nicht erklären. Alle gehen mir aus dem Weg. Selbst meine engsten Vertrauten! »Was ist los? Ist was passiert?« frage ich. Keiner antwortet. Einige drehen sich ab und gehen zur Toilette. Ich beuge mich zu Bärbel. »Was ist denn?« Doch sie zuckt nur mit den Schultern. So geht es ein paar Tage lang. Ich werde bald wahnsinnig. Was ist geschehen? Anne rückt als erste mit der Sprache heraus. Nachts treffe ich sie im Waschraum. »Sie glauben, daß Sie ein Spitzel sind«, flüstert sie mir leise zu. »Was? Was? Ausgerechnet ich?« Tränen schießen mir in die Augen. Mir geht's beim besten Willen nicht in den Kopf. »Ja, die Helga hat erzählt, Sie wären ein Spitzel und würden hier für sehr viel Geld arbeiten.« »Aber, das könnt ihr doch unmöglich geglaubt haben!« »Naja, wir haben's ja auch am Anfang noch nicht. Doch dann hat die Heidi Schulze auch noch mitgeredet. Dann haben sie uns immer mehr Beispiele angeführt, wann Razzia war, wer bestraft worden ist.« »Aber wieso könnt ihr denn da glauben, daß ich das gewesen bin?« »Naja, die Heidrun hat Sie mehrmals beim Kaffeeholen oder wenn sie zum Arzt mußte vor den Erzieherzimmern stehen sehen ... und da dachte sie ... da dachten wir ... Sie hätten dabei jemanden verpfiffen.« »Menschenskind! Das ist doch einfach nicht möglich! Da mußte ich immer den Schlüssel fürs Kunstgewerbe holen oder wieder abgeben!« »Jaja ...« »Außerdem habe ich doch von vielen Dingen überhaupt keine Kenntnis, was hier so in der Zelle passiert, weil ich immer doppelt arbeite. Da hat doch absichtlich jemand auf mich den Verdacht gelenkt, um weiter in Ruhe verpfeifen zu können. Ist euch denn das nicht klar geworden?« Ich bin verzweifelt. Die Politischen mißtrauen einander sowieso viel mehr als die Kriminellen untereinander. Deshalb sind sie auch absolut unfähig, eine echte Gemeinschaft zu bilden. Wie soll ich's nur anfangen, daß ich deren Vertrauen zurückgewinne? Wir gehen zurück in unsere Betten. Mich schütteln die ganze Nacht Weinkrämpfe. Ich bin so entsetzlich enttäuscht. Enttäuscht vor allem über die, die mir so nahestanden und die jetzt nicht die Kraft oder besser die Courage haben, gegen die Giftpilze entsprechend aufzutreten ...

Frauen in Gemeinschaft sind ekelhaft. Sie können mit dem eigenen Geschlecht nicht auf engstem Raum über eine längere Zeit auskommen. Die Spannungen entladen sich auf fieseste Weise – Frauen zerfleischen sich ...

Erinnert sich denn keiner mehr von denen daran, daß ich täglich mehrmals Kassiber beförderte, Geschenke, Essen? Ich hatte es mir inzwischen zum Sport gemacht, Nachrichten und Gegenstände hin und her zu befördern! Ich gelte unter dem Personal als »vorbildliche Strafgefangene«. Das muß man ausnützen! Nicht einer kommt mal auf die Idee, mich außerhalb der üblichen

Razzien zu filzen! Einmal springe ich ganz knapp über die Klinge. Eine Mutter bat mich, ihrer Tochter ein Glas Bienenhonig, das sie zum Besuchstermin erhalten hatte, zu überbringen. Das Glas ist dick und bauscht die Tasche meines dünnen Arbeitskittels auf. Ich gehe Kaffeeholen für uns oben im Kunstgewerbe. Dabei soll ich die Tochter treffen. Ich komme die steile Treppe hinunter. Am Ende derselben steht die »Ordnung« und schaut gebannt auf meine Tasche, in der sich bei jedem Schritt das Glas vom Schenkel abhebt. Was sage ich ihr? Wie rede ich mich raus? In mir pulsiert's – doch mir fällt einfach nichts ein. Da gehe ich zum Frontalangriff über. In dem Moment, wo ich mit der »Ordnung« auf gleicher Höhe stehe und sie den Mund aufmacht, komme ich ihr zuvor: »Frau Meister, wir haben immer noch keine neue Glühbirne im Waschraum. Ich hatte es Ihnen doch schon zweimal gesagt. Es geht abends wirklich nicht und auch morgens ist es noch so dunkel ... könnten Sie sich nicht noch mal darum kümmern?« »Aber ja, das habe ich doch ganz vergessen. Kommen Sie dann gleich nach dem Kaffeeholen zu mir, damit das heute noch erledigt wird.« Dann konzentriert sie sich auf die nächsten Kaffeeholer. Habe ich ein Schwein gehabt! Das Glas wechselt im dunklen Gang seinen Besitzer. Ich bin total durchgeschwitzt!
An einem der nächsten Tage ist ein anderes Unternehmen geplant. Ich muß eine Etage höher von einem Lichtkasten einen Brief angeln, den eine Politische aus dem Bettwäsche-Kommando für eine von uns dort hingelegt hat. Der Lichtkasten befindet sich genau vis-à-vis von einem Erzieherzimmer. Es ist unerhört schwer, eine Begründung zu finden, weshalb ich mich in diesem Trakt aufhalte, wenn mich jemand erwischen sollte. Aber mich reizt diese Aufgabe. Da! Ich habe das Briefchen geangelt. Den ganzen Tag muß ich's mit mir herumtragen. Als ich abends in die Zelle komme und das Ding freudestrahlend überreiche, passe ich höllisch auf, daß keiner unserer vermeintlichen Spitzel etwas bemerkt. Nach einer Weile kommt Susanne zu mir. »Du, das ist der falsche Brief. Der ist an eine andere gerichtet.« »Auch das noch«, reagiere ich enttäuscht. »Na, ich versuche es morgen noch einmal.« Den falschen Brief nehme ich

wieder an mich – darauf wartet jetzt sicher eine andere ganz verzweifelt. Er muß also wieder an seinen Platz. Und richtig. Ich fingere auf dem Lichtkasten herum ... da liegt noch ein Briefchen. Der andere wandert wieder obendrauf, ich verstaue den neuen. Plötzlich schlüsselt's. Eine Erzieherin! »Was machen Sie denn hier, Strafgefangene Thiemann?« schnarrt mich die Leutnant Rudat an. »Ich hatte an das Zimmer von Frau Obermeister Kunze geklopft, sie wollte von mir noch ein paar Entwürfe für die Jugendabteilung haben!« Ich lüge perfekt. Nachprüfen wird sie's nicht. Und ganz so aus der Luft gegriffen ist's auch wieder nicht, da ich tatsächlich Entwürfe für die Jugend machen und ab und zu sogar selbst für ein paar Minuten praktische Anleitung erteilen muß... Noch mal gut gegangen! Ich bin sichtlich erleichtert. Hoffentlich ist's nun der richtige Brief... Am Abend überreiche ich ihn. Als ich mich umdrehe, blicke ich in Heidis zur Fratze verzerrtes Gesicht. Sie hat mich also beobachtet ... dabei tat sie so, als ob sie schliefe... »Helga, jetzt kommt das Ding zum Platzen!« ruft sie runter zu ihrer »Komplizin«. Im Grunde können sie sich auch nicht ausstehen, doch wenn's gegen eine andere geht, halten sie zusammen. Helga ist auch zum dritten- oder viertenmal hier. Sie ist die älteste von uns. Grauhaarig, ordinär, Berlinerin. »Ich habe schon mal im ›U-Boot‹ gesessen, wegen Spionage.« Keiner glaubt ihr das. Dann lassen wir uns das »U-Boot« erklären. »Das ist ein Gefängnis unter der Erde aus Hitlers Zeiten. Es ist in Berlin-Hohenschönhausen. Da war ich sieben Jahre drin. Kein Licht – in den ganzen Jahren nicht!« Wir glauben ihr das immer noch nicht. Sie will sich unserer Meinung nach nur wichtig machen...

Und dann ist noch eine, die nicht zu uns paßt. Auf der rechten Brust hat sie eine schwarze Kralle eintätowiert. Aber stümperhaft. »Ich war schon einmal drin«, erzählt sie. Wir meiden sie. Sie hat so einen verschlagenen Blick. Außerdem wäscht sie sich kaum und wirkt alles in allem so unecht. Sie komplettiert die Runde der Spitzel. Aber dann gibt's auch noch die, die nur für ein nettes Wort dem Personal mal etwas stecken. Sie sind sich nicht bewußt, was sie damit anrichten. Meist sind's jüngere, die sich wichtig machen wollen. Elfi gehört beispielsweise dazu. Anfang zwanzig, am Herzen operiert (sie trägt einen Herzschrittmacher), sie markiert die Vornehme... Man weiß manchmal wirklich nicht, wem man noch trauen soll. Und die tatsächlichen Spitzel verstehen's ausgezeichnet, immer wieder den Verdacht auf Unschuldige zu lenken...

Aus den Tagen meiner Isolierung werden Wochen, ja sogar Monate. Ich ziehe mich immer weiter zurück. Ich rede fast kein Wort mehr im Verwahrraum. Nur das nötigste. Die meiste Zeit bin ich ohnehin zur Arbeit. Irgendwann werden sie einsehen müssen, wie sie mir unrecht tun... Doch diesen Zustand halte ich kaum noch aus. Ich schreibe an die Oberleutnant Korb, die von der »Staatssicherheit« sein soll. Sie läßt mich nicht holen. Irgendeines Tages taucht sie oben im Kunstgewerbe auf. Sie mustert mich auffallend. Dann läßt sie sich die angefertigten Produkte erklären. Die Häring schäumt bald über vor lauter Dienstfertigkeit. Sie scheinen sich zu kennen... Ich antworte überhaupt nicht. Ich habe Wut. »Denkst du, ich durchschaue nicht, daß du nur hier bist, um dir ein Bild von mir zu machen!« denke ich. Dann verschwindet sie wieder. Genauso schnell wie sie plötzlich vor uns stand...

Erneut bitte ich in diesen Tagen das Personal um Ablösung von dem Amt »Verwahrraumälteste«. Es hat mir schon genügend Unannehmlichkeiten eingebracht. Nicht zuletzt droht das Personal immer, daß der Verwahrraumältesten zuerst die Post gestrichen wird, wenn die Betten nicht akkurat gebaut sind, die Häftlinge sich nicht exakt zum Zählappell kleiden, wenn irgendein Punkt der Anstaltsordnung verletzt wird. »Sie werden niemals abgelöst. Solange Sie hier sind nicht!« Diesen Bescheid muß ich hinnehmen – und kann mich nur noch darüber wundern. Warum nicht? Warum muß ich das Amt beibehalten, obwohl sich andere darum reißen? Ich finde keine plausible Erklärung... Und doch: In diesen Tagen dämmert's mir. Ob sie bewußt über mich diese Abscheulichkeiten verbreiten ließen? Ob das Personal bewußt mich in diese Rolle hineinlanciert hat, um von den anderen abzulenken? Auch die Oberleutnant Korb hat sicher ihre Informanten bei uns in der Zelle. Die »Zickenschulze« ist so eine zum Beispiel. Sie hat's eines Tages der Heidi anvertraut. Und als sie sich krachten, kam's dann heraus... Ein Glück, daß ich in diesen schlimmen Tagen Birgit und Christine habe. Sie arbeiten nach wie vor mit mir oben zusammen – in ihrer Freizeit allerdings nur, die übrige Zeit sind sie weiterhin im Elmo-Kommando. Ich vertraue ihnen alles an. Wir halten zusammen wie Pech und Schwefel. Auch sie sind erschüttert, daß ausgerechnet mir etwas Derartiges angedichtet wird. Doch helfen können sie mir nur mit lieben Worten...

Eines Tages, als ich meine Zelle betrete, spüre ich offene Kampfstimmung. Aha, jetzt geht's also richtig los! Ich wappne mich. Kaum bin ich auf mein Bett hochgeklettert, kommt »Zickenschulze« hervor. Mit bösem, bitterbösem Gesicht schreit sie mich von unten aus sicherer Entfernung an: »Da sind Sie ja endlich, haben Sie uns wieder alle verpfiffen?« »Ich weiß gar nicht, was Sie von mir wollen. Ich komme von der Arbeit...« kontere ich aufgeregt. Worauf wollen die denn nur hinaus? Dann kommen weitere Häftlinge hervor. Alles baut sich unterhalb meines Bettes auf. »Ja, erzählen Sie mal, wo Sie heute wieder waren!« fordern sie. Ich verstehe »Bahnhof«. »Kann mir einer mal erklären, was hier vor sich geht?« bitte ich. »Zickenschulze« ergreift wieder das Wort: »Tun Sie nur nicht so unschuldig. Los, Heidi, zeig mal den Wisch, den sie dir gegeben hat!« fordert sie die dürre Heidi neben mir auf. Heidi wühlt aus ihren Sachen einen Zettel hervor, mit allerlei Geschreibsel drauf. »Na, wollen Sie immer noch abstreiten?« »Zickenschulze« triumphiert. Ich lasse mir von Heidi den Wisch geben. Es ist ihre eigene Handschrift. Da steht »Hausschuhe... Kleidung... Bettenbau«. Ich kann nichts damit anfangen. »Ja, und was soll das Ganze?« frage ich in die Runde. Drohend stehen sie alle vor mir, auch Uschi und Inge, für die ich immer so viel transportierte. »Ach, jetzt wollen Sie wohl abstreiten, daß die Heidi während Ihrer Abwesenheit für Sie Buch führen mußte?« Ich bin entsetzt. »Was? Was? Sie sind wohl nicht ganz richtig im Kopf! Hier«, und dabei reiße ich Heidi das Geschreibsel aus der Hand, »schaut euch doch mal an, ob das meine Schrift ist!« Sie beugen sich alle darüber. Meine engsten Vertrauten kennen meine Schrift genau. Wir lassen unsere Briefe immer kreisen, so testen wir, ob Hinweise und

Warnungen an die Angehörigen da draußen versteckt genug geschrieben sind... »Nein, das ist nicht Ellens Schrift«, Bärbel ist die erste, die es offen ausspricht. Und ein Ton der Erleichterung schwingt mit. Doch »Zickenschulze« gibt nicht so schnell auf: »Naja, da hat's die Heidi eben auf Ihre Veranlassung getan!« Ich drehe mich zu Heidi um. »Los, jetzt bekennen Sie, schauen Sie mir in die Augen und sagen Sie, ob ich Ihnen zu solch einer Abscheulichkeit den Auftrag gegeben habe!« Sie weiß nicht, wie sie sich aus der Affäre ziehen soll. So wütend hat mich von ihnen noch keine gesehen. Ich bin nahe dran, ihr ein paar runterzuhauen! »Los, los, wiederholen Sie, was ich zu Ihnen gesagt haben soll!« Ich schreie sie noch lauter an. »Naja, Sie... Sie... ihr könnt mich mal alle am Arsch lecken!« spricht's und dreht sich rum. »Zickenschulze« verzieht sich in den Waschraum. Die meisten fangen an zu toben. Doch sie schimpfen nicht mehr auf mich ... nun geht's den Initiatoren an den Kragen. Einige entschuldigen sich bei mir für dieses Mißtrauen. Aber froh werde ich nicht darüber, zeigt es doch, zu welchen Gemeinheiten Menschen fähig sind... Und welche Absurditäten auch die engsten Vertrauten zu glauben bereit sind.
Wenn ich glaube, nun für eine Weile Ruhe zu haben, irre ich mich. Bereits am nächsten Tag geht das nächste Theater über die Bühne. Kaum habe ich die Zelle betreten, tritt Heidrun vor. »Wir lassen uns das nicht mehr gefallen. Jetzt sind Sie dran!« Ich weiß zwar nicht, was sie meint, doch auf meine Frage »Was gibt's denn nun schon wieder?«, antwortet sie nur kurz: »Na, Sie werden schon sehen.« Es wird Licht geworfen. Kurz darauf öffnet eine Wachtel. Heidrun: »Wir möchten bitte Frau Leutnant Leske sprechen, es ist wichtig!« Die Wachtel schließt wieder zu. Einige Zeit später wieder Schlüsselgerassel. Die Leutnant erwartet meine Meldung. »Was ist los?« fragt sie anschließend. Heidrun tritt vor. »Die Strafgefangene Thiemann hat nicht gemeldet, daß hier laufend nach oben am Rohr geklopft wird und mit den neuangekommenen politischen Häftlingen gesprochen wird!« Ja, ist denn das die Möglichkeit??? Sie schwärzt sich selbst und die anderen an, nur, um mir eins auszuwischen? Sind sie denn von allen guten Geistern verlassen! »So,

und was soll ich da nun machen?« fragt die Erzieherin verwundert. Das hat sie offensichtlich auch noch nicht erlebt. »Naja, eigentlich müßte sie das doch melden«, Heidrun ist verunsichert, weil die Leutnant offensichtlich gar nicht so erfreut über ihre Mitteilung ist. »Außerdem meldet die Strafgefangene Thiemann nicht, daß hier Karten gespielt werden!« Doch die Leutnant reagiert immer noch nicht nach deren Wunsch. »Und weiter!« fordert sie meine Mithäftlinge auf. »Ja, und dann schaut sie zu, wie sich andere Kassiber zustecken, ohne es zu melden ...« Ich stehe nur da und staune.

»Ich bin fast nie hier, ich kann gar nichts sehen«, versuche ich zu retten, was noch zu retten ist. Nicht für mich ... für die anderen! Die Leutnant macht kehrt und schließt die Tür zu. »Schweine!« Liane kann sich kaum beherrschen. »Ihr müßt doch bekloppt sein, euch selber anzuschwärzen, nur um Ellen eins auszuwischen! Weil ihr scharf auf diesen Scheißposten seid!« »Pfui Deibel! Damit will ich nichts zu tun haben!« Immer mehr äußern sich gegen die Handvoll Intriganten. Was wollten sie nur damit bezwecken? Arrest für mich? Ich bin am Ende. Doch lange zum Nachdenken komme ich nicht, da werde ich zur Weiterarbeit ausgeschlossen. Am späten Nachmittag taucht Leunant Leske bei mir im Kunstgewerbekommando auf. »Na, haben sich die Gemüter wieder beruhigt?« Ein bißchen Achtung vor meiner Haltung schwingt mit in diesen Worten ... Sie weiß ja am besten, wer ihre Informanten sind!

So ganz allmählich begreifen alle, daß sie einer ganz schlimmen Hetzkampagne erlegen sind. Und immer mehr schenken mir wieder ihr Vertrauen. Doch ich muß sagen, daß ich unerhört angeknackst bin und meinerseits niemanden je wieder so restlos ins Herz schließe ... Zwar versuchen einige nun zu erklären, daß sie es von Anfang an nicht geglaubt hätten – doch das nehme ich keinem ab, sonst hätte es nie soweit kommen können.

Heidrun habe ich insgeheim Rache geschworen. Sie ist eine der Hauptstänkerinnen. Irgendwann gibt's mal Harzer Käse. Er stinkt mörderisch, als wir ihn bekommen. Aber ich will ihn noch »mörderischer« haben! Deshalb hänge ich ihn – verpackt in einer Plastiktüte – oben beim Kunstgewerbekommando außen an die Gitterstäbe. Jeden Tag hole ich ihn rein und schnuppere daran: »Iiih!« Birgit und Christine sind eingeweiht. Und wir beschließen: »Er muß noch ein paar Tage draußen bammeln!« Doch eines Tages ist es soweit. Jetzt kann ich ihn an seinen Platz bringen. Ich verpacke ihn fünffach und nehme ihn mit runter in die Zelle. Erdmute, die laufend Kabbeleien mit Heidrun hat, ist hell begeistert, als ich sie in meinen Plan einweihe. Niemand weiter erfährt etwas davon. Die anderen sind noch nicht da. Erdmute war beim Arzt. Und ich bin heute ausnahmsweise mal eher von oben runtergekommen. Ich steuere das Bett von Heidrun an. Sie hat sich mittlerweile ganz oben plaziert. Immer, wenn jemand auf Transport ging, begann das große Umziehen...

Unter Heidrun liegt die mit der Kralle auf der Brust. Das paßt ihr zwar nicht, aber sie kann's auch nicht ändern. Ich verstecke den Käse so in ihrem Bett, daß sie ihn nicht sofort finden kann. Am ersten Tag merkt noch niemand etwas. Ermute kommt immer wieder zu mir ans Bett und grient mich an. Ich kann mich auch kaum beherrschen. Schon am nächsten Tag geht's los! »Iiih, wie stinkt denn das hier?« »Pfui Deibel, hier muß sich einer aber mal gründlich waschen!« »So eine Sau, daß die das nicht selber merkt!« Dabei wird immer die »Krallenbrust« angeschaut, die sich ohnehin vor jedem Waschen drückt. »Das stinkt aber hier...« »Das ist ja kaum noch zum Aushalten!« Immer mehr, die dort in der Nähe liegen oder vorbeigehen, echauffieren sich. Durch die Wärme in der Zelle entwickelt sich natürlich ein bestialischer Geruch. Erdmute und ich, wir lachen uns insgeheim fast kaputt. Manchmal muß sie unter die Bettdecke kriechen, um sich nicht zu verraten.

Heidrun baut in diesen Tagen öfter mal ihr Bett. Ihr steigt der entsetzliche Gestank ja unaufhörlich in die Nase! Dann hält sie's nicht mehr aus. Sie nimmt ihr ganzes Bett auseinander. Erst schmeißt sie die Wäsche auf den Boden. Dann die Vorlagen. Es folgen die Decken, die Bettwäsche und dann die Matratzen. Und siehe da ... die Tücke des Objektes wird freigelegt: das Käsepaket! Kein Wort verliert Heidrun darüber. Bleich, mit eiserner Miene baut sie alles wieder zusammen. Doch wir haben sie

genau beobachtet. Eigentlich erwarteten wir ein furchtbares Theater und Gezeter. Doch ihre Reaktion geht nach innen. Gutes kann das natürlich nicht bedeuten...
Ein paar Tage später wissen wir's dann: Sie hat Erdmute in einem unbeobachteten Moment den Käse ins Bett gelegt! Das erhöht unsere Stimmung noch mehr. Denn: Da hat sie ja nun wahrlich die Falsche erwischt! »Wer hat mir denn hier den Käse ins Bett gelegt? So 'ne Frechheit!« Erdmute ereifert sich gekonnt. Ein bißchen ist sie wirklich sauer, schließlich war sie nur Mitwisserin...
Auch so wird untereinander allerlei Schabernack ausgeheckt. Wenn's mal schnell gehen muß bezüglich Zählappell, kann es einem schon passieren, daß die Jackenärmel zugenäht sind oder jemand die Schuhe versteckt hat. Das Personal hat für solche Scherze natürlich kein Verständnis...
Eines Tages springe ich von oben herunter, weil's plötzlich schließt. Ich fahre in meine Schuhe rein und will einen Schritt nach vorn machen – doch, o Schreck, der Schuh ist angenagelt! »Na, Strafgefangene Thiemann, wird hier geene Mälldung gemacht?« »Jaja, nur ... ich komme in meinen Schuh nicht rein.« Alles kichert. Wir haben Glück: auch die Wachtel muß lachen. Ich mache meine Meldung in Pantinen – was ganz und gar nicht statthaft ist. Naja.
Und eines Tages erwischt's mich wieder. In dem Moment, wo wir uns aufstellen, weil wir auf dem Gang schon das Schlüsselgerassel hören, klemmt mein Ischiasnerv. Ich kann mich kaum auf den Beinen halten. Völlig verkrümmt stehe ich da ... will was sagen ... doch ich verzerre vor lauter Schmerzen das Gesicht. Halb gebückt, mit den Tränen kämpfend, stehe ich da ... ausgerechnet eine der schärfsten Wachteln steht vor uns. »Gönn' Se sich ni anschtändisch hinstelln! Machen Se gefällichst Meldung!!!« Ich setze an, ich kann nicht! »Wolln Se sich nu endlich bequemen?« fordert sie mich noch mal sehr drohend auf. »Ich kann nicht, mein Nerv, Bärbel, bitte...«.
Bärbel, meine Stellvertreterin, übernimmt die Meldung. Ungläubig starren uns die Wachteln an und notieren uns auf ihrer Liste. Dann schließen sie die Zelle wieder zu. Bärbel versucht mich zu

Ellen Thiemann vor dem Frauenzuchthaus Hoheneck in Stollberg/DDR

Blick auf den Innenhof des Gefängnisses: 1. Arbeitsräume. 2. Stasi-Gebäude. 3. Durchgang »Schleuse«. 4. Zellenhaus (in der ersten Etage war Ellen Thiemann eingesperrt). Neu sind

e Bänke, der Kandelaber, die weißen Linien, vor denen Schilder in der Erde befestigt sind
it der Aufschrift »Verbotene Zone«.

Wie sich die Zeiten wandeln! Heute stellt Ellen Thiemann die Fragen an Anstaltsleiter Wolfgang Veit (rechts) und seinen Stellvertreter Harri Grunewald. Damals wurde sie dafür angeschrien.

Oberstleutnant bzw. Strafvollzugs-Oberrat Veit (rechts) und Major bzw. Strafvollzugs-Rat Grunewald. Sie rechtfertigen sich: Sie hätten von allem nichts gewußt. Vor 15 Jahren waren die beiden bereits Angestellte der Anstalt.

Zweite Stellvertreterin
Hauptmann Petra Dotzauer

Anstaltsleiter Wolfgang Veit ist stolz auf sein Jura-Studium.

Oberstleutnant Veit mit Ellen Thiemann im Hof des Gefängnisses. Während eines Gespräches zeigt er unbewußt auf ihre Zelle in der ersten Etage.

Ellen Thiemann mit Häftlingen. In der Mitte (stehend) Hauptmann Petra Dotzauer in Zivil

Anstaltsleiter Veit berichtet über die bevorstehende Umgestaltung des Innenhofes.

Die Häftlinge erzählen: Bis zur Wende wurde geschlagen. Früher mußte im Gleichschritt marschiert werden, heute dürfen die Frauen in der Pause auf Bänken sitzen.

Von der Landstraße aus gesehen: der riesige, bedrohlich wirkende Gefängniskoloß.

Ein Zellenhaus – mit Blick auf die Landschaft

Ellen Thiemann im Zellenhaus auf der ersten Etage, in Zelle 51 war sie eingesperrt.

Früher Dreistockbetten, jetzt nur noch Doppelstockbetten. Ellen Thiemann registriert im Gespräch mit einer Inhaftierten die »wohnlichen« Veränderungen. In dem Raum, in dem sie einst mit 24 Frauen zusammengepfercht war, hausen jetzt zwei Häftlinge.

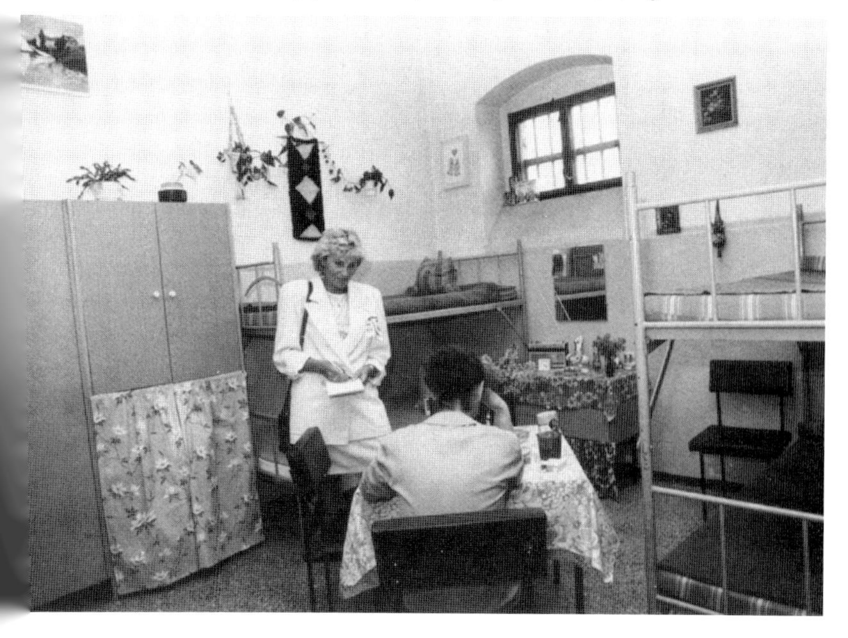

Hauptmann Petra Dotzauer gestattet Ellen Thiemann einen Blick durch den Spion einer Absonderungszelle, in der sich eine psychisch gestörte Strafgefangene befindet – für ein halbes Jahr in Einzelhaft.

Drei Duschzellen sind jetzt nebeneinander. Früher waren sie in der Mitte geteilt – das ergab sechs schmale Arrestzellen ohne Fenster. Als »Wasserzellen« machten sie häufig von sich reden. (Bild unten)

(Bilder rechte Seite von oben nach unten)

Ein Häftling beim Herstellen von Strumpfhosen für den Betrieb ESDA

Aus einem dunklen Durchgang wurde ein Frisierraum mit Waschbecken und Trockenhauben.

Die anstaltseigene Verkaufsstelle mit einem reichhaltigen Angebot. Neben Ellen Thiemann (links) Anstaltsleiter Ve
und die Verkäuferin

Hauptmann Petra Dotzauer mit Ellen Thiemann im Kinosaal

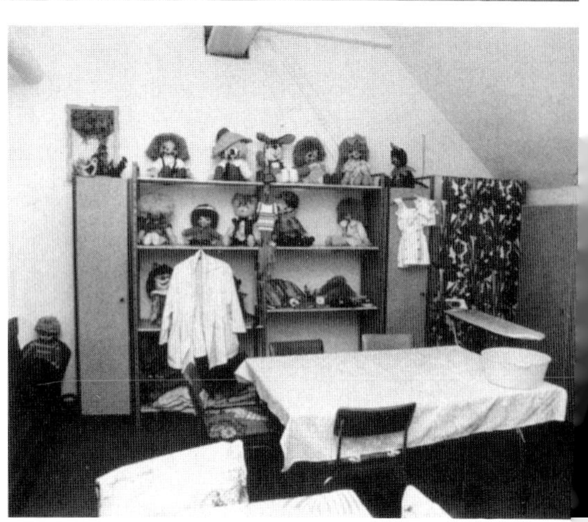

Bastelzimmer in der fünften Etage des Zuchthauses

Ausgebautes Dachgeschoß, in dem früher das »Lumpenkommando« schuften mußte.

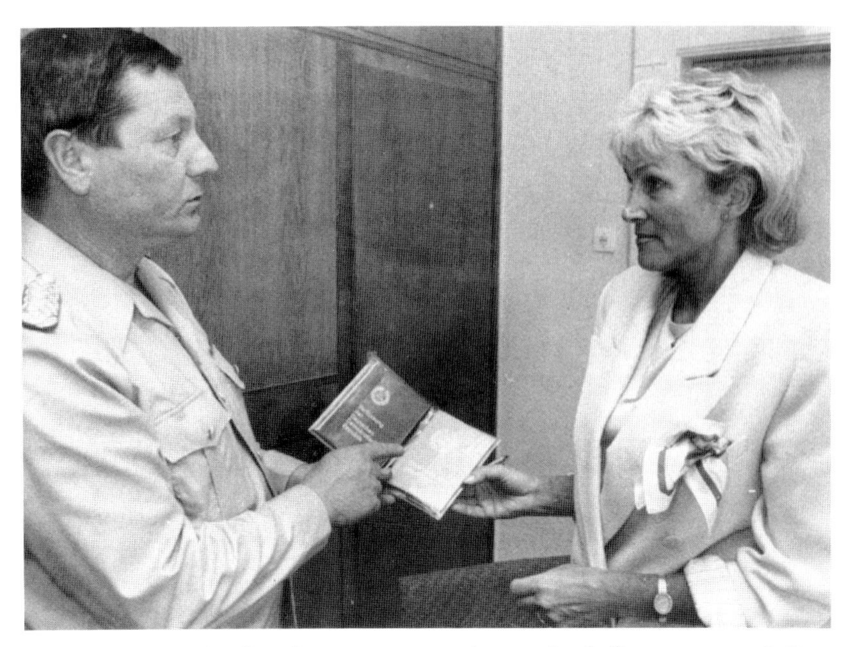

Anstaltsleiter Veit gibt Ellen Thiemann zwei Broschüren: »Strafvollzugsgesetz« und »Verfassung der DDR«.

Ellen Thiemann im Gespräch mit einer Stollbergerin. Im Hintergrund das Frauenzuchthaus Hoheneck

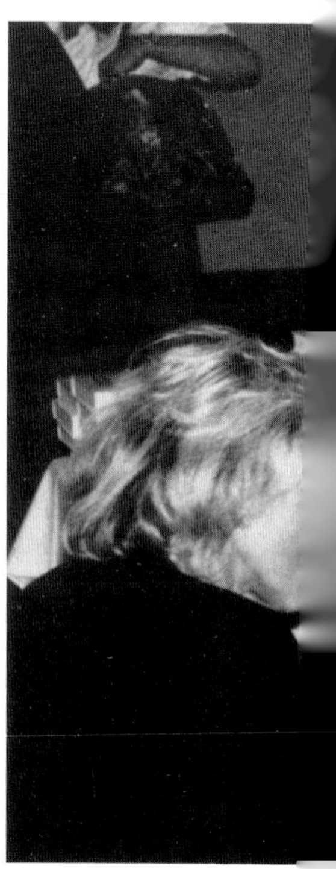

Riesenandrang bei der Buchlesung im Kirchensaal von Stollberg. Ellen Thiemann signiert (links).

Als Ellen Thiemann die Anstalt besuchte, war ihr Buch bereits in Stollberg in der Buchhandlung »Wort und Werk« ausgestellt. Links Buchhändlerin Sigrid Lindner

Wiedersehen nach 15 Jahren mit Birgit Böckmann in der DDR, einer Mitinhaftierten von damals

massieren ... doch es hilft nicht viel. Das hat mir gerade noch gefehlt! Doch am nächsten Tag geht's weitaus besser. Noch mal Glück gehabt!

Und dann kommt ein sehr wichtiger Tag für mich. Von der Arbeit werde ich abgeholt. Man bringt mich einen Gang entlang, wo ich noch nie war. Dann werde ich in der »Schleuse« eingeschlossen. Davon hatte ich schon gehört. Dort kommen immer die hin, die auf Transport gehen. Oder die, die von der Stasi geholt werden.
Ich studiere die Einkratzung in der Wand. »Juliane, ich hasse dich«, steht da. Und drunter: »Biggi«.
Ob das unsere Biggi ist? Naja, sie hatte einen Narren an Juliane gefressen. Doch Juliane freundete sich mit mir an. Wir waren uns von Anfang an sympathisch. Es entwickelte sich eine echte, tiefe Freundschaft.
Biggi wollte etwas anderes von Juliane. Sie suchte eine lesbische Freundin. Mit Eifersucht betrachtete Biggi jedesmal die »Torten«, die mir Juliane stets am Wochenende schenkte. »Torten«, das waren Gebilde aus Zwieback oder Keks mit Margarinecreme. Manchmal wurde eine Torte auch mit Grießbrei gemacht. Doch es war äußerst schwierig, den aus dem Speisesaal mit nach oben zu nehmen. Wenn man erwischt wurde, war das mühsam vom Mund Abgesparte futsch. Der Zwieback wird kurz in Wasser getaucht und in eine Schüssel oder andere Form geschichtet. Dann schlägt man aus Margarine und Zucker eine Creme. Wer hat, setzt der Creme kleine Obststückchen zu. Manche nehmen auch Marmelade oder Schokoraspel. Dann wird der Zwieback mit Creme bestrichen – die nächste Schicht Zwieback darauf gelegt. Und so macht man etwa vier Schichten im Wechsel. Zum Verzieren nimmt man eine Plastiktüte, die einer immer parat hat durch Mitbringsel der Besucher. Unter den Händen einiger besonders geschickter Frauen entstehen so die schönsten Torten, die verziert sind mit allen nur denkbaren »Köstlichkeiten«. Mancher Konditor in der Freiheit würde staunen, wozu ungelernte Frauen fähig sind! Für mich sind die Torten eine große

Hilfe. Durch die Doppelzwangsarbeit habe ich ständig Hunger. Man wurde ohnehin nicht satt, aber aufgrund der höheren Anforderungen reichte es erst recht nicht...
Einmal sammeln alle Inhaftierten meiner Zelle Margarine, Butter, Marmelade und anderes. Sie kaufen Zwieback und Schokolade und machen eine riesengroße Torte. Als sie in die Zelle zurückkommen, sehen sie die Bescherung: Das Personal war mit Stiefeln hineingetreten! »Die Schufte! Diese gemeinen Ungeheuer!« toben alle durcheinander. »Das hat doch wieder eine verpfiffen!« Aber diesmal suchen sie nicht bei mir. Das »Bakken« der Torte hatten sie extra vor mir geheimgehalten. So leid es mir tut, aber irgendwie bin ich über die Entdeckung froh. Wird sie das endlich restlos zur Besinnung bringen?
Ich befinde mich also in der »Schleuse«. Plötzlich schlüsselt es. »Kommen Sie mit!« fordert mich eine ausgesprochen hübsche, sehr modisch gekleidete Frau auf. »Sicher von der Stasi«, geht's mir durch den Kopf. »Achtung, nur nicht aus der Reserve locken lassen... nicht ausfragen lassen... abwarten... kommen lassen...« beruhige ich mich selbst. Freundlich fordert sie mich auf, Platz zu nehmen. Ich glaube meinen Augen nicht zu trauen: Mitten im Knast eine richtig wohnlich eingerichtete Küche! Und auf den Regalen Westkaffee, Westkakao, Westschnaps! Ich kann das alles kaum fassen. Warum zeigen sie mir das? Wollen sie mir den Mund wäßrig machen und mich so für Spitzeldienste gewinnen? »Jetzt lerne ich also die geschickteste Strafgefangene von ganz Hoheneck kennen«, schmeichelt sie. Ich lächle und lasse meine Blicke weiter schweifen. Sie steht plötzlich auf und betätigt sich an der Kaffeemaschine. Vor mir ist der Tisch gedeckt. Will sie mich bewirten? Ja, tatsächlich, sie gießt Kaffee ein... bietet Milch an... holt Wurst, richtigen guten Aufschnitt ... und bietet mir Brötchen an. Blitzschnell entscheide ich: »Hier lehne ich nicht ab. Ich will wissen, was sie von mir wollen. Mit Sturheit erreiche ich nichts.« Sie spricht mit mir über die nebensächlichsten Dinge. Ich esse ein halbes Brötchen – der Kaffee bekommt mir nicht... Mein Herz klopft wie rasend! »Sind Sie schon satt?« »Naja, ich werde noch ein halbes Brötchen essen, ich bin nur überrascht.« »Das kann ich mir vorstellen«, spricht's

und spielt unschlüssig mit ihren Zigaretten. Einen Moment vergesse ich, wo ich bin: »Sie können ruhig schon rauchen, es stört mich nicht beim Essen.« Da ist's raus. Im nächsten Augenblick fällt mir ein, wo ich mich befinde. »Ach, entschuldigen Sie, ich vergaß ganz ...« Sie lächelt verständnisvoll. Dann bietet sie auch mir eine Zigarette an. Ich lehne ab. »Wie dumm von mir!« schießt's mir durch den Kopf. »Vielleicht hätte ich wenigstens die halbangerauchte Zigarette für eine von uns retten können!« Aber es geht nicht mehr. »So, dann werden wir uns mal an die Arbeit machen.« Dann übergibt sie mir Nadel und Faden, einen Küchenstuhl und blau-weiß-gemusterten Stoff. Sie führt mich in einen Nebenraum. Wieder bin ich überrascht. Es sieht aus wie in einem Wohnzimmer. Holzmöbel, eine Polstergarnitur, ein flacher Couchtisch davor. Auf dem Tisch eine Schale mit Obst, mit richtigem Obst! Dann nehme ich Platz und beginne mit der Bespannung. Was will sie wirklich von mir? Wenn sie nur den Stuhl bespannt haben wollte, hätte sie ihn mir nach oben bringen lassen ... Nebenan höre ich den Namen »Dietrich«. Das ist mein Mädchenname. Hat sie ihn absichtlich gesagt? Oder geht es um meinen Vater? Plötzlich, ich bin ganz in meine Arbeit und meine Gedanken vertieft, geht die Verkleidung der Wand auf und sie tritt herein. Also ... eine versteckte Tür in der Wand ... das hätte ich nicht vermutet ... Aber das ist ohnehin alles so sonderbar. »So, ich muß jetzt weg, ich hole Sie ein andermal wieder, zum Fertignähen ...« Ich stehe auf, und sie bringt mich wieder zur »Schleuse«. Eine andere Wachtel holt mich ab. Abends in der Zelle erzähle ich das Bärbel und Juliane, die inzwischen auch bei uns einquartiert worden ist. Auch sie können sich keinen Reim darauf machen. Natürlich werde ich nicht noch einmal zum Bespannen der Stühle geholt!

Der Winter hat nun seinen Einzug gehalten. Das Wasser ist noch kälter als sonst. Wenn wir zum Duschen geführt werden, ist es auch meistens kalt. So müssen wir Kaffee nehmen. Jeden Abend beginnt ein Kampf um die Brühe. Wir wissen nicht, wie's kommt, doch wir haben nach zwei Tagen wieder alle fettige Haare. »Das ist das Soda, was sie dem Muckefuck beimischen,

damit wir keene Jefühle kriejen«, weiß die Berliner Heidi zu berichten. Soda oder nicht Soda, die Möglichkeiten zur Pflege sind regelrecht beschissen.
Wir haben Nachtschicht. Mit unseren dünnen Sommerschuhen müssen wir die »Freistunde« eine halbe Stunde vor Schichtbeginn im tiefen Neuschnee ausführen. Wir fangen an zu meutern. Im Nu sind wir völlig durchnäßt. Dann geht's acht Stunden zur Arbeit... Plötzlich schreit die »Brüllelse«, eine ältere Meisterin: »Hätten Se sich Ihre Stiefel doch ausm Westen mitgebracht!« Wir fangen an zu toben. Auch noch verhöhnen lassen müssen wir uns... »Frechheit!« »Dann lassen Sie uns doch mal schnell rüber, damit wir sie anziehen können!« ruft eine ganz Pfiffige. »Unerhört, Gemeinheit!« Alles ruft und schreit durcheinander. Doch plötzlich taucht Oberleutnant Free auf. Alles verstummt. Mit dem wollen wir jetzt nicht unbedingt noch zusammenecken. Er brüllt durch den Hof, bis er heiser ist... Und dann ist auch die »Freistunde« um. Viele erkälten sich in dieser Nacht. Selbst das Lenkungspersonal vom Elmo-Werk ist überrascht, daß man uns so etwas zumutet...
Am Schichtende sind alle restlos bedient. Manche haben Fieber bekommen, einige husten verdächtig. Beim Ablaufen wird durcheinander geredet. »Wenn Se nich augenblicklich still sind, wern Se sich wundern!« brüllt eine Wachtel. Doch manche nehmen das nicht so ernst. »Ham Se nich gehört, Se solln ihre verdammten Klappen halten, Vögel!« Das Stichwort ist gegeben. »Wir sind keine Vögel!« »He, verdammt nochmal, sollen wir uns denn alles gefallen lassen?« Ich versuche, meine Mithäftlinge zu beschwichtigen. Ich spüre, hier wird seitens des Personals nur auf einen Anstoß gewartet für weitere Schikanen. Doch nur wenige reißen sich zusammen und unterdrücken den berechtigten Zorn. »Los geht's. Zur Turmtreppe!« Wir müssen, ob wir wollen oder nicht. Inzwischen ist weiteres Personal eingetroffen. Wir werden die Treppe hochgejagt, zwanzig- oder dreißigmal. Manche klappen schon nach wenigen Stufen zusammen. Dann knallt's. Die Wachteln haben alle ihre Gummiknüppel gezogen. Und sie gehen nicht kleinlich damit um... Leider können sich's einige nicht verkneifen, auch beim Turmtreppen-

steigen noch zu quasseln. Die Wachteln werden immer gereizter. Ich habe bestimmt keine Angst mehr vor denen, und ich bin absolut kein Duckmäuser, aber ich möchte endlich in mein Bett und meine erfrorenen Füße wärmen! Solange gequatscht wird, lassen sie uns immer wieder hoch- und runter laufen. Und zwar nicht im Rentnerschritt! Wir werden angetrieben, bis auch dem Sportlichsten der Schweiß auf der Stirne steht... Aber auch das geht zu Ende. Irgendwann macht ihnen dieses »Spiel« keinen Spaß mehr, und wir dürfen in unsere Zelle gehen... Angefüllt mit Wut, halb erfroren, total erschöpft gehen wir ins Bett. An Schlaf ist nicht zu denken. Sie haben's wieder mal geschafft...

Der Knast ist übervoll. Wir bekommen in unsere Zelle sechs Bodenschläfer hinein. Obwohl in Kriminellen-Zellen noch Betten frei sind, werden die Politischen wie Vieh zusammengepfercht. Die Bodenschläfer müssen ihre Matratzen abends oder je nach Schicht auf dem Boden ausbreiten. Dann bauen sie sich ihr Bett daraus. Wenn wir nachts mal zur Toilette müssen, treten wir im Dunkeln auf sie drauf. Man kann sich noch so vorsehen, doch es geht wirklich nicht anders. Es ist kein Stückchen Gang mehr frei. Man hat nur gerade Glück, wenn man keinem mitten ins Gesicht oder auf den Magen springt! Mit der Ordnung ist's nun auch vorbei. Wir haben einfach keinen Platz mehr, um auch nur notdürftig die Klamotten der Hinzugekommenen unterzubringen. Die beiden Eßtische werden nachts in die Toilette gestellt, übereinander. Immer mehr leiden wir unter Luftmangel. Durch die Überbelegung ist's auch nicht mehr möglich, Hocker für jeden aufzustellen. Aber: Am Tag ist es strengstens verboten, auf den Betten zu liegen. Doch uns bleibt keine andere Wahl. Sogar gegessen wird in den Betten! Wenn's schlüsselt, springen wir natürlich alle schnell auf. Von der dritten Etage ist das manchmal mit erheblichen Verletzungen verbunden. Manch eine zieht sich so eine Verstauchung zu. Doch wer riskiert's schon, deswegen die Post oder den Besuch gesperrt zu bekommen!

Gerüchte

Die Amnestie-Gerüchte florieren wieder. Hatte schon die Ablösung Ulbrichts durch Honecker nichts gebracht, so hoffte man wenigstens nach Ulbrichts Tod im Herbst 1973 darauf. »Na klar, wenn ein Neuer an die Regierung kommt, gibt's immer eine Amnestie!« erklärt uns eine Lebenslängliche. »Das war bei Pieck genauso.« Wir hoffen – und werden bitter enttäuscht. Zum 25. Jahrestag der DDR hoffen wir wieder – und werden erneut enttäuscht! Aber Amnestie-Gerüchte tauchen immer wieder ganz plötzlich auf. Ohne erkennbaren Anlaß.
Eines Nachts geht ein allgemeines Rumoren in der Zelle los. Ich habe einen ganz leichten Schlaf. Sofort bin ich wach. Viele gehen in den Waschraum ... andere flüstern. »Was ist denn los?« frage ich Bärbel. »Ach, die meinen, daß heute nacht alle Politischen rauskommen. Sie sind sicher, daß es eine Blitzaktion gibt... Dann kommen Busse, die die Politischen ohne Vorbereitung nach dem Westen bringen...«
Ich muß das Gehörte erst einmal verdauen. Woher wissen sie denn das nun wieder? »Glaubst du auch daran?« frage ich vorsichtig. Bärbel druckst herum: »Na, weißt du, wie oft wurde schon sowas gemunkelt... und wie waren wir dann immer enttäuscht!« »Ziehst du dich auch an?« frage ich. »Ich weiß noch nicht richtig. Was meinst du denn?« »Ach, ich glaube das einfach nicht! Dann hätte ich oben irgendwas bemerkt. Du weißt doch, meistens habe ich ›James‹, den Stasimann, vor einem Transport auf den Gängen vor den Erzieherzimmern gesehen. Und auch die Erzieherinnen hockten dann häufiger und aufgeregt zusammen...« Wir beschließen: Von dem allgemeinen Transport- und Amnestie-Taumel lassen wir uns heute nicht anstecken! Bis zum Morgen tut sich überhaupt nichts. Einige legen sich angezogen in die Betten. Dann ist wie immer Wecken. Die Glocke schrillt den Gang entlang. Abgespannt erheben wir uns alle. Bärbel und ich haben heute keine Not mit dem Kampf

um den Wasserhahn, wir sind die einzigen, die sich waschen. Alle anderen haben das bereits in der Nacht getan...
Der Zählappell findet wie gewöhnlich statt. Nichts ist zu bemerken, was anders wäre... Im Laufe des Tages sehen's dann auch die Borniertesten ein, daß sie wieder mal einem Gerücht aufgesessen sind. Die Folge: Nervenzusammenbrüche, hysterisches Gequake...
Eines Tages spricht mich Bärbel an. »Du, ich muß mal mit dir reden.« Ich merke, daß es irgend etwas Bedeutungsvolles ist. Wir gehen zusammen in den Waschraum. »Ich halt's nicht mehr aus. Die Heidi setzt mir derart zu, daß ich zusätzlich leide. Sie ist richtig gemein zu mir.« Ich bin überrascht. Daß Heidi nicht den besten Charakter hat, konnten wir mehrfach feststellen. Es heißt auch, daß sie, um ihre eigene Haut zu retten, andere mit in ihren Fall hineingezogen hat, die dadurch ebenfalls verurteilt wurden. Eine davon ist inzwischen in einem anderen Kommando aufgetaucht. Sie erzählt mir die Geschichte mit wenigen Sätzen. Heidi hat sich bei uns als Gynäkologin ausgegeben. Aber sie ist noch keine Fachärztin. Auch ihre Äußerungen auf medizinischem Gebiet lassen uns manchmal genauer hinhören. Vieles stimmt da nicht. Ich selbst habe draußen eine Reihe von Gynäkologen im Bekanntenkreis, da bin ich einigermaßen auf dem laufenden. Beim Mittagessen raunt mir Juliane zu: »Du, das schärfste, die Oberleutnant hat mir erzählt, daß das ›Pfannkuchengesicht‹ gar keine Ärztin, sondern Krankenschwester ist!« Juliane freut sich diebisch über ihre Eröffnung, denn sie kann Heidi alias »Pfannkuchengesicht« wegen ihrer Wichtigtuerei partout nicht ausstehen. »Was? Ob denn das auch wirklich stimmt?« frage ich.
»Naja, was für einen Grund sollte die Oberleutnant denn haben, mich derart zu informieren?« fragt Juliane zurück. Elfi und Heidrun vis-à-vis haben etwas mitbekommen. »Was ist? Sagt mal, was ist mit der Heidi?« fragen sie neugierig. Doch Juliane und ich schweigen. Am nächsten Tag kommt's in der Zelle zum handfesten Krach. Elfi und Heidrun haben aus den paar aufgeschnappten Brocken eine Geschichte gemacht. Als ich von der Arbeit komme, empfängt mich Heidi mit bitterböser Miene. »Hör mal, du behauptest, ich sei gar keine Ärztin! Wie kommst

du dazu?« »Ich behaupte das gar nicht. Wenn du schon jemanden angreifst, dann mußt du dich auch richtig informieren!« »Du hast das aber gesagt!« »Na, dann erkläre mir doch mal, zu wem ich es gesagt haben soll!« »Hier, zu allen!« »Ach, du kannst mich mal... Wer von euch hat das behauptet?« Keiner rührt sich. Aha, feige sind sie auch noch! »Na los, wer von euch will mir das anhängen?« Heidrun und Elfi kommen zaghaft näher – man sieht ihnen ihre Unsicherheit an. »Naja, Sie haben doch unten beim Essen zu Juliane gesagt...« »Nichts habe ich! Ich habe etwas erzählt bekommen und war sehr erstaunt darüber!« »Naja, wir haben gedacht, Sie hätten das gesagt...« »Wenn ihr's nicht genau wißt, dann verbreitet das auch nicht!« »Du wirst dich bei mir entschuldigen!« verlangt Heidi. »Wie komme ich dazu? Ich sehe überhaupt keinen Grund. Dir müßte doch jetzt klar geworden sein, wie es sich abgespielt hat. Und daß ich dir die Gynäkologin nicht abnehme, das hast du dir ja selbst zuzuschreiben, wenn du immer solchen Blödsinn erzählst!« »Ich verlange aber, daß du dich bei mir entschuldigst. Sonst schreibe ich eine Meldung über dich!« Auch diese Drohung kann mich nicht dazu bringen, für etwas Abbitte zu leisten, was ich gar nicht angerichtet habe. Außerdem: Warum nimmt sie sich eigentlich so wichtig? Wir stehen doch auf einer Stufe, wie sie tiefer augenblicklich gar nicht sein könnte! Hier sind alle gleich. Hier wird keiner mit Frau Doktor oder Frau Rechtsanwalt angeredet. Hier sind wir nur Strafgefangene mit Nummern... Ostentativ setzt sie sich hin und schreibt. Es hat schon öfter mit ihr Szenen gegeben. Keiner im Raum ist mit ihr noch nicht zusammengestoßen. Sie ist ausgesprochen unbeliebt... Als nun Bärbel mir von ihren Gemeinheiten erzählt, bin ich gar nicht so sehr überrascht. »Ich möchte am liebsten Frau Leutnant Strauß fragen, ob sie mich in eine andere Zelle legt. Du bist sowieso den ganzen Tag zur Arbeit...« »Ja, vielleicht solltest du das tun.« »Ich kann wirklich nicht mehr, ich will bestimmt niemanden verpfeifen, doch was sie mit mir macht...« »Ja, wenn überhaupt jemand dafür Verständnis hat, dann ist's die Leutnant Strauß«, ermuntere ich sie. »Kannst du mich vielleicht schon mal zum Gespräch anmelden? Du siehst sie durch deine Doppelarbeit ja eher.« »Na klar, mache ich«, verspreche ich. Und ich tue noch etwas. Ich kläre die Leutnant schon im groben über Bärbels Bitte auf. Sie reagiert wie erhofft: »Ja, ich werde mit der Strafgefangenen sprechen.« Und dann geht alles ziemlich schnell. Bärbel wird noch am selben Tag in eine andere Zelle – auch mit Politischen – verlegt. Das kann sich natürlich keiner erklären, doch ich halte dicht...

Im Kunstgewerbe-Kommando geht alles seinen Gang. Wir fertigen sehr viele handgeknüpfte Wandteppiche, Muster mit politischem Inhalt oder auch einfach ornamentale. Ich muß mir für alle die Entwürfe ausdenken. Dadurch bekomme ich öfter mal ein Lob zu hören – was mir sofort von den anderen angekreidet wird. Ich versuche, noch andere Politische aus meiner Zelle nach oben zu bekommen. Ich preise deren Fähigkeiten an und locke mit weit höheren Leistungen. Doch das Personal geht gar nicht darauf ein. Wenn man nicht durch Zufall mein Talent entdeckt hätte, wäre ich auch niemals hier gelandet.
Im Laufe meiner Haft fertige ich rund 200 Wandteller, davon einige speziell zum 25. Jahrestag der DDR. Außerdem mache ich Ledertaschen und -beutel, Eierwärmer, Untersetzer und vieles mehr. Einmal verlangt die Hauptmann Grabo etwas Besonderes aus Leder von mir. »Strafgefangene Thiemann, ich brauche eine exklusive Ledermappe. Innen sollen handbemalte Blätter drin sein und ein Spruch in Kunstschrift. Können Sie das ausführen?« »Na ja, ich denke schon ... Was soll ich denn malen?« »Das Staatswappen der DDR und den Polizeistern.« Ich kann nicht gerade sagen, daß ich erfreut darüber bin. »Da müßte ich aber eine Vorlage haben. Aus dem Gedächtnis kann ich so etwas natürlich nicht.« »Bekommen Sie alles.« Mir schießt's durch den Kopf: »Wenn ich da etwas falsch mache, legen sie das glatt als Sabotage aus! Als Politischer kann ich mir das gar nicht leisten... Aber es gibt kein Zurück. Wir können uns hier die Arbeit nicht aussuchen. Ich erhalte alle Utensilien. Dann beginne ich. Die Mappe mache ich aus schwarzem Leder. Innen wird sie mit roter Seide ausgekleidet. Vorn drauf appliziere ich ein Passepartout, in das ich aus Kupferdraht lauter Blüten einarbeite. Es

wird ein Schmuckstück! Ich bin selbst überrascht, daß ich so etwas zustande bringe... Die Blätter innen bemale ich wie verlangt. Der Polizeistern macht sehr viel Arbeit, weil er sehr exakt ausgeführt werden muß. Die Beschriftung fällt mir relativ leicht, Kunstschriften beherrsche ich einige ganz passabel. Dann drehe ich aus Stickgarn noch eine schwarz-rot-goldene Kordel, die die bemalten Blätter festhält – fertig. Ich bin stolz darauf. »In Freiheit werde ich mir auch mal so etwas basteln«, schießt's mir durch den Kopf. Aber natürlich nicht mit einem politischen Motiv! Die Grabo holt die Mappe ab. Sie scheint's wirklich sehr eilig damit zu haben. Sicher ein Geburtstagsgeschenk für irgendeinen Bonzen... »Na ja, wirklich recht ordentlich!« »Die alte Kuh!« denke ich, »wenn das alles ist, was sie dazu zu sagen hat!« Aber ich werde noch entschädigt. Vom Personal kommen im Laufe des Tages einige hoch. »Thiemann, da haben Sie ja wieder ein Prachtstück fertiggestellt!« Es ist eine Auszeichnung, mal nicht mit »Strafgefangene« angeredet zu werden. Aber alles Lob werte ich anders, als man's normalerweise tut: Ich erhoffe mir dadurch eine vorzeitige Entlassung. Ich möchte endlich zu meiner Familie... zu meinem Kind! Wie schwer ich mich im Irrtum befinde, soll sich später herausstellen...

Immer neue Artikel muß ich mir einfallen lassen. Ich mache Autopuppen und Maskottchen, für deren Kleidung mir die schönsten Stoffreste zur Verfügung gestellt werden. Ich bin mir im klaren: Das sind Stoffe, die es nicht hier auf unserem Markt gibt. Da werden ganz sicher Badeanzüge oder ähnliches für westliche Länder angefertigt. Diese auffälligen Farben und Muster... Auch eine Nähmaschine haben wir inzwischen bekommen. Ich mache Filzwesten mit Applikationen, Taschentuchbehälter, Klammerkleidchen. Dann muß ich eines Tages vier Brautpaare basteln. Dazu hat man mir kleine Holzkegel angefertigt, die ich bemale und entsprechend bekleide. Dazu gehört natürlich auch eine repräsentative Verpackung. Also bastle ich einen Pappkarton mit Klarsichtfenster, so daß man die kleinen, süßen Püppchen von außen sehen kann... Auch die Jugendabteilung muß ich anleiten, solche Püppchen zu fertigen.

Schwierigkeiten macht ihnen besonders das Malen der Gesichter. Nun, bei mir geht's schnell und die jungen Mädchen freuen sich über den unverhofften Besuch... Viele könnten meine Töchter sein!
Einmal muß ich einen zwei mal drei Meter großen Teppich entwerfen, darauf das Staatswappen der DDR und auch den Polizeistern. Das Ganze wird auf grünem Grund geknüpft. Ich mache nur die wichtigsten Arbeiten dran. Dann müssen die anderen weiterknüpfen. Teppiche mit diesen Motiven werden auch noch weitere verlangt. »In den nächsten Tagen sollen Sie mal ein Thälmann-Porträt knüpfen«, eröffnet mir der Oberleutnant Seifert. Er ist etwa Mitte Fünfzig, hat gutmütige Augen. Wir haben ihn nicht ein einziges Mal brüllen gehört. Das ist eine Seltenheit hier. »Aber das kann ich doch gar nicht«, gebe ich zu bedenken. »Na, Sie können's ja mal versuchen.« In meiner Zelle vertraue ich mich meinen engsten Freundinnen an. »Was meint ihr, das kann ich doch gar nicht. Ob ich das ablehnen darf?« »Tja, das ist so eine Sache. Sie können dich ja nicht zwingen, etwas zu erschaffen, was du nicht kannst«, erklärt Bärbel. »Aber andererseits mußt du vorsichtig sein, daß sie dir dann keine Arbeitsverweigerung anhängen!« gibt Tina zu bedenken. »Da kannst du noch mal mit mindestens zwei Jahren rechnen«, fügt Liane hinzu. Ich bin verunsichert. Was soll ich nur tun? Am nächsten Tag werde ich wieder daraufhin angesprochen. »Na, Strafgefangene Thiemann, haben Sie sich schon überlegt, was Sie für Wolle brauchen?« »Ich kann das nicht! Nein, beim besten Willen nicht!« »Aber, Sie können's doch mal versuchen. Egal, was dabei rauskommt. Und wenn's eine Kuh ist...« Das könnte euch so passen! Aus einem von euch so hochgelobten Klassenkämpfer wie Thälmann eine Kuh zu machen! Ich bin doch kein Selbstmörder! »Nein, ich kann's nicht, und ich brauche gar nicht erst anzufangen.«
So geht es ein halbes Jahr hin und her. Immer wieder überzeuge ich sie, daß ich dazu nicht befähigt bin. Mittlerweile haben sie aber auch mitbekommen, daß ich alle Aufträge über ihre Erwartungen hinaus erfüllte. Mit großem Geschwader rücken sie eines Tages an. »So, Thiemann, jetzt schreiben Sie mal auf, was Sie für

den Thälmann alles brauchen.« Ein kurzer Protest wird sofort niedergeschlagen. »Sie können das, davon sind wir überzeugt!« Noch mal versuche ich: »Aber, ich kann ihn vielleicht zeichnen oder malen – nach Vorlage. Doch in ein textiles Gewebe umsetzen, das kann ich nicht!« Mit aller Verzweiflung versuche ich, diesen Auftrag abzuwenden. Doch sie sind durch nichts mehr zu überzeugen. Noch in der nächsten Stunde erhalte ich eine Schwarz-Weiß-Zeichnung in der Größe 30 mal 40 Zentimeter. »Nach einem Schwarz-Weiß-Bild kann ich aber keinen farbigen Teppich knüpfen«, versuche ich's noch mal. Doch sie winken nur ab. Ich denke an meine Umgebung. Wir sind alle angezogen wie die Klageweiber. Bleichgesichtig, unterernährt und verhärmt. Wie soll man in dieser Umgebung Kunst machen können? Hinzu kommen die ständigen Belastungen durch die Strafgefangenen untereinander...

Am nächsten Tag schon erhalte ich ein Wollmusterbuch, anhand dessen ich mir die benötigten Farben bestellen soll. Ich schreibe jede Menge auf. Das Gesicht wird viele Schattierungen brauchen. Allein für die Augen bestelle ich acht Farben. Ich versetze mich so in das Gesicht, daß ich es bald in Farbe vor mir sehe... Die Jacke und die legendäre Mütze mache ich in Blau, aber dafür sind auch mehrere Schattierungen notwendig. Das Hemd ist weiß, der Binder rot. Den Hintergrund knüpfe ich hell. Drumherum plane ich einen braunen Rahmen, darin in bordeauxrot ein Schmuckelement. So sieht's aus wie ein richtiger Bilderrahmen... Den Stoff kann ich mir schon zuschneiden. Ich beginne die Zeichnung anzufertigen. Sie gelingt. Ein richtiger Ernst Thälmann schaut auf uns herab. Aber die schwierigste Arbeit kommt ja erst noch... Da ich diesen Wandteppich, der 100 mal 115 Zentimeter groß wird, nicht vor mich auf den Tisch legen kann, befestige ich ihn am Schrank. So habe ich ihn am besten im Blick und kann, ähnlich wie bei einem Gemälde, das auf einer Staffelei steht, arbeiten. Schon nach zwei Tagen habe ich die Wolle. Die anderen Häftlinge wickeln und schneiden sie in die entsprechende Länge. Ich kann dadurch sofort beginnen... Bei den Augen fange ich an. Ich habe vorher schon eine Probe gemacht – und da ist mir das Auge gelungen. So gehe ich nun mit

einiger Gespanntheit an die Arbeit. Stück um Stück des Gesichtes wächst. Ich bin erstaunt, daß ich's so gut hinbekomme – und ich freue mich darüber. Ich sehe nicht den Inhalt, für mich zählt allein die Arbeit, das Produkt als solches. Es ist ohnehin ein Hohn, daß ausgerechnet eine politische Gefangene einen derartigen Wandteppich knüpfen muß!
Eines Tages, ich habe schon eine Reihe Komplimente seitens des Personals zu hören bekommen, flippt die Knoll wieder mal aus. Sie gönnt mir den Erfolg nicht, obwohl sie aufgrund meines Talentes ja erst in die angenehme Lage kam, dort oben arbeiten zu dürfen. Wegen irgendwelcher Nichtigkeiten kommt's zum großen Krach. Sie hat Birgit beleidigt. Ich mische mich ein – und im Nu ist ein hysterisches Gekeife und Gekreische im Gang. Ich kann mich nicht mehr konzentrieren. Eine Gesichtspartie Thälmanns mißlingt. Die Knoten trenne ich wieder auf. Knüpfe neu. Auch das mißlingt. Ich trenne wieder. Nochmals versuche ich das. Aber erfolglos. An einem der nächsten Tage erscheint die Hauptmann Grabo wieder mal, um meine Fortschritte zu begutachten. »Na ja, ist ja schon ganz gut«, sagt sie gedehnt. »Ich bin mit dieser Partie nicht zufrieden. Da muß ich mir noch was einfallen lassen. Ich möchte Sie jedoch bitten, daß ich sonntags nur mit den beiden Strafgefangenen hier arbeiten muß, wie bisher. Wenn alle da sind, kann ich mich nicht konzentrieren.« Sie stutzt. »Wieso können Sie sich denn nicht konzentrieren?« »Sie müßten einschätzen können, daß dieser Teppich nicht irgend etwas ist. Es liegt doch wohl auf der Hand, daß er schwieriger, ja sehr viel schwieriger zu knüpfen ist als ein ornamentales Muster. Unter den hier herrschenden Bedingungen ist es ohnehin sehr schwer ...« »Na gut«, und ihr Gesicht überzieht sich mit einem hämischen Grinsen, »dann werde ich Sie in eine Einzelzelle stecken, da haben Sie dann so viel Ruhe wie Sie brauchen! Aber dann kommen Sie überhaupt nicht mehr mit den Strafgefangenen Ihrer Zelle zusammen!« Ich schaue sie entgeistert an. »Nein ... nein, so war das nicht gemeint. Isolieren lasse ich mich nicht so einfach. Schließlich liegt kein Grund zur Bestrafung vor!« Die Grabo ist außerordentlich scharf. Vor ihr zittern sogar alteingesessene, hartgesottene Häftlinge ... Mir

hätte sie diesen Widerspruch nicht zugetraut. Und sicher nur die Angst, daß ich ihnen das Gewünschte nicht gut genug fertigstellen könnte, läßt sie unwahrscheinlich ruhig reagieren. »Es bleibt alles so, Sonderwünsche gibt's hier keine!« Die Knoll kann sich ein gehässiges Grinsen nicht verkneifen. Ich füge mich eben.
Auf sie habe ich sowieso eine Stinkwut. Jeden Morgen, wenn ich nach oben kam, saß schräg gegenüber von unserem Fenster auf dem Mauersims ein kleiner Turmfalke. Da ich aus Büchern wußte, daß Falken zu zähmen sind, versuchte ich es. Immer, wenn ich hochkam, guckte er ganz interessiert. Ich legte ihm hin und wieder was aufs Fensterbrett, was er auch nach einigen Tagen holte. Zuletzt war er schon so zahm, daß er einmal, als ich nicht gleich zu ihm ans Fenster kam, mit seinem Schnabel an die Scheibe klopfte! Ich war ganz gerührt... ein Vogel... in Freiheit... ich fühlte mich ein bißchen erleichtert, daß es ein Lebewesen gab, das an diesem Ort anhänglich war... Ich näherte mich dem Fenster und steckte ganz behutsam den Schlüssel ins Loch. Kurz bevor ich öffnete, tapste der kleine Falke ein paar Schritte zur Seite... aber er flog nicht weg. Ich freute mich unbändig. »Geschafft!« jubilierte es in mir. Als die anderen kamen, erzählte ich davon. Die Knoll wollte es nicht glauben. »Das ist Einbildung. Das gibt es doch gar nicht«, sagte sie bissig. »Es ist aber wahr. Ich bilde mir das nicht ein!« Und jeden Morgen wartete der kleine Falke auf mein Kommen. Doch eines Tages war ich nicht die erste oben. Als ich kam, stand Schadenfreude in den Augen der Knoll. Als in den darauffolgenden Tagen mein gefiederter Freund nicht mehr erschien, war ich traurig und konnte es mir nicht erklären. »Ist irgendwas mit dem Falken gewesen?« fragte ich rundheraus. Ich spürte genau, daß etwas gewesen war. »Ach, das blöde Vieh hockte da am Fenster, da habe ich mich so erschrocken.« »Also, haben Sie ihn weggescheucht?« »Ich habe nur gegen die Scheibe geklopft«, log sie. Es lohnte sich nicht, weitere Worte darüber zu verlieren. Jeder Ärger meinerseits hätte sie nur um so mehr gefreut. Insgeheim hoffte ich auf die Rückkehr meines kleinen Freundes. Doch ich wartete vergebens... ich sah ihn nie wieder...
Nur von Ferne konnte ich das Spiel der jungen Turmfalken mit

den jungen Elstern beobachten. Sie flogen durch die Lüfte und spielten »Einkriegen«. Es war putzig anzusehen, wie immer ein Vogel den anderen jagte, ihn kurz berührte... und dann ging dieser auf Jagd.

Und noch etwas hat mir die Knoll verhaßt gemacht:
In einer Politischen-Zelle ist ein 19jähriges Mädchen, Annett. Sie trägt ein Holzbein. Mit ihrem Freund wollte sie über die »Grüne Grenze« fliehen... dabei traten sie auf eine Mine. Ihren Freund zerfetzte es... ihr riß es das Bein bis zum Knie ab. Die Kleine ist keß. Sie läßt sich wenig gefallen. Auch, daß sie mehrfach in Arrest kommt, läßt sie nicht zurückhaltender reagieren. Die Knoll erzählt: »Stellt euch vor, da hat doch das kleine Biest tatsächlich gestern einen Kassiber in ihrem Holzbein befördert!« »Ja... und warum regen Sie sich darüber so auf?« frage ich wütend. »Na hören Sie mal, das ist ja allerhand, daß die das auch noch ausnützt, ein Holzbein zu haben!« »Menschenskind, begreifen Sie überhaupt, was es bedeutet, in diesem Alter nur noch ein Bein zu haben? Wie können Sie es wagen, darüber derartige Worte zu verlieren!« Ich könnte ihr den Hals umdrehen! Ich selbst hatte für das arme Ding gerade ein paar Tage zuvor einen Kassiber sicher weiter befördert...

In relativ kurzer Zeit habe ich den »Thälmann« geschafft. Bis auf die Partie, die mir trotz mehrmaligen Knüpfens nicht hundertprozentig gelungen erscheint, bin ich zufrieden. Was keiner weiß: Ins Jackett habe ich meine Initialen »E. T.« und die Jahreszahl »74« eingeknüpft! Wenn man ganz aufmerksam hinschaut, kann man's von hinten erkennen. Doch herauslösen kann man die Knoten nicht mehr. Der Teppich wird, wenn er fertig ist, von hinten mit farbloser Latexfarbe eingestrichen – das macht ihn fester. Die Knoten lassen sich so nicht lösen! Er wird abgeholt. Ausnahmsweise erhalte ich sehr viel Lob dafür. Und außerdem einen Doppelsprecher. Das bedeutet: Meine Mutter und mein Mann können zum nächsten Besuchstermin gemeinsam kommen. Ich freue mich...
Ein paar Tage später kommt Oberleutnant Seifert zu uns hoch.

»Der Teppich hat sehr großen Anklang gefunden. Wir haben ihn einem Kunstprofessor gezeigt, der sagte: ›Der ist ja einen Nationalpreis wert!‹« »Mir wäre der Entlassungsschein lieber!« kontere ich. »Ja ja, das glaube ich Ihnen! Außerdem sagte der Professor, daß sich noch kein Berufskünstler an solch ein Werk herangetraut hätte.« Aha, das war denen sicher zu umständlich. Zu viel Arbeit. Und auch zu riskant. Aber von einem politischen Häftling konnte man es also verlangen! Und dann noch ohne jegliche Bezahlung! Ich rechnete nun fest damit, daß dieser Teppich mir eine vorzeitige Entlassung bringen würde. Die letzten Knoten knüpfte ich von morgens fünf bis abends 22 Uhr am Krankenbett in der medizinischen Abteilung. Wegen einer schweren Fischvergiftung lag ich dort. Vergiftungen durch verdorbene Lebensmittel kamen häufig vor. Schlechtes Fleisch, schlechte Wurst, verschimmelte Marmelade... Einmal mußten aus der Nachtschicht 14 Häftlinge auf die Krankenstation gebracht werden. Sie litten an Erbrechen und starkem Durchfall. Fischvergiftung. An dem Tag war mir Fortuna hold... ich hatte nichts gegessen!

Neue Aufträge

Dann erscheint eines Tages der Oberleutnant Seifert bei mir in der Zelle. Wir sind schon alle in den Betten und warten aufs Lichtlöschen. »Strafgefangene Thiemann, ziehen Sie sich was über und kommen Sie mit!« Ich zittere. Was hat das zu bedeuten? Notdürftig ziehe ich mir was über, dann schließt er mich raus. In meinem langen Nachthemd und der blauen Kostümjacke drüber laufe ich hinter ihm her. Er steuert in Richtung Kunstgewerberaum – ganz nach oben. Dort erklärt er: »Wir brauchen unbedingt ein ›Treptower Ehrenmal‹, das heißt: wir brauchen es drei- bis viermal und den ›Thälmann‹ noch einmal. Bis wann können Sie das schaffen?« Ich bin entsetzt. Ich knüpfe zwar schon wie der Teufel, doch das würde ja bedeuten, mindestens ein weiteres Jahr hier sein zu müssen! »Das Ehrenmal kann ich überhaupt nicht knüpfen. Ein Denkmal, so Grau in Grau, läßt sich gar nicht darstellen.« Er ist verblüfft. Sie hatten offensichtlich schon fest damit gerechnet. »Der ›Thälmann‹ hängt übrigens bei einem Minister im Arbeitsraum«, will er mich ermuntern. »Scheißegal!« geht's mir durch den Kopf. Und: »Ob der Minister weiß, daß es von einem politischen Häftling ist?« »Na, wir werden uns morgen noch einmal unterhalten.« Am nächsten Tag bekomme ich ihn nicht zu Gesicht. Erst am übernächsten. Noch einmal versuche ich ihn zu überzeugen, daß ich das Verlangte nicht kann. »Der Professor hat gesagt, wer den ›Thälmann‹ fertiggebracht hätte, für den gäbe es nichts, was er nicht meistern könnte.« Da, was kann ich denn nun noch entgegnen? Ich habe keine Möglichkeit, mich wirklich zu wehren. Es wird stets zu meinen Ungunsten ausgelegt. Und ich will doch so schnell wie möglich hier raus ...

Ich erinnere mich einer sehr schlimmen Szene. Christine knüpfte an einem länglichen Wandteppich, den ich schon mal in anderen Farben angefertigt hatte. Der Grund bei ihr war eierschalenfarben, die Ornamente in Rot. Plötzlich kam eine Frau Meister, über die man erzählte, daß sie der »Stasi« angehöre. »Was knüpfen Sie denn da für ein Muster!« schreit sie empört. Christine schaut ganz erstaunt auf: »Wieso denn? Was denn?« »Na, das sind doch ganz eindeutig Hakenkreuze!« Vom ersten Schock habe ich mich schnell erholt. »Das hat aber bislang noch keiner festgestellt! Das sind doch eher Windmühlen oder Blüten!« entgegne ich. »Wer hat denn dieses Muster entworfen?« »Ich, wie alle hier«, antworte ich. »Trotzdem, Sie können mich nicht überzeugen, das sind für mich Hakenkreuze!« Eilig verläßt sie den Raum. Auch das noch! Mir treten Tränen der Wut in die Augen. Hier scheint die reinste Hakenkreuzpsychose zu herrschen, seit man in der Toilette im Arbeitsraum welche an der Wand entdeckte! Damals mußten wir die ganze Nacht Razzien über uns ergehen lassen. Kurz darauf erscheint sie mit noch einer anderen Wachtel. »Hier, schau mal, sind das etwa keine Hakenkreuze?« fragt sie drohend und sehr laut. Die andere hat sich schon ein paarmal von mir privat Entwürfe anfertigen lassen. »Ach nein, ich würde das nicht so sehen«, gibt sie zaghaft zu bedenken. »Na, aber schau doch, hier, die Bögen ...« Sie gibt's nicht so schnell auf, was sich in ihrem Gehirn festgesetzt hat! Ich bin fix und fertig. Wenn sie mir nun auch noch so etwas anzuhängen versuchen, dann komme ich hier ja überhaupt nicht mehr raus! »Ich werde ab sofort überhaupt keine Entwürfe mehr machen!« sage ich mit Bestimmtheit. »Nana, nur nicht so aggressiv! Für mich sind und bleiben das jedenfalls Hakenkreuze!« Dann verlassen die beiden Wachteln den Raum. In den nächsten Tagen entwerfe ich keinen einzigen Teppich. Ich bin wütend und verängstigt zugleich. »Strafgefangene Thiemann, ich brauche dringend ein hübsches, lustiges Glücksschwein. Sie haben doch Filz hier?« Die Hauptmann Grabo hat wieder einen ihrer Sonderwünsche. »Ich weiß aber nicht mehr, wie ein Schwein aussieht.« »Na, da können Sie sicher in der Bücherei etwas finden.« Ich lasse mich bei nächster Gelegenheit zur Bücherei bringen. Die Strafgefangene Becker ist schon zehn Jahre dort. Es heißt, sie hat ihren Mann umgebracht. Es war nicht gleich herausgekommen, sondern erst zehn Jahre später. »Womit kann ich dienen?« fragt sie mich. Ich trage ihr mein

Anliegen vor. Wir suchen gemeinsam. Doch ein Schwein finden wir nirgends. Dann nehme ich eine Abbildung von einem Wildschwein und eine verschwommene Fotografie eines Hausschweines mit, wo ich wenigstens erkennen kann, ob ein Schwein Hufe oder Krallen hat... Zuerst fertige ich mir eine Zeichnung an. Dann suche ich aus dem Filz die rosafarbenen Reste heraus, davon haben wir leider am wenigsten. So muß ich erstmal größere Flächen zusammennähen. Das Schwein bekommt aus orangefarbenem Filz, mit Leder abgesetzt, eine Schnauze. Das Ringelschwänzchen verstärke ich mit Draht. Das Schwein kann sitzen und stehen, ganz wie gewünscht. Die Augen mache ich aus weißem und schwarzem Filz. Für die Wimpern reiße ich aus unserem Besen ein paar Borsten, dadurch sieht das Vieh richtig echt aus. Ausgestopft wird's mit viel, viel Watte. Auf die dicken Hinterbacken appliziere ich noch je einen Glückspilz und ein Kleeblatt. Ich möchte es am liebsten behalten! Schade, daß ich das nicht meinen Leuten in der Zelle zeigen kann. Es ist zu groß, um es mitzunehmen. Die »Ordnung« ist die erste, die es fertig zu Gesicht bekommt. »Ach, wie süüüß!« schreit sie und hat's auch schon geschnappt. Dann rast sie damit davon. Wem wird sie's zeigen? Dem anderen Personal? Strafgefangenen? Sie hat unter den Häftlingen einige, die sie bevorzugt. So gelang es einer Lebenslänglichen aus dem Kunstgewerbe, daß ich nicht mit zum Fernsehen gehen durfte. Nur einfach so. Auf meine Beschwerde beim Oberleutnant Seifert bekam ich nur zu hören: »Das war ein Irrtum.«
Nach ein paar Stunden bringt die »Ordnung« das Schwein wieder zurück. Am nächsten Tag nimmt's Frau Hauptmann Grabo in Empfang. Sie kann sich ein Lachen nicht verkneifen. »Na prima...«, dann ist sie auch schon draußen.
Aufgrund der kunstgewerblichen Arbeiten darf unser kleines Kommando hin und wieder mal zum Fernsehen. Das bleibt sonst nur den Lebenslänglichen und Kriminellen vorbehalten. Politische haben da absolut keine Chance. Ein einziges Mal erreiche ich nach einem Gespräch mit der Oberleutnant Schüßler, daß alle aus meiner Zelle geschlossen zum Fernsehen gehen dürfen. »Sie haben eine so gute Norm geschafft. Außerdem ist Ordnung

und Sauberkeit im Verwahrraum großgeschrieben. Eine kleine Anerkennung hätten sie auch mal verdient...« Ungläubig starrt mich die Schüßler an – halb fragend, halb interessiert. »Ich werde mir das überlegen. Außerdem muß ich da mit der Erzieherin sprechen.« Immerhin. Ein erster Hoffnungsstrahl! Sonst hätte sie gleich mit einem schroffen »Nein« reagiert...
Schon am nächsten Wochenende dürfen alle zum Fernsehen. Sie sind überglücklich. Und die, die immer am lautesten meckerten, wenn ich mal zum Fernsehen ging: »Wir wollen gar nicht, ablehnen würden wir das... Einkratzerei!«, sind die ersten auf dem Gang draußen! Die anderen dagegen waren immer ganz wild darauf, von mir Einzelheiten vom Programm zu erfahren, um einigermaßen auf dem laufenden zu bleiben...

Warten auf Entlassung

Die Hälfte meiner Strafzeit ist nun um. Mein Mann stellt einen Antrag auf vorzeitige Entlassung. Eigentlich kann's nicht abgelehnt werden: Ich bringe eine sehr hohe Norm im Kommando. Ich leiste Doppelzwangsarbeit. Habe eine Reihe wertvoller Kunstwerke geschaffen. Habe viel Streit und Schlägereien geschlichtet. Am 27. November 1974 habe ich Besuchstermin – die üblichen dreißig Minuten. Tagelang vorher schon immer dasselbe: Man ist aufgeregt, die Nerven sind zum Zerreißen gespannt. Die Haare werden extra schön frisiert, die Klamotten auf Vordermann gebracht. Man legt sich jede Frage genau zurecht ... Wenn's dann soweit ist, vergehen die ersten zehn Minuten sowieso meist mit Schluchzen und Stammeln. Bei der Begrüßung dürfen wir uns nicht umarmen. Nur die Hand reichen. Eine Mißachtung dieser Anordnungen hätte die Streichung des nächsten Sprechtermins zur Folge. Wer riskiert das schon ... Die Wachtel steht unmittelbar daneben. Auch während der gesamten Besuchszeit sitzt sie direkt neben uns, so daß es einfach nicht möglich ist, mal ein Wort zu wechseln, was nicht unbedingt für ihre Ohren bestimmt ist. Dann werden die mitgebrachten Lebensmittel ausgepackt. Nicht immer darf man alles behalten. Das ist im großen und ganzen abhängig vom jeweiligen Aufsichtspersonal. Es gibt Wachteln, die zählen jede Pflaume ab, jeden Keks. In der Zelle gibt das oft zusätzlichen Ärger. Die besser Weggekommenen werden sofort als »Anscheißer« oder »Spitzel« abgestempelt.

Mein Mann macht nicht gerade ein Gesicht, als wenn er mir eine freudige Nachricht zu überbringen hätte. Er erzählt, erzählt und erzählt ... Warum sagt er nichts wegen des Gesuches? Ich halte es nicht mehr aus: »Was ist mit dem Gnadengesuch? Hast du schon Bescheid?« »Ja ... abgelehnt.« Ich starre ihn ungläubig an. Ich bin wie gelähmt. Dann kommt Wut in mir auf. »Warum denn? Mit welcher Begründung???« »Naja, die Staatsanwältin, die dich anklagte, sagte zu mir: ›Ihre Frau hat noch nicht bereut. Sie sitzt immer noch auf dem hohen Roß und glaubt, sie sei was Besseres.‹ Viel mehr hat sie nicht gesagt.« »Aber... das ist doch nicht möglich! Das sind doch allgemeine Phrasen! Wie konntest du dich damit zufriedengeben?!« »Dann sagte sie noch: ›Ihre Frau mimt des öfteren krank, um sich von der Arbeit zu drükken‹...« »Aber, da hätte dir doch auffallen müssen, daß das ein abgekartetes Spiel ist! Du wußtest doch ganz genau, daß ich hier Doppelzwangsarbeit leisten muß! Sechzehn Stunden täglich! Auch sonn- und feiertags!« »Jaja, das habe ich mir ja auch gedacht...« »Es ist nicht zu fassen... es ist einfach nicht zu fassen! Vor kurzem stand ein Artikel in der Zeitung, daß eine Kindesmörderin, die viereinhalb Jahre erhalten hatte, wegen ›guter Führung‹ bereits nach zweieinhalb Jahren entlassen wurde! Das ist doch ein Hohn!« »Moment mal«, mischt sich Frau Obermeister Demmler, mit der ich ›Sprecher‹ habe, ein. »Über andere Fälle dürfen Sie hier nicht diskutieren!« »Aber es stand doch in der Zeitung...« versuche ich zu begründen. »Trotzdem, das sind die Bestimmungen.« Bestimmungen hin, Bestimmungen her. Alles wird willkürlich beurteilt. Meine Kraft und Beherrschung sind vorbei. Haltlos rinnen die Tränen übers ganze Gesicht. Ich muß mich gehörig zusammenreißen, um nicht umzufallen. Wieder alle Hoffnung dahin, mein über alles geliebtes Kind in die Arme nehmen zu können! Meinen Vater wiederzusehen, dessen Gesundheitszustand sich dank der Einwirkung der ostzonalen Bonzen erheblich verschlechtert hat... Ich kann's nicht glauben... ich will's nicht glauben. Wie im Traum erlebe ich die letzten Minuten meines ›Sprechers‹. Dann wird mein Mann weggebracht. Am liebsten würde ich mich umbringen... doch mein Kind! »Kommen Sie!« fordert mich die Demmler auf – und bringt mich zurück zu meiner Arbeit. Ich kann an nichts anderes mehr denken, als an die Ablehnung von Klaus' Gnadengesuch. Dann melde ich mich zum Arzt. Zu Major Dr. Janata. Wenn einer über meine gesundheitliche Verfassung oder Vortäuschung von Krankheiten etwas gesagt haben soll, dann kann's ja nur er sein. Als ich mich ordnungsgemäß melden will, winkt er ab. »Was gibt's?« fragt er freundlich. Er hat in den

letzten Monaten eine gewaltige Veränderung durchgemacht. Anfangs behandelte auch er die Politischen wie den letzten Dreck. Doch jetzt unterhält er sich hin und wieder mit uns ein paar Minuten länger. Fragt nach diesem und nach jenem... Auch über unser Leben draußen. »Ich hätte von Ihnen gern gewußt, warum Sie über mich so ungeheuerliche Angaben gemacht haben!« greife ich ihn voll an. Er ist sprachlos. »Worum geht's denn?« »Meine vorzeitige Entlassung ist unter anderem abgelehnt worden, weil ich Krankheiten vorgetäuscht haben soll... und das kann ja dann eigentlich nur von Ihnen kommen!« »Ich habe mit der Sache überhaupt nichts zu tun, glauben Sie mir das!« Er ist überrascht und offensichtlich auch auf meiner Seite. Ich stelle kein Falsch bei ihm fest in diesem Moment. »Sie wissen doch, was ich hier tagtäglich zusätzlich im Kunstgewerbe leiste. Täglich bis zu sechzehn Stunden... auch sonntags!« »Ja, ja, Sie haben ja völlig recht! Natürlich werden auch subjektive Fehler gemacht. Das ist dann für den Betreffenden besonders schmerzlich.« Ich merke, daß er ehrlich ist. Es tut ihm offensichtlich wirklich leid. Die Vorlage für das Thälmann-Porträt hatte ich aus seinem Dienstzimmer und das Endprodukt begeisterte ihn ebenso wie viele andere Vollzugsangestellte. Danach hatten einige vom Personal eine Entlassung erwartet... sie haben's mir etliche Male geflüstert... Ich werde wieder in meine Zelle gebracht.
Schriftlich bitte ich um ein Gespräch mit dem neuen Anstaltsleiter, Major Veit. Er ist etwa Mitte Dreißig. Etwas untersetzte Gestalt, ein Emporkömmling und Karrieremacher sicherlich, aber noch nicht von der übelsten Sorte. Wahrscheinlich ist das sein erster Einsatz in einem Frauenzuchthaus. »Sie wollten mich sprechen?« beginnt er das Gespräch in einem Erzieherzimmer. Neben ihm sitzt die Grabo, das ist mir äußerst lästig. Doch ich muß loslegen, ich kann auf sie keine Rücksicht nehmen. »Sie haben ja meinen Brief gelesen. Ich denke, daß Sie mir dazu schon etwas zu sagen haben. Schließlich habe ich hier doppelt und dreifach geschuftet und auch sonst keinerlei Grund zur Klage gegeben. Wie können Sie dann die Ablehnung des Gesuchs meines Mannes erklären?« Die Grabo mischt sich ein. »Na, ganz

so, wie Sie das geschildert haben, ist es ja nicht. Wir behalten Sie nicht hier, weil Sie eine zu gute Arbeitskraft sind, sondern weil die Staatsanwaltschaft eben der Meinung ist, daß der Erziehungsprozeß mit Ihnen noch nicht abgeschlossen ist!« Ja, ist es denn die Möglichkeit! »Was gibt's denn an mir zu erziehen? Ich bin schon längst den Kinderschuhen entwachsen!« »Nana, mäßigen Sie sich!« fährt mich die Grabo an. »Herr Major Veit, ich wollte Sie ja eigentlich sprechen ...«, ich bin voller Zorn und deshalb unbedacht. »Jaja, aber wie soll es denn weitergehen? Wollen Sie denn nun die Arbeit verweigern? Werden Sie uns jetzt keine künstlerischen Sachen mehr anfertigen? Oder wie haben Sie sich das vorgestellt?« Arbeitsverweigerung? Das könnte euch so passen!!! »Natürlich werde ich weiterarbeiten. So wie bisher. Aber ich sehe nicht ein, daß dann behauptet werden kann, daß ich mich vor der Arbeit drücke und Krankheiten vortäusche!« »Wer hat denn das gesagt?« er ist oder tut erstaunt. »Das ist mir zu Ohren gekommen.« Ich kann ihm nicht mitteilen, daß ausgerechnet jemand vom Personal mir das von Klaus Angedeutete gesteckt hat. »Und auch noch mehr: Ich hätte im Verwahrraum keine positiven politischen Gespräche geführt! Ja, was hat man eigentlich von mir erwartet?« Er geht nicht darauf ein. »Also, können wir uns darauf verlassen, daß Sie auch weiterhin Ihre Arbeit gut ausführen?« »Ja.« »Und im übrigen, daß Sie in Ihrem Brief Falladas ›Wer einmal aus dem Blechnapf frißt‹ anführen, das war doch wohl nicht so gemeint?« »O doch, das war ganz und gar so gemeint!« empöre ich mich. »Aber, das kann man doch auf unsere Zeit nicht anwenden. Das ist doch unter ganz anderen Umständen vorgekommen ...« Ja, ist er denn so naiv? Oder unverschämt? »Literatur wird nicht nur für die momentan Lebenden gemacht«, entgegne ich. Er erhebt sich. »Das Gespräch ist beendet.«

Am nächsten Tag schon wird ein weiteres überdimensionales Kunstwerk von mir verlangt. Die Grabo erscheint. »Hier haben Sie eine Zeichnung vom Treptower Ehrenmal. Schreiben Sie auf, welche Farben und welche Wolle Sie brauchen. Dann knüpfen Sie einen zwei Meter großen Wandteppich!« Erstmal ver-

schlägt's mir die Sprache. Sie reicht mir eine zwei mal vier Zentimeter große Zeitungsvignette und verlangt ein zwei Meter großes Kunstwerk?! Das ist unmöglich! Wieder wehre ich mich, so gut ich kann. Außerdem habe ich das Gefühl, keinerlei Reserven mehr zu besitzen. Doch das kümmert die nicht...
Ein massives Fordern setzt ein. Ich versuche mit Tricks, das Ganze hinauszuzögern. »Ich brauche für den Sowjetstern, den ich im Hintergrund knüpfen soll, einen überdimensionalen Winkelmesser.« »Können Sie haben«, erklärt die Grabo arrogant. Bereits am nächsten Tag liegt er auf dem Tisch! »Ich brauche für diese Größe aber eine spezielle Vorrichtung – vielleicht ein Holzgestell. Solch einen Teppich kann ich nicht auf dem Tisch knüpfen. Den muß ich vor mir hängen haben, als wenn ich ein Gemälde anfertige. Auf das Holzgestell kann ich dann den Stoff spannen.« Auch das habe ich einen Tag später. »Ich brauche aber auch noch einen überdimensionalen Zirkel. Die fünf Ecken des Sternes müssen exakt gezeichnet sein.« Auch der liegt kurze Zeit später auf meinem Tisch. Binnen weniger Tage habe ich alles zusammen. »Ich kenne die Formel für die Fünfeck-Berechnung nicht mehr«, fällt mir wieder etwas ein. »In der Bücherei finden Sie so etwas bestimmt.« Wieder grase ich die Bücherei durch. »Ich habe nichts gefunden«, eröffne ich einen Tag später. Es ist eine Lüge. Ich will nicht! Ich will einfach nicht mehr! Doch auch ein Formelbuch der Mathematik habe ich schnellstens auf dem Tisch. Nun muß ich... und ich beginne zu zeichnen. Inzwischen habe ich im »Neuen Deutschland« ein Foto entdeckt, von dem ich das Ehrenmal besser abzeichnen kann, als von der winzigen Vignette.
Und so entsteht aus vorwiegend grauen Tönen –, auf weißem Marmorsockel stehend, dahinter ein blutroter Sowjetstern auf grünem Grund – das Treptower Ehrenmal! Es zeigt einen Sowjetsoldaten, der auf einem Arm ein Kind trägt, in der anderen Hand ein Schwert haltend. Mit einem Fuß hat er das Hakenkreuz zertreten... Es ist eine sehr aufwendige Arbeit, die wieder sehr viel Konzentration erfordert. Eins muß ich mir selbst zugestehen: Es geht besser, als ich ursprünglich dachte. Ich sehe nicht den politischen Inhalt, für mich ist's ein Kunstwerk – und

da hat mich der Ehrgeiz gepackt... An den Fenstern zu unserem Arbeitsraum drängeln sich die Köpfe von Häftlingen, die zum Kinosaal wollen. Halbe Gardinen geben nicht den ganzen Blick frei in unserem Raum, aber doch so viel, daß man einiges erspähen kann. Den »Thälmann«-Teppich kannten die meisten – und er hatte mir sehr viel Achtung bei den Mitgefangenen eingebracht. Beim Kaffeeholen erzählt mir eine kriminelle Inhaftierte: »Ihr Thälmann hat uns heute einen herrlichen Witz beschert!« »Wieso denn?« frage ich interessiert. »Wir unterhielten uns über Sie in der Zelle. Über Ihre Arbeiten und so... Da fragte eine, die noch nicht so lange hier ist, wer Sie seien. Ich sagte: ›Das ist die, die den Thälmann geknüpft hat.‹ Darauf sie – völlig irritiert: ›Ich denke, der ist erschossen worden?‹ Ham wir gelacht! Hat die doch tatsächlich gedacht, Sie säßen hier, weil Sie den Thälmann seinerzeit aufgebammelt hätten!« Ich schmunzle nur... das ist wirklich zum Lachen! Plötzlich schallt's durch den Gang: »Was fällt denn Ihnen ein! Machen Se daß Se vom Fenster wegkommn!« Frau Meister hat kein Verständnis, daß die Häftlinge auch mal was anderes sehen wollen außer Elektromotoren! Fernsehen ist für die Politischen tabu, mir gestatten sie's nur ab und zu, damit ich eventuell neue Anregungen für meine Arbeit erhalte. Radio haben wir schon seit Jahren nicht gehört. Ein paar drittklassige Vorträge im Kinosaal und einige wenige schlechte Filme sind die einzige Abwechslung während unserer Strafzeit. Die Gefangenen können sich nicht sattsehen am Fenster. Endlich mal was Buntes in diesem tristen Einerlei! Dann dürfen sie in den Kinosaal einlaufen. Als der Film zu Ende ist, laufe ich hinaus und zeige den Mithäftlingen aus meiner Zelle meinen neuen Teppich. »So, jetzt habe ich Sie ertappt! Sie wissen ganz genau, daß Sie das dahinten überhaupt nichts angeht. Vom nächsten Kinobesuch ist der ganze Verwahrraum gestrichen!« Frau Hauptmann Grabo zeigt ihre Macht. »Aber, das lag doch an mir, ich habe ihnen doch den Teppich gezeigt!« versuche ich zu vermitteln. »Na schön, wenn Sie Ihre Mithäftlinge auch noch decken wollen, bitte, da gehen Sie das nächste Mal eben auch nicht mit!« »Aber, das können Sie doch nicht machen. Wir haben sowieso keine Abwechslung hier!« »Schreiben Sie alle Namen auf, die

hier am Fenster waren!« »Nein, das werde ich nicht tun. Ich weiß es außerdem gar nicht!« »Schön, damit ist die Sache erledigt. Es trifft dadurch alle!« Keiner macht sich im Moment darüber Kopfzerbrechen. Bis zum nächsten Film dauert's eine Ewigkeit...
Ich erinnere mich des letzten Filmes: »Ernst Thälmann – Sohn seiner Klasse«. Uns Politische hatte er aufs heftigste erregt. Daß sie es wagten, ihn uns überhaupt zu zeigen! Die Gefängnisszenen mit Thälmann waren um so vieles harmloser als die von uns selbst erlebten! Er hatte weiße Bettwäsche, wir dagegen graue, blaukarierte...Wir zogen während des ganzen Streifens unentwegt Vergleiche. Und wir machten eine Entdeckung: Dem ist's doch weitaus besser ergangen als uns! Die Nazis, die Gestapo, erschienen harmloser als die ganzen sozialistischen Machthaber. Lange und heiß wurde an diesem Abend in der Zelle diskutiert. Einige weinten vor Wut, daß man so abgebrüht war, uns das auch noch zu zeigen...

Ohne Hoffnung

Und weiter gehen Häftlinge auf Transport. Was uns dabei auffällt: Nicht nur Politische müssen ihre Sachen packen, auch hier und da werden Kriminelle aus den Zellen geholt. Das verunsichert uns erst sehr. Geht es wirklich in den Westen? Doch dann treffen immer wieder bei Besuchsterminen durch Angehörige Nachrichten ein. Auch in Briefen werden verschlüsselt Informationen gegeben, so daß wir einigermaßen beruhigt sein können.

Meine Lage ist beschissen. Klaus ist frei, ich sitze. Wie wird es weitergehen? Ob sie ihn trotzdem mit nach drüben lassen? Ich kann in diesem Terrorstaat keine einzige Minute mehr leben... Zweimal schreibe ich einen Brief an meinen Anwalt. Zweimal bekomme ich Antwort. Die meisten von uns hören nichts von ihren Anwälten, deshalb bin ich besonders froh. Ob er unsere Familie trotzdem gemeinsam wird in den Westen schicken können? Bange Fragen. Die Unsicherheit nimmt immer mehr zu. Ich bin jetzt am längsten von den Politischen in Hoheneck. Viele, die eine weitaus höhere Strafe hatten, sind bereits auf Transport gegangen. Ob man an mir ein Exempel statuieren will? Es kostet mich unerhört viel Nerven. Zweimal wurden von einigen Häftlingen im Kinosaal Paßfotos gemacht. Hauptsächlich von Politischen. Doch da sich auch Kriminelle darunter befanden, verwarfen wir den Gedanken, daß es mit einer baldigen Abschiebung in Zusammenhang stehen könne.

Einmal glaube ich vom Kunstgewerberaum aus auf der Landstraße draußen Klaus und Carsten zu sehen... doch sie sind so weit weg, stehen neben einem Wagen, es könnte ein »Wartburg« sein... Klaus ist Sportredakteur und fährt jedes Wochenende zu Fußballspielen. Einmal erhalte ich die Gewißheit, daß er in der Nähe war. Eine Wachtel bringt mich sonntags nach oben ins Kunstgewerbe. »Ich habe gestern beim Spiel in Aue Ihren Mann und Ihren Sohn gesehen«, erklärt sie mir freundlich. Ich komme

aus dem Staunen nicht heraus. Sie hat so einen schlechten Ruf... und jetzt das? Dann steckt sie mir heimlich eine Sportzeitung zu. Gierig stürze ich mich darauf. Da... da... ist ein Artikel von Klaus! Und da noch einer! Mir kommen die Tränen. Mit dem Zeigefinger streiche ich ganz sanft über seinen Namenszug. Ich reiße mir seine Beiträge raus und werfe die übrige Zeitung weg. Es ist riskant. Wenn ich »gerazzt« werde, wie soll ich's erklären? In meiner Zelle zeige ich die Artikel den anderen. »Ich habe zufällig zwischen Abfall die Zeitung gefunden«, begründe ich. Alles stürzt sich drauf. Es gibt auch unter uns Frauen einige Fußballenthusiasten... Mit der Frau Meister verbindet mich ab sofort ein stilles Geheimnis... ich betrachte sie jetzt mit anderen Augen. Etwas Menschliches hat also auch sie noch... Später raunt sie mir dann noch einmal zu: »Wenn Sie wieder frei sind, müssen Sie mal mit Ihrem Mann nach Aue kommen.«
In den Zellen gibt's fast jeden Tag eine unangenehme Überraschung. Entweder wurde »gerazzt«, dann liegt alles in einem furchtbaren Durcheinander herum. Oder man zerstört mit Toilettenbürsten und Stiefeltritten Torten aus Margarine und Zwieback. Auch unseren Waschraum inspizieren sie des öfteren. Wir haben vor die beiden Toiletten eine Leine gespannt und zwei Decken draufgehängt. Es ist unangenehm, wenn man auf der Toilette sitzt und die anderen drumherum stehen. Im Verwahrraum darf nicht geraucht werden. Deshalb spielt sich vieles im Waschraum ab. Doch fast jedesmal, wenn wir von der Schicht zurückkommen, ist die Schnur durchgeschnitten und die Decken liegen im Wasser. Schamgefühle sollen abgebaut werden! Und vielen gelingt es auch. »Klapp den Kiefer an!« schreit eine Kriminelle zu einer von uns beim Kaffeeholen. »Mach den Porreeschädel zu!« schreit Karin, eine Kunsthistorikerin, die zu den Ruhigen zählt, zurück. Die meisten duzen sich im Gefängnis. Bei den Politischen ist das anders. Ich gehöre auch zu denen, die sich nicht mit jeder verschwestern. Das hat viele Vorteile. Wenn's Streitigkeiten gibt, wird schnell der gute Ton vergessen. Automatisch sind auch bei uns die Antworten rauher geworden, ordinärer. Beim Personal heißen wir »die Studiertenzelle«. Abfällig wird das immer gesagt. Deshalb sind sie alle um so

überraschter, wenn auch von uns mal ein knallhartes Wort fällt. Aber man kann sich oft gar nicht anders behaupten! Wenn wir Hofrundgang haben, steht ab und zu im Quergebäude ein Mann mit Brille, das Haar stark gelichtet, etwa Vierzig. Er beobachtet uns. Wir nennen ihn »Stasi-James«. Meist erscheint er am Fenster, wenn ein Transport bevorsteht. Jedenfalls deuten wir's so nach langer Beobachtungszeit. Auch im Kunstgewerbe-Kommando ist er schon ein paarmal aufgetaucht. Er kotzt mich an. Ich kann ihn auf den Tod nicht ausstehen. Die Häring und die Knoll sehen das anders: Es ist immerhin ein Mann! Aber mich beeindruckt er nicht. Ich finde ihn fies. Und außerdem: Zu lange habe ich bei seinen Stasikumpanen schmachten müssen! Süßlich lächelnd, mit einer Kopfhaltung, die mir so recht zeigen soll, in welch armseliger Lage ich mich befinde, fragt er: »Na, wie läuft's?« Mir ist das viel zu blöde. Ich ignoriere ihn... Die Kriminellen antworten diensteifrig. Dann versucht er's noch mal: »Schöne Sachen machen Sie da. Aber an der Stelle könnte man noch etwas stärker betonen.« Vielleicht willst du mir noch sagen, wie man ein Kunstwerk schafft! Ich bin empört. Dieser Schnösel! Ich habe mich nicht drum gerissen, für die Riesenteppiche zu schuften! So schnell, wie er im Raum stand, ist er auch wieder verschwunden. Ich weiß, daß sein Besuch einzig und allein mir gilt. Und jedesmal, wenn er wieder auftaucht, weiß ich das wieder. Nur, worum es geht, das weiß ich nicht. Es ist verständlich, daß die Frauen anfangen zu gurren, wenn Männer auftauchen, doch er ist für mich nun mal kein Mann, sondern eine Marionette, ein Handlanger...
Überhaupt ist eins auffallend. Man munkelt, daß auch unter dem Personal einige Lesbierinnen sind. Um so eifersüchtiger beäugen sich die Häftlinge, daß nur ja nicht eine unter ihnen etwas freundlicher angesprochen wird. Eine ganz junge Wachtmeisterin, klein, nett, immer einen lustigen Spruch auf den Lippen, wenn kein anderes Personal in der Nähe ist, ist eines Tages auffallend verstimmt. Wir sprechen sie daraufhin an. »Frau Wachtmeister, was ist denn mit Ihnen?« »Ach, ich habe eine Wut. Da wird man verleumdet...« sie stockt, irgendwie überlegt sie, ob sie überhaupt mit uns darüber sprechen sollte.

»Was sich manche Strafgefangene so zusammenreimen...« Wieder stockt sie. »Ich soll mit einer Inhaftierten ein Verhältnis haben.« Nun ist's draußen. Okay, vorstellen kann man sich's, sie macht einen ausgesprochen männlichen Eindruck... und solche Frauen sind stark gefragt. Auch ich habe ein Erlebnis mit einer lesbischen Meisterin. Sie ist groß, stämmig, trägt kurzes, schwarzes Haar. Aufgefallen war mir, daß sie mich immer sehr interessiert musterte. Niemals mußte ich aus der Reihe treten, um mir den Lidstrich abzuwaschen, obwohl sie sehr hart durchgriff und genau sah, daß auch ich etwas zu meiner »Verschönerung« getan hatte.
Eines Tages, ich bin allein in der Zelle, kommt sie plötzlich herein. Sie reicht mir eine Glühbirne: »Hier, wechseln Sie die mal aus.« »Wo denn?« »Na dort rechts!« Ich klettere auf eins der Dreistockbetten und nehme die hin- und herpendelnde Lampe in die Hand. Die Fassung ist äußerst primitiv. Ich hatte schon immer einen Horror vor elektrischen Geräten. Zaghaft fasse ich das Ding an. »Na, wird's denn gehen?« fragt sie mich von unten herauf. Ich merke, daß sie mich genau mustert. Das war mit hundertprozentiger Sicherheit nur ein Vorwand...
»Was mache ich, wenn sie deutlicher wird?« überlege ich. »Kommen Sie wieder runter!« fordert sie mich auf. Ich stehe direkt vor ihr. Sie wartet auf irgendetwas. Ich bin völlig verunsichert. Abwartend schaue ich ihr in die Augen. Ob sie noch einen Befehl geben will. Doch auch sie schaut mich nur an. Es knistert förmlich... doch ich reagiere nicht. Kurz nur lächelt sie mich an, dann dreht sie sich um. An der Tür schaut sie noch einmal zurück... es ist ein merkwürdiger Blick! Ich kann ihn nicht richtig deuten... er ist nicht unangenehm. Aber: Ich habe plötzlich keine Angst mehr! Immer, wenn ich ihr auf dem Gang beim Einlaufen begegne oder in der Freistunde, schaut sie mich lange an. Eines Tages ist sie nicht mehr da. Versetzt. Man munkelt: wegen eines Verhältnisses zu einer Strafgefangenen...

Inzwischen habe ich durch meine künstlerischen Arbeiten auch beim medizinischen Personal einen Stein im Brett. Ich nütze das für meine Mitinhaftierten aus, wenn es nur geht! Die Frau

Meister, die uns mit verordneten Medikamenten versorgt, ist lange nicht mehr so grantig, wenn ich mal um eine Schmerz- oder Schlaftablette bitte. Früher reagierte sie scheußlich. »Da kann ja jeder kommen! Es gibt nichts!« brüllte sie meist und schmiß uns die Tür vor der Nase zu. Jetzt erstehe ich für alle Leidensgefährtinnen meiner Zelle meist das Gewünschte. Natürlich gibt's auch einige Gefangene, die Mißbrauch mit den Tabletten treiben. Einmal benutzen sie dieselben, um sie gegen Zigaretten, Obst oder Butter einzutauschen. Oder sie sammeln sie, um sich umzubringen. Überhaupt: Auf was für Methoden einige Frauen verfallen, um sich das Leben zu nehmen! Das ist schon erschrekkend. Amy war vor Jahren aus Hamburg in die DDR gekommen und dann bei der Flucht geschnappt worden. Sie trank einmal das scharfe Desinfektionsmittel, was für die Säuberung der Toilette bestimmt war! Mit ganz furchtbaren Magenkrämpfen mußte sie nachts ins Haftkrankenhaus nach Meusdorf gebracht werden. Eine weitere beliebte Methode ist es, Messer, Gabeln, Löffel und Scheren zu schlucken! Nicht nur bei Mißhandlungen durchs Personal, auch bei Eifersüchteleien untereinander greift man zu derart verheerenden Mitteln. Langwierige Operationen sind die Folge, von denen einige gar nicht mehr zurückkommen. Auch Nadeln werden verschluckt. Häufig gelangen sie in die Blutbahn. Ich erlebte eine Gefangene, die unter Lebensgefahr ins Krankenhaus gebracht werden mußte. Einige schneiden sich auch mit Spiegelscherben die Pulsadern auf. Einige erhängen sich an ihren Strümpfen – und das ist meist erfolgreich. In unserer Zelle kann ich eines Nachts einer Mutter von drei Kindern eine Angelsehne entwenden, die im Diabetes-Kommando zum Bespannen der Federballschläger benutzt werden – und die sie sich beschafft hat, um sich umzubringen. Abends werden deshalb die Bestecke in eine Schüssel gelegt und müssen nach dem Zählappell rausgestellt werden. Vorsorge?
Als ich eines Morgens nach dem Zählappell die Schüssel wieder reinnehme, hat es die Wachtel »Hungerhenne«, eine verknöcherte Alte mit kleinen bösen Augen, der die Haut in Falten ins Gesicht hängt, besonders eilig. Sie drückt mich mit dem Kopf zwischen Tür und Türblatt. »Aua!« schreie ich ganz laut. »Da

müssen Se ebend schneller machen!« brüllt sie mich an. Wumm, ist die Tür zu! Doch das ist mir nun wirklich zuviel. Mit aller Kraft donnere ich mit dem Bein gegen die Tür. Schlüsselrasseln. »Sie sind wohl nicht ganz richtig im Kopf?« fragt sie. »Wenn Sie mir nochmals so den Kopf einklemmen, gewiß nicht!« »Werden Se ja nich noch frech!« Ein Gejohle und Geschimpfe geht in der Zelle los. In solchen Momenten halten alle zusammen. Dann tönen selbst die Spitzel ganz laut mit...

Das Treptower Ehrenmal

Das Ehrenmal ist fertig. Und wieder habe ich meine Initialen »E. T.« und die Jahreszahl »75« eingeknüpft. Um den Riesenteppich richtig begutachten zu können, brauche ich eine größere Entfernung als es in unserem kleinen Arbeitsraum möglich ist. Wir schleppen ihn zu dritt auf den Gang hinaus. Birgit und Christine halten ihn – wie schon so oft. Irgendwie hat mich der Ehrgeiz gepackt, auch wenn ich vorher alles tat, um diese Arbeit nicht ausführen zu müssen. Immer wieder entdecke ich eine Stelle, wo ich noch eine andere Schattierung einarbeiten muß. Und dann bin ich endgültig zufrieden... Ich habe auch oft des Nachts darüber nachgedacht... so ein Werk schüttelt man eben nicht aus dem Handgelenk. Und dann hier ... ohne Inspiration ... laufend die Tränen in den Augen ... das Herz und die Seele verwundet ... ständige Sehnsucht nach dem Kind und der Freiheit! Das hochdekorierte Personal läßt nicht lange auf sich warten, als ich melde: »Ich bin fertig.« »Großartig!« »Das ist wirklich gelungen!« »Nach dem Thälmann war das ja nicht anders zu erwarten!« Doch die Grabo muß natürlich ihren Senf dazugeben, ihren miesen Senf! »Naja, hier hätte man vielleicht eine andere Farbe nehmen können.« Ich bin wütend. Was versteht denn die dumme Pute! Ich habe mich stunden- und nächtelang in dieses Werk hineinversetzt, es ist farblich wohldurchdacht ... wenn ich nicht ganz zufrieden war, habe ich aufgetrennt und neu geknüpft. Jetzt bin ich zufrieden. Und ich verteidige! »Nein, es ist genau richtig so. Kein einziger Knoten müßte eine andere Farbe haben. Ich habe mich so in diese Arbeit vertieft, daß es wirklich nicht besser geht! Für mich ist der Teppich optimal gelungen!« Erstaunt schaut sie mich an. Ich sehe, was hinter ihrer Stirn vor sich geht: »Immer dieser Widerspruch!« Ja, das wundert sie sicher am meisten – fast alle zittern vor ihr, ich dagegen verachte sie so sehr, daß ich keine Angst vor ihr haben kann. Sie hat mir zu oft ihren fiesen, herzlosen Charakter offenbart –

unfreiwillig. Und ich lasse sie das merken. Hier haben sie von mir mehr verlangt, als sie es je von jemandem hätten verlangen können! In der Freiheit würde mir dieser Teppich mindestens 10 000 Mark bringen ... also was wollen sie denn? »Naja, lassen wir's so, Sie können ihn einstreichen, er wird in den nächsten Tagen abgeholt.« Solange sie da ist, beherrsche ich mich noch. Dann ist's vorbei. Ich kann die Tränen nicht mehr zurückhalten. So eine Gemeinheit! Daß sie immer kritisieren muß, wo sie doch absolut nichts davon versteht! Ich habe mein Lebenswerk geschaffen – mit dem »Thälmann« und dem »Treptower Ehrenmal«. Das wird mir hier klar. Wenn's auch inhaltlich nicht nach meinem Geschmack ist, ich betrachte es doch von der künstlerischen Seite – und deshalb als mein Lebenswerk! »Herr Oberleutnant, wohin kommt denn dieser Teppich?« frage ich bei nächster Gelegenheit. »Das weiß ich noch nicht. Sie haben jedenfalls eine phantastische Leistung vollbracht!« »Wird mir das nun wenigstens die Entlassung einbringen?« wage ich vorsichtig zu fragen. Er lächelt. »Wollen wir's hoffen.« Und das meint er ehrlich ...

Es ist Mitte April 1975. Ich habe schon zwei Drittel meiner Strafe um und werde unruhig. Kürzlich hatte ich mich mit Frau Oberleutnant Hanke unterhalten und versucht, sie auszuhorchen. Sie war immer sehr freundlich zu uns. Von ihr erhielten wir für die Puppenverarbeitung dünne Perlonstrümpfe. »Nehmen Sie sich jeder zwei Paar davon«, sagte sie zu uns. Das ließen wir uns natürlich nicht zweimal sagen. Birgit, Christine und ich, wir nahmen uns jeder fünf Paar und schenkten sie in der Zelle uns nahestehenden Häftlingen. Ach, waren wir glücklich über diese dünnen Strümpfe! Endlich mal keine Makkodinger mehr tragen zu müssen! So konnte ich's auch wagen, ihr Fragen zu stellen, ohne dafür gleich angeblufft zu werden. »Mein Sohn hat am 10. Mai Jugendweihe. Mitte Mai ist Pfingsten. Ich habe am 23. Mai Geburtstag, mein Sohn wird am 27. Mai 14 Jahre alt. Was meinen Sie, ob man mich bis dahin rausläßt?« »Na, ich denke doch, daß Sie das schaffen werden.« »Aber langsam müßte ich doch etwas darüber hören.« »Naja, Sie hören das schon noch früh genug.«

So vertrösteten sie mich nun schon monatelang. Ich werde immer ungeduldiger. Wen ich auch in den letzten Wochen diesbezüglich ansprach, immer war die Antwort: »Sie werden's schon früh genug erfahren.« Ein Umstand gab mir dann allerdings zu denken. Wegen meiner zusätzlichen künstlerischen Tätigkeit hatte ich von meiner damaligen Erzieherin die Genehmigung bekommen, meine Kinderbriefe an Carsten zu bemalen. Auch meinen Eltern oder Klaus schickte ich ein kleines gemaltes Blümchen, wenn sie Geburtstag hatten. Nie war es beanstandet worden. Die neuen Erzieherinnen klärte ich sofort darüber auf... und sie gestatteten es dann sogar anderen Häftlingen meiner Zelle.
Eines Tages muß ich plötzlich meinen Monatsbrief einer anderen Erzieherin übergeben. Ihr untersteht ein Teil der kriminellen Häftlinge aus dem Kunstgewerbe-Kommando. Frau Obermeister Günzel ist äußerst gefürchtet im Knast. Sie ist bekannt als brüllende und schlagende Furie. Keiner eckt, wenn's irgendwie zu verhindern ist, leichtfertig mit ihr an. Ich habe nur anfangs Angst vor ihr. Dann merke ich aus einigen Gesprächen, die sie mit ihren »Schützlingen« führt, daß auch sie zur Stasi gehören muß. Mein Haß auf Angehörige dieses Terrorstaates im Staate ist so groß, daß ich keine Angst mehr haben kann. Und sie spürt das irgendwie auch. »Strafgefangene Thiemann, kommen Sie mal in mein Zimmer!« Ich folge ihr. »Melden!« herrscht sie mich an. »Die spinnt wohl«, denke ich. Alle Fasern meines Geistes straffen sich. Dann geht's los. »Hier, den Brief schreiben Sie noch einmal!« »Warum denn das?« »Na, wo gibt's denn sowas! Im Brief malen!« »Aber ... ich habe doch die ausdrückliche Genehmigung!« »Die zeigen Sie erstmal her!« »Natürlich nicht schriftlich. Aber seit zwei Jahren schicke ich stets bemalte Post nach Hause. Nie wurde das beanstandet!« »Für Sie werden hier keine Extrawürste gebraten! Merken Sie sich das! Und ab sofort unterstehen Sie sowieso meinem Kommando! Sie kommen auch noch in meine Zelle!« Entsetzt schaue ich sie an. In dieser »vorbildlichen« Zelle sind nur Kriminelle und Mörderinnen! Nicht eine einzige Politische! »Aber, wieso denn?« frage ich ganz entgeistert. »Darauf brauche ich Ihnen doch wohl keine Antwort zu geben!« »Das sehe ich aber nicht ein...«, weiter komme

ich nicht. »Was Sie hier einsehen und was nicht, das haben nicht Sie zu entscheiden, merken Sie sich das! Sie haben hier nur zu gehorchen! Abmelden!« »Strafgefangene Thiemann meldet sich ab!« hauche ich, dann bin ich draußen. Diese Schweine! Diese gottverdammten Schweine! Da hat doch wieder einer dran gedreht! Nein, da mache ich nicht mit. Die erste, die mir in meine Empörung hineinläuft, ist ausgerechnet die Hauptmann Grabo. »Na, wie laufen die Arbeiten?« »Gut«, antworte ich nur kurz. »Kann ich Sie bitte mal sprechen?« »Ja...?« »Aber allein!« »Warum denn das? Sie werden doch keine Geheimnisse haben?« Vor den Kriminellen aus der Günzel ihrer Zelle habe ich die schon. Ich werde mich doch nicht noch weiter hineinreißen lassen! »Doch. Ich möchte Sie allein sprechen.« »Na, dann kommen Sie!« Auf dem Gang erzähle ich ihr von dem soeben gehabten Gespräch mit der Obermeister. »Na, wenn Frau Obermeister Ihnen das so gesagt hat, dann wird das schon stimmen...« »Aber warum denn? Dafür muß es doch einen plausiblen Grund geben?« Ich gebe nicht so schnell auf. »Wird es wohl auch!« meint sie nur kurz. »Damit sehe ich das Gespräch als erledigt an!« Und sie geht. Völlig niedergeschmettert betrete ich den Arbeitsraum. Ab und zu schaue ich in die Runde. Alles schweigt. Also ein Komplott. Das wird mir immer klarer. So eifrig arbeiten die anderen sonst nicht.
Der nächste, der zu uns reinkommt, ist der Oberleutnant Seifert. Mir ist alles egal. »Herr Oberleutnant, kann ich Sie bitte mal allein sprechen?« »Ja, kommen Sie mit.«
Auch mit ihm gehe ich auf den Gang. Ich erzähle. Er guckt mich verwundert an. Ich konstatiere: Er hat bislang nichts davon gewußt. Und da stoße ich ganz massiv vor. »Ich mache keinen Handgriff mehr hier oben. Ich werde nicht einen einzigen Entwurf mehr anfertigen. Und wenn ich in Arrest muß, ich weigere mich...« »Nana, warten Sie erst mal ab.« »Werden Sie mir helfen?« »Ich muß mich erst mal erkundigen, was das soll. Ich kann da im Augenblick nichts sagen.« Ich glaube ihm. Und nochmals sage ich mit Bestimmtheit: »Und wenn Sie mich in den Arrest stecken, ich gehe in keine Zelle von Frau Obermeister. Ich will bei meinen Leuten bleiben!«

Ich merke es ihm an, daß er das Ganze auch nicht versteht. Aber: Was sollte er wohl zu einem Häftling sagen? Ich werde immer ungeduldiger. In dieser Verfassung wende ich mich an Frau Leutnant Strauß. Sie ist mir von allen Erzieherinnen am liebsten. Sie hat einen feinen Charakter, wenn auch einen furchtbaren Beruf. Aber, andererseits ist's gut, daß es hier auch einen solchen Menschen gibt. Sie sieht gut aus, hat kohlrabenschwarze Haare, vielleicht gefärbt. Sie ist etwa Mitte dreißig oder so. »Ich erfahre nichts wegen meiner Entlassung. Alle vertrösten mich. Wissen Sie etwas?« Doch auch sie kann oder will mir nichts sagen. »Im letzten Brief meiner Mutter stand der Satz: ›Auch der Vater von Hasepiep hat eine Freundin.‹ Ich weiß nicht mehr ein noch aus. ›Hasepiep‹ ist der Spitzname meines Sohnes. Das bedeutet: Mein Mann hat eine andere! Übermorgen habe ich ›Sprecher‹. Ich bin erschüttert.« »Nana, beruhigen Sie sich mal. Ich glaube, da gehe ich mit Ihnen zum ›Sprecher‹. Ich werde Ihren Mann mal fragen.« »Bloß das nicht!« »Na, ich kann's ja ganz durch die Blume sagen...« »Ich nehme an, daß meine Mutter ihn irgendwo mit einer anderen Frau gesehen hat ... Kollegin oder Bekannte ... und Sie wissen ja, wie Mütter so sind...« »Jaja, sehen Sie mal nicht gleich so schwarz. Das wird sich schon alles einrenken.« »Noch eine Bitte habe ich. Ich möchte noch mal mit der Frau von der Staatssicherheit sprechen.« »Was wollen Sie denn von ihr?« »Ich möchte denen ganz klipp und klar sagen, daß ich über alles, was ich hier erlebt habe, an höchster Stelle Bericht erstatten werde.« »Haben Sie sich das genau überlegt?« »Ja, außerdem will ich fragen, wieso sie mich nur das eine Mal geholt hat, und ich die anderen Stühle nicht mehr bespannen mußte. Für mich war das damals sowieso eine Finte...« »Gut, ich werde Sie anmelden. Sie wird Sie sicher holen lassen. Aber: Meinen Sie wirklich, daß das gut für Sie ist?« »Für mich nicht, aber vielleicht später für die anderen!«
Ich habe »Sprecher«. Aufgeregt warte ich in meiner Zelle. Nur Bärbel und Juliane wissen von den Zeilen meiner Mutter. Sie hätte es mir lieber nicht mitteilen sollen ...

Besuch von Klaus

Dann holt mich Frau Leutnant Strauß. Ich bin froh, daß sie mit mir geht. Ich fühle, daß sie sich innerlich in meine Lage versetzt. Ich achte sie sehr. »Na, nun seien Sie tapfer. Sie werden sehen, es wird alles gut.« Ich kann gar nicht so tapfer sein. So vieles schießt mir durch den Kopf. Klaus eine andere? Er, den ich so lange gedeckt habe? Für den ich so viele Foltern erleiden mußte? Nein, das kann nur eine bedeutungslose Bekannte sein ... Dann werde ich in den Besuchsraum eingeschlossen. Wenige Minuten später bringt Frau Leutnant meinen Mann. Wir begrüßen uns kurz, wie erlaubt. Ich bin nahe dran, ihn zu umarmen ... die Leutnant drückt bestimmt ein Auge zu, aber ich entscheide blitzschnell: Ich will ihre Freundlichkeit nicht ausnützen. Sie hat sich ja auch nur an die Bestimmungen zu halten. Die Unterhaltung beginnt. Ich bin äußerst verunsichert. Klaus trägt ein knallgelbes Hemd, einen kunterbunt gestreiften Pullunder. Hmmm, er hat seinen Stil geändert...

Er spricht belangloses Zeug. Ich muß mich zwingen, nicht von der anderen anzufangen. Ich beobachte jede seiner Regungen. Er ist kühler heute. Einsilbiger. Man muß ihn förmlich ausquetschen. Doch das fällt mir schwer. Mit dieser Frage auf den Lippen, die ich verdränge, aus Angst, daß ich die Antwort hier nicht verkraften könnte. Würde ich ihn ans Messer liefern? Ich finde darauf keine Antwort ... alles ist so ungeheuerlich ... Die halbe Stunde ist um ... wir verabschieden uns wie gewohnt. Nein, er verabschiedet sich kühler. Jetzt habe ich es genau gemerkt. Mir zerreißt es fast das Herz! Ich kann es nicht fassen. Ich will es nicht glauben. Die Leutnant schließt hinter sich die Tür und bringt Klaus weg. Jetzt wird sie ihn fragen... Als sie zurückkommt, macht sie ein ernstes Gesicht. »Entweder ist er ein hervorragender Schauspieler oder es stimmt nicht!« erklärt sie mir. »Wieso, was haben Sie gesagt, was er?« Ich bin völlig aufgelöst. »Ich habe ihm gesagt, daß Sie sich Sorgen machen, daß er vielleicht eine andere haben könnte. Da ist er mitten im Laufen stehen geblieben und hat ganz erschrocken und ungläubig gefragt: ›Wieso denkt sie denn so etwas von mir?‹ Da hat er sich entweder sehr gut verstellt oder es ist keine ernste Angelegenheit.« »Ja, aber...« Mich schüttelt Weinen. »Na, kommen Sie, es wird schon alles gut, wenn Sie draußen sind«, tröstet sie mich und bringt mich wieder in die Zelle zurück. Bärbel und Juliane fiebern meinem Bericht entgegen. Auch sie versuchen, mich zu trösten. »Das kann er gar nicht machen, nach all dem, was du für ihn getan hast...« Doch ich lasse mich nicht restlos überzeugen.

Genau am 1. Mai 1975 werde ich in die »Schleuse« gebracht. Wenige Minuten später holt mich diese hübsche Frau, freundlich lächelnd, aber etwas verunsichert, ab. Diesmal will sie nichts von mir, sondern ich von ihr. Und das scheint sie etwas zu beunruhigen. Ich bin ein wenig aufgeregt. Diesmal führt sie mich gleich in das »Wohnzimmer«. Der Tisch ist gedeckt mit herrlich duftendem Kuchen. Sie gießt Kaffee ein. Ich bringe nur ein Stück Kuchen hinunter. Ich erzähle unentwegt. Da ist keine Zeit zum Essen. Das ärgert mich ein bißchen. »Ich habe die Nase endgültig voll! Ich schufte wie verrückt, ich muß ein großes Kunstwerk nach dem anderen anfertigen, ich muß für alle anderen die Entwürfe machen ... ja, ich muß selbst Idioten anlernen, die Grün nicht von Blau oder Türkis unterscheiden können! Ich muß in der Zelle für alles den Kopf hinhalten ... ich habe hier geschuftet bis zum Umfallen ... ich habe in diesen Monaten nur 6,50 Mark und 9,– Mark verdient ... und das für 16 Stunden Arbeit ... ich werde nicht zum Fernsehen gelassen ... zum Kino auch nicht mehr ... und man gibt mir keine Auskunft, wann ich entlassen werde!« Da, jetzt ist erst mal alles raus. Sie schaut mich verdutzt an. Solch einen Temperamentsausbruch hat sie von mir offensichtlich nicht erwartet. Ich galt als sehr zurückhaltend. Doch im letzten Jahr hat sich das beträchtlich geändert. Ich riskiere oft eine Lippe, die manch einem mindestens Bunker einbringt. Aber das Personal weiß inzwischen: Wenn ich mal ausflippe, dann ist das meistens berechtigt. Dann muß es schon sehr doll gewesen sein. So auch hier. »Naja, Sie werden ja sicher bald entlassen ...« versucht sie erst mal zu beschwichtigen. »Darum geht's nicht nur. Hier werden die Gefangenen geknechtet ... gefoltert ... auf die tiefste Stufe degradiert ... Ich kann das alles nicht mehr mit ansehen. Und ich werde darüber dem Staatsrat Bericht erstatten. Im Detail!« Ihr verschlägt's beinahe die Sprache! »Und was erhoffen Sie sich davon?« fragt sie leise. »Daß es hier besser wird!« »Aber das betrifft Sie doch gar nicht mehr, Sie gehen doch bald nach Hause!« »Verdammt noch mal, es geht ja hier auch gar nicht um mich! Es geht um die vielen, die hier laufend mißhandelt werden, die zu Pudding zusammengedroschen werden, ohne sich wehren zu können. Und das wegen Nichtigkeiten!« »Nana, nun reagieren Sie sich mal wieder ab .. Zigarette?« Ich lange zu. »Das letzte mal haben Sie aber nicht geraucht!« »Da hatte ich keinen Appetit«, kontere ich schnell. Verdammt, wie gut die aufpaßt ... was die für ein Gedächtnis hat ... »Sie sollten sich das noch mal überlegen. Denn: Sie haben nichts davon!« »Aber die anderen!« Dann läßt sie mich abholen. Sie ist nicht mehr so freundlich.

In den nächsten Tagen sammle ich Schlafmedizin. Die Sache mit Klaus beschäftigt mich unaufhörlich. Wie ist denn so etwas möglich? Wie kann er so unzuverlässig sein? Ich habe ihn doch gedeckt ... er hat doch nur mir zu verdanken, daß er sich nicht an ebensolchem Ort befindet ... Ich verstehe die Welt nicht mehr! Was mußte ich alles aushalten, weil sie genau von seiner »Mittäterschaft« Kenntnis hatten! In unserem Fernsehapparat im Wohnzimmer war über Monate hinweg ein Abhörgerät eingebaut. Eines Tages hatten wir eine Störung ... wir nahmen an, daß irgendeine Röhre kaputt war. Da dieser Apparat noch Garantie hatte, riefen wir an der zuständigen Stelle an. Es erschien nach ein paar Stunden ein Monteur. Er fummelte am Apparat herum, ich betätigte mich weiter im Haushalt. Vor Fernsehern und Radioapparaten hatte ich schon immer einen Heidenrespekt ... nur nicht so nahe drangehen ans laufende Gerät ... Ich sah nicht, was er »reparierte«. Jedenfalls war die Störung abends weiterhin da. Und noch etwas war hinzugekommen: Jetzt konnten wir kein drittes Westprogramm mehr empfangen! »Das ist

doch nicht normal!« äußerte ich Klaus gegenüber. »Da müssen wir eben gleich morgen noch mal anrufen.« Es war Juni 1972. Ich rief wieder an. Diesmal dauerte es 14 Tage, ehe jemand kam. Wieder fummelte der Monteur am Apparat herum. Ich sah nicht zu. Wieder händigte er mir eine Quittung aus, die ich unterschreiben mußte. Dann ging er. Abends dasselbe Spiel: Die Störung war nicht behoben, das dritte Programm sagte keinen Piep!
»Das finde ich sehr merkwürdig. Vielleicht haben die uns was eingebaut«, sagte ich zu Klaus. »Ach, sieh doch keine Gespenster!« »Wieso denn? Das Telefon wird seit Jahren abgehört... die Post wird seit Jahren geöffnet ... die Pakete werden seit Jahren verwüstet, der Kaugummi durchstochen. Warum sollten sie kein Abhörgerät installieren?« »Ich glaube das nicht...«, meinte er. »Nun ja, dazu bist du ja auch viel zu phlegmatisch!« Ich war sicher: In dem Fernseher war ein Abhörgerät! »Laß dich doch nicht verrückt machen. So kannst du doch nicht ruhig weiterleben. Es ist auch so schon schlimm«, tröstete mich Klaus. Gut. Wir lebten unser Leben weiter. Ich rief wieder die Störungsstelle an. Wieder erschien ein Monteur. Es war mittlerweile Oktober. Ich hatte Besuch von meinem Botschaftsattaché. Hin und wieder besuchten mich die kubanischen Botschaftsangehörigen, bei denen ich mal angestellt war. Der Fernsehfritze war mit seiner Arbeit beschäftigt. Ich begab mich in die Küche. Als ich mit dem Kaffee zurückkam, sagte ich: »Pérdone, ha durado unos minutos más.« (Entschuldigen Sie, es hat einige Minuten länger gedauert.) Der Fernsehtyp schaute mich gespannt an. Das war nicht einfach die Reaktion auf eine Sprache, die man nicht kennt. Er bedauerte offensichtlich, daß er eventuell eine wichtige Nachricht nicht mitbekommen hatte. Er wurde mir immer unheimlicher. Dann gab er mir zum drittenmal die bewußte Quittung. Ich unterschrieb. »Im übrigen, Sie müssen eine andere Telefonnummer anrufen. Bei uns sind Sie falsch!« Ich erstarrte. Und das fiel dem erst heute ein? Von Juni bis Oktober sind die immer gekommen ... und nichts hatte sich am Fernsehbild geändert... Nun stand's für mich endgültig fest: Die Stasi hatte uns ein Abhörgerät installiert! Ich notierte die neue Telefonnummer, dann verzog sich der Handlanger... Nur nichts anmerken

lassen ... nur nicht die Fassung verlieren. Ich führte mein Gespräch in Spanisch nur unkonzentriert weiter. Und dann war ich froh, als der Besuch beendet war. Ich konnt's nicht erwarten, bis Klaus nach Hause kam. Ich griff zum Telefonhörer: »Hallo, ich bin's.« »Ist der Fernseher repariert?« fragte er. »Ja, und ich hatte recht, wahrscheinlich.« »Na, ich komme dann gleich nach Hause.« Am Telefon konnten wir nicht weiter sprechen, denn das wurde abgehört. Sobald das dritte Programm lief, schaltete ich ein. Es war wieder da! Die Störungen im ersten und zweiten waren verschwunden! Klaus überzeugte sich selbst. Dann saß er kreidebleich im Sessel. »Wenn ich nur auf dich gehört hätte! Ich Hornochse!« »Ja, siehst du, mir kam das Ganze doch gleich merkwürdig vor...« Wir überlegten. Worüber hatten wir uns in dieser Zeit alles unterhalten? »Ach, du Schande! Da ist ja unser Gespräch mit Tante Lola in der Zeit geführt worden. Wegen der Flucht...« »Und außerdem haben wir uns im August während der Olympiade sehr eindeutig und drastisch über die Methoden bei uns im Sport geäußert und wie wir das dann im Westen alles bekanntgeben wollen.« Wir überlegten und überlegten. Es sah wahrlich nicht rosig für uns aus. Damit war alles geliefert. Damit hatten sie uns in der Hand. Was wir zu diesem Zeitpunkt nicht wußten: Auch im Osten dürfen Tonbänder vor Gericht nicht als Beweismittel verwandt werden... Aber allein der Umstand, daß sie en detail Bescheid wußten, daß wir gemeinsam geplant hatten, ließ sie mit größter Brutalität gegen mich vorgehen, als ich meinen Mann nicht ans Messer lieferte. Und jetzt das...? Wofür? Warum?

Meine Mitinhaftierten sind zur Nachtschicht gegangen. Ich liege allein in der Zelle und habe gerade vier Schlaftabletten geschluckt. Endlich mal wieder schlafen ... endlich mal vergessen... Mitten in der Nacht, ich muß gerade eingeschlafen sein, geht ein wüstes Geschreie auf den Gängen los. Nur von ferne höre ich die Geräusche. Plötzlich wird meine Zellentür aufgerissen, das Licht geht an. »Los, aufstehen, Alarm!« brüllt eine Wachtel. Ich mache die Augen kurz auf... und gleich wieder zu. Der Lärm wird größer. Von draußen höre ich eine Sirene. Ich lege mich auf die andere Seite. Wieder kommt eine Wachtel. »Na los, nun machen Se endlich, daß Se uffstehn!« »Ich kann nicht, ich habe Schlafmedizin genommen!« lalle ich. »Das macht nischt, hier müssen Se uffstehn!« brüllt sie und rast weiter. Ich denke gar nicht daran. Ich bin nicht fähig. Die sollen doch machen, was sie wollen. Ich kann nicht! »Was, hier ist noch jemand drin? Los, los, die anderen sind schon alle im Keller!« Ich versuche, mich aufzurichten. Doch ich falle zurück auf meine harte Matratze. Und wieder erscheint eine Wachtel an der Tür. »Mensch, Thiemann, Sie sind noch hier! Sie müssen mitkommen. Machen Se schnell, Sie sind die letzte!« »Aber ich kann doch nicht. Ich habe keine Gewalt über meinen Körper!« Es hilft nichts. Es kommen weitere Wachteln dazu. Sie zerren mich aus meiner dritten Etage herunter. Im Nachthemd und mit einer Decke in der Hand werde ich auf den Gang gescheucht. Auf der anderen Seite erblicke ich viele, viele junge Wachteln, die ich noch nie hier gesehen habe. Was hat das alles zu bedeuten? Ich bin gar nicht richtig bei Sinnen ... ich versuche, Klarheit zu bekommen ... langsam wird's etwas besser. Ich laufe blindlings, so wie einige Strafgefangene, die sich offenbar ebenfalls geweigert hatten – was weiß ich, aus welchen Gründen – den Wachteln hinterher. Am Eingang zum Keller stehend, entdecke ich unten an der Treppe die Hauptmann Grabo und Major Veit. Ich wanke die Stufen hinunter. »Aha, die Strafgefangene Thiemann!« sagt die Grabo gehässig. »Ausgerechnet! Sie wissen doch, daß Sie hier die letzte sind!« Mir ist egal, was sie quatscht. Und mir ist auch egal, was um mich herum geschieht. Ich habe mit mir selbst zu tun. Vier Schlaftabletten, in meinem geschwächten Zustand, das hat eine verteufelte Wirkung... Langsam bekomme ich mit, was vor sich geht. Der ganze Keller ist gefüllt mit weißen Gestalten. Sie alle haben nur die Nachthemden an, einige haben sich Decken um die Schultern geschlungen. Es ist höllisch kalt hier. »Was hat das zu bedeuten?« frage ich die mir am nächsten Stehenden. »Das ist Alarm, offensichtlich eine Übung.« »Aber vielleicht brennt's auch wirklich!« fügt eine andere hinzu. »Ich habe vorhin so viele Tatütata-Wagen gehört. Wer weiß...?«

Ich kann nicht einschätzen, wie lange wir dort unten zubringen müssen. Mir kommt's ewig vor. Und ich habe eine Stinkwut.

Schade um die schönen Schlaftabletten ... so schnell werde ich nicht wieder im Besitz von vier Stück sein! Irgendwann dürfen wir wieder in unsere Zellen. An Schlaf ist natürlich nicht zu denken. Am nächsten Tag erfahren wir von der Erzieherin, daß es eine Übung war. »Die Übung wird in den nächsten Tagen wiederholt. Es dauerte alles viel zu lange, bis sich einige Strafgefangene aus ihren Betten bequemt hatten...« »Ja, aber ich hatte zum Beispiel Schlaftabletten genommen, da ging es gar nicht schneller...« »Solche Entschuldigungen zählen hier nicht!« belehrt mich die Wachtel. »Hier haben Sie unseren Anordnungen Folge zu leisten. Das müßten Sie doch langsam wissen!« Lange noch wird über dieses Ereignis diskutiert. Alle sind einer Meinung: Wenn hier mal wirklich ein Brand ausbricht, gibt's für eine ganze Reihe Menschen keine Rettung! Wir sind auf engstem Raum zusammengepfercht ... und die Hysterie, die ohnehin unter Frauen so schnell ausbricht, haben wir bereits beim Wasserrohrbruch, zu Weihnachten und zu Silvester kennengelernt. Hier würde jeder auf jeden treten... Die Übung findet kurze Zeit später nochmals statt. Doch da erschreckt sie uns nicht so sehr. Man hat ja ohnehin keine Wahl ... viele resignieren ganz einfach.

Es ist der 3. Mai 1975. Noch immer hat mir niemand etwas von einer Entlassung gesagt. Aber am 10. Mai hat Carsten Jugendweihe, die an die Stelle des Konfirmationsunterrichtes gerückt ist. Beim letzten »Sprecher« sagte ich zu Klaus: »Wenn ich bis dahin nicht raus bin, nimmt er nicht daran teil!« Auch im Mai-Brief betone ich es noch einmal ausdrücklich! Täglich spreche ich jetzt jeden Beliebigen vom Erzieherpersonal an. Ich werde immer unruhiger. Am 8. Mai halte ich es nicht mehr aus. »Frau Oberleutnant Hanke, ich hätte Sie gern mal gesprochen.« »Ja, bitte...« »Mir wurde immerzu, auch von Ihnen, gesagt, daß ich bis zur Jugendweihe meines Sohnes draußen bin. Sie findet in zwei Tagen statt...« »Jaja, da können Sie's ja immer noch schaffen.« Ich verstehe sie nicht. Sie war sonst immer sehr freundlich. Irgend etwas ist passiert. Irgend etwas gegen meine Person. Ob sie erfahren haben, daß ich nach wie vor in den

Westen will? Wodurch? Ich kann mir ihre plötzliche Veränderung nicht erklären. Am 9. Mai tut sich nichts. Ich wende mich an Frau Oberleutnant Schüßler. »Was ist denn mit meiner Entlassung?« frage ich voller Verzweiflung. Doch sie zuckt nur die Schultern. »Ich habe noch nichts gehört, Strafgefangene Thiemann!«

Am 10. Mai bin ich endgültig fertig. Ich gehe nur noch acht Stunden arbeiten. Ich denke gar nicht mehr daran, noch zusätzlich Werte zu schaffen. Wofür denn? Auch sonntags verweigere ich die Arbeit. »Strafgefangene Thiemann, zur Arbeit raustreten!« Frau Meister »Bettenschreck« fordert mich wie immer auf. »Nein, ich gehe heute nicht!« »Wie, Sie gehen heute nicht?« »Nein, ich habe keine Lust mehr. Ich bin von vorne bis hinten belogen worden. Jetzt reicht's mir auch mal!« »Hoffentlich wissen Sie, was Sie da tun ...«, die Tür wird abgeschlossen.

Keiner holt mich an diesem Sonntag nach oben. Nur Birgit läßt durch eine andere Wachtel noch mal anfragen, wo ich bleibe. Doch ich bin eisern. Die folgenden Tage zehren hart an meinen Nerven. Bei jedem Türaufschluß denke ich, daß es mir gilt. Daß ich irgend eine Nachricht erhalte. Nichts tut sich. Ich soll noch ein Treptower Ehrenmal anfangen ... ich weigere mich. Am 23. Mai habe ich Geburtstag. Noch einmal wage ich einen Vorstoß. »Frau Oberleutnant Schüßler, in vier Tagen hat mein Sohn Geburtstag, bin ich denn bis dahin zu Hause?« Sie zuckt wieder nur mit den Schultern. »Das kann ich Ihnen auch nicht sagen. Hier ist nichts bekannt!« Was sind das nur für Barbaren! Da haben sie wochenlang, monatelang in mir die Hoffnung geschürt, haben mich damit zu noch größeren Leistungen angespornt, weil ich so naiv war zu glauben, daß das mich schneller zu meiner Familie brächte... Am 27. Mai bin ich völlig am Ende. Mein Sohn wird heute 14 Jahre alt. Mit elf hat er mich das letzte Mal gesehen! Mein Haß ist grenzenlos...

Die Entlassung

Am Nachmittag läßt mich die Erzieherin holen. »Sie werden noch diesen Monat entlassen.« Ich starre sie an. Meine Sinne sind hellwach. Doch sie können das, worauf ich schon so ewig warte, nicht erfassen. Ich kann nicht weinen, ich kann mich nicht freuen ... ich höre sie nur nochmals wiederholen: »Haben Sie gehört, Sie werden übermorgen entlassen.« Wut steigt in mir hoch. Warum sagen sie mir das erst so kurz davor? Das hat's noch in keinem Fall gegeben! Ist das eine weitere Folter von denen? Ist's, damit ich ihnen bis zur letzten Minute noch Kunstwerke schaffen kann? Ich finde keine Antwort ... denn wieder einmal ist diese Ungeheuerlichkeit nicht mit Logik zu erfassen. Als ich's endlich begreife, kann ich es kaum erwarten, meinen Leuten das mitzuteilen. Die ersten sind die im Kunstgewerbe-Kommando. »Na endlich! Da wird sich Ihr Sohn aber freuen ...«, heuchelt die Knoll, die mir die Entlassung am allerwenigsten gönnt. Muttchen Liebert freut sich ehrlich: »Das hat aber auch wirklich lange gedauert.« Dann kommen Birgit und Christine hoch. Sie fallen mir um den Hals. »Menschenskind, endlich, endlich!« jubelt Birgit. Und lange halte ich's da oben nicht mehr aus. Als meine reguläre Arbeitszeit zu Ende ist, packe ich meine Sachen zusammen. Ich nehme auch den größten Teil meiner Entwürfe mit. Morgen muß ich zwar noch mal arbeiten, doch besser ist besser ... sonst verschwinden sie plötzlich noch!
In der Zelle geht ein großes Hallo los! Selbst die Hartgesottensten können ihre Tränen nicht zurückhalten. »Ich freue mich ja so für dich!« »Endlich hast du's geschafft!« »Mensch, denke bloß mal an uns, vergiß uns nicht so schnell!« Am liebsten würde ich sie gleich alle mitnehmen. Aber wer weiß: es hat ja keiner so lange gesessen wie ich, vielleicht sind sie schon viel schneller draußen, als sie glauben ... Sie haben wenigstens das Glück, daß sie fast alle gleich in den Westen kommen. Bei mir geht dieser Kampf erst noch mal los. Und wer weiß ... die Erfolgsaussichten

kann ich nicht einschätzen. Und leben kann ich in diesem Staat keinesfalls mehr. Keine Minute mehr als nötig! Ich habe ihn von seiner höllischsten Seite kennengelernt... das ist für ein Leben genug! »Ich bekomme einen Büstenhalter von Dir!« »Und ich möchte gern die graue Bluse!« »Hast du noch paar dünne Strümpfe?« So schwirrt's durch den Raum. Natürlich können sie sich alle von meinen Sachen das Beste heraussuchen. Hauptsache, die Stückzahl stimmt. Wenn man sie drüben bei den Effekten abgibt. Die Strafgefangene Habert ist zwar sehr genau, doch wer was von ihr bekommen hat, weiß sie sicher nicht. Sie hat lebenslänglich. Man erzählt, daß sie, als sie von dem Verhältnis ihres Mannes erfuhr, eines Tages seiner Geliebten auflauerte und sie fesselte. Dann legte sie die junge Frau auf die Bahnschienen... der nächste Zug verstümmelte sie gräßlich!

Die Zelle gleicht einem Bienenschwarm. Schade, meine Mitinhaftierten haben Spätschicht. Die letzten beiden Nächte schläft kaum eine. »Dein Mann wird dich ja jetzt verwöhnen!« »Ja, wenn ich nach Hause komme, ist meine Wohnung ein Blumenmeer...« erwidere ich. »Und dein Sohn wird dir an den Hals springen.« »Was wirst du als erstes essen?« »Ich verdrücke erst mal einen ganzen Berg Kuchen... dann ein richtiges schönes Stück Fleisch ... und Wurst, ein Butterbrötchen ... Obst ... Gemüse ... am liebsten alles auf einmal!« Wir schwelgen in längst vergessenen Genüssen! »Dann muß ich mich auf Vordermann bringen. So wie ich jetzt aussehe, erkennt mich ja keiner mehr!« Das ist eine große Sorge von mir. Wie sehe ich nur aus... was ist nur aus mir geworden? Aber eins hatte ich mir bereits bei der Vernehmung geschworen. »Wenn ich lebend hier rauskomme und mir einigermaßen meine Figur erhalten habe, dann mache ich nochmals Aktaufnahmen!« Die Frechheit meines Vernehmers und des Richters, einerseits mir das vorzuhalten, andererseits meine Filme laufend zu begutachten und sogar ein Magazinheft in der Gerichtsakte abgeheftet zu haben, bestärken mich in diesem Entschluß...
»Wirst du in den nächsten Tagen mal ins Kino gehen? Oder ins Theater? Oder tanzen?« »Alles werde ich, aber immer hübsch

langsam. Zuerst muß ich mich wieder an meine Familie gewöhnen, meine Eltern aufsuchen...«
So geht's die ganze Nacht. Fast alle sitzen um mich rum. Keine will mehr an das denken, was sie mir eine Zeitlang angetan haben... und ich will verzeihen... nicht nachtragend sein... es sind ja extreme Bedingungen... trotzdem werde ich's niemals vergessen!
Der letzte Tag ist angebrochen. Noch einmal werde ich zur Arbeit ausgeschlossen. Ich mache nicht mehr viel. Ich gebe noch einige Tips... ansonsten wird über »draußen« gesprochen. Mittags muß ich nochmals zum Arzt. Auf dem Weg dorthin läuft mir Frau Oberleutnant Schüßler über den Weg. »Frau Oberleutnant, weiß mein Mann eigentlich Bescheid?« Verwundert schaut sie mich an. »Nein... nein... ich glaube nicht«, gibt sie mir unsicher zu verstehen. »Aber... wie komme ich denn da nach Hause? Man muß ihn doch verständigen!« Ich kann's nicht fassen. »Sie können ja mit dem Zug fahren«, erklärt sie. »Nein, nein, ich bin viel zu unsicher... ich kenne mich hier nicht aus... nach dieser langen Zeit.« Mir stehen Tränen in den Augen. »Könnten Sie ihm nicht ein Telegramm schicken? Oder darf ich anrufen?« Ich weiß, daß das dumme Fragen sind... aber aus der Verzweiflung... jetzt so kurz vor dem Schluß... wage ich's. »Na ja, das läßt sich vielleicht machen...« Ich freue mich. »Ich gebe Ihnen dann noch Bescheid.« Ich höre nichts mehr von ihr. Auf mein Klingeln antworten die Wachteln: »Sie ist nicht mehr im Hause.« Na ja, egal... irgendwie komme ich schon nach Berlin. Nach Hause. Mir graut's zwar, aber die, die bereits 16 Jahre dort gesessen haben, werden eines Tages auch so sang- und klanglos auf die Straße gesetzt... sich selbst überlassen... wenn sie keine Angehörigen mehr haben, die nach so langer Zeit noch zu ihnen halten.
Die ganze Nacht wird erzählt. Liane weint ganz ungeniert. »Ich gönne dir das ja, doch was wird jetzt aus uns? Durch dich gab's immer noch Zusammenhalt... du hast immer so viel geschlichtet... Und auch für uns Nichtstudierte hattest du viel Verständnis...« »Es wird schon alles weiter gut gehen«, tröste ich sie. Überzeugt bin ich nicht davon. Eins ist gewiß: Nun wird ein häßlicher Kampf um dieses beschissene Amt der »Verwahr-

raumältesten« losgehen! Sie werden sich gegenseitig ausspielen, anschwärzen, das Leben unnötig noch schwerer machen ... Sogar Heidi »Pfannkuchengesicht« hält eine Rede: »Du warst eine hervorragende Verwahrraumälteste. Wir können von Glück sagen, daß wir dich hatten ...« Spät kommt die Einsicht, geistert's mir durch den Kopf. Denn gerade sie hatte oftmals gegen mich Stimmung gemacht ...

Meine Sachen sind fix und fertig gepackt. Ich warte auf den Ausschluß. Man hat mir gesagt, daß ich von acht Uhr an damit rechnen kann. Mit Liane und Spitzelheidi zerreiße ich den größten Teil meiner Teppichentwürfe. Die Schnipsel spülen wir die Toilette hinunter. Es muß langsam gemacht werden, damit sie nicht verstopft. Alle freuen sich darüber, daß ich meinen Peinigern nichts zum Nachknüpfen zurücklasse ...

An die hundert Anschriften habe ich in meinem Gehirn programmiert. Allen soll ich etwas ausrichten: Eltern, Schwiegereltern, Geschwistern, Freunden ...

Zwei Dinge will ich mit hinausnehmen: Ein Taschentuch, was mir Gerda mal zu Ostern gestickt hat, und eins von Guny vom letzten Weihnachtsfest. Ich rolle das dünnere zu einem Tampon zusammen und schiebe es in die Scheide. Das andere halte ich in der Hand. Ich muß es versuchen! Endlich schlüsselt's. »Strafgefangene Thiemann, sind Sie fertig?« »Ja«, stammle ich furchtbar aufgeregt. »Mach's gut!« »Vergiß uns nicht!« »Denk heute abend an uns, wenn du fernsiehst!« »Halt die Ohren steif!« »Tu was für uns!« Alle haben einen Rat oder eine Hoffnung auf den Lippen. Der Abschied fällt mir schwer. Es tut mir so leid, daß ich sie zurücklassen muß. Doch ich bin am längsten von ihnen dort gewesen. Ich bin sicher: Die Entlassung mißgönnt mir keiner!

Die Tränen rinnen uns allen übers Gesicht. Immerhin: Wir sind eine Gemeinschaft gewesen! »Na, nun ist's aber genug mit der Abschiedszeremonie!« erinnert mich die Wachtel an meinen letzten Gang durchs Zuchthaus. Dann schließt sich die Tür der Zelle 51 hinter mir. Für immer! Wirklich und tatsächlich für immer! Mein unhandliches Bündel tragend, laufe ich hinter der Wachtel, die mir seit vielen Monaten bekannten Gänge entlang. Zuerst geht's zu den Effekten. Die Haber grinst mich an. Ich verachte sie. Einmal, weil sie die schwangere Geliebte ihres Mannes auf die Eisenbahnschienen gebunden hatte, wodurch sie zur Doppelmörderin wurde. Zum anderen, weil sie viele ihrer Mitgefangenen anschwärzte, um sich Pluspunkte beim Personal zu sammeln. Stück für Stück zählt sie meine Knastklamotten. Alles ist vorhanden. Dann geht's in den nächsten Raum. Fünf weibliche Dienstränge sitzen vor mir: Leutnant, Obermeister, Oberwachtmeister...

Elf Häftlinge werden heute entlassen. Ich bin die einzige Politische. Die meisten von uns werden aus dem Gefängnis direkt nach dem Westen transportiert... »Ausziehen!« fordert mich eine Uniformierte auf. Ich gehorche. Wie gern ziehe ich diese Sachen aus! »Und jetzt herkommen!« »Warum?« frage ich verdutzt. Mir schießt's durch den Kopf: »Wenn sie jetzt den Tampon entdecken ... ob sie mich dann hierbehalten können?« »Kommen Sie her und machen Sie fünf Kniebeugen!« »Wieso? Das sehe ich nicht ein! Können Sie denn nicht wenigstens zuletzt auf diese entwürdigenden Übungen verzichten?« »Wir müssen uns an unsere Vorschriften halten...« Mein Protest nützt also nichts. Ich trete vor. »Beine breit machen und dann die Knie beugen!« Ich merke, wie der Tampon sich selbständig zu machen droht. Ich schaue allen fünfen abwechselnd in die Augen und schimpfe weiter wie ein Rohrspatz. »Schämen sollten sich die, die solche Bestimmungen machen, es ist eine Schande! Daß einem das nicht einmal bei vorzeitiger Entlassung erspart bleibt!« Keine schaut nach unten. Alle blicken mir in die Augen. Diesen Wutausbruch auf den letzten Metern hätten sie mir offensichtlich am allerwenigsten zugetraut! Dann wird's höchste Zeit... ich darf abtreten. Ich drücke meine Schenkel fest zusammen... Ich greife zu meinem Slip. Und endlich, das Vorhaben ist gelungen! Ein privates Kleidungsstück nach dem anderen lege ich an. Ich genieße es, meine Sachen anfassen zu können... Endlich wieder Spitzenunterwäsche ... Endlich der Geruch von zu Hause ... Das gibt mir Lebenskraft zurück. Die Wachteln glotzen alle zu mir – bis ich das letzte Kleidungsstück angelegt habe. Schwierigkeiten mit dem Reißverschluß habe ich nicht – um etliche Kilo bin ich leichter. Nachdem ich mich gekämmt und einen richtigen (!) Lippenstift aufgelegt habe, begleitet mich eine Wachtel zum Kassenraum. Ich erhalte ein amtliches Dokument – den Entlassungswisch! Außerdem händigen sie mir das dort verdiente Geld aus – ganze 238,50 Mark für zweieinhalb Jahre! Und davon hatte ich auch noch mindestens 80 Mark mitgebracht! Doch was ist Geld gegen die Freiheit? Die Formalitäten sind erledigt. Jetzt kommt der große Moment. Der Weg zum Tor! Ein letztes Mal höre ich das Schlüsselrasseln, an das man sich auch nach Jahren nicht gewöhnen kann, das entnervt, das erniedrigt... »Übrigens, Sie werden abgeholt«, erklärt mir plötzlich Frau Leutnant. »Was?« Ich kann's kaum fassen. Das sagen sie mir in letzter Minute? In allerletzter Minute! Oh, diese Barbaren! »Ist mein Mann schon da?« »Das glaube ich kaum. Am besten warten Sie auf der Bank, die sich vorn auf dem Platz befindet. Da kommen Sie direkt drauf, wenn Sie das Tor verlassen...« Es ist etwa 9 Uhr.

Da sitze ich nun. Auf einer Bank in der Sonne. Neben mir ein riesengroßes Kuchenpaket. Vis-à-vis ist die Bäckerei, wo ich soeben für fast 30 Mark den herrlichsten Kuchen der Welt erstanden habe! Die Bäckersfrau schaut mich halb interessiert, halb mitleidig an. Sie weiß offensichtlich, daß ich gerade das große eiserne Tor durchschritten habe, was eines der übelsten Zuchthäuser in diesem Lande hinter sich birgt. Sicher wird fast täglich jemand entlassen. Normalerweise gab's eine Bettenkapazität von maximal 800 – wir waren jedoch 1600 Strafgefangene! Daß wir mit unseren kreidebleichen, hohlwangigen Gesichtern nicht gerade wie Sommerfrischler aussehen, ist klar.

Die Sonne tut gut. Zweieinhalb Jahre, zweieinhalb endlos lange Jahre, mußte ich sie entbehren. Eine Ewigkeit, wenn man weiß, daß der Mensch die Sonne braucht, um zu existieren. Ein einziges Stückchen Kuchen bringe ich hinunter. Dresdner Eierschecke. Oh, wie köstlich das schmeckt!

Kurz nach neun ist es. Wer weiß, wann Klaus von Berlin kommt. Ein paar Stunden muß ich schon noch rechnen. Aber ich genieße die Freiheit und die warmen Sonnenstrahlen des Monat Mai aus tiefster Seele. Eine halbe Stunde etwa verweile ich auf der Bank. Ich muß mich langsam daran gewöhnen, daß ich wieder aufste-

hen und einen Schritt gehen kann, ohne daß jemand neben mir kommandiert. Ich gebe mir einen Ruck und stehe auf.
Jetzt muß ich das Versprechen einlösen, das ich meinen Mitinhaftierten gab: ich soll ihnen an sichtbarer Stelle noch einmal winken. Die Leidensgefährtinnen meiner Zelle gehören nicht dazu – sie sind zum Innenhof hin untergebracht. Aber wo soll ich langgehen? Die Gegend kenne ich überhaupt nicht. Mein Orientierungsvermögen ist, wenn man den Gefängnistrakt nur von innen kennt, gleich Null. Außerdem die verdammte Unsicherheit nach dieser langen Isolierung... Ich schlottere am ganzen Körper, als ich mich für einen schmalen Weg nach rechts entscheide, der ziemlich steil nach unten führt. Meine ganze Habe besteht aus einem Plastikbeutel und dem köstlichen Kuchenpaket. Ich laufe über die Straße. Überquere eine Schleuse. Leute kommen mir entgegen. Richtige Menschen in bunter Kleidung! So etwas habe ich schon eine Ewigkeit nicht mehr gesehen! Ob sie merken, daß ich frisch aus dem Knast komme? Bin ich eigentlich noch modisch gekleidet nach solch einer langen Zeit? Dunkelblauer Samtblazer, hellgraue Jerseyhosen, hellblauer Pulli. Nun ja, es sieht wohl noch ganz manierlich aus, weil's zeitlos ist und aus dem Westen stammt. Und in diesem Nest sowieso ... Ich spreche mir selbst Mut zu. Der gepflasterte Weg wird immer steiler. Meine Augen schweifen nach links, aber ich kann beim besten Willen keine mir bekannten Gebäude des Gefängnisses sichten. Also muß ich es mal in der anderen Richtung versuchen. Bergauf geht's schon schwieriger. Die Puste bleibt weg. Mein Gott, wie bei einer alten Frau! Was hat das zu bedeuten? Ist's meine Aufregung? Vertrage ich so viel frische Luft nicht mehr? Oder ist's das Gefühl, frei im Raum zu schweben? Ich keuche wie verrückt. Mein Kopf hämmert. Der Schweiß fließt in Strömen. Nur jetzt nicht plötzlich schlapp machen, sage ich zu mir. Jetzt, wo doch alles überstanden ist ... überstanden??? Wieder am Platz angelangt, riskiere ich einen kurzen, aber wirklich ganz kurzen Blick in Richtung Gefängnistor. Dann schreite ich an der Bäckerei vorbei und biege die nächste schmale Straße rechts rein. Aber wieder geht's bergab. Kleine Häuser eines kleinen Ortes säumen den Weg. Davor sind Gärten mit richtigen Blumen ...

und Gras ... und Bäumen! Ich staune die Welt an, als wenn ich sie zum erstenmal erblickte ...
Endlich entdecke ich das bewußte Gebäude. »Birgiiit!« rufe ich laut zum Kunstgewerbefenster hoch. Uns trennen etwa 300 Meter. Das Signal ist gegeben! Birgit erscheint hoch oben in der vierten Etage hinter dem Gitterfenster und winkt mit einem Handtuch. Und neben ihr, etwas weiter links, erscheinen fünffach übereinander die Köpfe einer anderen politischen Schicht. Für sie habe ich immer die »Kurierdienste« erledigt. Wegen dringender Reparaturarbeiten in der Zelle, die männliche kriminelle Häftlinge aus einer Anstalt in Karl-Marx-Stadt ausführen, wurden sie in den Kinosaal verfrachtet. Sie rufen, schreien und winken – dazu haben sie Hemden und Unterwäsche ausgezogen – ohne Rücksicht darauf zu nehmen, was ihnen das eventuell wieder einbringen wird. Es macht mich alles ein bißchen traurig. Daß ich sie jetzt zurücklassen muß ... Ich bin frei ... endlich frei! Wie sehr wünsche ich es ihnen ebenfalls. Doch jäh wird unser Abschiednehmen unterbrochen. Ein Leutnant taucht im Gelände auf. »Machen Se, daß Se nach Hause gommn! Haun Se ab hier!« schreit er in astreinem Sächsisch. Ich denke gar nicht daran! Weiter wedle ich mit meinem langen, dunkelblauen Seidentuch und gönne den armen Zurückbleibenden den Anblick eines wieder kultiviert angezogenen Menschen. Viel können sie ohnehin nicht erkennen ... Solange sie nicht von den Fenstern verschwinden und das Risiko auf sich nehmen, meinetwegen bestraft zu werden, räume ich keinesfalls das Feld! Ich rühre mich nicht von der Stelle. Der Leutnant tobt immer lauter. »Los, los, weg hier! Aber bissel dalli!« Ich würdige ihn keines Blickes. »Viel Glück!« »Alles Gute!« »Denk mal an uns!« ruft's von oben herunter. »Haun Se endlich ab! Sonst kumm ich raus!« brüllt wieder der Leutnant zu mir. Doch was will der tobende, uniformierte Scheißer eigentlich von mir? Ich bin frei ... frei ... frei! Er hat mir nichts mehr zu befehlen! »Es gibt eine Strafgefangene weniger! Merke dir das, du Hundesohn!« sage ich im stillen. Plötzlich verschwinden alle von den Fenstern. Jetzt wird's ein mächtiges Donnerwetter geben. Keiner läßt den Kopf mehr sehen. Nur Birgit harrt an ihrem Fenster aus. Sie wurde nicht ent-

deckt. Noch nicht. Langsam löse ich mich von der Stelle. Ich hebe meine Siebensachen auf und gehe in die alte Richtung. Es ist erst kurz nach zehn Uhr. Wie lange werde ich noch warten müssen? Die Bank am Platz ist leer. Ich setze mich wieder drauf. Kuchen kann ich keinen essen. Die Spannung wächst von Minute zu Minute. Endlich werde ich meinen über alles geliebten Sohn wieder in die Arme nehmen können! Ob Klaus mit unserem eigenen Wagen kommt, der schon so lange in Meißen bei seinem Cousin zur Reparatur ist? Ob er ihn Klaus abgeschwatzt hat? Auf einen Westwagen sind sie alle scharf... Mittlerweile laufen eine ganze Anzahl der Gefängniswachteln in unmittelbarer Nähe an mir vorüber. Einige grüßen. Einige schauen beiseite. Schlechtes Gewissen? Oder? Kaum möglich ... die doch nicht!

Krampfhaft suche ich nach einem Stück Papier und einem Kugelschreiber. Ich habe Glück. Die Zeit darf ich nicht so nutzlos verstreichen lassen. Ich habe jede Menge Adressen im Kopf. Und wer weiß, ob die Wiedersehensfreude einige auslöscht... Grüße soll ich bestellen, Hinweise und Ratschläge geben. So notiere ich eine Anschrift nach der anderen. Mein Gehirn hat gut gespeichert. Dann werde ich unterbrochen. Oberleutnant Seifert kommt geradewegs auf mich zu. »Ich wünsche Ihnen alles Gute, Frau Thiemann!« Frau Thiemann hat er gesagt? Richtig »Frau«? Wo ich doch seit Dezember 1972 nur eine Nummer war, Eins oder Zwei. Und seit Juni 1973 die Strafgefangene mit der Nummer 5032 ... Nur nicht heulen ... jetzt nicht. Ich habe es schließlich gelernt, hart gegen mich selbst zu sein. Nur ja kein Selbstmitleid! Der Oberleutnant war eigentlich immer menschlich. Ein Lächeln in seinen Augen – wie wohl das dort tat! Und wie selten es das gab! Wir nannten ihn insgeheim »Opi«, obwohl er wahrscheinlich noch gar nicht so alt war... Manchmal hatte er auch ein offenes Ohr für Nöte. Seelische. Ja, und einmal holte er mir sogar aus den Effekten zwei Dosen Creme, die man mir beim Wechsel von der U-Haft in die Strafvollzugsanstalt abgenommen hatte. Nachdem er sich verabschiedet hat, schreibe ich weiter. Ich habe alle zusammen. Befriedigt stecke ich die Aufzeichnungen weg und schaue einfach so umher.

Eine Wachtel läuft über den Platz. In Zivilkleidung. Gelben Minirock, weiße Bluse. Wie nett sie aussieht! Warum sind die nur da drinnen so grausam, wenn sie sich hier auch wie richtige Menschen bewegen können? Ob sie wohl Kinder haben? Ob sie überhaupt lieben können? Vorstellen kann ich mir's nicht. Zu gegenwärtig sind ihre gemeinen Behandlungen, ihre zotigen Beschimpfungen und Beleidigungen, ihre Schläge auf Abhängige, Wehrlose ... Ich denke viel an diesem Donnerstag, dem 29. Mai 1975. Wäre eine Entlassung am Freitag möglich gewesen, hätten sie sie noch einen Tag hinausgezögert. An einem Tag, der für mich aus zwölf bis sechzehn Stunden bestand, schaffte ich ja immerhin einen ganzen Wandteppich!

Und da! Kurz nach vierzehn Uhr, kommt ein »Moskwitsch« (russischer Autotyp), um die Ecke gefahren. Drei Personen befinden sich drin. Klaus sitzt am Steuer. Neben ihm Carsten (mein Gott, wie er sich verändert hat!). Hinten sitzt meine Mutter. Endlich! Endlich! Endlich! Ich meine, fünf Meter hoch zu springen, als ich meinen kümmerlichen Luftsprung ausführe. Dann kommt auch schon mein Sohn über die Straße gerast und hängt an meinem Hals. Ich weine hemmungslos. »Laß nur, jetzt wird alles gut!« tröstet er mich. Wie reif er geworden ist. Wie groß. Wie verständig. Immer wieder muß ich ihn anschauen, drücken, streicheln. Meine Mutter drückt mich – auch ihr rinnen die Tränen übers Gesicht. Dann ist Klaus an der Reihe. Er nimmt mich in die Arme. »Endlich«, sagt er. Aber es ist keine echte Herzlichkeit. Ich spüre beinahe eine Feindseligkeit ... und ich begreife: irgend etwas ganz Schlimmes ist geschehen ... Laut möchte ich aufschreien. Ich möchte wieder zurück zu meinen Freundinnen, Leidensgefährtinnen und denen erzählen, daß hier etwas geschehen ist, was ich nicht – und sie alle nicht – jemals werden begreifen können!

Quälende Tage in Ostberlin

Ich setze mich vorn neben Klaus. Meine Mutter und mein Sohn haben hinten Platz genommen und halten mich beide an Arm und Schulter fest. Klaus gibt Gas. Viel Gas. »Bitte, fahre etwas langsamer. Ich muß mich erst wieder dran gewöhnen... Die lange Isolierung...« fordere ich ihn auf. Einen kurzen Moment nur geht er vom Gas runter, dann fährt er wieder so rasant wie vorher. Er spricht kein Wort mit mir. Ich beobachte ihn von der Seite. Keine Regung im Gesicht. Keine Freude! Mein Sohn und meine Mutter versuchen, mich in ein Gespräch zu verwickeln. Die frostige Stimmung im Auto wollen sie überspielen. Wie lange? Dann geht's auf die Autobahn. Klaus legt noch einen Zahn zu. »Bitte, fahr doch etwas langsamer. Ich habe solche Angst!« flehe ich ihn an. Doch es stört ihn nicht. Er rast weiter mit unbeweglicher Miene. Ich zittere am ganzen Körper. Die Wiedersehensfreude ... die frostige Behandlung durch meinen Mann... die Fahrt. Jahrelang saß ich eingekerkert in Gefängnismauern, hörte nur Schlüsselrasseln und Kommandos. Hatte keinen Baum, keine Straße, keine Autos mehr gesehen. Jetzt plötzlich stürzt alles auf einmal wieder auf mich ein. Meine Familie ... die Landschaft (an der ich mich satt trinken möchte) ... der Verkehr ... die Geräusche! »Kannst du bitte mal anhalten, ich muß mal«, erkläre ich. »Beim nächsten Parkplatz halte ich«, gibt er nur einsilbig zur Antwort. Mein Sohn schwatzt munter drauflos. Er ist glücklich... Plötzlich, ich schaue gerade nach hinten, fährt Klaus scharf rechts rein. Die Räder quietschen. Warum macht er das nur? Hat er denn gar kein Empfinden? Ich hatte ihn doch extra drum gebeten, etwas rücksichtsvoller zu fahren... Dann steige ich aus. »Ich komme mit«, sagt meine Mutter. Wir gehen zusammen in eine nahegelegene Schonung. »Ich muß dir etwas sagen: Klaus hat eine Freundin«, eröffnet mir meine Mutter. »Naja, ich bin ja sehr lange weggewesen. Du weißt doch, die Männer...« »Nein, nein, es scheint was Ernstes zu sein! Sie wohnt doch schon lange bei euch!« »Wie lange?« frage ich nun doch etwas interessierter. »Na ungefähr eineinhalb Jahre.« »Was? Wie bitte? Nein, das kann doch nicht wahr sein!« zweifle ich an den Worten meiner Mutter, die mir so ungeheuerlich scheinen. »Doch, es ist aber so. Er hat keine Rücksicht auf Carsten genommen. Er hat ja auch nichts getan, um zu erfahren, wann genau du entlassen wirst!« »Aber ... er wußte doch, daß es noch im Monat Mai sein sollte...?« »Ja ja, doch er hat sich überhaupt nicht drum gekümmert! Wenn gestern nicht das Telegramm gekommen wäre, hätte er dich gar nicht abgeholt!« »Das ist doch nicht zu fassen! Das kann er doch nicht getan haben! Das wäre ja ein nie zu begreifender, nie zu entschuldigender Verrat!« sage ich voller Empörung. Dann schießt's mir durch den Kopf: Vor wenigen Stunden noch habe ich mit meinen Leidensgefährtinnen darüber gesprochen, was für einen traumhaften Empfang mir mein Mann bereiten würde... Ich meinte, daß die ganze Wohnung einem Blumenmeer gliche... Leere. Endlose Leere. Wofür das alles? Wofür diese Jahre voller Demütigungen, Diskriminierungen, Folter und Pein? Wozu meine Standhaftigkeit, wenn er mich so schändlich verriet? Ich überlege: Was muß das für eine Frau sein, die während meiner Abwesenheit in meinem Bett schlief, die meine Bettwäsche benutzte, sich an meinen Handtüchern abtrocknete, die aus meinen Tassen trank? Was muß das für eine Frau sein, die meinem Sohn zumutete, der sehnlichst auf seine Mutter wartete, mit ihr zu leben? »Komm, wir gehen zurück«, fordere ich meine Mutter auf. Ich unterdrücke die Tränen. Ich versuche, ein weiteres Mal stark zu sein. Doch ich schlottere am ganzen Körper... Wir steigen wieder ins Auto. Sofort braust Klaus los. Ohne Unterhaltung. »Wollen wir unterwegs nicht was essen gehen? Du hast doch sicher Hunger«, schlägt meine Mutter vor. »Ja, ich würde ganz gern etwas essen und trinken«, erwidere ich, obwohl mir nicht danach zumute ist. Ich kann's nicht erklären, doch ich möchte meine Heimkehr nach Berlin noch hinauszögern. Was erwartet mich dort?

Schnitzel. Gemüse, Soße und Nachtisch ... wie lange ist's her, daß ich so etwas gesehen habe? Doch ich bringe keinen Bissen

hinunter. Ein Glas Saft löscht den Durst in meiner brennenden Kehle. Ich habe das Gefühl, als müßte ich jede Minute tot umfallen. Doch ich reiße mich zusammen ... jetzt habe ich mein Kind!
Nach dem Essen wird sofort aufgebrochen. Auch weiterhin unterbleibt jegliches Gespräch zwischen Klaus und mir. Immer wieder versuche ich, ihn zu ermuntern. »Was hast du denn nur? Warum behandelst du mich so gleichgültig?« wage ich einen Vorstoß. »Nichts ist. Ich muß mich nur konzentrieren ...«, weicht er mir aus. Die Fahrt ist endlos lang. Aber irgendwann kommen wir an. Ich sehe vertraute Straßen in Berlin. Viel hat sich verändert. Einige Straßenzüge sind kaum wiederzuerkennen mit ihren Neubauten und Geschäften. Dann haben wir's geschafft. Klaus ist plötzlich nervös geworden. Er tuschelt mit Carsten. Unser Sohn rast vor uns die Treppe hinauf. Was hat er ihm noch für eine Anweisung gegeben? Sicher eine Überraschung für mich ... Meine Mutter nimmt meinen Plastikbeutel und das Kuchenpaket, dann gehen wir die Treppe hinauf. Carsten kommt uns aus dem Schlafzimmer entgegen, er versteckt etwas unter dem Arm. Als er sich von mir unbeobachtet glaubt, streckt er es seinem Vater zu. Ich betrete das Wohnzimmer ... das Schlafzimmer ... die Küche ... das Bad ... Und mir kommen die Tränen. Bislang war ich so tapfer, jetzt ist's mit der Beherrschung vorbei!
Dann blicke ich mich um. Klaus hat neu tapeziert. Sonst ist nichts verändert. Doch, da! Meine handgemalten Teller und die Meißner Teller fehlen! »Wo ist denn die Tellerwand geblieben? frage ich. »Ach, die sind mir runtergefallen«, antwortet er unsicher. »Wie, alle auf einmal?« »Na ja, beim Renovieren hatte ich sie in die Küche gestellt und da ist der Stapel umgefallen« erklärt er. Ich habe ein ungutes Gefühl. Das kann nicht stimmen. Ich glaube ihm nicht.
»So, ich werde jetzt den Mietwagen abgeben«, sagt Klaus. »Ich komme mit!« bietet Carsten an. »Nein, nein, du bleib mal bei Mutti!« entgegnet Klaus. Und da ist er auch schon raus zur Tür. Ich schließe meinen Sohn in die Arme. Dann halte ich es nicht mehr aus. »Hat hier während meiner Abwesenheit eine andere

Frau gewohnt?« »Ja«, erwidert Carsten vorsichtig. »Oma hat mir schon alles erzählt, ich bin darauf gefaßt!« erkläre ich ihm. »Naja, ich wollte ja jetzt mit Vati mitfahren, weil er sonst sicher wieder zu der fährt«, antwortet er. »Was hast du denn vorhin vor mir versteckt?« frage ich. »Ach, das war nur der Wecker von der! Wenn du wüßtest, was heute früh hier los war! Das reinste Chaos! Und mich haben sie gescheucht! Die hatte doch alle Kleiderschränke voll mit ihren Klamotten!« Und so sprudelt's aus dem kleinen Kerl hervor, der endlich seinem Herzen mal wieder Luft machen kann. »Ich mußte ja neben der im Bett schlafen. Vati hat hier im Wohnzimmer gepennt. Früh ist sie dann immer zu ihm geschlichen. Aber sie hat die Wohnzimmertür nicht zugemacht. Dadurch hörte ich dann immer, wie sie sich ›Schatz‹ und ›Liebling‹ sagten. Außerdem habe ich auch noch mehr gehört«, gibt er mir zu verstehen. Unglaublich! Unfaßbar! Dieser Judas Ischariot! »Ich lasse euch jetzt allein, wenn du mich nicht mehr brauchst«, erklärt meine Mutter. »Ja ja, geh nur. Ich komme dann morgen zu euch und rufe erst mal Vati an.« »Von eurem Apparat kannst du nicht mehr telefonieren«, klärt mich meine Mutter auf. »Warum das denn nicht?« »Das weiß ich auch nicht. Wenn man anruft, geht ein normales Rufzeichen raus. Doch es nimmt keiner ab. Und von euch aus kann man niemanden anwählen«, fügt sie hinzu. Ich werde Klaus fragen, warum. Nach der Verabschiedung von meiner Mutter wandere ich durch die Wohnung. Keine Blume ... kein Obst ... kein Willkommensgeschenk... Ja, ist er denn ganz und gar abgestumpft? Ich schaue zum Fenster hinaus. Dort drüben ist das Untersuchungsgefängnis der Staatssicherheit. Dort drüben haben sie mich in endlosen Verhören zusammengebrüllt. Dort drüben haben sie mich gefoltert. Dort drüben haben sie meinem Leben beinahe ein Ende gesetzt. Sollte ich jetzt resignieren? Aufgeben? Mein Kind im Stich lassen? Der Gashahn in der Küche hat eine magische Anziehungskraft für mich. Doch ich verwerfe den Gedanken wieder. Noch ist schließlich nicht alles verloren. So gemein kann Klaus gar nicht sein. Sicher wird er zur Vernunft kommen. Er konnte eben den äußeren

Reizen nicht widerstehen. Jetzt, wo ich wieder da bin, ändert sich das auch alles wieder...

»Wo hat Vati denn den Wagen ausgeliehen?« frage ich unseren Sohn. »Ach, da in Lichtenberg. Aber dort ist er nicht mehr. Das geht ganz schnell. Außerdem haben die doch jetzt längst zu. Der ist wieder bei seiner Tussy!« Gemeinsam mit Carsten mache ich mich an die Arbeit. Die Wohnung gleicht einem Schlachtfeld. Warum hat Klaus denn nicht aufgeräumt? Ich kann das alles nicht begreifen. Sogar das Geschirr und Reste vom Frühstück stehen noch auf dem Tisch!

Es ist 23 Uhr, als er zurückkommt. Gegen 18 Uhr war er weggefahren. Ich hocke mit Carsten vor dem Fernseher. »Wo kommst du denn jetzt her?« frage ich. »Ach, ich hatte noch etwas zu erledigen«, weicht er mir aus. »Ausgerechnet heute, und so lange?« wage ich einzuwenden. Er dreht sich rum und geht nach draußen. »Ich möchte jetzt schlafen gehen«, erklärt Carsten. »Kommst du mit?« »Aber ja, mein Kind! Endlich wieder mal in einem richtigen Bett schlafen! Und dann noch dazu mit dir!« Wir machen uns fertig. »Kommst du auch?« frage ich Klaus, »Ich habe noch zu arbeiten. Ich komme dann später oder schlafe hier«, erklärt er mir. Aha, er will sich also drükken... Hat er Angst, meine sexuellen Bedürfnisse von drei Jahren befriedigen zu müssen? Ich will gar nicht! Mir steht überhaupt nicht der Sinn danach. Ich brauche erst einmal Wärme, Geborgenheit, Verständnis! Entsetzt mustere ich meinen Sohn. Er ist ja nur noch Haut und Knochen! »Hast du denn nichts zu essen bekommen?« frage ich ihn. »Ach na ja, immer so'n Zeug. Die konnte doch nicht kochen. Pudding haben sie mir immer hingestellt. Und zwei Mark für 'ne Bockwurst lagen meist daneben.« Er sieht aus wie ein Gerippe. Jetzt ist er 14 Jahre alt. In seinem Gesicht entdecke ich tiefe Furchen. Woher? Wie oft hat er geweint? Ob sie ihn geschlagen haben? Ich unterdrücke meine Fragen, hunderttausend Fragen, die mich bewegen... Ich kuschle mich ganz nah an Carsten, streiche ihm übers Haar und versuche, die Tränen zurückzuhalten. Laut möchte ich losweinen, schreien... Doch ich muß Rücksicht nehmen auf die Seele meines Kindes, die schon allzuviel erlitten hat in dieser Zeit. Die getreten worden ist, rücksichtslos, hartherzig. Klaus kommt die ganze Nacht nicht. Ich mache kein Auge zu. Tiefe Atemzüge zeigen an, daß Carsten eingeschlafen ist. Ich lausche in die Nacht hinein... Habe ich mir meine Heimkehr so vorgestellt? O Gott! Unruhe plagt den Jungen. Plötzlich steht er im Bett. Er murmelt unverständliches Zeug. Dann läuft er durchs Schlafzimmer, redet weiter, kommt wieder ins Bett. Mir verschlägt's bald die Sprache. Ist er etwa mondsüchtig geworden? Das habe ich doch früher nie an ihm entdeckt! Oder sind's ganz einfach die Nerven? Ich werde ihn weiter beobachten. Angst schnürt mir die Kehle zu. Auch das noch! Viermal wiederholt sich diese Szene. Ich bin verzweifelt. Da hilft sicher nur ein Arzt... Ich beschließe, ihn noch ein paar Tage zu beobachten und dann einem Arzt vorzustellen.

Klaus verläßt am nächsten Morgen ganz früh das Haus. »Wann kommst du denn?« frage ich ihn. »Das weiß ich noch nicht«, antwortet er nur kurz. »Wieso sind wir telefonisch nicht mehr erreichbar? Haben sie uns das Telefon gesperrt?« »Das weiß ich auch nicht. Es geht schon lange nicht mehr«, erwidert er. »Aber hast du denn nicht bei der Post nachgefragt?« »Ich war ja sowieso den ganzen Tag nicht da.« Das ist alles, was er mir dazu noch mitteilt.

Carsten muß zur Schule. Nach dem Frühstück verabschiede ich ihn. »Bist du heute zu Hause, wenn ich komme?« fragt er. »Aber natürlich, mein Liebes, ich lasse dich keine Minute länger als nötig mehr allein!« Carsten strahlt mich an. Dann mache ich das Schlafzimmer. Ich wundere mich plötzlich beim Bettenmachen. Das ist doch keine frische Bettwäsche ... sollte ich etwa in derselben Wäsche geschlafen haben, aus der dieses Flittchen früh ausgestiegen ist? Nicht einmal dazu ist Zeit gewesen? Und wieder schütteln mich heftige Weinkrämpfe. Jetzt muß ich auf niemanden Rücksicht nehmen ... endlich kann ich den Tränen freien Lauf lassen ... keiner muß meine Schwäche mitansehen, wo ich doch so lange Zeit so stark war.

Und wieder zieht mich die Küche an. Der Gashahn... es wäre so einfach! Ich drehe ihn auf. Gas strömt aus. Es stinkt widerlich. Nein, ich habe mein Kind! Ich darf nicht! Weiter beschäftige ich

mich im Haushalt. Einkaufen zu gehen, wage ich noch nicht. Ich inspiziere alle Vorräte, um meinem Sohn ein Mittagessen herrichten zu können. Die Ausbeute ist nicht allzu gut. Immer wieder schaue ich zum Fenster hinaus. Autos, Menschen, Bekannte aus dem Block... Doch ich möchte nicht unter sie treten. Ich möchte mich abkapseln, einigeln...
Carsten sehe ich schon von weitem aus der Schule kommen. Er läuft die ganze Strecke ohne Pause. Dann steht er glücklich strahlend an der Tür. »Wie schön, daß du wieder da bist!« kommt's aus tiefstem Herzen. »Wenn ich sonst aus der Schule kam, war ich immmer allein. Nichts zu essen. Manchmal saßen auch fremde Frauen hier im Wohnzimmer. Die hatten einen Schlüssel zu unserer Wohnung – das waren Freundinnen von der Janetzky!« »Wie denn, du kanntest sie gar nicht? Die Janetzky war nicht dabei?« »Nein, die war doch arbeiten...« »Aber, das gibt's doch gar nicht! Die kann doch nicht wildfremden Personen den Schlüssel zu unserer Wohnung geben!« Ich bin äußerst empört. Das ist doch wohl ein starkes Stück! Sich hier einnisten – und dann auch noch offenes Haus spielen! »Mutti, ich muß dir was sagen... Ich werde vielleicht sitzenbleiben«, eröffnet mir Carsten. »Wieso denn das? In welchen Fächern bist du denn so schlecht?« »Ach, in Mathe, Staatsbürgerkunde...« »Aber warte mal, ich gehe morgen mit dir in die Schule, vielleicht kann man noch was retten«, versuche ich zu trösten. »Aber, ich bin voriges Jahr schon mal sitzengeblieben...«, erklärt er. »Wie??? Das hat mir Vati nie geschrieben!« »Naja, ich konnte einfach nicht mehr lernen.« »Hat denn Vati nie mit dir geübt?« »Nein, nur am Anfang Tante Pussel ein paarmal. Aber nach ein paar Wochen niemand mehr.« Es ist grausam. Haben sie denn alle versagt? Eins weiß ich: Ich hätte Gott und die Welt verrückt gemacht, um zu helfen! Warum, warum nur sind alle so gleichgültig? Warum hat meine Familie denn den Jungen nicht diesem entsetzlichen Leben entrissen? »Trotzdem Carsten, ich kann das nicht ganz begreifen. Du warst zwar nicht der Klassenbeste, aber immerhin guter Durchschnitt – trotz Faulheit.« Carsten zuckt die Schultern. Dann bricht's wieder aus ihm hervor. In allen Details erzählt er mir furchtbare Szenen, die sich in seinem Kinderleben

abgespielt haben. »Vati hat mich einmal die Treppe runtergeschmissen, weil ich eine Vier in Mathe hatte. Dann hat er mir immer hinterhergebrüllt: Du bist ja ausgesprochen dumm!« Ich bin erschüttert. So viel Gemeinheit hätte ich ihm wirklich nicht zugetraut. »Du bist nicht dumm, Carsten. Vielleicht warst du faul. Aber auch das war bedingt. Schließlich fehlte dir die Bezugsperson – ich.« Ich versuche, ihn wieder aufzurichten, ihm wieder etwas Selbstvertrauen zu geben. »Manchmal bin ich die halbe Nacht auf der Straße gewesen und umhergeirrt. Vati hatte mir nicht gesagt, wann er nach Hause kommt. Und wenn er mal eher kam, dann ist er mit der Janetzky wieder saufen gegangen. Außerdem hat er ihr eine Wohnung – ganz hier in der Nähe – eingerichtet.«

Ich kann das alles kaum verkraften. Es ist zu viel für mich. Laufend werde ich mit solchen Eröffnungen konfrontiert. Es ist schon schlimm genug, daß Klaus diese Frau ins Haus holte. Aber was an dem Kind geschehen ist, das ist ein ganz gemeines Verbrechen!

Die Stunden vergehen. Wir machen ein paar Hausaufgaben zusammen. Es fällt mir schwer, mich zu konzentrieren. Und es fällt mir noch schwerer, dem Jungen Anleitung zu geben. Ich habe das Unterhalten verlernt, abgehackt und stotternd kommen meine Stätze hervor.

Gegen 21 Uhr kommt Klaus nach Hause. »Tag«, meint er nur kurz. Eine flüchtige Umarmung. Ein flüchtiger Kuß. Aber nach all dem, was ich in der Zwischenzeit erfuhr, verwundert's mich nicht. Wir sitzen vorm Fernseher, als Carsten im Bett liegt. Ich spüre, daß etwas Entscheidendes auf mich zukommt. Die Luft knistert förmlich im Zimmer. »Bevor du es erst von anderen erfährst, will ich dir etwas sagen. Ich habe hier seit längerem mit einer anderen Frau zusammengelebt. Es war einfach besser so – für Carsten. Jetzt kann ich sie nicht einfach an die Wand stellen, eineinhalb Jahre sind eine lange Zeit – ich werde mich scheiden lassen.« Bums! Das sitzt! »Wie? Du kannst das nicht? Aber mich kannst du nach fast 15 Ehejahren und der durchgestandenen Hölle an die Wand stellen???« »Du mußt das verstehen ... sie hat hier gewohnt ... wir haben zusammengelebt ...«. »Nein!

Nein! Das werde ich nicht verstehen! Ich will und kann das nicht verstehen! Unter normalen Bedingungen okay, aber so! Ich habe nicht das schlimmste Zuchthaus, was Menschen sich ausdenken können, überlebt, um jetzt so sang- und klanglos das Feld zu räumen!« »Ich verstehe dich ja ... aber ich kann nicht anders ...« säuselt er dahin. »Du kannst wohl anders! Wofür habe ich diese Jahre durchgehalten? Keine Luft in den Zellen, keinen Schlaf, keine medizinische Betreuung, mit 39 Grad Fieber geschuftet in Doppelzwangsarbeit, unter unsäglichen Schmerzen!« schreit's aus mir hervor. »Dann hättest du dich eher scheiden lassen sollen, dann wäre ich nämlich schon längst im Westen! Freigekauft! Wie all die anderen!« Ich bettle, winsle, flehe ihn an. »Hilf mir doch! Du kannst das doch jetzt nicht einfach machen!« Doch er wendet sich nur ab. Feig. Unnachgiebig. »Hast du keine Angst, daß ich dich noch verpfeifen könnte? Immerhin dauert die Verjährung fünfzehn Jahre!« »Wem nützt du damit? Das bringst du außerdem nicht fertig«, antwortet er sicher. »Ich bin so verzweifelt, daß ich's vielleicht doch fertigbringe! Wieso haben sie dich mit diesem Flittchen hier leben lassen, wo sie doch sonst so auf ihre ›sozialistische Moral‹ erpicht sind?« Er zuckt nur mit den Schultern. »Du kannst doch hier sowieso nicht mehr leben«, fährt er fort. »Und ich kann nicht nach dem Westen, weil ich deswegen nicht gesessen habe. Also ist es doch für alle Teile besser, wenn du mit Carsten nach drüben gehst.« »Aber, du kannst es doch ebenfalls versuchen. Ganz legal. Inzwischen gibt's doch so viele neue Bestimmungen und ganz andere Möglichkeiten«, schlage ich vor. Doch er will gar nicht. »Ich habe jetzt hier inzwischen Karriere gemacht. Die kann ich drüben niemals mehr machen«, erklärt er. Jaja, geht's mir durch den Kopf. Den Grundstein dazu legte auch ich! Ich sprach damals mit Rudi Hellmann, dem Leiter der Abteilung Sport beim Zentralkomitee der SED. Und er versprach mir, sich um Klaus' Fortkommen zu kümmern. Ich sprach damals mit zwei Ministern und deren Persönlichen Referenten. Aber das scheint jetzt alles vergessen zu sein. Angsthase, der! Hat man ihn erpreßt? Hat man ihn in die ideologische Mangel genommen? Doch ich gebe nicht so leicht auf.

Es folgen schlimme Tage und Nächte. Carsten schreckt jede Nacht mehrmals auf. Er wandelt im Zimmer umher und faselt oder schreit unverständliche Dinge. Manchmal kann ich einige Wortfetzen deuten...
In der Schule geht's wieder bergauf. Wir haben nicht mehr viel Zeit. In einem Monat ist das Schuljahr rum.
Klaus kommt nur noch ab und zu nach Hause. »Ich warne dich, treibe es nicht auf die Spitze! Nimm wenigstens Rücksicht auf unseren Sohn, der in der Schule einiges aufzuholen hat«, sage ich ihm sehr deutlich. Doch es interessiert ihn nicht, was ich denke, was ich tue, was ich vorhabe.
»Ich möchte dich bitten, mit mir morgen oder übermorgen mal ins Theater zu gehen, anschließend können wir ja vielleicht mal in unsere Stammbar gucken.« »Wie kommst du denn darauf?« fragt er mich entgeistert. »Wieso? Kannst du nicht verstehen, daß ich nach so einer langen Zeit mal wieder etwas Kultur brauche?« »Ja, aber... ich liebe dich nicht mehr, da kann ich auch nicht mit dir ins Theater gehen ... und hinterher tanzen.« Ja, habe ich denn richtig gehört? Ich breche fast zusammen! Das Herz schlägt mir bis zum Hals. Auf meiner rechten Kopfhälfte tritt eine Lähmung ein. »Das ist doch kein Argument! Du kannst doch nicht so herzlos mit mir umspringen, nach all dem, was ich für dich getan habe!« wehre ich mich gegen seine Kaltblütigkeit. »Ich kann dir dazu nichts anderes sagen.« Blitzartig geht's mir durch den Kopf. Mutti hat mir doch gestern erzählt, daß er den Fußball-Nationalmannschaftstrainer Georg Buschner bespitzeln sollte. »Sie haben mich schon wieder angehauen, daß ich etwas über Buschner auspacke«, hat er meiner Mutter gegenüber geäußert. »Sag mal, arbeitest du eigentlich für die Staatssicherheit?« frage ich ihn überraschend. »Wieso? Wie kommst du denn darauf?« fragt er unsicher zurück. »Du sollst mir die Frage beantworten: Arbeitest du inzwischen für die?« »Nein... nein...« antwortet er. Doch ich merke, daß er lügt. »Wenn du dich denen gegenüber verpflichtet hast, dann kommst du da nie mehr raus. Ich würde es verzeihen, wenn du es gemacht hättest, in dem guten Glauben, mich dadurch freizubekommen. Aber in dieser langen Zeit müßtest du längst bemerkt haben, daß die ihre

Versprechen sowieso nicht einhalten. Sag mir die Wahrheit: arbeitest du für sie?« »Nein, ich sagte dir doch ...« auch diesen Satz führt er nicht zu Ende. »Die Stasi ist ein Terrorstaat im Staate! Ich habe sie kennengelernt, wie man sie nicht besser kennenlernen kann! Es sind allesamt Verbrecher, korrupte Heuchler, Mörder! Und mit denen arbeitest du?« Fassungslos versuche ich gegen eine Ohnmacht anzukämpfen. Einer Hölle bin ich entronnen – jetzt bin ich in die nächste gekommen!
»Sag mal, warum hat eigentlich Fred nichts für mich getan?« frage ich Klaus. Fred ist einer der Stellvertreter des Ministers für Staatssicherheit, Erich Mielke. »Ich hatte mit ihm gesprochen, doch er sagte mir: ›Wenn sie eine Mörderin wäre, könnten wir was für sie tun. Aber so ...‹ Also konnte er wirklich nichts machen«, antwortet Klaus. »Was hast du denn für mich unternommen?« Verständnislos schaut er mich an. »Naja, das Gnadengesuch eingereicht ...« erwidert er. »Menschenskind! Ich hätte Hinz und Kunz aufgesucht im umgekehrten Fall! Mehr ist dir dazu wirklich nicht eingefallen?« »Es war nicht einfach für mich. Alle haben auf mich eingeredet, mich scheiden zu lassen ...«. »Na und? Was meinst du, wie sie alle auf mich eingeredet haben, dich doch endlich zu verraten!« schreit's aus mir hervor. »Sogar Rudi Kurz hat sich von mir getrennt. Er sagte damals: ›Wenn du keine klare Entscheidung triffst, kann ich die Verbindung nicht mehr aufrechterhalten. Das vereinbart sich nicht mit meiner Mitgliedschaft in der Partei!‹ Und das hat mich schon sehr getroffen.« »Was? Der erlaubt sich ... Da kannst du nur wieder sehen, wo deine wahren Freunde sind! Im übrigen: Du weißt doch ganz genau, daß ich mit Carsten zusammen längst drüben sein könnte! Ohne diesen furchtbaren Ort und diese entsetzlichen Jahre erleben zu müssen! Du weißt, daß ich ein Angebot eines Botschafters hatte! Deinetwegen, und nur deinetwegen lehnte ich damals ab!« Doch er zuckt wieder nur mit den Schulern: »Stimmt ja alles, aber ich kann nicht anders.«

Wenn ich mich abends ins Bett lege, dauert's nicht lange, dann erfaßt mich ein unkontrollierbares Schluchzen, Wimmern, Jaulen. Ich kann's einfach nicht unterdrücken. Gottseidank hat

Carsten einen festen Schlaf – zumindest in der Einschlafphase. »Bitte, komm wenigstens so lange mit, bis ich eingeschlafen bin!« flehe ich Klaus eines Abends an. Nur mißmutig geht er mit. Er legt sich neben mich wie ein Stock. Immer noch geht's mir nur um seine Anwesenheit. Ich brauche Schutz. Wärme, keinen Sex. »Sei doch wenigstens Kamerad! Hilf mir, den Glauben an die Menschheit wiederzufinden, der so stark erschüttert wurde!« Doch er zeigt keine Regung. Er sieht mich als hilfloses Wrack, wo ich einst dominierte – und das ist ihm unbequem. Eiskalt läßt er mich dahinvegetieren...

Ich frage mich oft: Ist er es eigentlich wert, daß ich um ihn kämpfe? Ist er es wert, daß ich mir etwas antue? Immer stärker klammere ich mich an unseren Sohn. Er hat inzwischen in der Schule aufgeholt – und wird versetzt! Eine enorme Leistung in der kurzen Zeit. Oft betrachte ich ihn. Elf Jahre war er alt, als sie mich von ihm wegrissen. Jetzt ist er 14 und hat sich körperlich überhaupt nicht entwickelt. Wut kommt in mir auf. Wut auf seinen Vater. Wut auf die fremde Person, die sich in unsere Familie drängte, die skrupellos von meinen und unseren Dingen Besitz ergriff, obwohl ich noch lebte! Ich verachte sie zutiefst ... und auch Klaus.

Ich lenke mich mit der Einlösung meiner Versprechen ab. An alle Adressen, die mir meine Mitinhaftierten eingeschärft haben, schreibe ich. Da ich die Briefe nicht alle bei meinem Postamt aufgeben kann, fahre ich kreuz und quer durch Berlin. Den Vorwurf der »Nachrichtenübermittlung« möchte ich mir keinesfalls aufladen. Das wäre sofort ein Grund für die, mich wieder einzulochen! Und es ist hinreichend bekannt, daß auf allen größeren Postämtern Abteilungen der Staatssicherheit angesiedelt sind. Die Berliner Adressen suche ich persönlich auf. Es ist nicht ungefährlich. Ich weiß nicht genau, ob sie mich observieren. Und das brächte mit hundertprozentiger Sicherheit Unannehmlichkeiten. Dann treffen die ersten Antworten ein ... aus Leipzig, Halle, Dessau, Rostock... Mit einigen Verwandten treffe ich mich, da sie viele, viele Fragen über ihre Töchter, Schwiegertöchter oder Schwestern haben. Und sie werden von mir bestens informiert – und bestens beraten! Was man vorher nicht wußte, jetzt ist man um so vieles klüger geworden!

Und ich kämpfe weiter um meine Ehe. Ich beginne, mich langsam wieder ein bißchen zu erholen. Beim Friseur lasse ich mich auf Vordermann bringen, so gut das nach der schlimmen Zeit möglich ist. Langsam setze ich auch wieder etwas Fett an und bekomme meine weiblichen Rundungen wieder. Die anfängliche Scheu, mich vor meinem Mann auszuziehen, schwindet. Und so versuche ich, ihn eines Tages zu verführen. Es bedarf keiner großen Anstrengung, als er neben mir liegt. Mich wundert's ein bißchen. Sollte er mich doch noch mögen? Hoffnung kommt auf, daß sich alles zum Guten wenden könnte. Doch die nächsten Tage zeigen bereits, daß alles sinnlos ist. Mehrere Tage kommt er wieder nicht nach Hause. Da ziehe ich mich eines Morgens an und fahre in seinen Verlag. »Thiemann ist mein Name, ich möchte meinen Mann sprechen«, sage ich unten bei der Anmeldung. »Ja, gehen Sie ruhig hoch, Zimmer 204, zweite Etage«, antwortet mir die ältere Dame freundlich. Das Treppensteigen fällt mir schwer. Mir geht die Puste aus. Dann habe ich's geschafft. Ich klopfe an und stehe einem mir gut bekannten Kollegen gegenüber. »Guten Tag, ich möchte zu meinem Mann.« »Nebenan«, antwortet er kühl. Hat er sie nicht alle? Warum behandelt er mich so? Na okay, er weiß es ja nicht ... Ich trete durch die nächste Tür. Doch auch da ist Klaus nicht im Raum. »Wo ist mein Mann?« frage ich einen anderen Kollegen. »Er ist noch nicht hier.« »Dann möchte ich zu Herrn Friedemann«, erkläre ich. »Da ... rechts die Tür«, klärt er mich auf. Ich klopfe zaghaft. Mein Herz klopft stärker. »Bitte«, ertönt's dahinter. Dann stehe ich vor Klaus' Chef. Etwas verwundert schaut er mich an. »Bitte, nehmen Sie Platz«, fordert er mich auf. »Klaus war heute nicht zu Hause, können sie mir sagen, ob er eine Dienstreise macht?« »Nein, im Moment liegt nichts an.« »Aber, er war auch die anderen Tage kaum zu Hause«, fahre ich fort. »Nun ja, das müssen Sie schon mit ihm alleine abmachen. Nach allem, was passiert ist ... schließlich wollten Sie ihn ja verlassen.« Habe ich richtig gehört? Hat er das wirklich gesagt?

»Wie? Hat er Ihnen das so erzählt?« frage ich laut. »Jaja, und wir haben uns alle gewundert, warum er sich nicht gleich von Ihnen scheiden ließ!«
Aha. Sie haben sich also gewundert. Nur gewundert. Auf die Idee, daß das in der Version, wie Klaus es erzählte, nicht stimmen könnte, ist wohl keiner gekommen? »Und Sie haben das geglaubt?« frage ich. »Nun ja, das mußten wir ja. Ist's denn anders gewesen?« will er mehr wissen. »Vielleicht«, antworte ich nur – und verlasse das Zimmer.
Noch nicht! Noch will ich ihn nicht ans Messer liefern. Nur allzu frisch noch habe ich ihre Sätze im Ohr: »Auch eine Frau Thiemann kriegen wir weich! Auch eine Frau Thiemann wird noch das aussagen, was sie weiß! Auch eine Frau Thiemann wird irgendwann einmal auspacken!« Darauf haben sie also gewartet! Sie wußten, wenn ich das zu Hause vorfände, wäre es endgültig mit meiner Beherrschung vorbei. Doch so schnell geht's dennoch nicht! Nicht bei mir! Ich kämpfe weiter...

Bei meinen Eltern spielt sich eine erschütternde Szene ab. Mein Vater weint wie ein kleines Kind, als er mich in seine Arme nimmt. Ich erkenne ihn kaum wieder. Er ist zum Skelett abgemagert, kann kaum noch sprechen, sich fast nicht mehr auf den Beinen halten. Ich bin entsetzt! Das haben sie aus einem überaus leistungsstarken Mann gemacht! Ich schwöre Rache! Dann rufe ich von meinen Eltern aus meinen Bruder in Köln an. »Endlich bin ich draußen! Und stell dir vor, sie haben mir sogar meinen richtigen Personalausweis wiedergegeben. Normalerweise bekommt man bei Republikflucht den PM 12, mit dem man keine paar Kilometer weit fahren kann.« Wir unterhalten uns noch eine Weile über alles mögliche. »Ich schicke dir gleich ein paar schöne Dinge«, verspricht mein Bruder. Ich freue mich. Am nächsten Morgen klingelt's. Ein Polizist steht vor mir. »Ich bin der Abschnittsbevollmächtigte, darf ich hereinkommen?« »Bitte«, nur widerwillig fordere ich ihn auf, obwohl er freundlich ist. Er blickt rundum. Im Korridor liegen auf einem Regal eine Reihe Modejournale aus dem Westen. Außerdem stehen Bücher von Simmel, Hesse, Wallace und vielen anderen, die hier verboten sind, in Mengen auf den Bücherbords. »Zeigen Sie mir doch mal Ihren Personalausweis. Da ist wahrscheinlich ein Versehen passiert«, erklärt der Polizist. Ich hole den Ausweis und reiche ihn hin. »Ja, ja, den hätten Sie gar nicht bekommen dürfen. Sie müssen morgen noch mal kommen und einen anderen holen!« Ich blicke ihn verdutzt an. »Aber, warum hat man ihn mir denn erst gegeben? Man sah doch am Entlassungsschein, daß ich aus dem Gefängnis kam. Und man wußte doch sicher auch ganz genau, daß ich wegen ›Republikflucht‹ saß«, wage ich einzuwenden. »Jaja, das stimmt schon. Aber es ist eben ein Versehen passiert.« Mir schießt's durch den Kopf: Gestern habe ich mit Wolf-Reiner gesprochen! Dann wird das Telefon der Eltern also auch abgehört! Nun ja, vermutet haben wir's immer schon. Doch jetzt bekomme ich die Bestätigung. »Wie geht's Ihnen sonst?« fragt der Polizist interessiert. »Nun, nicht besonders. Ich kann nicht begreifen, daß man in meiner Wohnung eine andere Frau wohnen ließ! Sie können mir nicht erzählen, daß das keiner bemerkt haben will!« »O doch, aber wissen Sie, um Ihren Mann kümmern sich ganz andere Leute!« gibt er mir bedeutungsvoll zu verstehen. Also habe ich richtig geschätzt! Man hat ihn absichtlich gewähren lassen. Man hat nur auf meine Rückkehr gewartet! Nein, nun gerade nicht! Ich werde ihn euch nicht verraten ... »Na, dann alles Gute«, sagt der weißhaarige Polizist mit freundlichem Lächeln. Ob er's wohl ernst meint? Beinahe möchte ich's glauben ...

In der Wohnung finde ich beim Saubermachen eine Menge Briefe. Meine aus dem Knast, von irgendwelchen Frauen welche, die Klaus in der Zeit kennengelernt hat, seine Antworten, die er sich vorgeschrieben und dann nicht vernichtet hat – und von den Schwiegereltern. Seine christliche Mutter schreibt da etwas für mich Ungeheuerliches: »Mein Sohn, bitte, bleibe keinen einzigen Tag mit Ellen allein in der Wohnung!« Ja, ist's denn möglich? Was geht denn diese alte heuchlerische Betschwester das an? In einem anderen Brief steht dann: »Um eines bitte ich dich, mein Junge, lasse dich auf keine Gespräche mit Ellen oder ihrer Mutter ein.« Was müssen die doch für eine Angst haben, daß mein Mann zu mir halten könnte? Was hat er ihnen nur erzählt?

Hat er denn niemandem die Wahrheit gesagt? Es war klar, daß er nur ganz wenige hätte einweihen können – wem sollte man schon trauen? Aber seinen eigenen Eltern? Denen hat er dieselbe Story wie der Staatssicherheit erzählt? Hat er sich etwa in der Zwischenzeit so in diese Rolle hineingelebt, daß er sie am Ende gar selbst glaubt? Dafür gibt's in der Medizin einen feststehenden Begriff ... sollte er an diesem Syndrom kranken?
Und noch etwas finde ich, was mir die Sprache verschlägt! Aufzeichnungen, die exakt Aufschluß darüber geben, wann er bei der Stasi war, wen er bespitzeln mußte, wen er bereits verpfiffen hat! Also doch! Was bisher nur vage Vermutung war, wird nun zur drohenden Gewißheit! Er arbeitet für die! Für die, die mich umbringen wollten! Für die, die meinen Vater zum Krüppel gemacht haben! Nur mühsam versuche ich, Herr meiner Sinne zu werden. Und wieder lockt der Gashahn, wie schon so oft.

An einem dieser Tage suche ich meinen Anwalt, Dr. Vogel, auf. »Da sind Sie ja endlich!« empfängt er mich freundlich. Ich glaube, daß er's ehrlich meint. »Wie soll's nun weitergehen?« fragt er. »Nun, mein Mann will sich scheiden lassen und ich kann hier nicht mehr leben. Aber: Ich werde unter keinen Umständen auf mein Kind verzichten«, betone ich mit Nachdruck. »Gut. Dann sollten Sie schnellstens in die Scheidung einwilligen. Alles andere mache ich dann. Natürlich sollte das Gericht nicht wissen, daß Sie nach wie vor nach dem Westen wollen. Das könnte das Gericht im Urteil, wer das Sorgerecht für den Jungen bekommt, beeinflussen.« »Ich werde niemals einer Trennung von meinem Sohn zustimmen! Ich würde eher alles kurz und klein schlagen! Nur seinetwegen bin ich noch am Leben!« betone ich mit aller Leidenschaft. »Jaja, das glaube ich Ihnen. Ich schlage Ihnen vor, daß Sie einen Anwalt aus meinem Freundeskreis nehmen, ich selbst habe keine Zeit dazu, wie Sie ja wissen – die vielen Transporte aus den Gefängnissen....« Am Abend eröffne ich Klaus, daß ich mit der Scheidung einverstanden bin. Er ist erleichtert. Logisch! Nochmals versichert er mir, was er bereits mehrfach getan hat: »Es ist nicht wegen der anderen Frau. Ich brauche jetzt ganz einfach meine volle Konzentration für meinen Beruf. Da ist es besser, wenn man nicht verheiratet ist, wenn man keine Kinder hat...« »Das rate ich dir auch nicht!« poltert's aus mir heraus. »Wenn du sie heiraten solltest, packe ich die Wahrheit aus!« »Nein, nein, die Absicht habe ich niemals!«beteuert er.

Es ist Ende Juni 1975. Ich zwinge mich, wieder einen Sinn im Weiterleben zu sehen. Mein Sohn nimmt mich voll in Anspruch. Das einst so innige Verhältnis scheint überhaupt nicht unterbrochen gewesen zu sein. Wir hecken manchen Plan aus, um unseren »Vater« doch noch zur Vernunft zu bringen.
Die Kleidung von Carsten ist stark vernachlässigt worden. Er besitzt weder anständige Unterwäsche, noch Strümpfe oder Oberbekleidung. »Ich muß mal ein bißchen was einkaufen gehen«, schlage ich Klaus vor. »Gibst du mir Geld?« »Was brauchst du denn?« fragt er mißmutig zurück. »Das weiß ich noch nicht. Als ich gestern von meinem Postscheckkonto Geld abheben wollte, sagte man mir, daß du das während meiner Abwesenheit alles abgehoben hast! Immerhin waren da mehrere tausend Mark drauf!« »Kann ich mich nicht erinnern... Also, was brauchst du?« »Gib mir erst mal dreihundert Mark.« »So viel?« »Was heißt hier so viel? Der Junge braucht was, ich brauche was... Wie schnell sind da dreihundert Mark weg!« »Die habe ich jetzt nicht hier«, erklärt er nur kurz. Ich suche nach unseren Sparbüchern. Meine Entdeckung ist trostlos. Auch die hat er geplündert. Sogar das Konto seines Sohnes! Wieder spreche ich mit Carsten darüber. Er ist jetzt mein Vertrauter. Wie oft tröstet er mich! »Die Janetzky hat nicht einen Pfennig von ihrem Geld genommen. Laufend hat sie zu Vati gesagt: ›Ich brauche wieder Wirtschaftsgeld!‹« »Wie, und da hat sie selbst die ganze Zeit überhaupt nichts beigesteuert?« »Nein, ich habe sie immer nur gehört, daß sie von Vati mehr verlangte ... schon nach wenigen Tagen.« Auch mit dieser Eröffnung finde ich mich ab. Und auch damit, daß alle meine Konten leer sind. Dafür läuft Klaus wie ein Gockel herum. Seine Garderobe ist eine andere geworden. Knallbunte Hemden und Pullover zieren seine

Schränke. Kann man so schnell seinen Geschmack ändern? Von einer Mitbewohnerin im Hause meiner Mutter erfahre ich, daß man ihn in seinem Verlag den »Papagei« nennt! Ihre Schwiegertochter arbeitet dort...
»Von mir hat er sich 900 Mark geholt«, erzählt meine Mutter. »Die habe ich bis heute nicht zurück!« Auch der Westwagen steht nicht mehr vor der Tür. Auf meine Fragen nach seinem Verbleib erhalte ich nur unbefriedigende Antworten. »Der ist zur Reparatur bei meinem Cousin!« »Seit nunmehr drei Jahren?« frage ich skeptisch. Doch auch das gebe ich auf, zu ergründen. Es gibt Schlimmeres!

Wir frühstücken mal wieder zusammen. »Ich möchte gern von dir wissen, warum du dich eigentlich von mir scheiden lassen willst.« Ungläubig schaut er mich an. Hat er denn mit solch einer Frage wirklich nicht gerechnet? »Wie meinst du das?« fragt er. »Na, wie meine ich das wohl! Ich möchte den Grund für deinen Entschluß wissen! Wenn's schon nicht die andere Frau ist!« »Nun ja... das ist so... ich weiß auch nicht so recht... da ist so einiges...« druckst er rum. »Ja, um Himmels willen, was denn?« »Ich habe zu früh geheiratet«, stammelt er. »Du warst immerhin 26 Jahre alt... ist das zu früh? Außerdem habe nicht ich dir einen Antrag gemacht, sondern du konntest es doch gar nicht erwarten!« »Jaja, das stimmt schon. Trotzdem, das war vielleicht zu früh...«. »Woraus schlußfolgerst du denn das?« »Das kann ich nicht begründen.« »Also Ausrede, billige Ausrede...« fahre ich ihn an. »Was ist nun wirklich der Grund?« bohre ich weiter. »Naja, du hast außerdem immer zu viel gearbeitet...« »Wie bitte? Wie? Was hast du da gesagt? Das wirfst du mir auch noch vor! Schlimm genug, daß ich in Tag- und Nachtarbeit mit meiner Porzellanmalerei das Geld verdienen mußte, was du nur allzu leichtfertig ausgegeben hast! Damit habe ich schließlich auch dein Studium finanziert, unseren aufwendigen Lebenswandel, das Auto...« »Jaja, das stimmt ja alles, aber trotzdem ... mir wäre es manchmal lieber gewesen, du hättest nicht so viel gemacht!« »Aber dann hätten wir auch nicht so großspurig leben können, wie du es beispielsweise vor der Öffentlichkeit allzugern getan hast! Das kannst du mir doch jetzt beim besten Willen nicht vorwerfen!« »Ich weiß, ich bin ein Versager«, bekennt er plötzlich. »Ein richtiger Versager, aber ich kann nichts dagegen tun.« Habe ich richtig gehört? Er gibt selbst zu, ein Versager zu sein? »Ja, du hast versagt! Dann sei aber jetzt mal stark genug und lüge dir nicht selbst etwas vor! Besitze wenigstens jetzt die Kraft, allen unseren Gegnern zu beweisen, daß wir zusammenhalten – egal, was auch immer die anderen denken!« Wie ein Häufchen Unglück sitzt er vor mir. Ist er so ein guter Schauspieler? Oder geht er innerlich wirklich mit sich zu Rate? Da überkommt mich einen Moment Mitleid ... einen Moment nur. Denn im nächsten Augenblick steht Frau Leutnant Strauß vor mir, die mir erklärte, daß er »entweder ein guter Schauspieler ist oder wirklich nichts ist«. Ja, er heuchelt. Er hat's gelernt. Sonst könnte er nicht im Dienste der Staatssicherheit seine besten Freunde und Kollegen ans Messer liefern! Seinen Verrat kann er mit dieser Selbstbezichtigung, ob sie ehrlich gemeint ist oder zur Ablenkung dient, nicht rechtfertigen. Seine Tricks sind mir zuwider. »Ich fahre zu meinen Eltern«, gebe ich ihm kurz zu verstehen. Bis Carsten aus der Schule kommt, bin ich zurück. Auf der Straße noch das Gleiche wie am ersten Tag: Ich wage nicht, von einer Seite auf die andere zu wechseln! Jedes Auto, jede Straßenbahn und auch die Menschen flößen mir Angst ein. Ein Taxi bringt mich nach Pankow. Und dort weine ich mich erst einmal wieder richtig aus...

Die Scheidung

Heute ist herrliches Sonnenwetter. Ich nehme unseren Liegestuhl und setze mich in den Hof. Inzwischen habe ich schon einige Bekannte beim Einkaufen wiedergesehen. Sie schauen mich halb neugierig, halb abweisend an. Warum nur? Was hat man ihnen erzählt? Nun, ich muß es tragen. Ich werde euch die Stirn bieten! Es dauert nicht lange, da setzt sich Dieter Groß, der Sohn eines Handballtrainers, zu mir. »Na, Frau Thiemann, da sind Sie ja endlich wieder...«, überfreundlich begrüßt er mich. Ich freue mich über diese Herzlichkeit – doch automatisch schaltet sich bei mir das Alarmlämpchen ein. Hier im Block gibt's zu viele von der Staatssicherheit, ehemalige Spitzensportler und Trainer, sicher will man versuchen, mich auszuhorchen, um mir womöglich einen weiteren Strick zu drehen. Aber dann sollte man natürlich nicht solch ein Jüngelchen vorschicken... Dieter fragt mir Löcher in den Bauch. Doch ich antworte einsilbig. »Es war die Hölle, mehr möchte ich dazu nicht sagen!« gebe ich ihm zu verstehen. »Das kann man sich sicher nicht vorstellen«, versucht er, mich zu ermuntern. »Nein, das kann man sich auch nicht vorstellen!« betone ich scharf. Plötzlich schwenkt er zu einem anderen Thema. »Jaja, die Großen hier im Staat, die können alles haben. Die können alles machen, was sie wollen. Die leben wie die Fürsten...«, sprudelt's aus ihm hervor. Ist's wirklich so gemeint? Wieso redet er mit mir darüber? Warum heute? »Ich ging mit Erich Mielkes Enkel in die Oberschule. Als der nach Bulgarien in die Ferien wollte, bekam er extra ein Flugzeug gestellt!« Ich antworte nicht darauf. Das ist doch nun nichts Ungewöhnliches. Ich schaue ihn weiter erwartungsvoll an. Was erhofft er sich von mir? Mit mir haben's schon ganz andere Typen versucht... »Das muß man sich einmal vorstellen! Was das kostet!« fährt Dieter weiter fort. Nach eineinhalb Stunden solchen Gelabers verabschiedet er sich.

Nachdem ich mich genügend gesonnt habe, gehe ich nach oben.

Ich mache mich zurecht. Von der Telefonzelle aus rufe ich einen mit uns befreundeten Arzt an. »Da bin ich wieder«, melde ich mich. »Mensch, endlich! Was war eigentlich los? Dr. Ahrend hat mir ja allerlei Schauergeschichten erzählt«, erklärt Jürgen. »Wie? Dr. Ahrend? Was weiß denn der?« frage ich zurück. »Nun, er wußte über deine Inhaftierung ziemlich genau Bescheid. Zumindest behauptete er, daß du wegen Devisenvergehens, Rauschgiftschmuggel und Prostitution angeklagt worden seist...« »Wie bitte??? Was hast du da gesagt??? Wegen dieser Sachen???« – ich bin erschüttert, ganz furchtbar erschüttert. So wollen sie also einen ehrbaren, unbescholtenen Menschen fertigmachen! Nur nicht zugeben, daß es mal wieder einer wagte, gegen sie anzulaufen, ihnen den Rücken zuzudrehen! »Ich hatte nur Republikflucht ... das andere sind ganz infame Lügen!« »Das wußte ich doch, ich kenne dich schließlich!« »Besuch mich mal!« bitte ich ihn, »dann erzähle ich dir alles.« Abends stelle ich Klaus zur Rede. »Sag mal, hast du eigentlich im Block nicht erzählt, weshalb ich ins Gefängnis mußte?« »Nein, wieso sollte ich?« fragt er ahnungslos zurück. Ich erkläre ihm, was so im Umlauf ist. Nur einen Moment lang ist er bestürzt. »Da mußt du dir gar nichts draus machen. Die haben schon immer geredet. Wenn die niemanden haben, den sie durch den Kakao ziehen können...« »Aber, ausgerechnet der Arzt, der mich am Blinddarm operierte, dem wir laufend unsere Westzeitungen und verbotene Literatur liehen!« »Jaja, das ist nun mal so«, Klaus ist auch durch nichts zu erschüttern...
Der Scheidungstermin ist auf den 7. Juli festgesetzt. In seinem Antrag hat Klaus einen Absatz so formuliert: »In der darauffolgenden zweieinhalbjährigen Haftzeit in der Strafvollzugsanstalt Hoheneck löste ich mich innerlich von ihr. Nach ihrer Rückkehr gelangte ich zu der Überzeugung, daß auf Grund der zeitlichen Trennung eine zu starke Entfremdung erfolgte, auf deren Basis die Fortführung unserer Ehe für mich nicht mehr gewährleistet ist.« Für ihn! Für ihn! Immer nur für ihn! Und was ist mit mir? Ob denn denen nicht auffällt, wie unterschiedlich seine Gesuche sind? Vor ein paar Monaten schrieb er im Gnadengesuch: »Ich bitte hiermit, meine Ehefrau ... zu begnadigen. Mein Ansinnen

stützt sich dabei auf die gute Führung, die meiner Frau in der Strafvollzugsanstalt Hoheneck bescheinigt wird. Sie wurde seit ihrer Inhaftierung bereits mehrmals mit Belobigungen und Prämien bedacht. Sie war in der Produktion als Vorarbeiterin tätig, und auch jetzt, nachdem sie aus dem Produktionsprozeß herausgenommen wurde und ganztägig als Kunstgewerblerin tätig ist, wird ihr eine gute Arbeitsleistung bescheinigt. Außerdem durfte ich wegen ihres guten Verhaltens schon zweimal zusätzliche Pakete senden und erhielt darüber hinaus bei meinem letzten Besuch Anfang August, den ich mit meiner Schwiegermutter machen konnte, für eine Stunde Sprecherlaubnis. Durch meine Besuche und die Briefe, die ich bisher von meiner Frau erhielt, bin ich zu der festen Überzeugung gekommen, daß sie inzwischen ihr damaliges Vergehen tief bereut hat und den festen Willen besitzt, wieder als vollwertiges, tätiges Mitglied in den Kreis unserer sozialistischen Gesellschaft und somit in den Kreis ihrer Familie zurückzukehren. Außerdem bitte ich im Interesse einer harmonischen Fortführung meiner Ehe eine Befürwortung dieser Begnadigung. Da ich in meiner Tätigkeit als Sportjournalist sehr viel auf Reisen bin (auch im Ausland), leidet die Erziehung und Aufsicht meines 13jährigen Sohnes Carsten, mit dem ich allein lebe, sehr darunter. Er, der als Einzelkind seiner Mutter ohnehin sehr zugetan war und ist, leidet sehr unter dieser Trennung. Seine schulischen Leistungen sind leider so gesunken, daß er in diesem Jahr nicht versetzt werden konnte. Die Mutter meiner Frau, die sich während meiner Dienstreisen um meinen Sohn kümmert, kann das leider auch nicht mit der erforderlichen Intensität tun, da sie durch die Pflege meines Schwiegervaters sehr an ihre Wohnung in Pankow gebunden ist. Wir jedoch wohnen in Hohenschönhausen. Zuletzt möchte ich ebenfalls noch auf den Vater meiner Frau hinweisen. Wegen frühzeitiger Verkalkung und einiger Schlaganfälle, die zu einer linksseitigen Lähmung führten und ihn völlig an die Wohnung fesseln, wurde er schon 1972 mit 61 Jahren auf Invaliden- und Intelligenzrente gesetzt. Er war jahrelang Kollegiumsmitglied der ›National-Zeitung‹, später Verlagsleiter des Nationalen Druckhauses. Er ist Träger der ›Franz-Mehring-Medaille‹, der ›Verdienstmedaille der DDR‹ und erhielt siebenmal die Medaille für ›Ausgezeichnete Leistungen‹. Wie uns mehrfach von der ihn behandelnden Ärztin bestätigt wurde, ist auf Grund seines bedenklichen Zustandes jede Stunde mit dem Schlimmsten zu rechnen. Gerade bei ihm, dessen psychischer Zustand unter der Krankheit sehr gelitten hat, würde ein Wiedersehen mit seiner Tochter sicherlich neuen Lebensmut und neue Energien freilegen. Es wäre für mich und meinen Sohn eine besondere Freude, vielleicht schon oder gerade aus Anlaß des 25. Jahrestages unserer Republik von Ihnen einen positiven Bescheid zu erhalten. Ich verbleibe mit sozialistischen Grüßen ... gezeichnet Klaus Thiemann.« Diese Heuchelei!!! Doch es muß durchgestanden werden. Hier bleibe ich um keinen Preis der Welt! Keinen Tag länger als nötig!

Auch Freunde meiner Eltern, alte Genossen, die in der Nazizeit emigrieren mußten, raten mir: »Mädchen, nach dem, was du erlebt hast, kannst du hier keine ruhige Minute mehr weiterleben!!! Du mußt weggehen, das ist die einzige Lösung! Und wenn du schreibst, schreibe an Willi Stoph, nicht an Erich Honecker! Wir sind sicher, von den katastrophalen Zuständen wissen die wirklich nichts!«

Ich bin sehr aufgeregt. Wie wird die Scheidung ausgehen? Bekomme ich das Sorgerecht für unser Kind? In einem leichten Sommerkleid in Pink und Türkis mache ich mich mit Klaus gemeinsam auf den so entscheidenden Weg. Wir fahren mit seinem Dienstwagen. Er ist ausnehmend freundlich zu mir. So war er all die anderen Tage nicht ein einziges Mal. Der Scheidungsrichter ist etwa 35 Jahre alt, die Schöffen sind um die 50. Ich zittere. Die furchtbaren Stunden meiner Verurteilung werden gegenwärtig ... ich habe Angst. Auch die Nähe meines Anwaltes schützt mich nicht davor. Als ich die erste Frage beantworten muß, stammle ich nur zaghaft – immerzu mit den Tränen kämpfend. Klaus beherrscht seine Rolle gut. Mit Pathos in der Stimme erklärt er dem Gericht, was ich doch für eine wunderbare Mutter sei, daß der Sohn gesagt hätte, »mir kommt es überhaupt nicht so vor, als wenn Mutti weggewesen ist«, und er erreicht, daß zumindest der weibliche Schöffe gerührt ist! Nach den üblichen Befragungen müssen wir hinaus. Der »Sühnetermin«, der sonst erst nach Monaten fällig ist, findet bei uns sofort statt. Nun ja, immerhin bin ich eine politische Staatsverbrecherin! Da muß sowas alles sehr schnell über die Bühne gehen! In zehn Minuten dürfen wir den Raum wieder betreten. Wir müssen weitere Befragungen über uns ergehen lassen. Wenn's doch endlich zu Ende wäre! Ich kann mich kaum noch beherrschen... Klaus säuselt und schwafelt ein Zeug vor sich hin, an das er selbst kaum glauben kann! Teilweise empört es mich derart, daß ich mich zwingen muß, nicht laut hinauszuschreien: »Es war alles ganz anders! Er war genauso beteiligt!« Dann müssen wir nochmals ein paar Minuten nach draußen. Als wir den Raum wieder betreten, wird das Urteil verkündet: Wir sind geschieden. Ich habe das Sorgerecht für Carsten erhalten. Eine Stunde ist nur vergangen... Fast 15 Ehejahre sind von fremden Menschen ausgelöscht worden. Ich wanke die Treppen hinunter. »C'est la vie«, sagt mein Anwalt zu mir und wünscht mir alles Gute. »Du warst sehr tapfer, Mäuschen!« sagt Klaus. Ich schaue ihn an, durch ihn hindurch. Es ist mir so egal, was er jetzt sagt ... ich empfinde nur Verachtung in diesem Moment, tiefe Abscheu... Dann geht's in Richtung Berolina-Hotel, wo wir mit Wolfram, seinem Westberliner Freund, verabredet sind. Ich habe bislang nur mit ihm telefoniert. Erst 1973 konnten die Westberliner ins »demokratische Berlin« einreisen. Und da war ich inhaftiert. »Kompliment!« strahlt mich Wolfram an. »Du gefällst mir!« »Danke, so etwas Schönes habe ich schon lange nicht mehr gehört«, freue ich mich. Wir bestellen uns an der Bar einen Drink. Etwas Hochprozentiges... »Wie war's denn, wenn man das so fragen darf?« Wolfram weiß natürlich nicht, wie sehr mich die Erinnerung erschüttert. »Die Hölle, grausam! Es gibt keine Worte für das, was ich erlebt habe! Vor allem mußte ich so viel erleiden, weil ich Klaus deckte!« »Wie, du hast Klaus gedeckt? Ich denke...« Ratlosigkeit spricht aus seinen Worten. »Wieso, hast du Wolfram auch nicht erzählt, daß wir gemeinsam abhauen wollten?« frage ich Klaus. »Hmmm«, er windet sich und windet sich, ganz blaß ist er geworden. »Aber, du hättest doch wenigstens deinem Freund die Wahrheit sagen können!« entfährt's mir. Wolfram kommt aus dem Staunen nicht heraus. »Na, höre mal, nun möchte ich aber doch etwas mehr darüber wissen. Das sieht ja offensichtlich ganz anders aus«, fordert er Klaus auf. Doch der schweigt. Was sollte er auch sagen? Die Wahrheit? Die er doch die ganze Zeit beharrlich verschwieg... Ich erzähle. Alles. Bis in alle Einzelheiten. Über unsere Planung ... Über die Flucht. Wolfram kann's nicht fassen. »Komm, ich will dir schnell im Intershop ein Parfüm kaufen!« fordert er mich auf. Ich springe vom Barhocker herunter, und wir gehen gemeinsam in die Hotelhalle. »Sag mal, das ist ja ungeheuerlich! Das kann man ja kaum begreifen! Da muß ich ja Angst haben, daß er mit mir ebenfalls falsches Spiel treibt!« »Daran, daß er sich nicht verteidigt, siehst du ja, daß ich nicht übertrieben habe. Er hätte sonst gewiß protestiert.« »Ich werde mich sofort von ihm lösen!« eröffnet Wolfram auf dem Weg zurück in die Bar. »Na, habt ihr was bekommen?« fragt Klaus unsicher. »Nein, der Intershop war zu«, antworte ich kurz. Wir stoßen an. »Alles Jute, meine Kleene!« sagt Wolfram. »Ach, da fällt mir ein, ich trage ja noch meinen Ring«, werfe ich plötzlich ein und streife ihn ab. »Wieso?« fragt Wolfram. »Na, du weißt doch, wir kommen gerade von der Scheidung.« »Nein! Das glaube ich nicht! Ist das denn möglich? Wieso denn das? Ich wußte kein Wort davon!« »Frag doch deinen ›Freund‹. Wieso hat er dich nicht informiert? Er wußte es doch, bevor er sich mit dir verabredete...« Wolfram schaut einen nach dem anderen fragend an. Das ist offensichtlich zu viel auf einmal. »Wie, ihr seid wirklich richtig geschieden?« fragt er nochmals. »Ja, und Mäuschen war sehr tapfer«, labert Klaus wieder. Dabei versucht er, mir die Schulter zu tätscheln. »Nimm die Hand von meiner Verlobten!« versucht Wolfram scherzend die Situation zu retten. Nun, er ist mir sehr sympathisch, ich muß lachen. »Morgen fahre ich mit Carsten an die Ostsee, Klaus hat versprochen, nachzukommen – eine Woche wollen wir noch mal zusammen mit unserem Kind Urlaub machen. Hoffentlich hält er es ein«, füge ich hinzu. »Warum hast du dich eigentlich scheiden lassen?« Wolfram läßt's keine Ruhe. Ehe Klaus antworten kann,

entfährt's mir: »Wegen der anderen Tussy!« »Wie, die mal mit im Theater war? Aber das ist doch eine ausgesprochene Mikkymaus! Die tauscht er gegen dich ein? Nicht zu fassen!« Das tut mir gut...
Wolfram muß wieder fahren. Ich gebe ihm die Telefonnummer meiner Eltern. »Leider bin ich nicht mehr zu Hause erreichbar«, erkläre ich ihm. »Macht nichts, ich erreiche dich schon! Denn ich möchte mit dir und deinem Sohn in Verbindung bleiben.« Klaus paßt das gar nicht. Er spürt, daß er in diesen Minuten einen Freund verloren hat... Ich habe einen gewonnen. Zu Hause angekommen, mache ich mich ans Packen. Klaus hilft. Er kann uns offensichtlich gar nicht schnell genug loswerden. Carsten ist spielen gegangen. Und da durchzuckt mich ein teuflischer Gedanke: Wenn ich ihn nun verführe? Ausgerechnet nach der Scheidung? Und ich tu's! Sicher hat er der anderen ewige Treue geschworen – und hier betrügt er sie sogar an seinem Scheidungstag! Für mich ist's ein Triumph, wenn auch ein schwer zu definierender...
Am Morgen bringt uns Klaus zum Flughafen. »Kommst du wirklich nach?« frage ich vorsichtig. »Ja, ich komme, wenn's nur irgend geht.« Ich glaube ihm nicht recht. »Tschüs, Vati, bis bald!« Carsten freut sich auf die Tage am Meer – mit seinen Eltern. Er will kitten, das spüre ich so oft. Obwohl ich Klaus gebeten hatte, daß er ihm von der Scheidung erzählt, hat er's unterlassen. Wie immer: ein Feigling ... ein entsetzlicher Feigling!

Ferien an der Ostsee

Gegen Mittag erreichen wir Ahrenshoop. Mit einem Taxi steuern wir unser Quartier an, das wir für 14 Tage gemietet haben. »Bitteschön, hier ist Ihr Zimmer!« weist uns eine freundliche Dame mittleren Alters ein. Wir packen aus. Dann erklärt uns die Gastgeberin, daß wir bei ihr nur frühstücken, die beiden übrigen Mahlzeiten nehmen wir in einem größeren Hotel ein. Uns soll's recht sein... Nach dem Auspacken inspizieren wir die nähere Umgebung. Bis zum Strand haben wir einige Meter zu laufen. Doch das kann uns nicht weiter stören. Das Wetter ist herrlich, und wir freuen uns auf die gemeinsamen Tage. Abends im Bett fragt Carsten plötzlich: »Meinst du, Mutti, ob sich Vati wirklich scheiden läßt?« Das hat mir gerade noch gefehlt! Gleich am ersten Abend vor dem Einschlafen diese Frage! Doch ich kann den Jungen nicht belügen. Jetzt muß ich ihm von der Scheidung erzählen, wovor sein Vater sich drückte. »Carsten, ich muß dir was Trauriges sagen: wir sind bereits geschieden worden.« Er wird kreidebleich. Ich nehme ihn in die Arme und streichle seinen Kopf. Ganz still ist er. Er atmet kaum. »Wann denn, Mutti?« fragt er kläglich. »Gestern.« Keine Reaktion erfolgt. In dem kleinen Kopf arbeitet's. Und dann bricht's aus ihm hervor: »Das Schwein! Das Schwein!« und er fängt bitterlich an zu schluchzen. Lange noch sind wir in dieser Nacht wach. Wir sprechen über dies und über das. Über gemeinsame Stunden, Erlebnisse, Späße – es fällt kein einziges negatives Wort mehr. Meine Erkenntnis: Es hat sich nicht gelohnt, um dieses Stück Labilität zu kämpfen...

Die Sonne strahlt in unser Zimmer. Es ist schon acht Uhr durch. »Komm, mein Liebling, laß uns aufstehen und zum Strand gehen!« fordere ich Carsten auf. Das Meeresrauschen und der herrliche Strand an diesem bekannten Künstlerort an der Ostsee versöhnen uns ein wenig mit dem privaten Schlamassel. Wir

wollen in vollen Zügen genießen. Auftanken. Ein wenig vergessen...
Am langen FKK-Strand suchen wir uns ein geeignetes Fleckchen. Eine bereits verwehte Sandburg bauen wir uns wieder auf. Carsten macht das prima. Im Nu haben wir uns ein schönes Nest geschaffen. Mit Fußballspielen, Federball und Kartenspiel vertreiben wir uns die Zeit, wenn wir mal nicht im Wasser toben. Beide sind wir glücklich.
Plötzlich tauchen in der Ferne drei sportliche Gestalten auf. Beim Näherkommen – ich spiele mit Carsten Ball – mustere ich sie genauer. Auch sie scheinen mich aufs Korn genommen zu haben. Meine Eitelkeit läßt mich registrieren: Aha, an mir finden Männer doch noch Gefallen! Einer löst sich aus der Dreiergruppe. Er kommt geradeswegs auf uns zu. Er ist athletisch gebaut, breite Schultern, schmale Hüften, wunderbar geschwungene Beine. Außerdem hat er pechschwarzes Haar und blaue Augen. Er sieht aus wie ein Mittelding zwischen Costa Cordalis und John Travolta... Ein Bild von einem Mann! Wenige Meter hinter mir bleibt er stehen. »Jetzt mustert er mich also von hinten«, schießt's mir durch den Kopf. »Ob ich seinen kritischen Blicken standhalten werde?« frage ich mich. Da fliegt der Ball direkt auf ihn zu. Ich muß hechten... und... »Störe ich Sie?« fragt er nur. »Nein, nein«, antworte ich lachend und blitze ihn aus dem linken Augenwinkel an. Der erste Kontakt ist geknüpft... mir ist sein Interesse denkbar angenehm. Nach einer Weile begibt er sich zu seinen Freunden. Die Truppe hat sich inzwischen vergrößert. Auch sie spielen Ball. Ich nehme an, daß es eine Sportlermannschaft ist.
Wir spielen in der Sandburg »Mau-Mau«. Zwischendurch beobachte ich die Sportler. Auch der schwarze Bursche blickt immer in unsere Richtung. Oder ist's Einbildung? Doch dann bekomme ich die Antwort. Er nähert sich uns. »Darf ich ein bißchen mitspielen?« fragt er auf mich und Carsten schauend. »Na klar!« antworte ich schnell. Auch Carsten freut sich darüber. Dann erzählt er: »Wir sind eine Handballtruppe vom Glühlampenwerk Narva und machen hier 14 Tage Urlaub. Ich bin mit dem Rennrad aus Berlin gekommen. Doch es ist leider kaputtgegan-

gen.« »Was, mit dem Rennrad von Berlin?« staunt Carsten. »Na klar, das sind doch kleine Fische!« kontert Karl-Heinz. Doch wir taufen ihn sofort Carlos, das paßt besser zu diesem rassigen Mann. Für den Abend verabreden wir uns. Er holt uns nach dem Abendessen ab. Carsten ist begeisert von ihm, vonwegen Rennrad und so...

Wir gehen am Steilufer spazieren, kehren in einem Gartenrestaurant ein. Dann schauen wir übers Meer. Carlos hat Carsten um die Schulter gefaßt. Mit verklärtem Blick hängt der Junge an den Lippen dieses Mannes, der ihm so viel Interesse entgegenbringt. Er erzählt, daß er Diplom-Lehrer für Sport und Geschichte ist. Er kann Gitarre spielen und wunderbar singen. Außerdem kennt er sämtliche Beat-Gruppen, für die Carsten augenblicklich schwärmt. »Ich bin auch noch Leiter eines Jugendklubs in Berlin«, erzählt Carlos. »Da kannst du mich mal mit deiner Mutti besuchen«, fordert er Carsten auf. »Ja, mache ich«, mit strahlenden Augen nimmt Carsten das Angebot an. »Er scheint ihn ja auf Anhieb zu lieben«, registriere ich. »Dann kann ich's auch, ich werde mich nicht gegen ihn sträuben!« nehme ich mir vor. Der Abend endet aufregend. Plötzlich sehen wir auf offener See lauter Küstenwachboote. Gespenstisch mutet ihr Scheinwerferlicht an, das über die Wellen strahlt. Taghell leuchtet der jeweilige Streifen, den sie gerade aufs Korn nehmen. Ob sie jemanden suchen? Oder ob das jeden Abend so ist? Ich zittere... »Was ist denn mit dir?« fragt Carlos besorgt. »Ach, nichts«, versuche ich auszuweichen. »Natürlich merke ich, daß du etwas hast!« »Ich werde dir morgen davon erzählen«, vertröste ich ihn. Dann bringt er uns nach Hause.

Die kommenden Tage werden herrlich. Wir verzapfen jede Menge Streiche. Carsten verliebt sich in Carlos genauso wie ich. Carlos kennt meine Geschichte nun. Und er weiß auch, daß ich über kurz oder lang weggehe aus Berlin. Für immer. Jeden Tag sind wir zusammen. Jeden Abend auch. Und dann beschließen wir, sogar gemeinsam zurückzufliegen. Carlos fliegt zum erstenmal in seinem Leben. Und ich merke, daß seine Hände beim Start ganz feucht werden... Dieser Supermann! Wir tauschen unsere Adressen auf dem Flughafen Schönefeld, in zwei Tagen wollen

wir uns treffen. Bei einem Glas Orangensaft verabschieden wir uns. Mit Tränen in den Augen. Doch schon bin ich mit meinen Gedanken woanders ... was erwartet mich zu Hause?
»Der Fernseher ist weg! Und die Schreibmaschine!« Carsten hat als erster das Wohnzimmer betreten. Ich schaue mich um. Tatsächlich! Der Apparat, den mir Klaus vor drei Jahren zu Weihnachten schenkte, ist nicht mehr da! Dann inspiziere ich die Wohnung. Auch in der Küche fehlen elektrische Geräte und einiges mehr. Dann machen wir uns erst mal ans Auspacken. Ich hänge die Kleider, die ich nicht getragen habe, in die Schränke zurück. Nanu? Von Klaus' Garderobe ist kaum noch etwas da. Dann hat er also den Auszug schneller vollzogen als gedacht. Umso besser. Jetzt haben wir Carlos. Und ein wenig neue Lebensfreude ist in unser Leben eingekehrt.
Am nächsten Morgen wollen Carsten und ich meine Eltern besuchen. Braungebrannt laufen wir die Straße entlang. Da! Im Taxi! War das nicht gerade Carlos? durchzuckt's mich. Doch ich sage nichts. Sicher habe ich mich geirrt. Wir sind ja erst morgen verabredet. Und nicht bei mir zu Hause. Doch das Taxi kommt plötzlich zurück und hält auf der gegenüberliegenden Seite. Carlos steigt aus. Aufgeregt kommt er zu uns herüber. »Ich konnte es nicht erwarten, euch wiederzusehen!« prasselt's aus ihm heraus. »Die Tage mit euch waren so schön, ich hab's einfach nicht mehr ausgehalten!« Carsten strahlt, ich strahle, Carlos strahlt. Von der Post aus rufe ich meine Mutti an und vertröste sie auf den nächsten Tag. Wir fahren zum Alexanderplatz und machen einen Bummel durch die neuen Cafés, schauen uns Geschäftsauslagen an und treiben Schabernack. Carlos hat an der einen Hand mich gepackt, an der anderen Carsten. Als wir um die Ecke eines Cafés stoßen, gerade herzhaft lachend, begegnen wir Klaus. »Hällo!« sagt er überrascht und mustert Carlos sehr eindringlich. »Hällo!« äffe ich ihn nach und laufe weiter. Auch Carsten ist nicht stehengeblieben. Der neue Mann an seiner Seite scheint ihn nach dem Verrat seines Vaters mehr zu interessieren ... Verunsichert geht Klaus weiter. Das wird ihm wohl zu denken geben, oder? Seiner Eitelkeit tut's sicher nicht gut, daß wir uns so schnell »getröstet« haben! Andererseits sollte

er froh sein: Um so geringer ist die Gefahr, daß ich ihn aus einer Stimmung heraus doch noch verrate...

Nun bin ich knackig braun. Vor dem Spiegel schaue ich mich sehr kritisch an. Auch im Gesicht habe ich ein wenig meine alten Züge zurückbekommen. Mit etwas mehr Schminke wird was zu machen sein. So entschließe ich mich, meinen Aktfotografen aufzusuchen, um mein »Gelöbnis« einzulösen. Die Stasi-Heinis sollen mich unbedingt noch mal im »Magazin« erblicken! Klaus Fischer ist nicht da. Mit einem kleinen Zettelchen kündige ich mich für den nächsten Tag an.

»Mensch, lebst du auch noch?« der Fotograf empfängt mich mit alter Herzlichkeit. »Na, hast du denn nichts von meinem schlimmen Erlebnis gehört?« »Nein, was ist denn?« fragt er ängstlich schauend. Ich erzähle ihm mit wenigen Worten die Geschehnisse der letzten drei Jahre. Er ist erschüttert. »Und da sie mich auch wegen meiner Aktfotos im ›Magazin‹ so gequält haben, möchte ich noch mal welche machen!« sage ich mit Bestimmtheit. »Das trifft sich gut. Ich will gerade ein größeres Buch über Aktfotografie machen. Da kommst du gerade recht. Du warst ja immer mein bestes Modell«, schmeichelt er. »Nana, ganz so gut wird's wohl nicht mehr, ich habe mich doch verändert.« »Na, zieh dich mal aus«, fordert er mich auf. Ein bißchen komisch kommt's mir vor. Doch ich weiß, was ich will! Und ich will's denen von der Stasi zeigen! Wir machen viele Aufnahmen, Farbe und Schwarzweiß. Etwa 300 sind's. »Morgen kannst du vorbeikommen und sie dir anschauen«, schlägt er vor. »Alles klar, ich habe jetzt Zeit«, entgegne ich.

Rrrr, klingle ich. Nochmals drücke ich auf den Knopf. Doch niemand öffnet. Ob der Fotograf einen plötzlichen Termin bekommen hat? Beim dritten Versuch klappt's. »Ich war gerade in der Dunkelkammer«, erklärt er. Mit kritischem Blick überfliege ich die Bilder. »Hier habe ich schon einige angekreuzt, die ich ganz toll finde«, erläutert Klaus Fischer. »Naja, das hier nicht. Und das auch nicht«, sortiere ich noch einige aus. Aber im allgemeinen bin ich zufrieden und gebe meine Unterschrift unter die angekreuzten zwecks Veröffentlichung. »Sie werden in meinem Buch erscheinen. Und vorher biete ich sie auch noch dem

›Magazin‹ an. Die Redaktion kennt dich ja schon und wird sich freuen, endlich mal wieder was von dir vorgelegt zu bekommen.« Ach, tut das gut! Ich habe ja selbst nicht mehr dran geglaubt, daß ich jemals wieder manierlich aussehen könnte! Klaus sehen Carsten und ich nur noch selten. Er ist mit fast allen Sachen ausgezogen. Drei Monate muß er insgesamt an mich 400 Mark zahlen, dann nur noch für Carsten pro Monat 150 Mark. »Was ist mit der Schreibmaschine? Ich brauche sie, ich will Heimarbeit annehmen«, sage ich ihm, als er uns wieder mal antrifft. »Die habe ich«, erklärt er nur. »Bring sie her, ich brauche sie«, fordere ich ihn auf. Ich brauche sie nicht wirklich. Ich werde in diesem Staat nicht mehr arbeiten. Jedenfalls in keinem meiner Berufe. »Ich würde höchstens als Straßenfeger oder Reinemachefrau in der Kirche arbeiten«, erkläre ich Dr. Vogel, meinem Anwalt, den ich zwei- bis dreimal in der Woche aufsuche. »Jaja, Sie brauchen hier nicht mehr zu arbeiten. Ich hoffe, daß Ihre Ausreise bald vonstatten gehen kann. Ich bin jedenfalls dran.« »Mein Mann, pardon, mein geschiedener Mann, hat während unserer Abwesenheit alle möglichen Dinge aus der Wohnung geschleppt«, erzähle ich. »Das geht nicht! Sie haben ausdrücklich bei der Scheidung erklärt, daß Sie sich über das gemeinsame Besitztum einigen wollen, da kann er nicht einfach ohne Ihre Zustimmung etwas wegbringen!« Es erleichtert mich, daß er mir so entschieden beisteht. »Außerdem, er sollte ja nun wirklich großzügig sein! Es ist schließlich alles bekannt! Er müßte Ihnen eher die Füße küssen!« Das meine ich eigentlich auch. Doch mein Grübeln über seine Haltung hat mich bis jetzt nicht weitergebracht und wird es auch nicht. Einen derartigen Verrat kann man einfach nicht begreifen! Auch ein Brief vom Anwalt läßt Klaus nicht zur Besinnung kommen. Er ist nicht bereit, über Hausrat, Konten, Auto usw. zu verhandeln. Er weiß: Über kurz oder lang gehe ich sowieso weg, da kann ich ja nichts mitnehmen. Dr. Vogel bestellt ihn mit mir zusammen in die Praxis. »Wieviel Geld haben Sie auf dem Konto?« fragt er Klaus. »Das weiß ich nicht«, entgegnet er. »Sie wollen mir doch nicht weismachen, daß Sie nicht wissen, was Sie auf dem Konto haben!« scharf fährt der Anwalt ihn an. »Naja, vielleicht so 150

Mark...«, erklärt Klaus. »Das ist wohl die Höhe«, mische ich mich ein. »Das kann ja gar nicht stimmen! Vor ein paar Tagen noch waren allein auf seinem Konto 8000 Mark!« »Ja, da habe ich aber 'ne Menge Ausgaben gehabt«, verteidigt sich Klaus. »Na, Moment mal, so geht's ja auch nicht. Sie bringen Sachen aus der Wohnung weg, was Sie nicht dürfen; Sie machen Konten leer, und wo ist der Westwagen?« zischt Dr. Vogel scharf. »Ach, das alte Ding, das ist doch nichts mehr wert«, entgegnet Klaus. »Vorsicht, Herr Thiemann, ich kenne mich auch mit Gebrauchtwagen aus. Dafür kriegen Sie hier garantiert noch 30- bis 40000 Mark! Also: Wollen Sie sich nun mit Ihrer Frau gütlich einigen, oder soll ich das übers Gericht einklagen?« Unruhig rutscht Klaus auf seinem Stuhl hin und her. »Natürlich einigen wir uns so.« »Bedenken Sie, Ihre Frau hat schließlich viel durchgemacht! Sie sollten ruhig etwas großzügiger sein! Dazu haben Sie ja wohl auch allen Grund! Denken Sie ja nicht, daß man nicht über Ihre Mittäterschaft Bescheid weiß!« Da, drohend steht der Ausspruch im Raum. Klaus sagt nichts mehr. »Sie sind ein ausgesprochenes Sch...!« dann bricht der Anwalt ab. Um ein Haar hätte er sich nicht mehr in der Gewalt gehabt... um ein Haar nur! Klaus fährt mich mit dem Dienstwagen nach Hause. Abends warte ich vergebens auf ihn. Erst am übernächsten Tag erscheint er kurz. Aber auch da bringt er nur die Schreibmaschine und den Toaster. Alles andere, inklusive der Gelder, behält er.

Carlos ist jetzt täglich bei uns. Wir beschließen: Wir wollen die Wochen unseres »Berlin-Aufenthaltes« nur noch gemeinsam verleben. So oft es geht, fahren wir zu seinen Handballspielen mit. Er ist ein knallharter Torwart. Ein Punkt mehr, den er sich dadurch bei Carsten sammelt! Dann ist die große Fete im Narva-Jugendklub. Nina Hagen hat sich angesagt. Kurz vor ihrem Auftritt erscheint sie. Zusammen mit ihrer Mutter Eva-Maria. Beinahe schüchtern betritt sie das Dienstzimmer von Carlos. »Da bin ick, wann soll's losjehn?« fragt sie. »Der Saal ist schon voll, in zehn Minuten können wir starten«, erklärt Carlos. Ich begebe mich mit Carsten auf die Plätze. Zwischen den vielen

Jugendlichen sind auffallend viele Stasi-Leute. Man erkennt sie an ihren fiesen Gesichtern, an ihren Einheitsanzügen, die sie preiswert in speziellen Geschäften erstehen können. Und dann ist's soweit. Nina Hagen tritt aufs Podest. Mit weicher Stimme trägt sie ein paar Schlager vor, die eher an Schnulzen erinnern. Ich habe sie im Fernsehen schon ganz anders erlebt! Laut... rockend... progressiv. Aber wer weiß, vielleicht darf sie heute nicht anders. Die Zensur für Künstler ist streng. Unmittelbar nach ihrem Auftritt verläßt sie mit ihrer Mutter den Saal. Die Fans sind enttäuscht. Sie hätten sicher gern mal privat mit ihr geplaudert...

Eines Tages wird Carlos zur Parteileitung seines Betriebes bestellt. Man wirft ihm vor, daß er mit mir zusammenlebt. »Sie geht ja sowieso bald weg«, versucht er einzulenken. »Trotzdem, wir sehen das nicht gern«, erklärt ihm die Parteivorsitzende. »Aber, ich liebe diese Frau und ihr Kind!« versucht er noch mal die Situation zu erklären. »Es ist nicht gut für Sie!« beinahe drohend hört sich's an. Nun, wir ziehen uns ein bißchen aus der Öffentlichkeit zurück. Ich fahre nicht mehr mit zu seinen Handballspielen. Außerdem überlegen wir, wer wohl in der Mannschaft für die Stasi arbeiten könnte. Zwei haben wir fest ins Auge gefaßt. Die Fragerei der Parteivorsitzenden deutet darauf hin, daß aus dem Kreis der Mannschaft Informationen über Carlos und mich weitergeleitet wurden. Auch zu Hause fühlen wir uns unsicher. Ob wir abgehört werden? Wir suchen alles ab, doch vergebens. Klaus hat nach wie vor einen Schlüssel zur Wohnung... vielleicht hat er irgendwo eine Wanze installiert?

Ein paar Tage lang unterhalten wir uns kaum noch. Wir verständigen uns schriftlich. Dann platzt mir der Kragen. »Diese verdammten Stasischweine! Sie haben mir genug angetan! Ich halte meinen Mund nicht mehr!« Nun ist es mir besser. Carlos schaut erst erschrocken, doch auch er ist erleichtert. Nach einem ausgiebigen Abendspaziergang unterhalten wir uns wie gewohnt. Wir haben nichts zu verbergen. Wir lieben uns nur! Doch eins wird mir immer klarer: Wir müssen abgehört wor-

den sein! Zu sehr ins Detail kannte man Gespräche von uns. Also doch Klaus! Dieser doppelte und dreifache Verräter!
Dann vereinbare ich mit Klaus einen weiteren Treff beim Anwalt. Ich bin mit den 150 Mark Unterhaltsgeld für Carsten nicht einverstanden. Klaus hat vorm Gericht falsche Angaben über sein Einkommen gemacht. Jetzt soll er von sich aus aufstocken. Zuerst sträubt er sich, doch Dr. Vogel legt ihm nahe: »Überlegen Sie mal, das ist schließlich für Ihr Kind! Wenn wir's übers Gericht einklagen, bedeutet das wieder Kosten für Sie! Denn: Bekommen wird Ihr Kind den ihm zustehenden Anteil auf alle Fälle, darüber müssen Sie sich schon im klaren sein!« Klaus unterschreibt beim Notar eine Erklärung, daß er monatlich 250 Mark an seinen Sohn Unterhalt zahlen wird. Das staatliche Kindergeld von 50 Mark behält er sowieso einfach für sich. Ich erzähle es dem Anwalt. »Sie müssen wissen: Auf alle Fälle bekommen Sie Ihr Recht! Doch das wird nicht von heute auf morgen gehen. Wenn Sie irgendwie auf die materiellen und Geldwerte verzichten können, tun Sie's! In ein paar Monaten kann es schon wieder ganz anders mit der Ausreisegenehmigung für Ihr Kind aussehen. Schließlich brauchen Sie ja auch vom Vater die Ausreiseerlaubnis fürs Kind und sein Einverständnis, daß es aus der Staatsbürgerschaft der DDR entlassen wird«, erklärt Dr. Vogel. »Danke, das reicht. Ich verzichte lieber! Denn hier wollen wir nicht mehr leben, keine Sekunde!« sage ich mit Bestimmtheit.

Schikanen über Schikanen

Ich werde immer ungeduldiger. Die Ungewißheit zehrt an meinen Nerven. Außerdem liegt mir Carlos ständig in den Ohren. »Ich denke, du liebst mich. Wieso willst du dann fort von hier?« attackiert er mich jetzt fast täglich. »Ich kann hier nicht mehr leben! Das habe ich dir vom ersten Tag unserer Bekanntschaft an klar und deutlich gesagt! Außerdem hast du immer wiederholt, daß du niemals heiraten würdest!« »Naja, das war ja erst auch meine feste Meinung. Aber jetzt, wo wir zusammenleben und ich mich auch mit deinem Sohn so gut verstehe, möchte ich auch mit euch zusammenbleiben!« »Es geht nicht, wir müssen hier weg, begreife das!« betone ich nochmals eindringlich. Doch er will's nicht einsehen. Immer wieder tauchen diese Diskussionen auf.
Es ist bereits Oktober. Da kommt ein Brief von Dr. Vogel. Ich suche ihn sofort in der Praxis auf. »Es soll bald losgehen«, empfängt er mich. Dann erklärt er, welche Formalitäten ich erledigen muß. Über alle Gegenstände und Sachen, die ich mitnehmen will, muß ich in sechsfacher Ausfertigung eine Liste anlegen und zum Ministerium bringen. Da ich keine Möbel und dergleichen mitnehmen darf, ist's eine mühselige Arbeit, die vielen Kleinigkeiten aufzuführen. Jeden Fummel, jeden Kugelschreiber... Auch bei den Büchern muß ich außer dem Titel, den Autor, den Verlag und das Erscheinungsjahr angeben.
Doch es geht voran. Dadurch empfinde ich diese Schikane nicht in ihrer beabsichtigten Größe... Je mehr Aktivitäten ich zeige, um so unleidlicher wird Carlos. »Weißt du was, wir sollten noch eine kurze Reise zusammen machen. Vielleicht nach Weimar«, schlage ich vor. »Wenn du meinst«, brummt er vor sich hin. Ich nehme die Organisation sofort in die Hand und buche eine Viertagefahrt. Carsten fährt natürlich auch mit. In einem erstklassigen Hotel mitten in der City von Weimar nehmen wir Quartier. Wir besichtigen viele schöne Gebäude, Schaffensstätten der alten Dichter und Denker. Mit dem Wetter haben wir auch

Glück, es ist ein herrlicher, sonniger Herbst. »Woll'n wir nicht mal nach Buchenwald fahren?« schlägt Carlos vor. »O ja, ich war da schon mal mit der Klasse«, Carsten ist sofort einverstanden. »Ich möchte eigentlich nicht. Ich glaube nicht, daß ich das so ohne weiteres verkraften werde«, entgegne ich. »Na, wieso denn? Das ist doch ganz etwas anderes«, ereifert sich Carlos. »Ob's so viel anders ist?« mir kommen Bedenken. Aber dann gebe ich nach, weil's ja auch Carsten will. Wir besteigen einen Bus und lassen uns zur Gedenkstätte fahren. Ein großes, ödes Feld liegt vor uns. Meine Gedanken irren ins Zuchthaus Hoheneck. Je näher wir den Gebäuden kommen, um so aufgeregter werde ich. Dann lese ich Dokumente, sehe Zeichnungen von ehemaligen KZ-Häftlingen, Bastelarbeiten, Gedichte. »Wir durften so etwas nicht anfertigen und aufbewahren!« entfährt's mir. »Und hier, die Fotos, so frei durften wir nicht herumlaufen!« »Aber, dafür wußtet ihr, daß ihr nicht getötet werdet! Die Menschen hier mußten täglich um ihr Leben bangen«, widerspricht Carlos. »Was weißt denn du! Mehr als einmal haben wir gefleht, daß man unserem Hundeleben lieber ein Ende setzen solle!« »Trotzdem, das hier ist doch überhaupt nicht vergleichbar!« Ich gebe es auf, ihn eines Besseren zu belehren. Verstehen und nachempfinden können's nur Menschen, die sich an ebensolchem Ort befanden. Man kann es keinem übelnehmen, wenn er unsere Gedanken nicht versteht. So etwas Unmenschliches, Grausames kann man sich eben in einem sozialistischen Staat nicht vorstellen!

Ich betrachte aufmerksam die Fotos. Die ausgemergelten Gestalten lassen mich auch wieder Vergleiche ziehen. Biggi kam so aus dem Arrest. Martina kam so aus der U-Haft des Staatssicherheits-Ministeriums. Auch sie sahen aus wie halbverhungerte KZ-Häftlinge. Doch wer glaubt einem das schon...

Ich bin froh, als wir diesen unseligen Ort verlassen. Meine Wut und mein Haß auf diesen DDR-Staat werden durch den Besuch noch größer! Sie erdreisten sich, Mahnstätten und Mahnmale zu schaffen, die die Menschen aufrütteln sollen! Und was machen sie unter dem Deckmantel ihrer humanitären Phrasendrescherei? Ich habe in ihre Kloaken geschaut mit all ihrem selbstzerstö-

rerischen Schmutz, Unrat und Gestank, der zwischen Verzweiflung und Haß die armen Getretenen, die sich einst Menschen nannten, hin- und herwarf.
Angeekelt besteige ich den Bus. Ich weiß: Ich hätte nicht mitgehen sollen! Mein erster Instinkt war genau der richtige.

Am 2. Dezember 1975 werde ich zu einer Außenstelle des Ministeriums bestellt. »Hier, unterzeichnen Sie und zahlen Sie an der Kasse 30 Mark!« fordert mich ein Angestellter auf. Ich lese die »Urkunde« aufmerksam durch. »...Die Entlassung aus der Staatsbürgerschaft der Deutschen Demokratischen Republik wird gemäß § 15 Abs. 3 des Staatsbürgerschaftsgesetzes mit der Aushändigung dieser Urkunde wirksam.« Ausgestellt ist diese Schrift am 20. November. »Aber, da stehe nur ich drauf. Warum ist mein Sohn nicht aufgeführt?« frage ich mit gerunzelter Stirn. »Wieso Ihr Sohn? Ihren Sohn betrifft das nicht!« »Moment mal, natürlich gehört mein Sohn zu mir, ich habe das Sorgerecht für ihn erhalten!« protestiere ich etwas schärfer. »Kommen Sie in ein paar Tagen noch mal wieder. Wir werden das prüfen!« herrscht er mich an. Ich kriege kaum noch Luft. Wie gelähmt verlasse ich den Raum. Das erstbeste Taxi nehme ich und fahre direkt in die Praxis von Dr. Vogel. »Sie haben es abgelehnt, die Aberkennung der Staatsbürgerschaft auch auf meinen Sohn zu übertragen«, erkläre ich ihm aufgeregt. »Ach, das kann doch nur ein Irrtum sein. Beruhigen Sie sich, fahren Sie nach Hause. Ich kläre das. Rufen Sie mich morgen nachmittag wieder an«, redet Dr. Vogel auf mich ein. Ich schöpfe wieder Hoffnung. Doch die Zweifel werde ich nicht los. Ich schlafe die ganze Nacht nicht. Starke Gallenschmerzen plagen mich. Und auch das Herz macht mir zu schaffen. Ich kann's kaum erwarten bis zum Nachmittag. Die Telefonzelle vorm Haus ist natürlich wieder mal kaputt. Also renne ich gehetzt zur Post, als es Zeit ist, Dr. Vogel anzurufen. »Haben Sie etwas erfahren?« frage ich ihn aufgeregt. »Es ist alles in Ordnung. Sie können morgen hingehen und sich die vollständige Urkunde abholen«, erklärt er. »Danke, danke, Gottseidank!« Ich bin ja so erleichtert.
Nachdem ich die Urkunde in Empfang genommen habe, die der

Minister des Inneren, Friedrich Dickel, unterzeichnet hat, fahre ich erst einmal zu meinen Eltern. Ich habe Glück. Wenige Stunden später ruft Tante Lola aus Seesen an. »Wann kommst du denn nun genau?« fragt sie am anderen Ende der Leitung. »Exakt weiß ich's noch nicht. Ich muß jetzt binnen drei Wochen draußen sein. Wollen wir uns auf den 10. Dezember festlegen?« »Jaja, je eher, desto besser«, schlägt Tante Lola vor. Ich beginne sofort zu kurbeln. Ich brauche dringend ein Gütertaxi, das mir den großen Schiffskoffer und die Bücherkiste sowie die Ölgemälde auf den Bahnhof bringt. »Wir sind ausgebucht«, ist die lapidare Antwort. Ich wähle noch einmal. Der Herr am anderen Ende der Leitung hat zu schnell aufgelegt. »Hören Sie, ich brauche unbedingt den Wagen, ich zahle Ihnen den doppelten Preis!« »Wann sagten Sie, daß Sie ihn brauchen?« fragt er etwas interessierter. »Am 9. Dezember am besten«, antworte ich. »Na gut, das geht aber dann nur früh um neun Uhr«, sagt er. »Alles klar«, ich bin zufrieden.
Am 9. Dezember, pünktlich neun Uhr, klingelt's an der Tür. »Na, wo ham wa denn det Jepäck?« fragt einer der beiden kräftigen Männer. »Hier, alles, was hier steht«, weise ich sie ein. Als alles verstaut ist, nehme ich mit Carsten vorn im Wagen Platz. Beim Zoll am Ostbahnhof wird das Gepäck abgeladen. Dann verschwinden die beiden Fahrer. »Wat, det wolln Se so uffjehm?« fragt mich ein älterer Zollbeamter. »Ja, warum denn nicht?« »Na, det entspricht überhaupt nich de Bestimmungen«, sagt er. »Wieso denn nicht?« wage ich vorsichtig zu fragen. »Weil de Koffer abschließbar sein müssen. Und der hier is ja nun nich jrade abjeschlossen.« Es stimmt. Der Schiffskoffer ist nicht abschließbar. Aber: Ich habe eine dicke Wäscheleine darum geknotet, die aufzumachen würde eine Ewigkeit dauern. »Das Gütertaxi ist doch jetzt weg, ich kann die Sachen ja gar nicht zurückbefördern«, erkläre ich dem Beamten. Er runzelt die Stirn. Dann läßt er sich zu einem Entgegenkommen herab. »Na jut, aber nur off eijene Verantwortung. Det müssen Se mir aber unterschreiben.« Ich unterschreibe. »Na, dann machen Se mal alles uff«, fordert er mich auf. »Wie? Was denn aufmachen?« »Na, det Jepäck!« »Aber, ich habe doch alles zehnfach ver-

schnürt! Das kriege ich doch alleine nie wieder zu! Da hat mir doch ein starker Mann dabei geholfen!« »Det hilft nischt, wir haben unsere Vorschriften!« Unerbittlich steht er vor mir. Carsten hilft beim Aufschnüren. Unsere Hände sind schon ganz rot. Ich schwitze Blut und Wasser. Doch wir müssen durchhalten...
»Wo ham Se denn eijentlich Ihr Visum?« fragt mich der Zollbeamte plötzlich. »Visum? Visum?« geht's mir durch den Kopf. Davon hat mir doch keiner was gesagt! Nicht mal Dr. Vogel! Ist das eine neue Schikane? Doch diesmal fange ich mich schnell. »Ach, das kann ich erst morgen abholen. Sie wissen doch, mittwochs haben diese Dienststellen geschlossen!« »Naja, aber eijentlich darf ich diese Sachen ohne Vorzeijen des Visums jar nich abnehmen«, wendet er nochmals kurz ein. »Ich will doch schon übermorgen reisen«, unterbreche ich seine Bedenken. »Na jut, ausnahmsweise!« Glück gehabt! Nun heißt's: Alle Hebel in Bewegung setzen! Wir müssen tatsächlich alles aufschnüren, damit er seine Stichproben machen kann. Er findet nichts Verdächtiges. Dann müssen wir alles wieder zusammenschnüren. Es ist eine scheußliche Arbeit. Ich habe einfach keine Kraft. So gut, wie es vorher verpackt war, kriegen wir das beim besten Willen nicht wieder hin. Dann muß ich noch mehrere Schriftstücke abzeichnen – und wir haben's geschafft!
Unser erster Gang ist zur Telefonzelle. »Herr Dr. Vogel, wieso brauche ich denn ein Visum?« »Habe ich Ihnen denn das nicht gesagt? Das hätten Sie sich doch denken müssen!« antwortet er. »Ach, ich war doch die ganzen Wochen so aufgeregt... auf die Idee bin ich überhaupt nicht gekommen.« »Wann wollen Sie denn reisen?« »Na, übermorgen schon!« »Das werden Sie wohl nicht schaffen.« Dann erklärt er mir die nächsten Schritte, die zu tun sind. Die Visumstelle hat erst am nächsten Morgen um neun Uhr auf. Ich setze mich in die S-Bahn und fahre nach Pankow, wo ich eine Expreß-Fotostelle weiß, die mir in ein paar Stunden ein Paßfoto anfertigen kann. »Kommen Sie gegen 19 Uhr«, sagt der Fotograf. »Aber warum erst so spät? Ich muß das Paßbild heute noch zur Polizei bringen«, erkläre ich. »Das kann ich nicht ändern, es tut mir leid. Vielleicht klappt's schon 18 Uhr.« »Aber jetzt ist es doch erst 15 Uhr, Sie brauchen doch für die Entwick-

lung nicht drei Stunden!« ungeduldig versuche ich, ihn zu überzeugen, daß er doch mal eine Ausnahme machen muß – doch es nützt nichts. Er bleibt hart. Vielleicht kann er wirklich nicht anders...

Am Morgen des 11. Dezember fahre ich eine Stunde früher von zuhause weg als nötig. Im Dienstgebäude für die Visaerteilung ist schon Betrieb. Viele andere Dinge werden hier auch noch erledigt. Als ich dran bin, trage ich mein Anliegen vor. »Da fehlt noch von der Polizei Ihre Abmeldung. Das Paßbild alleine nützt mir nichts«, klärt mich die Sachbearbeiterin auf. Ich rase zur Polizei. »Kommen Sie morgen wieder. Das geht nicht so schnell«, gibt mir der Polizeibeamte barsch zu verstehen. »Aber... ich brauche es doch ganz dringend jetzt schon!« bitte ich. »Ja, glauben Sie denn, wir sind nur für Sie da!« empört er sich wichtigtuerisch. »Nein, nein, das ist mir schon klar... doch können Sie's nicht wenigstens versuchen?« »Immer diese Extrawürste... naja, kommen Sie in ein bis zwei Stunden vorbei!« »Danke!« erwidere ich. Mir stehen Tränen in den Augen. Wieder geht's zurück zur Visastelle. »In ein bis zwei Stunden bringe ich das Gewünschte. Brauchen Sie sonst noch was?« frage ich vorsichtig. »Nein, das ist alles.« Ich gehe. Draußen setze ich mich auf eine Bank, obwohl's beträchtlich kalt ist. Ich bin dem Umfallen nahe. Diese Schikanen bis zuletzt. Diese Bürokratie! Langsam erhebe ich mich wieder und mache mich auf den Weg zu meinem Polizeirevier. Ich nehme das Formular in die Hand. Und wieder geht's zurück zur Visastelle. »Holen Sie sich das Dienstag früh hier ab!« erklärt mir diese Frau. »Aber, ich wollte doch schon morgen reisen«, wende ich ein. »Ja, was wollen Sie denn eigentlich noch alles?« fragt sie mich überheblich. Wenn ich ihr doch den Hals umdrehen könnte! »Also, Dienstag ab neun Uhr!« betont sie nochmals. Wie in Trance verlasse ich den Raum. Ich fahre zu meinen Eltern. Von dort rufe ich den Bahnhof an und erkundige mich nach einem Zug in einer Woche. Ich bin entmutigt. Bis zuletzt diese Aufregung. Buchstäblich bis zur letzten Sekunde!

Am 15. Dezember schicke ich Carsten nicht mehr in die Schule. Ich gehe selbst hin und melde ihn ab. »Wohin soll er denn jetzt

gehen?« fragt mich die hundertfünfzigprozentige Direktorin. »In keine Schule mehr in diesem Staat. Wir gehen weg – für immer!« Ungläubig starrt sie mich an. Ich kann mir denken, was in ihr jetzt vorgeht. Wie oft haben sie Carsten gequält, weil er und noch einer die einzigen waren, die nicht in der »Freien Deutschen Jugend« Mitglied wurden. Nein, ich kann mit keinem einzigen Gedanken auf ihrer Stufe stehen – uns trennen Welten ... nicht nur Weltanschauungen!
Dienstag früh bin ich die erste auf der Visastelle. »Das macht 15 Mark«, sagt die Sachbearbeiterin schroff. Ich reiche sie ihr. Dann schaue ich mein Visum an. »Aber ... hier stehe ja nur ich drauf. Sie haben meinen Sohn vergessen. Oder brauche ich für ihn extra eins?« Ihren Gesichtsausdruck werde ich nie vergessen. Obwohl sie nicht sehr groß ist, eher breit wie hoch, erhebt sie sich über sich selbst, sie wächst und wächst ... »Wie denn ... Ihren Sohn? Ich habe wohl nicht richtig gehört? Ihren Sohn wollen Sie mitnehmen? Das schlagen Sie sich mal aus dem Kopf! Kinder kommen hier nicht so leicht raus! Das ist ein Irrtum!« Ich bin wie vor den Kopf geschlagen! Jetzt auch noch das! Wann hört das denn endlich mal auf? Zitternd greife ich zu meinem Visum. »Das ist ein Irrtum! Ich habe die Genehmigung. Er hat doch schon die Entlassung aus der Staatsbürgerschaft. Was hätte denn das alles für einen Sinn, wenn man ihn dann nicht rausläßt?« Sie beginnt zu überlegen. »Kommen Sie morgen wieder, bringen Sie ein Lichtbild Ihres Sohnes mit, Ihr Visum bleibt solange hier. Mal sehen, was sich machen läßt. Aber versprechen kann ich da nichts!« Raus aus dem stickigen Büro! Hin zur nächsten Telefonzelle. »Bitte, ich möchte Herrn Dr. Vogel sprechen.« »Er ist noch nicht da, er kommt heute erst später.« Auch das noch! Zur empfohlenen Zeit rufe ich wieder an. »Sie haben das Visum nur auf mich ausgestellt! Sie bestreiten, daß ich die Genehmigung für mein Kind bekäme!« Ich bin verzweifelt. »Jetzt fange ich langsam auch an zu grübeln«, sagt Dr. Vogel in den Apparat. »Das ist wirklich merkwürdig ... das kann ich einfach nicht mehr verstehen ... man hat mir doch gesagt ... Warten Sie mal, rufen Sie mich in einer Stunde wieder an!« Dann legt er auf. Es wird eine lange, bange Stunde. »Sie besorgen jetzt

ein Paßfoto für Ihren Jungen und bringen es sofort dorthin. Es geht alles klar«, beruhigt er mich. Aber ich merke zum erstenmal Skepsis in seiner Stimme.
Auf geht's nach Pankow. Doch das Fotogeschäft ist geschlossen: »Wegen Krankheit bis Montag geschlossen!« Wir sind inzwischen zu meinen Eltern gezogen. Von dort aus kann man wenigstens noch telefonieren... Wir suchen alle alten Fotokästen und Alben durch. Doch ein geeignetes Paßfoto von Carsten finden wir nicht. In ganz Berlin ist uns keine andere Expreß-Fotohandlung bekannt. »Vielleicht hat einer meiner Freunde noch eins von mir«, fällt's Carsten plötzlich ein. Wir machen uns auf den Weg nach Hohenschönhausen. Hartmut ist nicht da. Auch der kleine Andy nicht. Dann endlich, Frank treffen wir an. Irgendwo kramt er ein Paßbild von Carsten aus. »Hier, aber das ist so zerknittert«, spricht er. Das ist es allerdings! Doch wir müssen's versuchen. Vielleicht sind sie bei einem provisorischen Visum nicht so streng... Wie die Wilden hetzen wir zurück nach Weißensee zur Paßstelle. Ich reiche der unfreundlichen Sachbearbeiterin das Bild. »Das ist ja wohl eine Zumutung!« greint sie mich an. Ich erkläre ihr alles. Sie läßt sich sehr viel Zeit beim Betrachten des Fotos. Ich zittere. Doch dann ist sie einverstanden. »Kommen Sie morgen wieder!« fährt sie mich noch einmal an.
Inzwischen hat Tante Lola bei meinen Eltern angerufen. »Ich habe mir schon solche Sorgen gemacht! Die Ente stand auf dem Herd... wo bleiben die beiden denn?« Meine Mutter klärt sie über alles notdürftig auf. Auch mein Bruder ruft aus Köln an. »Die bei der Bahn aufgegebenen Sachen sind bereits eingetroffen. Ich habe alles zu unserer Cousine gebracht.« Na, wenigstens da ist alles gut gegangen!

Fahrt in die Freiheit

Donnerstag, 18. Dezember 1975. Endlich nehme ich unsere Visa in Empfang. Nochmals muß ich 15 Mark auf den Tisch blättern. Ich tu's gern! Vorn drauf steht »Identitätsbescheinigung«. Bei der Eintragung »Staatsangehörigkeit« haben sie nichts eingesetzt! Als wenn wir nicht mehr deutsch wären! Doch darüber kann und will ich mich jetzt nicht aufregen. Nur weg von hier... nur fort! Wir sitzen alle zusammen bei meinen Eltern. Auch Carlos ist gekommen und spielt noch ein paar Lieder auf seiner Gitarre. Dann ruft Klaus an. »Ich möchte euch heute noch mal zum Essen einladen, damit wir uns verabschieden können«, schlägt er vor. »Nein danke, ich verzichte!« »Aber ... wir können doch im Guten auseinandergehen ... wir können doch noch einmal zusammen mit Carsten irgendwo schön zusammensitzen«, drängt er. »Nein, ich wüßte nicht, was wir uns je noch zu sagen hätten! Im Guten auseinandergehen? Das hast du dir sehr spät überlegt! Ich räume dir gern ein, daß du dich von deinem Sohn verabschiedest. Das ist aber das äußerste!« »Gut, ich hole ihn gegen 16 Uhr ab«, erklärt er sich einverstanden.
Etwa um 19.30 Uhr bringt er ihn wieder. Ich habe schon sehr aufgeregt gewartet. Ob er dem kleinen Kerl den Abschied sehr schwermachen wird? Ich habe starke Bedenken. Er hat zu viele Leute immer mit seiner einschmeichelnden, heuchlerischen Art getäuscht. Von der dritten Etage aus höre ich unten im Haus lautes Schluchzen. Carsten kommt und kommt nicht. Ich gehe ihm entgegen. Sicher braucht er mich jetzt. Auf halber Höhe rufe ich ihn. Ganz kläglich antwortet er »Ja!« Ich hake ihn unter, und wir gehen gemeinsam die Treppen nach oben. Ich versuche nicht, in ihn zu dringen. Ich kenne mein Kind genau. Es wird mir später alles erzählen... Die ganze Nacht sitze ich an meinem Brief an Willi Stoph, den damaligen Vorsitzenden des Staatsrates der DDR. Ausführlich schildere ich ihm die erlittenen Foltern und Qualen in der U-Haft und dem Strafvollzug. Es sind etwa 30

Seiten, die so enden: »Wenn Sie meine Zeilen erhalten, werde ich mich eventuell schon auf dem Boden der Bundesrepublik Deutschland befinden, wohin ich bat, ausreisen zu dürfen. Ich bin trotzdem an Ihrer Antwort interessiert und möchte Sie bitten, mir diese an die Adresse meiner Eltern zukommen zu lassen.«

Ich habe die ganze Nacht kein Auge zugetan. Gegen sechs Uhr geht unser Interzonenzug ab Bahnhof Friedrichstraße in Richtung Freiheit...

Meine Mutter und Carlos bringen uns zum Bahnhof. Wir sind unerhört aufgeregt. Ob alles glatt geht? Ob sie sich nochmals etwas einfallen lassen? Meine Mutter verabschiedet sich mit allen guten Wünschen. »Vergiß mich nicht so schnell«, mahnt Carlos. Er ist stocksauer. Es tut mir leid, aber andererseits muß ich nun mal an mich denken...

Ich zeige unsere beiden Visa vor. Eingehend mustert sie der junge Soldat. »Sie gehen für immer weg?« fragt er neugierig und schaut auf meinen Sohn. »Ja, für immer!« antworte ich aufgeregt. »Haben Sie Geld dabei?« »Was denn für Geld?« »Naja, irgendwelche Währungen. Unsere Mark, Westmark...« »Natürlich habe ich beides nicht! Das eine darf ich ja nicht ausführen und das andere nicht besitzen!« Hoffentlich kontrolliert er mich nicht. Meinen linken Handschuh habe ich anbehalten. Im Mittelfinger steckt ein zusammengerollter Zwanzigmarkschein, West natürlich. Wir dürfen passieren. Carsten trägt den Koffer. Ich orientiere mich auf dem Bahnsteig. Dann haben wir's geschafft. Wir nehmen im Abteil Platz, wo wir zwei Platzkarten gebucht haben. Mit über einer Stunde Verspätung fährt der Zug ab. Wir sind entsetzlich unruhig. Wir deuten das schon wieder als ungünstiges Zeichen für uns. Zuviel haben wir in den letzten Tagen noch an Schikanen erleben müssen!

Und dann: endlich setzt sich der Zug in Bewegung! Wir sind die einzigen im Abteil. Vorläufig. Ob Wolfram in Westberlin auf dem Bahnhof Zoo steht? Er wollte an den Zug kommen und uns begrüßen. Es ist hundekalt. Vielleicht hat er's bei minus 17 Grad nicht ausgehalten... Die Fahrt dauert nicht lange. Wir machen das Fenster runter und schauen angestrengt in die Menschen-

massen. Da! Da ist er! Ich renne zur Tür ... wir umarmen uns überglücklich. »Endlich, endlich! Ich habe schon Angst gehabt, daß etwas schiefgegangen ist! Na, nun habt ihr's ja geschafft!« Ehrliche Freude strahlt aus seinem Gesicht. Er drückt mir eine Riesenplastiktüte in den Arm. »Hier, bißchen Obst und was zu Naschen für Carsten!« Dann steckt er mir zweihundert Mark zu. »Fürs Taxi und als kleines Startgeld...« Mir kommen die Tränen. Blitzschnell geht's mir durch den Kopf. Vor wenigen Wochen kannte ich ihn noch gar nicht... und jetzt das? Dagegen Klaus, mit dem ich fast 15 Jahre verheiratet war. Er hat nicht einmal seinem Sohn ein Abschiedsgeschenk gemacht ... er gab uns nicht einmal ein paar Mark, damit wir uns hätten nochmals einkleiden können!
Die Durchsage kann ich nicht verstehen. Aber unmittelbar nach dem Pfiff setzt sich unser Zug in Bewegung. Lange winken wir Wolfram zu – wir haben ihn beide ins Herz geschlossen... Unser Abteil ist inzwischen voll geworden. Ein junger Mann reicht Carsten ein »Asterix«-Heft, in das er sich freudig vertieft. Wolfram hatte ihm auch schon mal eins mit nach Ostberlin gebracht. Noch bin ich nicht glücklich. Die Ungewißheit zehrt an meinen Nerven. Wenn nun vor der Grenze noch was passiert? Sie können ja jederzeit den Zug anhalten und uns wieder rausholen... Doch dann endlich. Marienborn, die letzte Station innerhalb der DDR haben wir hinter uns gelassen und erreichen Helmstedt. Plötzlich stehen zwei Uniformierte vor uns. Freundlich lachend fordern sie uns auf, unsere Pässe zu zeigen. »Bundesgrenzschutz, Ihre Ausweise bitte!« Hat er Bundesgrenzschutz gesagt? Sind wir jetzt wirklich endlich drüben? Ich kann's kaum fassen! Ich reiche unsere beiden provisorischen Blättchen hin. Er liest sie aufmerksam durch. »Ich begrüße unsere beiden neuen Bundesbürger auf das herzlichste! Viel Glück und einen guten Neubeginn!« meint er forsch. Wir sind überrascht und erfreut zugleich. Und wieder muß ich mit den Tränen kämpfen. Bundesbürger, endlich! »Da haben Sie aber Glück gehabt!« die ältere Dame neben mir meint's sicher gut. »Wenn die wüßten!« durchzuckt's mich. Aber ich will jetzt nicht daran denken ... und schon gar nicht erzählen. »Wie haben Sie denn das geschafft?«

der Herr vis-à-vis ist sehr interessiert. »Ach naja, Familienzusammenführung und so«, weiche ich aus. Meine ganze furchtbare Geschichte würden sie sicher kaum glauben. Die wäre ja ein abendfüllender Horrorfilm. Jetzt heißt's erst mal: Abschalten!
Immer wieder blicken wir auf die Uhr. Tante Lola steht auf dem Bahnhof in Seesen. Wir hatten uns entschlossen, erst für eine Woche in diese kleine Stadt im Harz zu gehen, um Carsten langsam an das neue Leben zu gewöhnen. Er wurde ja im Jahr des Mauerbaus geboren und kennt den Westen nur aus dem Fernsehen und aus Erzählungen. Den Schock wegen des Konsumüberschusses und Reichtums will ich ihm vorerst ersparen. Er muß langsam daran gewöhnt werden. Und außerdem: wir sind ja arm wie Kirchenmäuse...
Auf dem Bahnsteig in Seesen entdecken wir unsere Tante nicht. Ob sie schon nach Hause gegangen ist, weil der Zug Verspätung hatte? Oder ob sie uns heute gar nicht erwartet? Wir besteigen ein Taxi und geben die Adresse an. Herrlicher Schnee und klare Luft, wunderschöne Häuschen und eine himmlische Ruhe ausstrahlende Landschaft beeindrucken uns. Ich zahle mit dem bewußten Zwanzigmarkschein, der inzwischen in meinem Portemonnaie gelandet ist. Da, beim Aussteigen sehen wir Tante Lola mit gebeugtem Kopf die Straße hochkommen. Ein Jubel bricht aus ... wir umarmen uns alle drei mitten auf der Straße. Der Taxifahrer guckt ganz verdutzt. Er weiß ja nicht, woher wir kommen...
»Ich habe so lange gewartet. Aber es kam keine Durchsage von wegen Verspätung. Da mußte ich annehmen, daß die euch wieder an der Ausreise gehindert haben«, erklärt Tante Lola. In ihrer Einzimmerwohnung nehmen wir Platz. Es wird erzählt und erzählt. Und immer wieder stehen wir auf und fassen uns an den Händen und machen »Ringelringelreihe ... wir sind der Kinder dreie...« Wenn uns jemand beobachtete, er hielte uns zweifelsohne für verrückt! Zum erstenmal seit langen Jahren bin ich gelöst. Ich kann's noch nicht fassen. Immer wieder schaue ich aus dem Fenster. Immer wieder greife ich nach meiner Tante und frage: »Ist's denn Wirklichkeit?« Carsten schaut auch aus dem Fenster. Ihm haben's natürlich gleich die Autos angetan! »Gehn

wir dann noch mal runter ins Zentrum?« fragt er neugierig. »Na klar, wir haben jetzt alles hinter uns. Jetzt machen wir erst mal das, wozu wir Lust haben!« Doch er kann's nicht erwarten. »Darf ich nicht schon mal gucken gehen?« bohrt er. »Na klar, hier hast du ein bißchen Taschengeld, da kauf dir was dafür!« Tante Lola steckt ihm einen Zwanzigmarkschein zu. Überglücklich verläßt er uns und geht auf seine erste Entdeckungsreise. Meine Ermahnungen, aufzupassen wegen des starken Verkehrs und so, hört er kaum noch... Wir erzählen – unentwegt. Viele Fragen lasse ich mir nun beantworten, die sich seit der Vernehmungen im Zuchthaus ergeben haben. Und vieles klärt sich auf als Finten der Staatssicherheit, womit sie mich zusätzlich quälten, zu belasten versuchten, irreführen wollten.
Nach zwei Stunden ist Carsten wieder da. Mit geröteten Wangen und glänzenden Augen steht er an der Tür. »Mann, ick werd' verrückt! Det is ja allet so doll!« Und dann plaudert er ohne Unterlaß, erzählt von den vielen »poppigen Schlitten«, die er gesehen hat, von den »wahnsinnigen Geschäften« und dem »irrsinnigen Kaufhaus«. Tante Lola hat die Kerzen angemacht. »Na, wenn du Lust hast, gehen wir später noch mal gemeinsam runter«, schlägt sie vor. »Na klar!« schießt's aus ihm hervor. Auch ich habe Lust dazu. Bißchen frische Luft, andere Straßen, andere Menschen. Noch kann ich's nicht glauben, daß wir endlich in Freiheit sind. Ich muß es mir vergegenwärtigen...
Die vorweihnachtliche Stimmung überall erfaßt uns doppelt und dreifach. Im Zentrum gibt's einen Weihnachtsmarkt mit vielen leckeren Dingen. Es duftet und glitzert und Weihnachtslieder klingen an unsere Ohren. Wir haben ein Gefühl in uns, wie man's eigentlich überhaupt keinem anderen mitzuteilen vermag. Die Angst ist verflogen ... die Unruhe ... die Ungewißheit. Endlich sind wir glücklich!
Nach einem köstlichen Abendessen sehen wir noch ein bißchen fern, dann macht Tante Lola die Betten. Ich habe Bedenken, mit Carsten in einem Bett... sie selbst schläft auf der ausklappbaren Couch. Doch, am nächsten Morgen stehe ich auf und fühle mich wie neugeboren! »Ich habe zum erstenmal seit 1968 acht Stunden hintereinander geschlafen! Ohne Unterbrechung!« ver-

künde ich wohlgelaunt. Das Sprichwort mit dem »Platz in der kleinsten Hütte« fällt mir ein.
Dann kommen die Weihnachtstage. Genau vor drei Jahren wurde ich kurz nach den Feiertagen inhaftiert. Zwei Weihnachten mußte ich hinter Zuchthausmauern verbringen, drei Geburtstage. Wir genießen diese Tage nun besonders.
Am 28. Dezember steht mein Bruder vor der Tür. Er holt uns nach Köln, wo wir neu beginnen wollen. Es ist geplant, daß ich erst bei meiner Cousine wohnen werde, bis ich eine Wohnung finde. Damit Tante Lola zu Silvester nicht allein in Seesen bleiben muß, hat man ihr angeboten mitzukommen. Fröhlich und guter Dinge treten wir die Fahrt an. Mein Bruder stöhnt. Ich habe jede Menge Gepäck. Schließlich hatten wir Tante Lola bei ihren Besuchen und auch per Post immer schon Dinge, an denen wir hingen, mitgegeben. Doch dann ist die Fuhre perfekt. Gespannt betrachten wir die Gegend, durch die wir fahren. In Lippstadt wird haltgemacht. Eine Cousine wohnt dort mit ihrer Familie. Wir kennen uns nur vom Erzählen. Der Krieg hat 1945 unsere Familien auseinandergerissen. Gegenseitige Besuche gab's nicht: Wir durften nicht und sie kamen nicht – warum auch immer. Nach einem kurzen Aufenthalt geht's weiter in Richtung Köln. Das Panorama dieser Stadt bei der Ankunft, es ist schon dunkel und alle Lichter sind an, beeindruckt mich stark. Das wird nun also meine neue Heimat werden? Dann sind wir am Ziel. »Hier werdet ihr erst mal wohnen«, zeigt mir meine Cousine ein Zimmer in ihrem Haus. Und wieder wird erzählt und erzählt. Mir schwirrt der Kopf, mir ist ganz schwindlig...
Die Silvesterfeier verläuft ruhig. Nach Neujahr tritt Tante Lola die Heimreise an. Ich hätte sie lieber noch um mich gehabt. Aber leider: Ich bin ja selbst nur Gast... Und dann beginnen die Rennereien zu den Ämtern. Ich muß mich überall anmelden, Anträge stellen usw. usw. Ich komme in einen Teufelskreis, der mich manchmal hart an den Rand der Verzweiflung bringt. Überall diese Bürokraten! Überall so wenig Verständnis für meine Lage! Überall Fragen über Fragen, auch jede Menge unnütze! Doch auch das muß durchgestanden werden. Am meisten bedrückt mich, daß in dieser neuen Umgebung niemand

an meiner Seite ist, daß ich alle Gänge in einer fremden Stadt allein gehen muß. Im Amt für öffentliche Ordnung habe ich uns angemeldet. Dann geht's zum Arbeitsamt. »Arbeitslosengeld können wir Ihnen nicht zahlen, das dauert seine Zeit. Melden Sie sich beim Sozialamt«, schlägt mir der Sachbearbeiter vor. »Irgendwie müssen Sie ja erst mal was zum Leben haben.« Der Weg zum Sozialamt fällt mir schwer. Doch ich muß ihn gehen. Pro Woche bewilligt man mir für zwei Personen etwa 150 Mark. Nun, ich muß eben sehr gut haushalten ... Carsten begleitet mich auf allen meinen Wegen. Wir laufen kreuz und quer durch Köln. Die Straßenbahn benutzen wir nicht ein einziges Mal in dieser Zeit – aus finanziellen Gründen. Das Wetter ist scheußlich. Unsere Kleidung ist nicht die wärmste. Wir erkälten uns beide gehörig. Doch es nützt nichts, täglich müssen wir uns auf die Socken machen, um die vorgeschriebenen Wege alle zu schaffen. Wir beantragen unsere Personalausweise. Auch dazu sind wieder eine Reihe Formalitäten nötig. Wir brauchen Paßbilder. Das ist teuer für unsere derzeitigen Verhältnisse. Automatenfotos sind scheußlich – wir gehen zu einem Fotografen. 16 Mark nimmt er für vier Paßbilder, für unsere Begriffe zur Zeit ein Vermögen! Ab und zu kaufe ich Carsten unterwegs Würstchen oder Fritten. Abends begeben wir uns durchgefroren und erschöpft zu unserem vorläufigen Quartier.

Überfall im Lager Gießen

Einer meiner wichtigsten Gänge ist der in das Notaufnahmelager Gießen. Ich rufe vorher dort an. Doch ich komme nicht drumherum – obwohl ich in Köln gemeldet bin, muß ich selbst hin. Meine Hoffnung, daß mich von der zahlreichen Verwandtschaft einer hinfahren könnte, damit ich gleich wieder mit zurückkann, erweist sich als Trugschluß. Keiner hat Zeit. Mir fallen die Worte einer Tante aus Köln ein, die sie zu meiner Mutter während meiner Inhaftierung einmal am Telefon sagte: »Ach, wenn man dem armen Mädel doch helfen könnte!« So sieht also die Wirklichkeit aus: Jetzt bin ich hier ... jetzt kann man mir helfen ... aber man tut's nicht. Niedergeschlagen setze ich mich in den Zug nach Gießen. Meinen Sohn kann ich nicht mitnehmen, weil das Geld vorn und hinten nicht reicht.
»Ich muß mich hier melden«, erkläre ich dem Pförtner am Eingang und zeige ihm einige meiner Papiere. Er ist das gewöhnt. Ohne lange zu fragen, gibt er mir einige Utensilien und einen Schlüssel. »Wieso Besteck? Wieso eine Tasse?« frage ich ihn, nichts Gutes ahnend. »Naja, das wird doch sicher ein paar Tage dauern«, gibt er zu verstehen. »Aber ... ich wollte doch heute gleich wieder zurück«, wende ich zaghaft ein. »Da wird wohl nichts draus, das dauert alles seine Zeit.« Niedergeschlagen mache ich mich auf den Weg, den er mir beschrieben hat. Ein langer Gang – viele Türen ... »Beinahe wie im Gefängnis!« durchzuckt's mich. Dann schließe ich auf. Im Zimmer ein einfacher Schrank, zwei Betten hintereinander, ein kleiner Tisch und zwei Stühle. Es sieht trostlos darin aus. Offenbar ist das Zimmer bewohnt, denn auf einem Bett liegen Sachen herum. Ich hole tief Luft und nehme erst einmal Platz. Plötzlich geht die Tür auf ... ich kann's nicht fassen: Vor mir steht »Babsi«, eine ehemalige Strafgefangene aus Hoheneck! »Wo kommst du denn her?« begrüßt sie mich freundlich. Ich erzähle mit wenigen Worten meine Geschichte. »Ich bin in die DDR entlassen worden, dann

haben sie mich doch noch rausgelassen«, erklärt Babsi. Ich weiß, daß sie bereits mehrere Male gesessen hat, nicht wegen politischer Delikte. Sie ist dreiundzwanzig, an mehreren Stellen tätowiert, lesbisch – zumindest im Gefängnis war sie's. »Ich komme in den nächsten Tagen hier weg. Ich will als Koch auf ein Schiff. Sie vermitteln mir eine Stelle in Hamburg«, erzählt sie weiter. Wir gehen gemeinsam zum Essen. So lerne ich gleich die Räumlichkeiten kennen. Und die Insassen des Lagers. Alles erinnert mich stark ans DDR-Zuchthaus. Nur etwas komfortabler. Aber naja, es ist eben ein Durchgangslager. Es soll ja nur für kurze Zeit sein, tröste ich mich. Babsi hat's eilig. Kaum hat sie ihr Essen hinuntergeschlungen, verabschiedet sie sich. »Ich will noch mal in die Stadt«, dann ist sie weg. An meinem Tisch sitzt noch ein junger Mann, der mir nicht sehr sympathisch ist. Er mustert mich unentwegt. Als Babsi weg ist, rutscht er näher. »Sind Sie auch von drüben?« fragt er. »Ja«, antworte ich einsilbig. Er hat einen brutalen Gesichtsausdruck, unstete Augen. Ich fürchte mich vor ihm. Dann erzählt er mir seine Geschichte. »Ich habe zusammen mit einem Freund den Botschafter von Kuba in Ostberlin überfallen. Mein Freund hat ihn getötet, dafür bekam er lebenslänglich. Jetzt wollen wir uns hier eine oder mehrere Geiseln nehmen, und meinen Freund dort rauspressen!« »Sie wollen unschuldige Menschen dafür benutzen, Ihren Freund freizubekommen?« frage ich entsetzt. »Naja, wieso denn nicht? So ist nun mal das Leben, ist man nicht selbst brutal, wird man eben niedergemacht. Ich hatte nur Glück, daß sie mich so schnell ausgewiesen haben ... oder freigekauft...« fügt er mit einem bedeutungsvollen Blick hinzu. Ich erhebe mich. »Tschüs«, sage ich nur kurz, um überhaupt was zu sagen. Dann suche ich die mir bezeichneten Stellen auf. Ich habe einen Handzettel bekommen, wo alles der Reihe nach aufgeführt ist. Zuerst muß ich zum Arzt. Er untersucht mich oberflächlich... In einigen Zimmern, wo ich anklopfe, ist niemand mehr, sie haben schon Feierabend gemacht. Also muß ich's auf den nächsten Tag verschieben... Beim Abendessen lerne ich ein paar mehr »Lagerinsassen« kennen. Ein junger Musiklehrer sitzt an meinem Tisch. Er ist ganz aufgeregt, ihm war gestern die Flucht über die »grüne Grenze«

geglückt. Näheres teilt er nicht mit, ich frage auch nicht, dafür habe ich nun das beste Verständnis. Ein junges Ehepaar ist auch gerade angekommen – ebenfalls illegal. Dann sitzt eine ganze Familie am Nebentisch, mit drei Jungen. Auch sie erzählen, daß ihnen die Flucht über die »grüne Grenze« geglückt sei. Zwei ältere Herren komplettieren die Runde, die nach einem Westbesuch nicht mehr zurückwollen in die DDR.

Ich begebe mich auf mein Zimmer. Gegen 23 Uhr kommt Babsi. Sie zieht sich aus. Flüchtig nur schaue ich ihren massigen Körper an. Sie hat sich überhaupt nicht positiv verändert. Im Gegenteil! Ihr schönes schwarzes Haar hat sie jetzt in einer undefinierbaren rötlichen Farbe eingefärbt. Dann schaue ich sie etwas genauer an. Am ganzen Körper hat sie riesengroße blaue Flecken. »Sag mal, hast du dich mit jemandem geschlagen?« frage ich. »Nein, nein, das war ganz anders. Ich war vor ein paar Tagen in Gießen in einem Restaurant. Da lernte ich ein paar Kameltreiber oder etwas ähnliches kennen, und sie luden mich zu sich ein. Es waren insgesamt fünf. Ahnungslos ging ich mit. In der Wohnung angekommen, fielen sie dann einer nach dem anderen über mich her und vergewaltigten mich!« »Hast du denn das gemeldet?« »Ach wo, warum sollte ich, da kommt doch nichts bei raus.« Merkwürdig, diese Reaktion! Aber sofort fallen mir die Andeutungen des freigekauften Mörders ein: »Sie geht in Gießen auf den Strich«, hat er über Babsi erzählt. Wir unterhalten uns noch eine Weile. Plötzlich klopft's. »Babsi, schläfst du schon!« fragt einer. »Nee, was willst du denn?« fragt sie zurück. »Mach mal die Tür auf!« fordert eine zweite Stimme. »Babsi, ich warne dich, laß die hier nicht rein! Mach die Tür nicht auf! Ich will meine Ruhe haben!« sage ich scharf. »Na, immer mit der Ruhe, ich kann ja wohl mal aufmachen und fragen, was los ist«, sträubt sie sich gegen meine Bitte. Sie öffnet einen Spalt. »Komm doch noch bißchen raus und bring die Neue mit«, fordert einer sie auf. »Nee, mit der ist nischt los!« zischt sie ihm zu. Ich habe es dennoch verstanden. Dann schließt sie die Tür. Eine Weile brabbeln sie noch davor herum, dann ziehen sie davon.

Ich finde keinen Schlaf, die entsetzliche Umgebung, die vielen neuen Geräusche. Die Unruhe wegen Babsi. Ich sehne mich nach meinem Kind. Und verfluche die Kölner Verwandtschaft...

Der nächste Tag wird anstrengend. Von einem Raum zum anderen werde ich geschickt. Immer wieder dieselben Fragen: Warum wollten Sie nach dem Westen? Wie haben Sie's durchgeführt? Was haben Sie erlebt? Es ist mir klar, daß das alles notwendig ist. Doch für einen Menschen, der so viel erleiden mußte wie ich, ist's kaum auszuhalten. Vor einem größeren Gremium muß ich meine Anerkennung als politischer Häftling glaubhaft machen. Nun, die Unterlagen sagen darüber nichts weiter aus. Völlig geschafft und verstört begebe ich mich abends in mein Zimmer. Babsis Habseligkeiten stehen gepackt im Raum. Ob sie heute noch nach Hamburg fährt? Ich setze mich an den Tisch und beginne einen Brief an Carlos. Plötzlich klopft's. »Ja, bitte!« fordere ich auf, in der Annahme, daß es Babsi sei. Die Tür öffnet sich ... vor mir steht der Mörderbube! »Was gibt's denn?« frage ich ängstlich. »Ach, ich wollte mich nur mal mit Ihnen unterhalten. Ich finde Sie so sympathisch«, erklärt er mir. »Aber nur kurz, ich muß einen wichtigen Brief schreiben«, fordere ich ihn auf. Er nimmt mir gegenüber Platz. Wir unterhalten uns über alles mögliche. Er erzählt von krummen Dingern, die er hier schon verzapft hat. Meine Sympathie wird dadurch nicht größer! »So, jetzt haben wir aber genug erzählt, ich muß jetzt meinen Brief weiterschreiben«, versuche ich, das Gespräch zu beenden. »Na gut, vielleicht haben Sie morgen noch mal Zeit.« »Sicher«, sage ich schnell, damit ich ihn loswerde. Kaum ist er draußen, schließe ich die Tür ab. Es ist mir doch nicht ganz geheuer so. Zwar wohnen vis-à-vis die anderen und nebenan auch, doch man kann ja nie wissen. Gegen 23.30 Uhr kommt Babsi. »Ich fahre jetzt, mach's gut«, verabschiedet sie sich und ist auch schon draußen. Ich weiß nicht, ob ich mich über diese plötzliche Abreise freuen oder ärgern soll... Wenige Minuten später klopft's an die Tür. »Ja, bitte?« frage ich. »Machen Sie doch noch mal auf, ich möchte Ihnen noch was sagen«, erklärt der Typ von vorhin. »Nein, ich bin schon im Bett. Wir können uns morgen weiter unterhalten.« »Na, es dauert nur kurz«, versucht er, mich zum Öffnen der Tür zu bewegen. »Nein, nein, morgen!« Er geht weg. Ich schreibe weiter an meinem Brief. Es dauert nicht lange, vielleicht eine halbe Stunde, da ist er wieder vor meiner Tür. »Nun machen Sie doch noch mal auf!« Seine Stimme ist schärfer geworden. »Nein, ich habe Ihnen gesagt, daß wir das Gespräch morgen fortsetzen können!« erwidere ich mit Bestimmtheit. Wieder geht er davon. Eine halbe Stunde später höre ich von weitem wieder schwere Schritte. Mit der Faust donnert er an die Tür und schreit diesmal ziemlich laut: »Mach endlich die Tür auf. Ich will mich mit dir unterhalten!« Aha, jetzt ist er also zum »Du« übergegangen! Ich antworte nicht mehr. Soll er annehmen, daß ich schlafe, dann läßt er mich wenigstens in Ruhe... Doch so schnell gibt er nicht auf. »Los, los, sonst trete ich die Tür ein!« schreit er laut. Warum kommt denn keiner von den anderen auf den Gang raus? Sie müssen doch das alles hören? Dann geht er wieder, schleppenden Schrittes – ich nehme an, daß er Alkohol getrunken hat. Völlig verängstigt schaue ich mich im Zimmer um. Was mache ich, wenn er tatsächlich die Tür eintritt? Wo kann ich hin? Zum Fenster raus? Ich schaue hinunter. Doch es ist Hochparterre. Der Boden draußen ist aufgeweicht vom Regen. Außerdem befinde ich mich am Ende des Lagers, ehe ich beim Pförtner angekommen bin, hat er mich längst eingeholt. Es dauert keine halbe Stunde, da höre ich wieder diese schleppenden Schritte. Von weitem schon grölt er den Gang entlang. Vor meiner Tür angekommen, nimmt er kein Blatt vor den Mund: »Los, nun mach endlich auf! Ich will dich ficken! Tu doch nicht so, als wenn du's nicht gerne hast! Spiel hier ja nicht die feine Dame! Die ficken genauso gerne!« Ich zittere am ganzen Körper. Eine Vergewaltigung ließe sich ja wohl verwinden ... aber bei diesem Mördergesellen habe ich ganz andere Bedenken. Mein Herz scheint stillzustehen. Ich kriege keine Luft mehr. Einer Ohnmacht nahe, verstaue ich alle harten Gegenstände wie Tasse, Besteck unterm Bett. Dann mustere ich nochmals das Zimmer. Wenn er die Tür eintritt, segelt er mit Wucht hinein. Schade, daß der Schrank in der Ecke steht, sonst könnte ich mich dort aufstellen und den Moment, wo der wütende Kerl hereingeschossen kommt, zur Flucht

benutzen... Und weiter brüllt er von draußen seine ordinären Reden. Daß denn gar keiner von dem Krach aufwacht? Feiglinge. Dann gibt er's wieder auf. Langsam schleppt er sich davon, die Treppen hinunter. Ich bin keines Gedankens mehr fähig. Was soll ich nur machen? Soll ich an den anderen Türen klopfen? Wenn sie bis jetzt nicht aus den Zimmern gekommen sind, werden sie's doch auch jetzt nicht tun! Ich bin völlig verzweifelt. Wenn ich versuche zu fliehen, begegne ich ihm vielleicht auf der Treppe... So harre ich weiter aus.
Und siehe da! Die Zeitabstände zwischen seinen »Besuchen« hält er ein. Es ist wieder gerade eine halbe Stunde vergangen, da höre ich seine Schritte. Er brüllt den ganzen Gang lang: »Wenn du jetzt nicht aufmachst, dann schlage ich die Tür ein! Ich will dich ficken, die ganze Nacht will ich dich ficken!« Mit voller Wucht wirft er sich gegen die Tür. Einen Spalt gibt sie nach. Sie kann gar nicht halten, wenn er weitermacht. Nochmals wirft er sich mit voller Wucht dagegen und brüllt wie ein Stier. Kaum noch einer Regung fähig, höre ich von Ferne eine andere Stimme: »Nun komm schon, hör mal auf, du bist ja stinkbesoffen!« Dann entfernen sich beide. Jetzt muß ich's wagen. Mehr tot als lebendig öffne ich die Tür und sehe am anderen Ende des Ganges die beiden Gestalten. Wie ein nasser Sack hängt mein »Verehrer« an dem anderen. Der bringt ihn ins Zimmer und kommt zurück. Ich betrete den Gang. Aschfahl und am ganzen Körper zitternd, bitte ich den anderen um seine Hilfe. »Nun kommen Sie erst mal mit zum Fernsehraum, da sitzen wir alle zusammen und trinken ein Bierchen. Beruhigen Sie sich! Der tut Ihnen jetzt nichts mehr, der ist total blau und hat sich eingeschlossen!« Der »Fernsehraum« besteht aus einem einfachen Kellergewölbe mit einem Apparat und harten Holzstühlen drin. Die dort versammelten Personen flößen mir absolut kein Vertrauen ein. Sie sind fast alle tätowiert. Man sieht, wo sie herkommen. Aber, das sind doch niemals politische Häftlinge! Mein »Beschützer« trägt ebenfalls lauter Tätowierungen. Stümperhafte Knastsymbole... Kurze Zeit später erscheint der Pförtner. »Ob ich mich ihm anvertrauen soll?« frage ich meinen Nachbarn. »Ach wo, jetzt haben Sie ja Ruhe. Der schläft seinen Rausch aus. Und wenn Sie's

beruhigt, ich bringe Sie noch bis an die Tür«, bietet er an. Er trägt zwei Büchsen Bier. An der Tür angekommen, schlägt er vor: »So, nun trinken wir noch ein Bierchen zusammen ...« »Nein, nein, ich will mich jetzt hinlegen, ich bin völlig geschafft!« entgegne ich. Da hat er auch schon den Fuß zwischen Tür und Wand gestellt. Ich kann nichts machen. Entsetzt schaue ich ihn an, als er die Tür hinter sich schließt. In seinen Augen sehe ich: er hat die gleiche Absicht wie der andere Tpy! »Bitte, ich habe Ihnen Vertrauen geschenkt, jetzt enttäuschen Sie mich nicht«, versuche ich, ihn von seinem Plan abzubringen. Und immer weiter rede ich auf ihn ein mit weicher Stimme, in der das Zittern mitschwingt. Offensichtlich habe ich mit meinen Worten Eindruck geschunden. Jedenfalls entschließt er sich, zu gehen. »Aber morgen sehen wir uns dann«, verabschiedet er sich mit vielsagendem Blick. Tür zu, Schlüssel rum, dann knalle ich mich angezogen aufs Bett. Ich kann nicht einmal weinen, mir schlägt das Herz bis zum Hals. Jede Minute muß es aussetzen ...
Eine Stunde später höre ich plötzlich Lärm am anderen Ende des Ganges. Und da ... da setzten sich wieder diese schleppenden Schritte in Bewegung! An der Tür angekommen, brüllt der furchtbare Typ wieder seine ordinären Redensarten. Keiner Regung fähig, liege ich auf dem Bett ... ich glaube, mein letztes Stündchen sei gekommen. Wütend donnert der hartnäckige Fiesling an die Tür. »Na, warte, morgen kriege ich dich! Du kannst Gift drauf nehmen! Ich will dich haben!« Dann verläßt er meine Tür, um nicht noch einmal zurückzukehren. Es ist sieben Uhr. Ich mache mich fertig. Dann melde ich mich beim Lagerleiter und erzähle das nächtliche Vorkommnis. »Ist Ihnen was passiert?« fragt er. »Nicht ganz, aber ich bin halbtot vor Angst!« »Melden Sie das der Kriminalpolizei, die sollen sich weiter mit dem befassen«, schlägt er vor, als er die Geschichte gehört hat. »Wo muß ich da hin? Wie lange dauert das?« frage ich entsetzt. »Die kommen erst am Nachmittag, wie lange das alles dauern wird, kann ich Ihnen nicht sagen.« Nein! Nein! Nein! Ich werde ihn nicht anzeigen! Ich will weg von hier. Ich bleibe nicht eine einzige Nacht mehr hier! Beim Mittagessen frage ich die anderen, ob sie denn nichts von dem Krach in der Nacht gehört

hätten. Alle verneinen! Selbst die aus der unmittelbaren Umgebung! Feiglinge... Heuchler!
Am späten Nachmittag kann ich das Lager verlassen. Mit dem Taxi fahre ich zum Bahnhof und rufe sofort meinen Bruder in Köln an. »Kannst du mich bitte aus Gießen abholen? Ich kann die Bahnfahrt nicht antreten, ich bin total am Ende«, flehe ich ihn an und erzähle ihm diese furchtbare Sache. »Ausgerechnet jetzt geht's nicht. Ich habe im Verlag etwas Wichtiges zu tun, da kann ich beim besten Willen erst in zwei Stunden weg.« »Und von den anderen ... kann mich da keiner abholen? Ich kann wirklich nicht mehr«, flehe ich nochmals mit tränenerstickter Stimme. »Setz dich doch in den Zug, jetzt passiert nichts mehr«, tröstet er mich, »bis du in Köln bist, habe ich's geschafft. Ich hole dich vom Bahnhof ab«, verspricht er mir. Schweren Herzens füge ich mich in mein Schicksal. Irgendwie gelange ich in den richtigen Zug. Ich weine ohne Pause ... die Leute schauen mich alle ganz merkwürdig an ... doch das ist mir egal, ich kann mich nicht mehr beherrschen. Ich vermute, daß es ein Schock ist...

Start in Köln

Die folgenden Nächte in Köln kann ich keinen Schlaf finden. Immer wieder schrecke ich auf. Immer wieder erlebe ich diese furchtbare Nacht. Immer noch schlafe ich mit Licht. Das hängt noch mit den Erlebnissen im Gefängnis zusammen.
Doch die Gänge zu den Ämtern lassen auch am Tag kein Ausruhen zu. Die Zeit drängt. Carsten muß zur Schule. Ich muß arbeiten. Wir brauchen dringend eine Wohnung. Auf dem Wohnungsamt habe ich relativ schnell Erfolg. Es ist zwar nur eine winzige Wohnung, 47 Quadratmeter insgesamt, doch für den Anfang reicht's. Schon Anfang Februar ziehen wir ein. Tante Lola gibt mir eine größere Summe, die sie sich schwer vom Munde abgespart hat. Damit kann ich die nötigsten Möbel kaufen und was so zum Haushalt gehört. Ich muß ja, vom kleinsten Küchenmesser angefangen, alles neu beschaffen. Wir freuen uns, daß wir endlich niemandem mehr zur Last fallen müssen... Auf dem Schulamt weist man uns in eine Hauptschule ein. Ich kenne die Unterschiede nicht zwischen Hauptschule, Gesamtschule, Montessorischule, Gymnasium usw. Es ist alles sehr verwirrend. Und keiner klärt mich auf in diesen Tagen.
»Drüben ging mein Sohn auf eine Oberschule«, weise ich darauf hin. »Ja, aber er ist ja schon 8. Klasse. Bei uns muß er ab 5. Klasse ins Gymnasium gehen«, bekomme ich zur Antwort. Damit ist der weitere Schulweg von Carsten besiegelt: er wird also nur bis zur 9. Klasse in die Schule gehen, drüben hätte er automatisch mindestens die Mittlere Reife gemacht.
In seiner Klasse sind Türken, Griechen, Polen, Italiener, Spanier und auch ein paar Deutsche. Die lockere Art, Unterricht zu halten, imponiert ihm. Jeder sitzt jede Stunde auf einem anderen Platz, nicht in Reih und Glied hintereinander, so wie er's gewohnt ist, sondern kreuz und quer im Klassenzimmer verstreut. Respekt, wie Carsten ihn von drüben kennt, gibt's hier nicht. Die Lehrer werden mächtig geärgert, manchmal bis hart

an die Grenze des Zumutbaren. So konzentriert er sich mehr und mehr auf die Streiche der Schüler. Der Unterrichtsstoff ist erschütternd. Er hat hier in der 8. Klasse Stoff von der 4. und 5. Klasse drüben, das verleitet zum Faulenzen. Der Direktor ist ein ehemaliger DDR-Bürger, allerdings bereits in den 50er Jahren rübergekommen. Mit ihm gibt's mehrmals Differenzen, da er Dinge erzählt, die nach seiner Aussage heute noch drüben Gültigkeit haben, die aber aus den Jahren unmittelbar nach dem Krieg stammen.

Jeden Tag rase ich zu irgendeinem Amt, manchmal auch zu zwei oder drei Ämtern. Überall muß ich endlos lange warten. Die meisten machen schon um zwölf Uhr zu. Das alles zermürbt, macht nervös. Es gibt eine Reihe von Bestimmungen und Erlässen der Regierung für ehemalige politische Häftlinge und Übersiedler, doch die Kölner Dienststellen tun sich äußerst schwer darin. Ablehnungen und Unverständnis der Beamten sind an der Tagesordnung. Doch da ich eine Kämpfernatur bin, andererseits auch die staatlichen Hinweise aufmerksam gelesen habe, gebe ich nicht so schnell auf. Merkwürdigerweise klappt's immer dann reibungslos, wenn ich Minister, den Oberstadtdirektor oder andere höhere Dienststellen einschalte...

Das vorgeschriebene Startgeld vom Ausgleichsamt erhalte ich nur zur Hälfte. Auf meinen Widerspruch hin begründet man das damit, daß ich geschieden sei und die Hälfte des Besitzes behalten konnte! Auf meine Erklärung, daß ich mit meinem Kind an der Hand ohne Möbel in den Westen gekommen bin, zuckt man nur die Schultern. Ein langer Briefwechsel mit dem Regierungspräsidenten von Münster und dem Oberstadtdirektor von Köln beginnt. Am Ende erhalte ich die mir zustehenden paar hundert Mark mehr.

Auch die anderen Ämter tun sich schwer. Beim Sozialamt bekomme ich ein paar hundert Mark für die Anschaffung von Gebrauchtmöbeln. Doch die Bestimmungen besagen, daß mir die doppelte Summe zustünde. Mein Einspruch nützt nichts. Die verantwortlichen Herren auf diesem Amt zeigen kein Verständnis. Trotz aller geforderten Nachweise wie Flüchtlings-Vertriebenenausweis, Bundesnotaufnahmebescheid, Zeugen aus der

Haftzeit und vieles mehr, lehnt man eine Erhöhung der Unterstützung ab. Ich wende mich an Minister Farthmann. Er antwortet unmittelbar auf meine Beschwerde, daß der Fall geprüft würde. Ich werde wieder zum Sozialamt gebeten. »Leider ist Ihre Akte hier verschwunden«, erklärt mir der Sachbearbeiter. »Wie denn? Wie kann denn eine ganze Akte verschwinden?« Mir ist das nicht geheuer. Warum ausgerechnet meine? Und wieso die vollständige Akte? Wenn vielleicht mal eine Unterlage herausfiele ... aber die vollständige, dicke Akte? Es ist mehr als nur merkwürdig! Sofort überlege ich: Als ich noch in Berlin wohnte, erfuhren wir, daß gerade Köln besonders stark von der »Staatssicherheit« unterlaufen sei ... wegen der vielen Messen ... Verfassungsschutz ... Ob sie sich auch im Sozialamt etabliert haben? Abwegig ist's keinesfalls, denn hier müssen sich ja alle Übersiedler notgedrungen melden ...

Ich will keine Panik aufkommen lassen, doch ich werde äußerst vorsichtig sein müssen. Ab sofort mustere ich jeden Angestellten und frage mich im stillen, wem ich diese abscheuliche Tätigkeit für den ostzonalen Staatssicherheitsdienst zutrauen würde. Alle Formulare müssen erneut ausgefüllt werden. In allen Einzelheiten. Mich belastet das enorm. Eines Tages erhalte ich einen Anruf vom Sozialamt: »Sie müssen entschuldigen, da ist uns ein Fehler unterlaufen. Selbstverständlich erhalten Sie die Ihnen zustehenden paar hundert Mark noch ausgezahlt!« Ich freue mich. Ursprünglich hatten sie mir gesagt, daß einer Mutter mit einem Kind kein gebrauchter Kühlschrank zustehe – erst ab drei Kindern hätte man Anpruch darauf. Außerdem billigten sie mir nur zwei einfache Stühle, einen Tisch, zwei Betten und einen Kleiderschrank zu – natürlich gebraucht. Von 700 Mark war selbst das schwer zu erstehen in den Gebrauchtwarenhandlungen! Doch ich stellte keine hohen Ansprüche. Hauptsache: Hier sein! Alles weitere würde ich schon erarbeiten ... Doch wenn's solche Gesetze gab, dann sollten sie auch eingehalten werden!

Im Februar höre ich von der VOS (der »Vereinigung der Opfer des Stalinismus«), in der ehemalige Häftlinge aus der DDR organisiert sind. Ich wende mich an die Hauptgeschäftsstelle in Bonn um Rat. Mit aufmunternden Worten begrüßt mich der

Vorstand und übermittelt mir eine Reihe wertvoller Hinweise. Endlich Menschen, die meine Situation nur zu gut verstehen können! Endlich Verbündete! Bislang fühlte ich mich beinahe schon als Enfant terrible.
Kurz darauf trete ich in die Kölner VOS ein, die sich hauptsächlich aus älteren Herren, die in den fünfziger Jahren aus politischen Gründen in DDR-Zuchthäusern einsaßen, zusammensetzt. Ich werde freundlichst aufgenommen in eine Gruppe Gleichgesinnter – und zum erstenmal spüre ich, daß es doch noch Menschen gibt, die nicht aufgrund persönlicher, vorwiegend materieller Interessen die grausamen Erlebnisse zu schnell verdrängen. Wenn ich's zeitlich schaffe, besuche ich ihre Zusammenkünfte. Uns verbindet der Haß auf ein totalitäres System, uns verbinden ähnliche Hafterlebnisse, uns verbindet eine Aufgabe.
23. Mai 1976. Mein erster Geburtstag in der Freiheit! Ich will ihn besonders genießen. Nach vielen Jahren wäre das die erste gemeinsame Feier mit meinem Zwillingsbruder. Doch leider fährt er zum Segeln. Trotzdem: Ich will ihn feiern! Wenn auch mit bescheidenen Mitteln. Mein kleiner Glastisch ist für acht Personen gedeckt. Zwei selbstgebackene Torten erfüllen das Zimmer mit einem angenehmen Duft. Ich sitze und warte. Ich warte eine Stunde, zwei, drei. Carsten fragt: »Ob sie denn kommen werden? Ich glaube es bald nicht mehr.« »Aber ja, sie kommen schon noch. Sie haben ja letztlich gesagt, daß man hier zum Geburtstag nicht extra einlädt. Und sie wissen ja durch Wolf-Reiner ganz genau, wann wir Geburtstag haben!« beruhige ich ihn. Im stillen glaube ich nicht daran, nicht mehr. Ich habe rund zwanzig Verwandte in Köln; den Zwillingsbruder, Patenonkel, Tante, Cousinen, Cousins, deren Kinder. Die Stunden vergehen. Ich mache mit Carsten Spiele – Monopoly, was man drüben nicht spielen durfte, Mau-Mau. Als es draußen dunkel wird und auch kein Telefonanruf erfolgt, weiß ich: Sie wollen nicht. Man will uns hier offensichtlich gar nicht haben. Deutsche aus Ost und West. Verwandte. Sie haben sich auseinandergelebt... Meine Enttäuschung kann ich vor Carsten kaum verbergen. »Du armes Mäuschen, da hast du dir so viel Mühe gegeben«, versucht er mich zu trösten. »Laß mal, da werden wir eben

mal richtig schlemmen!« Mir wird klar: Ich gehöre nicht zu ihnen. Ich bin ein Eindringling, sicher nur interessant, solange meine Geschichte neu war. So schwer die Erkenntnis auch ist, aber ich muß mich damit abfinden. Ich muß damit leben. Man kann niemanden zwingen, Kontakt zu halten oder überhaupt erst einmal herzustellen. Noch weiß ich nicht, wem ich dafür die Schuld geben soll: der großen Politik ... oder den Menschen selbst. Freunde hatten mich gewarnt: »Denk ja nicht, daß du so sehr willkommen bist, wenn du von drüben kommst. Hier gibt's keine Hilfsbereitschaft oder Verständnis für den anderen. Jeder ist sich selbst der nächste!« sagten sie. »Papperlappapp!« dachte ich nur. »Das mag in Einzelfällen zutreffen.« Doch immer öfter muß ich in den folgenden Wochen daran denken. Und als ich den zweiten Geburtstag in der Freiheit wieder allein – nur mit meinem Sohn – vor der gedeckten Kaffeetafel sitze, kommt endlich die Erleuchtung...

Meine gesundheitlichen Haftschäden machen mir sehr zu schaffen. Aus meinen Unterlagen entnehme ich, daß ich mich deswegen beim Versorgungsamt melden muß. Eine eingehende Befragung durch die Ärztin wegen der Gründe für unsere Flucht, die U-Haft, den Strafvollzug und unsere Übersiedlung bringen mich bald an den Rand des Durchdrehens! Ich begreife wirklich nicht, warum das immer und immer wieder en detail geschildert werden muß. Das läßt langsam zuheilende Wunden erneut aufbrechen, bluten und schmerzen. Nach einer fast vierstündigen Untersuchung und Befragung bin ich wie gerädert. Mit Worten wie: »Da haben Sie wohl gedacht, daß Ihnen hier im ›Goldenen Westen‹ die gebratenen Tauben in den Mund fliegen? Bei uns ist auch nicht alles so rosig!« verhöhnt mich die Ärztin. Wenn sie nicht schon eine ältere Dame wäre, würde ich vielleicht etwas schärfer kontern! So sage ich nur: »Ich will schließlich hier arbeiten! Ich erwarte nicht, daß mir jemand was schenkt!« Doch sie zeigt keinerlei Verständnis. Auf meine Erklärung, daß ich mich furchtbar elend fühle, antwortet sie kühl: »Was erhoffen Sie sich eigentlich? Ich kann weder die von Ihnen angegebenen Atembeschwerden noch Fußpilz oder Vitiligo feststellen ... und was Sie sonst noch alles angegeben haben!« Wie vor den Kopf geschlagen, verlasse ich den Untersuchungsraum. Mir treten die Tränen in die Augen. Wie kann jemand nur so herzlos sein? Noch dazu eine Humanmedizinerin? Ich bin doch nur noch ein Wrack...

Ein endlos langer Schriftwechsel beginnt. Weil ich nach 20 Monaten immer noch keine Nachricht erhalten habe, wende ich mich Anfang September 1977 schriftlich an das Versorgungsamt: »Da ich bis zum heutigen Tag noch nichts wieder von Ihnen hörte, möchte ich anfragen, wie weit Sie in der Zwischenzeit mit Ihren Untersuchungen vorangekommen sind ... teilen Sie mir bitte mit, inwieweit auch für mich und meinen Sohn die Möglichkeit einer Kur besteht, die andere ehemalige Mitinhaftierte zusammen mit ihren Familienangehörigen bereits erhielten...«

Am 8. September trifft ein vorgedrucktes Kärtchen mit dem Hinweis ein, daß meine »Versorgungsangelegenheit eingegangen sei und noch nicht abgeschlossen werden könne, weil sich die Akten wegen der ärztlichen Begutachtung im Geschäftsgang befinden«. Daraufhin übergebe ich den ganzen Vorgang dem Bezirksgruppenleiter der VOS Köln, damit er mir behilflich sei. Trotz mehrerer Vorsprachen und Versprechungen einer schnellen und gründlichen Erledigung kommt auch er zu keinem Ergebnis. Am 25. November 1977 wird ihm mitgeteilt: »Unter Bezugnahme auf Ihre persönlichen Vorsprachen muß Ihnen leider mitgeteilt werden, daß nach dem Ergebnis der Nachforschungen die Akten bei der Bundespost in Verlust geraten sind. Die Akten waren von hier aus wegen einer hautfachärztlichen Untersuchung versandt worden. Dies bedeutet, daß Ersatzakten anzulegen sind und von Frau Thiemann nochmals das Antragsformblatt ausgefüllt werden muß....«

Wieder ist also eine vollständige Akte verschwunden! Und wieder geht der ganze Kram von vorne los! Will man mich zermürben? Wer ist daran interessiert? Ich muß nochmals zur nervenaufreibenden Untersuchung. Ich muß nochmals sämtliche Fragen über mich ergehen lassen, die unsere beabsichtigte Flucht und die Inhaftierung betreffen. Und wieder behandelt mich die Ärztin arrogant und teilnahmslos – wie beim erstenmal. Ich merke ihr deutlich an, daß sie diese Tätigkeit nur widerwillig ausführt.

Beinahe spüre ich Feindseligkeit. Doch warum? Eine Antwort finde ich nicht... »Hier haben Sie Überweisungsscheine für einen Lungenspezialisten, einen Hautarzt und einen Hals-Nasen-Ohrenarzt. Die werden feststellen, inwieweit Ihre angemeldeten Haftschäden zu Recht behauptet werden«, erklärt sie mir. Ich wundere mich: Beim erstenmal mußte ich keine Amtsärzte aufsuchen... Auch diese Gänge bringe ich hinter mich. Jedem von diesen Ärzten muß ich wieder exakt schildern, was ich erlebt habe, worauf ich die angemeldeten Schäden zurückführe. Am 21. November 1978 erhalte ich dann endlich eine offizielle Nachricht: Die Ablehnung der Anerkennung meiner gesundheitlichen Haftschäden! Ich kann es kaum glauben, denn allzu offensichtlich sind die erlittenen Schäden. Sollten das die Ärzte wirklich nicht erkannt haben? Da heißt es unter anderem: »Mit Ihrem Antrag begehren Sie die Gewährung von Versorgung nach dem HHG (Häftlingshilfegesetz) unter Anerkennung der Gesundheitsstörungen ›Herz- und Kreislaufbeschwerden, Atemnot, Absterben der Arme, Krämpfe in den Beinen, starke Kopfschmerzen, chronische Bronchitis und teilweise verminderte Hörfähigkeit, leichten Schlaganfall, Verfärben der Wimpern, Pigmentstörungen der Haut im Gesicht und am Körper, Absterben des rechten Zeigefingers durch Verletzung, Fußpilz‹... Die durchgeführte Überprüfung unter Berücksichtigung der vorgenommenen Untersuchungen hat folgendes ergeben: Sie machen u. a. geltend, daß durch die verbüßte Inhaftierung Depressionen ausgelöst wurden. Auf neurologischem Gebiet war kein wesentlicher, von der Norm abweichender Befund festzustellen. Auch in psychischer Hinsicht konnten keine als krankhaft zu wertenden Auffälligkeiten festgestellt werden. Eine eindeutig depressive Symptomatik hat sich auch für die Vergangenheit nicht eruieren lassen. Der Einfluß von schweren Träumen und Erinnerungen an die durchlebte schwere Zeit auf die Stimmung liegt durchaus im Bereich des Einfühlbaren und stellt keine krankhafte Reaktion dar. Insofern waren auf nervenfachärztlichem Gebiet Gesundheitsschäden, die durch die Haftzeit verursacht wurden, nicht nachweisbar.« So eine Unverschämtheit!!! Ich hatte ihr erklärt, daß ich fast jede Nacht unter schweren

Alpträumen zu leiden habe! Daß ich nur bei voller Beleuchtung ins Bett gehe, weil ich im Dunkeln Angstzustände bekomme! Daß ich mehrfach mit dem Gedanken gespielt habe, meinem Leben ein Ende zu setzen! Sie fragte mich damals wie eine Schulmeisterin: »Was meinen Sie denn, was Depressionen sind? Die meisten bilden sich nämlich heute schon ein, wenn sie mal schlecht gelaunt sind, hätten sie Depressionen. Das ist so ein schönes Wort, das klingt so toll....« Ich muß mich sehr zusammennehmen, um höflich zu bleiben. Und weiter heißt's: »Bei der hautfachärztlichen Untersuchung wurde festgestellt, daß Sie an einer geringfügigen, nicht meßbaren Pilzerkrankung der Nägel leiden. Wann die Pilzerkrankung stattgefunden hat, läßt sich nicht mit Sicherheit sagen. Da sie aber so geringfügig, d.h. abgeheilt ist, kommt ihr bei der Beurteilung, ob die Infektion während Ihrer Haftzeit stattgefunden hat, keine Bedeutung zu.« Es ist eine Frechheit! Natürlich habe ich diesen Pilzbefall noch! Und natürlich habe ich ihn in der Haft bekommen! Wir mußten uns zu dritt oder zu viert zur selben Zeit in einem langen Trog waschen. Das Wasser vom anderen floß also über unsere Waschlappen und Füße. Automatisch mußte das ja zu Pilzübertragungen führen! Fast alle haben so etwas mitgeschleppt! Und auch der folgende Abschnitt bringt mich auf die Palme: »Bei den weißen Hautflecken handelt es ich um eine Pigmentierung der Haut, deren Ursache bis heute noch nicht geklärt ist. Man vermutet Störungen im Verdauungssystem. Ein Zusammenhang mit der Inhaftierung ist nicht wahrscheinlich.« Ich hatte sie vorher aber nicht! Der Anstaltsarzt erklärte mir, als ich mich deswegen zu ihm gemeldet hatte: »Ja, das ist offensichtlich eine Vitamin-Mangelerscheinung. Wenn Sie wieder draußen sind, läßt das auch nach bzw. verschwinden diese Flecken.« Davon hat sie Kenntnis! »Außerdem wurde festgestellt, daß eine Hypotonie vorliegt, deren Minderung der Erwerbsfähigkeit jedoch nicht meßbar ist und die auch in keinem ursächlichen Zusammenhang mit den Haftbedingungen steht.« Was??? Kein Zusammenhang??? Und die Foltern? Die Doppelzwangsarbeit? Der Schlafentzug? Noch heute leide ich darunter. Höchstens zwei bis drei Stunden schlafe ich, manchmal überhaupt nicht!

In einem medizinischen Buch des Goldmann Verlages »Schlafen kann jeder« von Dr. med. James C. Paupst und Toni Robinson sind Beispiele angeführt, daß Schlafentzug ein uraltes Tötungsmittel in China war und heute wieder in der »modernen Kriegsführung« angewandt wird. So heißt es unter anderem: »Es ist auch bekannt, daß Schlaf so wichtig ist, daß man an Schlafmangel sterben kann, und der Mensch wird instinktiv alles daran setzen, um genug Schlaf zu bekommen. Als Experiment hat sich ein Discjockey in Amerika einmal 200 Stunden lang wach gehalten. Nach Ablauf dieser Zeitspanne faselte er Dinge wie ein Geisteskranker, hatte Halluzinatioen und Symptome von Verfolgungswahn. Die Nebenerscheinungen wirkten noch ca. drei Monate lang nach.« Und weiter heißt's: »1859 wurde in China ein Mann zum Tode durch Schlafentzug verurteilt: Er wurde von drei Polizisten bewacht, die ihn am Einschlafen hinderten. So lebte er 19 Tage, ohne auch nur ein einziges Mal geschlafen zu haben. Am 8. Tag wurden seine Qualen schon so unerträglich, daß er die Verantwortlichen anflehte, man möge ihm die Gnade widerfahren lassen, ihn zu enthaupten, zu verbrennen, zu ertränken, zu hängen, zu erschießen, zu vierteilen, in die Luft zu sprengen oder auf irgendeine andere Weise zum Tode zu befördern.« Ein anderer Absatz: »Eine Versuchsperson, die überhaupt nicht schlafen kann, wird binnen kurzem depressiv, apathisch und hat sogar Halluzinationen.« Nun, man hat mich nicht zu Tode gebracht! Doch die Nachwirkungen waren allzu augenscheinlich! Mit den Ausführungen wird fortgefahren: »Bronchitische Erscheinungen waren nicht objektivierbar. Soweit bekannt ist, werden von Ihren behandelnden Ärzten zur Zeit auch keine bronchitischen Erscheinungen behandelt.« Nein, ich habe keine Zeit zum Arzt zu gehen! Das sagte ich ihr von Anfang an ... Ich erklärte schriftlich, worauf diese Art Schäden meines Erachtens zurückzuführen seien: Einmal lag's an dem enormen Luftmangel, dem wir jahrelang in zu kleinen, überbesetzten und nicht lüftbaren Zellen ausgesetzt waren. An der gasgeschwängerten Luft im Arbeitsraum ... An meiner Tätigkeit im Kunstgewerbe-Kommando, wo ich über viele Stunden laufend mit stark gesundheitsschädigenden Mitteln arbeiten mußte!

Mir fällt ein, daß Professor Richet von der Academie Française Paris in einer Rede über »gesundheitliche Schäden und ihre Spätfolgen durch die Haft, Internierung und Kriegsgefangenschaft« folgendes ausführte: »Wir wollen die drei Hauptpunkte herausstellen, die aus dem ehemaligen Häftling einen ständig Kranken machen: 1. Die berufliche Insuffizienz zeigt sich nicht zu Beginn des Alters, sondern schon bei dem jungen Erwachsenen. 2. Vorzeitiges Altern. 3. Frühzeitiger Tod.«
Außerdem sagt er: »Das Herz- und Kreislaufsystem und das Nervensystem sind zwar nicht allein, aber doch am meisten betroffen, und das ist immer eine ernste Entwicklung. Das Nervensystem ist bei mehr als der Hälfte gestört. Das alltägliche Zeichen dafür, so alltäglich, daß wir es jetzt schon als ›normal‹ betrachten, ist die Ermüdung. Die seelischen und gemütsmäßigen Funktionen sind sehr oft nicht mehr normal. Herz- und Kreislaufstörungen sind sehr häufig.« Und da steht nun in dem Wisch: »Nach alledem war Ihr Antrag abzulehnen«!!! Da steht dieser Satz ... ich kann es nicht fassen! Natürlich lege ich Widerspruch ein. Diese Beurteilung hätte von einem DDR-Gremium kommen können! Am 28. März 1979 wird mir vom Regierungspräsidenten Münster mitgeteilt: »Die Beschwerde wird als unbegründet zurückgewiesen.« Nochmals reiche ich Widerspruch ein. Vom Landesversorgungsamt Nordrhein-Westfalen ergeht am 10. Dezember 1979 der Bescheid: »Ihr Widerspruch gegen den vorbezeichneten Bescheid ... ist sachlich unbegründet ... und daher zurückzuweisen.«
Peng! Da steht's. Schwarz auf weiß. Aus einer Anerkennung meiner gesundheitlichen Haftschäden erwachsen keiner Behörde finanzielle Zuwendungen. Es geht nur um die Sache an sich. Auch wegen später ... wegen Spätfolgen, die jetzt noch gar nicht einzuschätzen sind. Ich gebe auf. Ich kann beim besten Willen nicht mehr ...

Ein Positivum in all dem Amtsschlamassel gibt's: Bei meinem beruflichen Start habe ich keinerlei Schwierigkeiten! Auf eine Annonce im Kölner Stadt-Anzeiger hin erhalte ich eine Vielzahl von Stellenangeboten. Vier ziehe ich in die engere Wahl, zwei

davon in die engste. Beim Chef eines berühmten Orchesters, der einen Sekretär und Manager sucht und auf meine Anzeige antwortete, spreche ich vor. Natürlich erzähle ich ihm meine Geschichte. Er ist ein aufmerksamer Zuhörer. Wohlgelaunt verabschieden wir uns. »Ich rufe Sie in den nächsten zwei Tagen an«, verspricht er. Ein bißchen Angst habe ich vor diesem Angebot, ich muß täglich mit dem Zug aus Köln rausfahren... Außerdem bin ich etwas unsicher, ob ich aufgrund der doch noch lückenhaften Kenntnisse mit den hiesigen Gegebenheiten geeignet bin für diese Position. Es entscheidet sich zwei Tage später. »Ich hab's mir nicht leicht gemacht. Doch glaube ich, daß es besser für Sie ist, wenn Sie erst mal richtig Fuß fassen«, erklärt er mir. Ich bin weder enttäuscht noch böse. Er hat recht. Insgeheim hoffte ich sowieso, daß er mir absagte. Also steuere ich das andere Angebot, das bei mir in der engsten Wahl steht, an: ein Zeitschriftenverlag. Das Gespräch mit dem Verleger verläuft in einer sehr harmonischen Atmosphäre. Es tut mir gut, daß er für meine Situation sehr viel Verständnis zeigt. In Ruhe überdenke ich zu Hause das Gespräch – am nächsten Tag melde ich mich bei ihm wieder. »Ich würde gern bei Ihnen anfangen«, sage ich kurz. »Sehr gut, dann melden Sie sich wieder bei mir, wenn Sie den Zeitpunkt genau wissen. Lassen Sie sich ruhig Zeit, Sie haben ja so viele Rennereien mit den Ämtern. Außerdem müssen Sie sich sicher noch ein bißchen erholen... Dann werde ich Sie mit der früheren Chefredakteurin bekannt machen... und dem Personalbüro vorstellen...«. »Danke, das ist sehr nett von Ihnen, doch ich muß so schnell wie möglich anfangen, denn ich bin ja völlig mittellos.« »Dann sehen wir uns also am Karnevalsdienstag früh um neun Uhr«, erwidert er ausgesprochen freundlich.
Es ist zwar finanziell mit Abstand das schlechteste Angebot – keiner klärte mich über die hiesigen Verdienstmöglichkeiten auf – aber die Aufgabe, die Redaktion zu leiten, reizt mich. Mit viel Freude und Elan mache ich mich an die Arbeit. Schon nach ganz kurzer Zeit habe ich einen umfassenden Überblick und ziemlich freie Hand. Der Verleger hat erkannt, daß ich ein Arbeitspferd bin – und so läßt er mich schalten und walten... Verschiedene

Unternehmen und Gruppen laden mich zu phantastischen Reisen ein. So lerne ich Florida, Paris, London, Monte Carlo, Nizza, Cannes, Los Angeles, Zürich, Mexico City und Acapulco kennen. Und eine Reihe netter, menschlicher und freundschaftlicher Begegnungen krönen meine Tätigkeit.
Privat unternehme ich mit Carsten unsere erste Urlaubsreise nach Mallorca. Für uns wird's ein Traumurlaub: südliche Sonne, südliche Klänge, praktische Übung in Spanisch... wir sind ausgesprochen happy.
Dann kommt von meinen Eltern aus Berlin die Nachricht, daß sie ebenfalls überzusiedeln gedenken. Das bedeutet, erneuten Kampf mit den Ämtern, Rennereien, Formalitäten. Doch ich tu's gern, ich habe ja jetzt hinreichend Erfahrung auf diesem Gebiet. Normalerweise läßt man ehemalige »Geheimnisträger« von drüben nicht so ohne weiteres ausreisen. Doch mein Vater ist ein schwerer Pflegefall geworden. Er kann nicht mehr sprechen und nicht mehr laufen. Außerdem spart man durch seinen Weggang eine hohe Intelligenzrente ein... Als Rentner dürfen sie ihr gesamtes Hab und Gut an Möbeln und Hausratsgegenständen mitnehmen. Täglich durchforste ich die Wohnungsannoncen. Sie sollen schnellstens wieder ein Zuhause haben. Und wieder muß ich viel Unverstand in Kauf nehmen. Bei einer Wohnungsgesellschaft kann sich eine Sachbearbeiterin den Satz nicht verkneifen: »Die Leute von drüben denken immer, ihnen fliegen hier die gebratenen Tauben in den Mund!« Aha, den Ausspruch kenne ich doch! Es ist mir unbegreiflich, weshalb die Menschen hier, die nach dem Krieg einfach nur Glück hatten, nicht unter die russische Besatzungsmacht zu fallen, gegen die Menschen von drüben so ablehnend eingestellt sind. Im März 1977 ist's dann soweit: Meine Eltern kommen in Köln an. Zuerst wohnen sie bei meinem Bruder in dessen Appartement – doch nach 14 Tagen ist die inzwischen von mir organisierte Wohnung bezugsfertig. Obwohl der Vormieter und der Vermieter mit dem Einzug meiner Eltern einverstanden sind, gibt's auf dem Wohnungsamt wieder Schwierigkeiten. Erst nach Einschaltung des Oberstadtdirektors dürfen meine Eltern die Wohnung, die trotz mehrerer Annoncen über Monate hinweg nicht an den Mann gebracht

werden konnte, beziehen. Gottseidank! Zu dritt auf kleinstem Raum bei meinem Bruder – und dann noch mit meinem sehr pflegebedürftigen Vater – das war schon eine Strapaze für sich! Nachdem meine Eltern soweit wieder häuslich eingerichtet sind – einige ihrer Möbel wurden wegen unsachgemäßer Lagerung in Ostberlin beim Bahntransport beschädigt, zieht Tante Lola, die von der »Stasi« in der DDR als »Kurierin Wiltrud Rühl« geführte Tante, zu ihnen.

Da mein Cousin mit dem Direktor eines großen Männergefängnisses bekannt ist, erhalte ich die Möglichkeit, es zu besichtigen. Ich komme aus dem Staunen nicht mehr heraus! Da hat man mir nun erzählt, daß hier lauter knallharte Jungs sitzen ... und dann dieser Komfort! Ich sehe Aquarien mit bunten Fischen in den Zellen, Vogelkäfige mit zwitschernden Vögeln drin. Die Wände sind mit Sexpostern vollgeklebt. Außerdem haben die meisten jede Menge Fotografien ihrer Angehörigen in der Zelle ... Stapel von Büchern und Zeitschriften stehen da ... bei einem sogar eine Schreibmaschine! Dann sehe ich Fachbücher, Sprachbücher, Musikinstrumente ... Vor der Toilette befindet sich ein Vorhang! Auf den Tischen sind Tischdecken, vor den Gitterfenstern sogar Gardinen! Es ist nicht zu fassen! »Das sollte mal einer von den verantwortlichen Bonzen drüben sehen!« fährt's mir durch den Kopf. »Hier sind meist Lebenslängliche oder Langstrafer«, erklärt mir der Anstaltsleiter. »Aber auch die anderen sind fast alle in Einzelzellen oder zu zweit untergebracht. Wenn sie zur Arbeit gehen, in der Freizeit, wenn sie Sport treiben, zur Weiterbildung gehen, sich hier draußen in der Küche Kaffee oder Tee kochen – dann treffen sie mit den anderen zusammen.« »Und wie sieht's mit dem Fernsehen aus?« frage ich interessiert. »Ja, da haben wir hier extra einen Raum. Hier kann täglich ferngesehen werden.« Die Inhaftierten sind gerade zur Arbeit. Nur in der Küche blicken ein paar Männer in Häftlingskleidung aufmerksam in meine Richtung. Frauen sieht man hier selten, klar. Ich weiß zwar nicht, was sie gemacht haben, doch ich lächle sie freundlich an. Wenn die wüßten ...
Noch viele Stunden muß ich über das Gesehene nachdenken.

Wieviel besser haben es doch hier die »Knastologen«! Und da liest und hört man laufend, daß sie sich über die Unterbringung, Isolation und die Haftbedingungen beschweren? Allen voran die Terroristen.
Eins ist klar: Menschen sind überall gleich in ihrer Belastbarkeit. Das kann man kaum vom Staatsgefüge abhängig machen. Und wenn man auch bei Vergleichen mit dem Terrorstaat DDR zu schnell – allzu schnell – dazu neigt, darauf hinzuweisen, daß wir uns hier in einer Demokratie befinden, und man deshalb eine ganz andere Beweglichkeit und vor allem andere Rechte hat, so macht man sich's damit ganz einfach zu leicht! Nur eine Woche DDR-Zuchthaus würde auch den hartnäckigsten Meuterer hier im Gefängnis zum Verstummen bringen!

Im Herbst 1977 bietet sich ein größeres Objekt an: Das Bayerische Fernsehen will einen Film mit mir über meine Geschichte drehen! Wochenlange Korrespondenz geht voraus. Exakt schildere ich das Erlebte. In einem Antwortschreiben steht: »Herzlichen Dank für Ihre ausführlichen Schilderungen Ihrer Erlebnisse. Das übertrifft ja bei weitem mein Vorstellungsvermögen, auch wenn ich schon mit vielen Leuten kontakte, die ähnliche Schicksale hinter sich haben. Ich glaube, bei Frauen ist das alles noch schwerer vorstellbar. Wie kann man nach diesen Jahren eigentlich weiterleben? Kann man dann so in Ruhe seinen Beruf ausüben, sich hier integrieren, ein Alltagsleben führen?«
Über ein halbes Jahr wechseln die Briefe hin und her. Am 5. Januar 1978 fragt man an: »... da ich von Ihnen noch immer keine Antwort auf meinen letzten Brief habe – in dem ich Sie bat, mir kurz zu schildern, welche Einstellung Sie zur BRD haben – nun die dringende Bitte, mir doch schnell zu antworten, weil die Zeit drängt.« Mir fällt ein, daß bereits im ersten Brief geschrieben stand: »... plane ich unter dem Stichwort ›weibliche Dissidenten‹ ein Porträt von zwei Frauen ... die aber gleichermaßen eine skeptische, kritische, vielleicht auch eine sozialistische Haltung in der Bundesrepublik bewahrt haben. Es geht also auch um die politische Perspektive, die ich nicht als Jubelperspektive für die BRD verstanden wissen möchte....« Dazu schrieb ich in

einem Brief unter anderem: »Ich wußte von vornherein, daß ich nur durch eigene Initiative, persönlichen Einsatz und aktive Arbeit meinem Sohn und mir eine neue Existenz aufbauen konnte. In dieser Hinsicht erlebte ich keinerlei Enttäuschungen, im Gegenteil, vieles stellte ich mir weitaus schwieriger vor! Ich suchte die Freiheit, und die habe ich tatsächlich gefunden! Ich sehe nichts mit verklärtem Blick, gewiß nicht, auch hier will ich mir meine Objektivität bewahren, aber zunächst genieße ich nach den langen Jahren der Unterdrückung, Bespitzelung und Bevormundung die völlige Uneingeschränktheit meiner Person. Eine politische Weltanschauung habe ich mir noch nicht wieder zulegen können, dazu war ich zu tief aus meinem Idealismus herausgeschleudert worden. Das Wort ›Sozialismus‹ läßt mich allergisch reagieren, das muß ich offen zugeben. Erst wenn ich innerlich frei bin von den barbarischen Erlebnissen, werde ich wohl wieder zu einem politischen Weltbild gelangen können. Der Haß hat sich in meinem Inneren ausgebreitet und beherrscht mein Denken mitunter stärker, als mir lieb ist....« Am 8. Februar 1978 kommt die Absage für das geplante Projekt!

Auf einem Schriftstellerseminar im Dezember 1978 in Bonn-Bad Godesberg lerne ich Dr. Karl Corino vom Hessischen Rundfunk kennen. Wir kommen ins Gespräch – und er interessiert sich für meine Erlebnisse. »Schreiben Sie doch ein Manuskript, da können wir eine Sendung zusammen machen«, schlägt er mir vor. Freudig willige ich ein. Am 13. April 1979, Karfreitag, 22.05 Uhr, ist's soweit: Im Hessischen Rundfunk wird meine Sendung »Folter im anderen Deutschland« übertragen. Die Folge: Wenige Monate später, als ich meine Schwester in Ostberlin besuchen will, erhalte ich von einem Ostberliner Vertrauten, der Verbindung zu höchsten Regierungsstellen und zur »Stasi« hat, die Warnung: »Laß die Finger davon!« Nun, meine Akte ist sicher nach der Sendung um einige Seiten dicker geworden... Ich lasse es also – lebensmüde bin ich nicht!

Mit Carsten schlage ich mich recht und schlecht durch. Ein neuer Anfang ist schwierig. Jede Mark muß dreimal umgedreht werden, bevor wir sie ausgeben. Im Haushalt fehlen hunderttausend Kleinigkeiten – und die großen Notwendigkeiten. Carsten ist inzwischen gewachsen. Und auch die Ansprüche sind gestiegen. Sachen aus der Wühlkiste von C & A werden nicht immer protestlos hingenommen, seit er zum Gespött seiner Mitschüler wurde wegen seiner »Flatterjeans«. Ich leide sehr unter der Schuldenlast bei meiner Tante – obwohl sie mich nicht ein einziges Mal drängt. Sie ist die Ärmste der ganzen westlichen Verwandtschaft – und immerhin hat sie für uns über 25000 Mark ausgegeben! Die Flucht ... Möbel ... hinzu kommen noch Geschirr, Gläser, Wäsche... Sie hätte längst aufhören können zu arbeiten, da sie das Rentenalter erreicht hat. Doch da sie unseretwegen ein Darlehen für die Fluchtsumme aufnahm, muß sie weiter schuften in ihrem schweren Beruf als Arbeiterin in einer Fabrik im Harz. Ein Leichtes wäre es für Klaus und mich zusammen gewesen! So habe ich bei jedem Kleid, das ich mir kaufe, bei jeder Leckerei, die wir uns zusätzlich leisten, ein schlechtes Gewissen. Doch ich muß damit fertigwerden. Ich muß lernen, damit zu leben...

Um so mehr Wut und Empörung erfaßt mich, daß Klaus von Anfang an Schwierigkeiten mit der Zahlung des gesetzlich festgelegten Unterhalts für Carsten macht. Es sind 250 Ostmark, die er bei einer Ostberliner Bank einzahlen muß. Die ersten Monate sehen wir nicht einen einzigen Pfennig. Wir wenden uns ans Jugendamt in Ostberlin und an einen Anwalt. Ein harter, nervenaufreibender Papierkrieg beginnt. Die Korrespondenz ist immer wochenlang unterwegs. Carstens Vater hat die Behörden auf seiner Seite. Verständlich ... sie müssen das eingezahlte Ostgeld in West transferieren!

Wir dagegen haben die Behörden nicht auf unserer Seite! Nicht anders kann ich die Mitteilung des Ministers für Arbeit, Gesundheit und Soziales werten, den ich um seine Einschaltung bat: »... sehe ich mich leider nicht in der Lage, eine Bescheinigung auszustellen, wonach Ihr Sohn noch unterhaltsbedürftig ist... Ich darf Sie daher bitten, die vom Jugendamt mitgeteilten Angaben Ihrem Rechtsanwalt darzulegen und die Frage der Unterhaltsbedürftigkeit mit ihm zu klären ...« Also auch in

Köln einen Anwalt ...Kosten ... Kosten ... der Kampf geht weiter!

Eines Tages erhalten wir den Bescheid, daß das zu zahlende Geld direkt vom Gehaltskonto meines geschiedenen Mannes gepfändet wird. Endlich ein Erfolg! Doch nur ein paar Monate geht's gut. Dann ... plötzlich von August 1979 an erhalten wir nur noch 150 Mark pro Monat! Das ganze Theater geht von vorn los. Die Anwälte müssen mobilisiert werden. Wieder sind eine Anzahl Nachweise zu erbringen, die mit vielen Laufereien und Kosten für mich verbunden sind. Am 22. Februar 1980 stellt Klaus vorm Stadtbezirksgericht Berlin-Lichtenberg einen Antrag auf Unterhaltsabänderung. Seine Begründung: »... zwischenzeitlich haben sich die wirtschaftlichen Verhältnisse verändert...« Und weiterhin heißt's darin: »... sämtliche Auskünfte über den Entwicklungsstand des Verklagten mußte sich der Kläger über das Referat Jugendhilfe beim Rat des Stadtbezirks Berlin-Lichtenberg einholen, da die Kindesmutter selbst dazu nicht bereit war, auch der Verklagte unterhält zum Kläger keinen brieflichen Kontakt...« Nun, seit wir von Ostberlin ausgereist sind, hat Klaus seinem Sohn nicht ein einziges Mal zum Geburtstag oder zu Weihnachten geschrieben, geschweige denn sich für sein berufliches Fortkommen interessiert! Aber da war er groß, wenn's galt, mal so richtig auf die Tränendrüse zu drücken!
Am 24. April 1980 trifft dann ein Schreiben von meinem Ostberliner Anwalt ein mit der Mitteilung, daß der »Vater« Klaus Thiemann vor Gericht gegen seinen Sohn die Unterhaltsabänderungsklage führt. Obwohl er das Verfahren erst anstrebt, billigen es die Ostberliner Behörden, daß er bereits zu diesem Zeitpunkt nur 150 Ostmark einzahlt!
Da wir nicht zur Verhandlung nach Ostberlin fahren können und wollen, muß Carsten zum Stand der Dinge in Köln vernommen werden. Am 19. Mai begeben wir uns aufs Amtsgericht Köln. Ein paar Fragen werden gestellt, die Carsten, so gut er kann, beantwortet. Ich muß, gemäß Vorschrift, draußen vor der Tür warten. Im Anschluß daran versuche ich, für Carsten das

Armenrecht zu erlangen. Er ist Lehrling und bekommt etwas über 200 Mark ... ich habe eine Reihe von Verpflichtungen – und dazu zwei Anwaltsparteien! Doch das Armenrecht wird von den Kölner Behörden abgelehnt! Ich kann's nicht begreifen – mein Anwalt in Köln erst recht nicht. Doch ich habe zu viel am Hals, um nochmals Sturm zu laufen, um wieder einen Minister einzuschalten – ich gebe es auf...

Am 22. Juni muß Carsten nochmals aufs Amtsgericht. Irgendetwas fehlt bei den Aufzeichnungen noch. Nun ja, auf einen Gang mehr oder weniger kommt's uns jetzt auch nicht mehr an!

Am 31. Juli teilt mir der Anwalt mit, daß ich 148 West-Mark an den Ostberliner Anwalt zahlen müsse, damit der Prozeß überhaupt stattfinden könne. Einfach so. Ich bin zwar auch darüber überrascht, doch ändern kann ich das Ganze nicht. So zahle ich.

Die Verhandlung ist auf den 5. September 1980, 11 Uhr, Raum 111 beim Stadtbezirksgericht Berlin-Lichtenberg festgesetzt. Da Carstens Vater nicht zu dem Termin erscheint – aus welchen Gründen auch immer – wird er auf einen späteren Zeitpunkt vertagt. Und nochmals muß Carsten zum Amtsgericht Köln. Am 4. September spricht er vor. Die Befragungen nehmen kein Ende...

Dann, am 20. Oktober, kommt plötzlich ein Schreiben unserer bisherigen Anwälte von Ostberlin mit der Mitteilung, daß Sie uns in dem Rechtsstreit nicht weiter vertreten können!

Ich überlege, ob da die »Staatssicherheit« wieder die Finger dazwischen hat? Anzunehmen! Kurz zuvor hatte ich den Anwälten eine Mitteilung über meinen Mann gemacht... Mein Kölner Anwalt gibt seiner Verwunderung darüber Ausdruck, doch trotz jahrelanger gemeinsamer Prozessierung und Korrespondenz bleibt's dabei: Wir müssen uns einen anderen Rechtsvertreter in Ostberlin suchen. Und der wird uns dann auch anhand eines Briefes vom Stadtbezirksgericht Berlin-Lichtenberg empfohlen. Mir ist nicht wohl dabei. Wird er unsere Interessen auch wirklich vertreten, wenn er von denen benannt wurde? Dann werden von mir plötzlich Unterlagen gefordert, die ich nicht erbringen kann. Der neue Anwalt drängt auf das Kölner Vernehmungsprotokoll. Ich rufe beim Amtsgericht an. »Das ist alles ans Ostberliner

Gericht geschickt worden«, erklärt man mir. »Aber, Sie müssen doch eine Durchschrift davon hierbehalten haben, von der Sie mir eine Fotokopie senden können. Mein Anwalt hier und auch der in Ostberlin brauchen jeder ein Duplikat«, erwidere ich. »Haben wir aber nicht! Da hätten wir ja viel zu tun, wenn wir von jedem Vorgang auch noch Durchschläge abheften sollten! Uns ist das doch egal, wie solche Unterhaltsprozesse ausgehen!« Ja, ist's denn die Möglichkeit! Habe ich richtig gehört? Das interessiert die alles gar nicht, die machen nur ihren bürokratischen Kram und damit basta! Meine Empörung macht langsam einer Resignation Platz... Typisch, typisch, dieses Desinteresse der Kölner Behörden, konstatiere ich müde.
Ein neuer Verhandlungstermin wird anberaumt: der 5. Dezember 1980, 10 Uhr, Raum 111. Auch dieser Termin wird offensichtlich vertagt, denn am 19. Januar 1981 teilt mein Anwalt aus Ostberlin mit: »... zu Ihrer Orientierung füge ich eine Ablichtung des Protokolls der Sitzung des Stadtbezirksgerichts Berlin-Lichtenberg vom 5. Dezember 1980 bei und weise darauf hin, daß am 9. Dezember 1980 noch keine Endentscheidung getroffen worden ist. Das Gericht hatte angeordnet, noch einmal in die mündliche Verhandlung einzutreten und hatte dazu neuen Termin auf den 23. Dezember 1980 anberaumt. Zu diesem Termin war der Kläger nicht erschienen, so daß das Stadtbezirksgericht neuen Termin auf Donnerstag, den 22. Januar 1981, 10 Uhr, angesetzt hat...«

Der Prozeß wird zu unseren Gunsten entschieden! Carstens Vater muß den ausstehenden Unterhaltsbeitrag nachzahlen – und er läßt sich natürlich Zeit damit! Dabei hat er noch Glück: Carsten hat die Lehre vorzeitig beendet und verdient selbst. Dadurch entfallen automatisch sämtliche Unterhaltansprüche. Trotzdem: Wir freuen uns darüber, daß der von einem Vater gegen seinen leiblichen Sohn wegen 100 Ostmark geführte Prozeß so ausgegangen ist! Letztendlich war's ein harter, nervenaufreibender und langer Kampf!
Doch mit dem Prozeßgewinn ist die Geschichte noch lange nicht zu Ende! Es beginnt wieder ein ständiger Schriftwechsel von

Anwalt zu Anwalt wegen der zurückzuzahlenden 148 Mark West. Die Ostberliner Seite ist erst dazu bereit, wenn der Kläger – also Carstens Vater – die Prozeßkosten begleicht. Und das verzögert er natürlich!
So schreibt der Ostberliner Anwalt dem Kölner Anwalt folgendes: »... bitte ich um Mitteilung, ob Sie mir Ihre erstattungsfähigen Kosten aufgeben wollen. Ich kann diese dann durch das Stadtbezirksgericht festsetzen lassen. Allerdings muß ich darauf hinweisen, daß der erstattungsfähige Betrag in unserer Währung festgesetzt werden würde, und es bestände dann nur die Möglichkeit, hier ein Konto einzurichten und den Betrag in DDR-Währung dann einzuzahlen. Einen Transfer wie bei Unterhaltszahlungen gibt es bei der Kostenforderung nicht...«
Eine Frechheit! Ich mußte vorher in West einzahlen, die Gegenseite zahlt aber in Ost! Und dann noch auf ein Sperrkonto! Der Schachzug ist der DDR gelungen: Welcher Anwalt hier führe extra nach drüben, um sein Honorar zu verjubeln? Mein Kölner Anwalt schreibt nach Ostberlin: »... ich verzichte hiermit auf die Geltendmachung meiner Gebühren und Kosten.« Ein bißchen bin ich sauer drüber. Wieder Glück für Carstens Vater: Nach unseren Sätzen wäre ihn das merklich teurer gekommen, als der Anwalt drüben!
Und der Briefwechsel wegen der zurückzuzahlenden 148 Mark geht weiter. Wochenlang. Monatelang. Endlich im Oktober 1981 ist's dann soweit! In einem Schreiben vom Ostberliner Anwalt heißt es dazu: »... erfahrungsgemäß nimmt eine solche Rücküberweisung längere Zeit in Anspruch, da erst die entsprechende währungsrechtliche Genehmigung vorliegen muß. Ich darf daher Ihren Mandanten bitten, Geduld zu üben...«
Nun, die hatten wir in reichem Maße! Vor mehr als einem Jahr zahlte ich den damals geforderten Betrag ein. Carstens Kommentar zu dem ganzen Prozeß: »Daß Vati sich nicht schämt, gegen sein einziges Kind einen Prozeß zu führen! Ein Vater gegen seinen Sohn ... das hätte ich nie von ihm gedacht!« Und zum wiederholten Mal wird mir klar: Es hätte sich nicht gelohnt, diese Ehe zu retten. Es hätte sich nicht gelohnt, dem Jungen diesen Vater zu erhalten...

In meiner geringen Freizeit, die ich neben dem anstrengenden Beruf und den zusätzlichen Belastungen habe, schaffe ich es dennoch, einige Bilder und Porzellanteller zu malen sowie ein paar Wandteppiche zu knüpfen. Und zwar in erster Linie nach meinen Entwürfen, die ich aus dem Gefängnis schmuggelte! Dabei kommt mir eine Idee: Ich schreibe an die Strafvollzugsanstalt Hoheneck und bitte um die Herausgabe meiner Entwürfe für Wandteppiche – ein paar wenige hatte ich seinerzeit nicht zerrissen! – sowie um die Bekanntgabe, wo die beiden Kunstwerke »Thälmann-Porträt« und »Treptower Ehrenmal« hängen. Was ich niemals erwartet habe, tritt ein: Ich erhalte Antwort aus Hoheneck vom Anstaltsleiter persönlich! »... Ihren Brief vom 2. August 1977 habe ich erhalten und möchte Ihnen dazu mitteilen, daß Sie im Rahmen der Ihnen übertragenen Pflichten Arbeitsaufträge erhielten ... Sie unterlagen während des Vollzuges der Strafe mit Freiheitsentzug daher keinem Arbeitsrechtsverhältnis und können deshalb daraus keine Urheberrechte geltend machen. Es gibt auch keine Veranlassung Recherchen darüber anzustellen, wo sich Erzeugnisse, welche hier angefertigt wurden, heute befinden. Es wird Ihnen jedoch freigestellt, die hier erworbenen Kenntnisse und Fähigkeiten im persönlichen Leben anzuwenden. Hochachtungsvoll Veit.«
Ich muß lachen. Ich muß wirklich herzhaft lachen. Das ist doch wohl die Höhe! Welche Unverfrorenheit! Eins weiß ich: Es ist die typische infantile Kaltschnäuzigkeit, die auch so oft in der Hohen Politik von diesem Lande ausgeht!
»Erworbene Kenntnisse und Fähigkeiten?« Wie viele künstlerische Artikel entstanden unter meinen Händen! Unter meiner Anleitung! Zusätzlich zur festgesetzten Zwangsarbeit im Elmokommando! Wenn ich nicht die erforderlichen Fähigkeiten (!) besessen hätte, wäre ich als Politische niemals in dieses Kommando beziehungsweise in der Freizeit dort eingesetzt worden! Die Knast-Kunst-Artikel wurden zum Teil auf Basaren an die DDR-Bevölkerung verkauft, wie mir eine Erzieherin vertraulich mitteilte ...
Und einige Sonderanfertigungen von mir – einem politischen Häftling, einem verbrecherischen Staatsfeind, den man nur mit

einem Massenmörder auf eine Stufe stellte – gingen an die Bonzen, an Minister und vermutlich als Gastgeschenk der DDR-Regierung an die Regierung der Sowjetunion...
Man spricht mir also die Urheberrechte ab... Ich stand also in dieser Zeit in keinem Arbeitsrechtsverhältnis... Wie paradox! Für die Rente wird die Zeit nämlich anerkannt! Aber man stellt's mir frei, im »persönlichen Leben die erworbenen Kenntnisse und Fähigkeiten« anzuwenden! Immerhin. Nun, darauf möchte ich dann doch lieber verzichten. Die dort »erworbenen Kenntnisse und Fähigkeiten« will ich in meinem persönlichen Leben weiß Gott nicht anwenden! Im Gegenteil! Ich muß sie ausschalten... so gut es nur irgend geht. Denn: Es ist Haß, abgrundtiefer Haß auf ein totalitäres System, wie es in der DDR besteht! Es ist Verachtung, abgrundtiefe Verachtung gegenüber Menschen, die Unschuldige, Abhängige knechten, foltern, diskriminieren und schikanieren!
Ja, ich habe diese Männer hassen gelernt... und ich habe diese Frauen hassen gelernt! Glaubte ich irgendwann mal und bevor ich hinter die Fassade des großen DDR-Ghettos blickte, an die sozialistische Gesellschaftsordnung, so bin ich als geläutert und geheilt aus dem Frauenzuchthaus Hoheneck entlassen worden: Kommt man als Gegner hinein, so kommt man auch als Gegner heraus – kommt man als Sozialist hinein, so kommt man als fanatischer Antisozialist heraus!
Unter Alpträumen und Schlaflosigkeit leide ich noch immer. Trotzdem: Jetzt bin ich dabei, Abstand zu gewinnen. Es ist ein langer, anstrengender Prozeß. Zu sehr sind die Leiden noch gegenwärtig. Zu offen die Wunden. Vergessen kann ich nicht. Verzeihen werde ich nicht. Niemals!

Rückkehr nach Hoheneck

Rosenmontag 1990. Eine hartnäckige Bronchitis fesselt mich ans Bett. Aufs karnevalistische Treiben muß ich verzichten. Fernsehen im Westdeutschen Rundfunk III – ein Film über das übelste Zuchthaus Mitteleuropas läuft. Mein Zuchthaus: Hoheneck in Stollberg im Erzgebirge. Dort, wo ich von 1973 bis 1975 eingesperrt war unter übelsten Bedingungen. Ein halbes Jahr Stasi-Untersuchungshaft mit lebensbedrohlichen Folterungen war vorangegangen.

Alles ist wieder gegenwärtig. Doch der Film zeigt Veränderungen in Hoheneck, die ich nicht glauben kann: Zellen mit Zweistockbetten, Kissen darauf, Möbel, Tischdecken, Gardinen und sogar Grünpflanzen. Die Zweifel an der Echtheit dieser Bedingungen lassen mich nicht zur Ruhe kommen. Ich entscheide: Dort mußt du nochmal hin. Du mußt dich persönlich überzeugen. Du mußt berichten, was sich nach dem Umsturz geändert hat. Was nach 15 Jahren noch aus der alten, grausamen Zeit geblieben ist. Derselbe Anstaltsleiter wie vor 15 Jahren tut seinen Dienst – nur sein Dienstrang ist höher geworden.

Ich melde mich telefonisch in der Anstalt an. Mit meinem vollständigen Namen. Nach mehreren Gesprächen und Rücksprachen mit dem Ministerium in Berlin seitens der Anstalt ist es dann soweit: Ich erhalte einen festen Besuchstermin. Am 11. Mai 1990, 13 Uhr, darf ich diese üble Stätte wiedersehen. Diesmal freiwillig.

Freunde, teils auch ehemalige politische Gefangene, erklären mich für verrückt. Auch wenn ich ihre wohlgemeinten Ratschläge, nicht allein in eine Zelle zu gehen, mich niemals zu nah an Gebäuden des Gefängniskomplexes aufzuhalten – wegen des eventuell so rein zufällig von oben herabstürzenden Gesteins – allzugut verstand, konnte ich von meinem Vorhaben keinen Abstand mehr nehmen. Eins bedachte ich allerdings überhaupt nicht: daß man mir wie damals in der U-Haft etwas ins Getränk

tun könnte. Immerhin trank ich in den fünf Stunden meines Aufenthaltes im Zuchthaus dreimal Kaffee (soviel verkonsumiere ich sonst den ganzen Monat). Doch der Gefahr wurde ich mir erst später bewußt.
So berechtigt die Befürchtungen waren, ich kam gesund an Leib und Leben wieder heraus aus diesem fürchterlichen Bau.
Tage-, nein wochenlang erleide ich zwar Alpträume, holen mich die Erinnerungen pausenlos ein, lassen mich nicht mehr los. Die Erlebnisse von einst sind gegenwärtig, als hätte ich sie soeben erst bewältigt. Alles ist so greifbar, beinahe körperlich spürbar. Doch für die Nachwelt und für die, die solche Stätten niemals kennenlernen, ist es wichtig, daß man darüber schreibt. Daß Tatsachen öffentlich werden.
Hunderte von Anrufen, Leserbriefen und Blumensträußen auf meine 14tägige Zeitungs-Serie bewiesen, wie wichtig es war, über ein bislang totgeschwiegenes Kapitel der DDR-Geschichte umfassend zu berichten.
Ganze Gerichtsurteile schickten mir die Leser zu – aus der DDR. Im Original. Kurios – mein eigenes habe ich bis heute nicht gesehen! Zur Unterschrift legte man es mir seinerzeit nicht vor. Ein weiterer Rechtsbruch in meinem Fall. Darüber war selbst Rechtsanwalt Professor Wolfgang Vogel überrascht. Doch die Zeit arbeitet für die Opfer. In wenigen Wochen werde ich Einsicht fordern in meine »staatsfeindlichen« Akten.
Schwierig für mich ist es, genau zehn Tage nach meinem Besuch in der Anstalt nach Stollberg zurückzukehren. Meine erste Buchlesung in der DDR findet ausgerechnet an diesem Ort statt. Eine Frage interessierte mich natürlich schon im Vorfeld brennend: Wird unter dem Publikum auch Personal von Hoheneck sein?
Der 11. Mai 1990 ist ein wunderschöner Tag. Bei 22 Grad Celsius sitze ich auf einer verwitterten Bank des Stollberger Ortsteils Hoheneck im Erzgebirge. Die Sonne scheint, Vögel zwitschern, Autos fahren quietschend um die Ecke. Genau an dieser Stelle saß ich schon einmal im Mai. Damals, 1975.
Vor 15 Jahren, am 29. Mai 1975, war mein Entlassungstag aus der berüchtigsten Strafanstalt der DDR, dem Frauenzuchthaus

Hoheneck. Wegen geplanter Republikflucht saß ich dort, verurteilt zu drei Jahren und fünf Monaten.
Von 9 bis 14 Uhr wartete ich auf dieser Bank auf meinen Mann, ein riesiges Kuchenpaket vom Bäcker vis-à-vis neben mir. Mein Ex-Mann, ehemaliger Fußballer des SC Dynamo Berlin und Offizier der Volkspolizei, später Sportredakteur beim Ostberliner »Sportecho«, war freigeblieben, weil ich trotz Folter und übelster Schikanen nicht zugab, daß er auch fliehen wollte. Dadurch kam unser Sohn nicht ins Heim, wie die meisten der Kinder von Republikflüchtlingen. Daß sich dieser »dankbare« Ehemann in der Zwischenzeit für Spitzeldienste der Stasi verdingte und eine andere Frau ins Haus genommen hatte, erfuhr ich alles erst zwei Tage nach meiner Entlassung.
Während ich heute die etwas veränderte Umgebung mustere, notierte ich damals Adressen von Mitinhaftierten, deren Angehörigen ich Grüße oder Informationen zwecks ihrer Übersiedlung in den Westen übermitteln sollte.
Hunderte von Gedanken schießen mir durch den Kopf. Wie überstehe ich das geplante Interview mit dem Anstaltsleiter, Oberstleutnant Wolfgang Veit? Der jetzt 52jährige war damals schon in dieser Position. Mit dem Dienstrang eines Majors.
Wie wird der Rundgang im Gefängnis? Wenn man mich überhaupt läßt ... Wie verkrafte ich das Wiedersehen mit meinen Zellen, meinen Arbeitsräumen, den endlos langen Gängen und Treppen? Habe ich mir zuviel zugetraut? Kennen die Vollzugsbeamten, Erzieher und »Wachteln« mein Buch über Hoheneck, das ich nach meiner Übersiedlung verfaßt habe? Anzunehmen, da doch die Stasi ihre Lauscher überall placiert hatte.
In wenigen Minuten werde ich die Antwort erhalten auf alles, was mich jetzt bewegt.
Forsch schreite ich auf das große Mitteltor zu, wo ich vor 17 Jahren mit der »Grünen Minna« hineintransportiert wurde – zusammengepfercht mit etwa 70 Häftlingen auf einem Raum, der normalerweise für 25 Menschen Platz bot. Kaum näherte ich mich der kleineren Eingangstür daneben, surrt es, und ich trete ein. Die Sekretärin des Anstaltsleiters, Frau Wendler, erwartet mich bereits – mit preußischer Genauigkeit. Es ist Punkt 13 Uhr.

Rechts im Pförtnerhäuschen sitzen mehrere Uniformierte, die neugierig durch die Gitterstäbe lugen. Wir lächeln uns freundlich an. Während Journalisten aus Ost und West, die bisher die Pforte passieren durften, ihre Ausweise abgeben und einen Passierschein ausfüllen mußten, verlangt man weder von mir noch von meinem Fotografen irgendeine Legitimation. Keinen Reisepaß, keinen Personalausweis, keine Visitenkarte. Auch der Passierschein entfällt. Meine telefonische Anmeldung aus Köln, ein paar druckfrische EXPRESS unterm Arm, genügen. Kaum zu fassen.

In der ersten Etage eines Gebäudes, das ich während meiner Haftzeit nicht betreten durfte, befindet sich das Dienstzimmer des Anstaltsleiters. Oder wie es seit Mai 1990 heißt: des Strafvollzugs-Oberrates. Sein Stellvertreter bzw. Strafvollzugs-Rat, Major Harri Grunewald, empfängt mich. Auch den jetzt 54jährigen kenne ich von damals.

»Herr Veit ist noch zur Mittagspause«, eröffnet er mir. An einem Konferenztisch mit sechs Stühlen nehme ich Platz, an der Stirnseite befindet sich der Schreibtisch vom Anstaltsleiter. An der Wand dahinter hängen drei kleine Bilder. Vormals soll dort einer meiner Wandteppiche gehangen haben, wie ein Journalist aus Hamburg berichtete. Mit einem überdimensionalen Polizeistern drauf.

Dann steht er mir gegenüber, Oberstleutnant Veit. Eine Ordensspange mit vier Auszeichnungen an der Brust. Er ist dicker geworden. Ein paar Fältchen mehr zieren sein Gesicht. Die Haare sind korrekt gescheitelt. Trotz der vergangenen 15 Jahre hätte ich ihn auf der Straße sicher wiedererkannt. In seinen Zügen versuche ich zu lesen, ob er weiß, wer vor ihm steht. Da seinerseits keine Fragen kommen, drücke ich ihm meine Zeitung in die Hand, nicht den Hinweis vergessend, daß sie sich seit kurzem auch auf dem DDR-Markt befände.

Bei einer Tasse Kaffee beschnuppern wir uns. Das Gespräch dreht sich um die Wende in der DDR, die Verhandlungen der beiden deutschen Staaten, die Währungsunion, um die Zukunft. Während Veit nahtlos von der SED zur PDS wechselte, deutet Stellvertereter Grunewald mit heftigem Kopfschütteln

und eindeutigen Handbewegungen an, daß nach der Arbeiterpartei und der überaus großen Enttäuschung für ihn eine Zugehörigkeit zu einer Partei nicht mehr in Frage käme.
Immer wieder bemüht sich Oberstleutnant Veit, mir klarzumachen, daß er durch seinen blinden Gehorsam von all den unglaublichen Vorgängen in seinem Lande nichts gewußt habe. »Wir waren wirklich so borniert, wir wollten gar nichts anderes erfahren, wir waren richtig dumm, blöd, verblödet.«
Und natürlich auch nichts von den Freikäufen politischer Häftlinge durch die Bundesregierung.
Und plötzlich ereifert er sich: »Das haben wir nicht geglaubt. Heute glauben wir es. Wir sind mit befreit.«
Wie immer auch er das meinen mag.
In der Anstalt möchte er weiterarbeiten. Journalisten bundesdeutscher Zeitungen und Fernsehanstalten empfängt er lieber als die aus dem eigenen Land.
»Die kommen hier nicht mehr rein. Die von hier verdrehen alles. Die stellen alles in einem Licht dar, wie es so nicht ist«, ereifert er sich. Vor allem die kritische DDR-Fernsehsendung »Klartext« macht ihn wütend.
»Wie die ihren Film über die Anstalt gedreht haben, so ist das wirklich nicht. Im Dunkeln sind sie mit dem Wagen durch das Tor gefahren. Wie das aussah! Die Signallampe am Tor war an, dadurch wirkte alles richtig gespenstisch. Nein, die kommen hier nicht mehr rein, da sage ich in Berlin Bescheid«, schimpft er mit geröteten Wangen.
Und weil er sich mal eben die Journalisten zur Brust genommen hat, fügt er hinzu: »Nur eine große Zeitung von Ihnen hat auch verzerrt über die Anstalt berichtet, vor allem nur Politische in den Vordergrund gestellt.« Jaja, das ist eins der düstersten Kapitel der DDR-Geschichte, die Politischen. Auch im Knast.
Apropos Knast. Dieses Wort behagt dem Anstaltsleiter so ganz und gar nicht.
»Eine Zeitung hat das Wort ganz groß als Überschrift gedruckt! Wie klingt denn das?« Empört und eingeschnappt verzieht er das Gesicht.
Immer noch dieselbe Naivität wie vor 15 Jahren, stelle ich fest.

Schon damals charakterisierte ich ihn als infantilen Emporkömmling, absolut obrigkeitshörigen Befehlsempfänger.
Damals hatte ich schriftlich um ein Gespräch mit ihm gebeten wegen der Ablehnung meiner vorzeitigen Entlassung. In dem Brief führte ich einige auf meine Situation passende Zitate aus einem Roman Falladas an. Nach dem ausgesprochen kurzen und für mich absolut unbefriedigenden Gespräch, dem die gefürchtete und verhaßte Hauptmann Grabo beiwohnte, meinte er: »Und im übrigen, daß Sie in Ihrem Brief Falladas ›Wer einmal aus dem Blechnapf frißt‹ anführen, das war doch wohl nicht so gemeint?«
»Oh doch, das war ganz und gar so gemeint«, erregte ich mich.
»Aber, das kann man doch auf unsere Zeit nicht anwenden. Das ist doch unter ganz anderen Umständen vorgekommen.«
»Literatur wird nicht nur für die momentan Lebenden geschrieben«, entgegnete ich trotzig, und er beendete das Gespräch.
Auch das Wort »Zelle« durften wir seinerzeit nicht in den Mund nehmen. Das hieß »Verwahrraum« – und so ist es bis heute geblieben. Beim anschließenden Rundgang muß ich mich sogar zwingen, das geläufigere Wort »Zelle« zu benutzen, damit nicht auffällt, daß ich mich auskenne.
Die zweite Stellvertreterin, Anstalts-Rat bzw. Hauptmann Petra Dotzauer, scheint nicht informiert zu sein, daß ich eine ehemalige Politische von Hoheneck bin. 15 Jahre ist sie hier. Also hat die jetzt 36jährige kurz vor oder kurz nach meiner Entlassung ihren Dienst als einfache »Wachtel« in Hoheneck begonnen.
»Hier lang!« – »Gehen Sie!« – »Kommse!«
Ihren Kommandoton kann sie nicht ablegen. Hier nicht und auch zu Hause nicht.
»Meine Tochter sagt mir das dann ab und zu mal. Und sie hat recht. Man merkt es selbst gar nicht mehr«, räumt die ehemalige Kindergärtnerin und spätere Polizeiangehörige ein. Das ist beinahe sympathisch an ihr. Wie auch die Kleidung: dunkle Hosen, Streifenbluse, Lederjacke in modischem Schnitt – keine Uniform.
»Es ist jetzt üblich, daß wir auch Privatkleidung in der Anstalt tragen dürfen«, klärt sie mich auf. Veit seinerseits bedauert, daß

er mich nicht in Zivil empfangen hat. Auf meinen verwunderten Blick gibt er zur Antwort: »Naja, so eine Uniform hat doch immer etwas Bedrohliches.«
Angespannt schauen mich Veit und Grunewald, die beiden Obersten des Zuchthauses, an. Vertauschte Rollen. Während ich damals keinerlei Fragen zu stellen hatte, fordere ich jetzt unentwegt Auskunft. Wie oft wurde ich seinerzeit bei den brutalen Stasi-Verhören angebrüllt: »Hier stellen wir die Fragen! Sie haben nur zu antworten!« Veränderte Zeiten.
Ich überlege: Was geht hinter Veits Stirn vor? Warum hat er bezüglich meiner Person noch keine Frage gestellt? Weiß er wirklich nicht, wer ich bin? Oder verstellt er sich nur, um unliebsamen Diskussionen aus dem Weg zu gehen? Nachdem er mich eine Weile angestarrt hat, versucht er unvermittelt, sich zu rechtfertigen:
»Woher sollten wir denn was wissen? Wir haben ja nicht mal Westfernsehen geschaut. Wirklich nicht. Das war verboten – und da machten wir's auch nicht. Außerdem konnte ich doch nicht, schon wegen der Kinder!«
Wie er sich so echauffiert, man möchte es ihm beinahe glauben.
Ja, früher, da haben sie keinen Kanal West eingeschaltet. Heute machen sie sogar Stippvisiten beim »imperialistischen Klassenfeind«, um von ihm zu lernen. Auch Anstaltsleiter Veit.
»In Nürnberg habe ich eine Anstalt besichtigt. Wir fangen jetzt an umzudenken, ehe wir es gesagt bekommen«, meint er mit einem Anflug von Wichtigkeit. Übers bundesdeutsche Strafrecht, unsere Gesetze und die Haftanstalten äußert er sich voller Achtung. »Da können wir 'ne Menge lernen.«
Seinen Job, um den er in den Tagen des Häftlingsstreiks Anfang Dezember 1989 und wegen der immer lauter werdenden Attakken seitens der Stollberger Bevölkerung ernsthaft bangte, möchte er behalten.
»Wir sehen in den Gefangenen keine Gegner. Wir haben ein ganz anderes Verhältnis zu diesen Menschen, als die draußen, die sie einfangen und verurteilen.« Wie human das klingt. Wenn man's nur nicht besser wüßte ...
Momentan befinden sich noch 180 Frauen in der Anstalt, die

Veit mit einem Sicherheitsgefängnis der Bundesrepublik vergleicht.
»Eigentlich sollen sie hier erst ab acht Jahre Haft rein. Aber aufgrund der Auslastung der anderen Einrichtungen wird von dieser Bestimmung abgewichen. Früher gab's hier auch welche, die nur zwei Jahre hatten.«
Welche ist gut, total überbelegt war Hoheneck, solange ich dort ausharren mußte. Im Jahre 1975 waren etwa 1600 Frauen auf engstem Raum zusammengepfercht. Darunter Hunderte von politischen Häftlingen. Unter den jetzigen Insassen befinden sich noch drei mit Nazi-Vergangenheit.
»Von mir aus will ich jetzt für die ein Gnadengesuch einreichen«, erklärt Oberstleutnant Veit.
Eine davon ist Erika Bergmann, eine ehemalige KZ-Aufseherin. Die jetzt 75jährige war im Lager Ravensbrück als »Bestie in Menschenhaut« bekannt. Über sie kann man Einzelheiten in dem Buch »Frauen im KZ Ravensbrück« nachlesen, das von einem Autorenkollektiv im Deutschen Verlag der Wissenschaften, Berlin 1986, herausgegeben worden ist. Seit fast 35 Jahren fristet sie ihr Dasein in der Anstalt. Also auch schon zu meiner Zeit von 1973 bis 1975.
»Sie ist fast blind, und ich schicke sie jetzt zum zweitenmal zur Augenoperation,« erläutert Veit.
Als sie 25 Jahre umhatte, hoffte die zierliche, alte Frau auf ihre Entlassung.
»Dann nicht mehr. Damit hab' ich mich abgefunden. Ich kann damit leben. Ich bin ein ruhiger Typ«, sagt sie heute. Sollte es dennoch eintreffen, daß sie freikommt, dann wünscht sie sich dahin, wo »Wald und Wasser sind – auf eine LPG oder in einen Betrieb, um zu arbeiten«.
Erika Bergmann hat sich in dieser langen Zeit mit dem Anstaltsleben abgefunden. Kann man ihr glauben, wenn sie sagt: »Überall gibt es bestimmte Regeln und Anforderungen. Wenn man sich fügt, hat man es gut. Ich bin es gewohnt, mich anständig zu benehmen«?
Sie arbeitet in der anstaltseigenen Schneiderei. In drei Schichten. Also auch nachts. »Da nähe ich am liebsten.« Mit ihrer Vergan-

genheit hat sie gebrochen. »Es war schlimm. Ich habe tief bereut.« Nun hofft sie auf ein besseres, vereintes Deutschland, denn die große Umwälzung im Lande verfolgte sie mit Interesse im Fernsehen und in Zeitungen.
Von den anderen Lebenslänglichen aus meiner Zeit entdecke ich keine mehr. Dennoch sind unter den derzeitigen Häftlingen welche mit den Delikten Mord, Totschlag, schwere Körperverletzung, Raub, schwerer Diebstahl.
Gabriela hat ihren zweijährigen Sohn aus dem achten Stock vom Balkon geworfen. Dafür bekam sie lebenslänglich, wurde im Dezember 1989 begnadigt auf 15 Jahre. Der Grund für ihre Tat? Konflikte mit Männern, Alkohol, Prügel, Entlassung wegen Arbeitsbummelei, Selbstmordversuche. Als sie eines Nachts stockbetrunken nach Hause kam, ist der kleine Marcel das Opfer.
Marion sperrte ihre dreijährige Tochter in ein kaltes Zimmer ein – mit ein paar Brötchen und einem Glas Wasser. Aus Tagen wurden Wochen. Das Kind kam elendiglich um.
Und da ist Maria, die ihre Mutter in einem Anfall von Haß erstach. Mit ihren 13 Jahren Strafe ist sie einverstanden. Nicht immer trifft man das in diesem Gemäuer an. Zu meiner Zeit waren meist die brutalsten Kindesmörderinnen die, die sich am häufigsten bedauerten.
Man konnte den grauenvollen, unglaublichen Schilderungen von Mitinhaftierten oft gar nicht mehr folgen.
Der Rundgang durch die Anstalt geht weiter. Türen werden auf- und wieder zugeschlossen. Gänge geht es lang. Treppen hoch, Treppen runter. Wir stehen vorm Verwahrraum 51 in der ersten Etage des gewaltigen, schachtartig wirkenden Gefängnistrakts. Es ist meine Zelle von damals, in der ich bis zur Entlassung recht und schlecht kampieren mußte auf allerengstem Raum. Heute befinden sich vier Doppelstockbetten für acht Häftlinge in der Zelle. Situation damals: 24 Politische waren auf demselben Platz zusammengepfercht. 18 Frauen in Dreistockbetten, sechs, die mit dünnen Grasmatratzen auf dem eiskalten Boden kampieren mußten.
In einer anderen Zelle waren wir sogar mit 42 Politischen unter-

gebracht. Uns standen ein Waschtrog mit drei Wasserhähnen und nur eine einzige Toilette zur Verfügung. Bei Nahrungsmittelvergiftungen – und die kamen häufig vor – ein einziges Chaos. Weil wir eines Tages ein Lied sangen, nagelten sie uns auch noch die Gitterfenster mit Brettern zu.
In den Zellen, die heute mit zwei, vier, sechs oder zehn Häftlingen belegt sind, hat sich viel verändert. Teilweise Gardinen, Tischdecken, Aschenbecher, Vasen, Radios, Tischuhren, Bilder und kleine Wandteppiche an den hohen Wänden, Mobiliar für die Garderobe, Tische, gepolsterte Stühle. Auch freundlichere Bettwäsche ist dem alten, verwaschenen Karozeug gewichen. Auf den nach wie vor akkurat gemachten Metallbetten entdekke ich kleine Kissen. Damals wurden sie in einer sogenannten Vorzeigezelle nur schnell dekoriert, wenn sich eine Kommission angesagt hatte.
»Ich finde manche Dinge sehr geschmacklos«, meint Veit zu den kleinen Gegenständen, die die Zellen für die Häftlinge ein bißchen wohnlicher machen. Was mich besonders überrascht: Sogar Grünpflanzen sind erlaubt.
»Das hat's schon immer gegeben«, will Anstaltsleiter Veit mir weismachen. Weil ich nachhake, legt er sich zeitlich fest: »Naja, so seit Mitte der siebziger Jahre.« Doch ich weiß: Bis 1975, dem Jahr meiner Entlassung, war nicht mal ein Grashalm erlaubt!
Der frischgeschnittene zartlila Flieder in einer Zelle läßt mich noch mehr staunen. »Den hat eine Leiterin unseres Arbeitskommandos mitgebracht. Und als Auszeichnung für gute Leistung durfte ich ihn mit in den Verwahrraum nehmen«, klärt mich die Strafgefangene auf.
Zuerst ziert sie sich, mit mir auf einem Foto zu erscheinen. »Meine Mutter, die im Westen wohnt, kriegt sonst einen Schreck, wenn sie mich hier entdeckt.« Doch dann kommt sie von sich aus mit aufs Bild. Da mögen die unterschiedlichsten Gedanken eine Rolle gespielt haben. Und sei es nur, um in dem grauen Gefängnis-Einerlei etwas Ungewöhnliches erzählen zu können.
Das Wort Auszeichnung geistert wie damals herum. Ich frage mich ostentativ: Werden nicht alle hier dargebotenen Erleichte-

rungen und Verbesserungen auch wieder nur bei hundertprozentiger Normerfüllung und allerbester Führung gestattet? Und werden damit nicht auch wieder Duckmäusertum, Anbiederei und Denunziantentum herangezüchtet?
Ich wende mich der Tür zu, hinter der ich den Waschraum weiß.
»Darf ich mal sehen, was dort ist?« frage ich Hauptmann Petra Dotzauer.
»Bitte sehr, das ist die Tür zum Waschraum.« Ein Blick genügt. Statt der widerlichen Waschtröge, die immer an Viehfütterung erinnerten, und wo das Waschwasser des Nachbarn über die Füße des andern floß, sind jetzt weiße Waschbecken montiert. Drei an jeder Seite des Waschraums, der sich in der Mitte von zwei Zellen befindet. Der größte Fortschritt: fließend warmes und kaltes Wasser. Damals kam es nur eiskalt aus den Hähnen. Unterleibsentzündungen und Gliederschmerzen waren die Folge.
Toilette wie gehabt. Kein Vorhang, hinter dem man sein Geschäft ungestört verrichten könnte.
»Wir haben geplant, da etwas anzubringen«, versichert Hauptmann Dotzauer. Nun ja, unsere Schnüre, die wir mit Decken behingen, um wenigstens optisch von den anderen abgeschirmt zu sein, wurden vom Personal regelmäßig durchgeschnitten, während wir zur Schicht waren. Dafür sind jetzt Gestelle zum Wäschetrocknen an der Wand befestigt. Damals mußten einfache Strippen reichen, die übervoll gehängt waren mit Wäsche, die wir im eiskalten Wasser und mit einer Handbürste versuchten, sauber zu kriegen.
Der Zellenfußboden, früher aus Holzbohlen bestehend, ist mit Steinplatten ausgelegt. Das sieht zwar besser aus und ist auch pflegeleichter. Doch sofort denke ich an die Hundekälte im Winter in diesem übermächtigen Backsteinbau – und mich schüttelt's. Ich erinnere mich auch der Worte einer WDR-Redakteurin, die im September 1984 in der Magazin-Sendung »Deutscher Alltag« von der »schönen mittelalterlichen Burg Hoheneck« sprach. Auf meinen Beschwerdebrief an sie erhielt ich niemals eine Antwort.
Mein Arbeitskommando, wo Elektromotoren für Waschmaschinen gefertigt wurden, ist aufgelöst.

»Elmo gibt es schon lange nicht mehr«, klärt mich Oberstleutnant Veit auf. Die Strafgefangenen haben dort gern gearbeitet, auch gut verdient in den siebziger Jahren. Denn die hatten ja die gleiche Norm wie der freie Arbeiter im Betrieb draußen.«
Entgeistert schaue ich ihn an und frage mich, ob er selbst glaubt, was er eben gesagt hat. Erstens war es die härteste Knüppelarbeit, die es in dieser Anstalt gab – deshalb waren auch alle drei Schichten vorwiegend mit politischen Häftlingen besetzt. Außerdem verdiente ich in den Jahren 1973 und 1974 zwischen vier und acht Mark im ganzen Monat. Das reichte gerade, um Zahnpasta, Seife, Hautcreme, eine Tüte Bonbons oder Kekse zu kaufen. Mag sein, daß später mehr ausgezahlt wurde.
»Zum 30. Juni hat uns auch ›Planet‹, das Werk für Bettwäsche, gekündigt. Das ist sehr bedauerlich«, klagt Veit. Wenn man bedenkt, daß der Anteil, den DDR-Häftlinge an der industriellen Warenproduktion leisteten, jährlich 12,5 Milliarden Mark betrug, kann man sein Bedauern beinahe verstehen. Später erkundete ich: Viele Artikel, so auch die Knast-Bettwäsche, wurden im Westen zu Dumping-Preisen unters Volk gebracht.
Wie auch damals schon, existiert im Drei-Schicht-System nach wie vor das Strumpfhosen-Kommando »Esda«.
»Die modernen Maschinen aus Japan haben immerhin 1,5 Millionen Mark gekostet«, berichtet Veit stolz, als wenn er sie aus seiner eigenen Tasche bezahlt hätte.
Während 1975 eine Schicht aus 30 bis 40 Gefangenen bestand, sind es heute nur noch zwischen sechs und 18. Die Norm ist hoch. Eine Strafgefangene erklärt mir: »1800 Stück muß ich am Tag schaffen. Wenn man rackert, gelingt das auch.«
Achtdreiviertel Stunden wird gearbeitet, davon entfallen 20 Minuten auf die Frühstückspause und eine halbe Stunde ist Mittag. Etwa 800 Mark verdient eine Strafgefangene im Monat bei Normerfüllung.
Oberstleutnant Veit: »Das Geld wird an das Ministerium des Inneren abgeführt. Zurück kommen 20 Prozent für die Strafgefangenen.« Großzügig rundet er auf. Es sind nämlich nach meinen Recherchen nur 18 Prozent, die den Häftlingen ausgezahlt werden. Also rund 144 Mark im Monat. Ein Teil davon geht

aufs Sparkonto, ein anderer wird für abzuzahlende Schulden weggelegt. Über den dritten Teil kann die Inhaftierte selbst verfügen.
»Das ist zu wenig«, gibt Oberstleutnant Veit zu. »Wir haben darauf aufmerksam gemacht. Es ist schon lange beabsichtigt, den Anteil zu erhöhen.« Jetzt auf einmal. Unter dem Druck der Ereignisse natürlich.
Einkaufen für das zur Verfügung stehende Geld können die Häftlinge in einer anstaltseigenen HO-Geschäftsstelle. Das Angebot überrascht mich. Damals war es äußerst knapp bemessen. Außerdem konnte man monatelang immer nur die gleichen Produkte erwerben. Jetzt gibt es kaum etwas, was es nicht gibt: Wurstkonserven, Fischdosen, Obstsäfte, Kompott, Gebäck, Schokolade, Bohnenkaffee, Tee, Milch, Zigaretten, Käse, Schnittwurst und frisches Obst. Neben Haarwaschmitteln, Seife und Hautcreme entdecke ich sogar Lippenstifte und Nagellack. Veit: »Die Häftlinge können so viel rauchen, wie sie wollen. Nur Alkohol gibt's nicht. Und Spray auch nicht, damit die Häftlinge es dem Personal nicht in die Augen sprühen können.«
Einige von uns verschönerten sich seinerzeit mit den Fettstiften, die zum Beschriften der Motoren bestimmt waren. Rot für die Lippen. Blau, Grün und Gelb für die Augenlider. Und als Make-up mußte mit Creme gemixtes Bohnerwachs herhalten. Die Quälerei, wenn das so verschönte Gesicht beim Rundgang vom Personal entdeckt wurde und mit eiskaltem Wasser abgerubbelt werden mußte, kann sich keiner vorstellen.
Und noch etwas entdecke ich in den Regalen: zarte Wäsche und Oberhemden.
»Die Wäsche können sich die Häftlinge für den Eigengebrauch kaufen, die Oberhemden sind zum Verschenken gedacht, falls mal eine ein Präsent braucht«, erfahre ich von der freundlichen Verkäuferin.
Natürlich interessiert es mich besonders, was sich in punkto Anstaltsessen getan hat. Es war damals – schlicht gesagt – einfach ekelhaft. Zu wenig, zu schlecht, häufig vergammelt, kaum Vitamine, aber jede Menge Kohlenhydrate.
»Ich meine, es ist hervorragend«, sagte Anstaltsleiter Veit im

Brustton der Überzeugung. Und um es noch ein bißchen deutlicher zu machen, fügt er hinzu: »Meine Wachtmeister essen manchmal mit, weil es ihnen so gut schmeckt.«
Das gilt nicht für seinen Stellvertreter, Hauptmann Grunewald. Der blickt drein, als wenn jemand gerade vor seinen Augen in eine Zitrone gebissen hätte. Veit erläutert: »Er lehnt es grundsätzlich ab, Strafgefangenen-Essen zu verzehren. Und zwei Mahlzeiten werden schließlich nicht gekocht. Dabei wird jedes Essen von einer Krankenschwester gekostet. Ein Glas wird außerdem weggegeben für die Hygieneüberprüfung.«
Hygiene war in Hoheneck in all den Jahren ein Fremdwort. Abgesehen davon, daß viele Häftlinge, die ihre Norm nicht erfüllt hatten oder sich in Arrest befanden, weder Seife noch Shampoo kaufen konnten, so waren sie auf die spärliche Hilfe anderer angewiesen. Es gab in der Anstalt nur eiskaltes Wasser. Trotz unserer schmutzigen Arbeit im Elektromotoren-Kommando durften wir nur einmal pro Woche zum Duschen. Häufig fiel es ganz aus. Außerdem wurden die Politischen immer zuletzt drangenommen. Wir mußten uns oft die Haare in der Zelle mit »Mukkefuck« waschen. Und schon am nächsten Tag waren sie wieder fettig.
Während es damals nur einen Duschraum gab, den man über den zugigen Außenhof erreichte, werden mir jetzt drei präsentiert.
»Hier waren früher Arrestzellen. Die Duschen wurden in den achtziger Jahren installiert. Seit dem 1. Mai 1990 können die Häftlinge zum Duschen gehen, wann sie wollen. Vorher gab es feste Zeiten«, erklärt mir Hauptmann Petra Dotzauer.
Arrestzellen – dafür ist Hoheneck besonders berüchtigt. Sieben befinden sich im Parterre links. Eine davon möchte ich sehen. Hinter der schweren Holztür ein Eisengitter, was zusätzlich aufgeschlossen werden muß. Darinnen eine Pritsche, ein Hocker, Toilette – das war's.
»Arrest gibt es sieben Tage«, klärt mich Hauptmann Dotzauer auf. »Er wird ausgesprochen, wenn sie sich untereinander schlagen oder bei Angriffen auf Vollzugsbeamte. Momentan ist niemand drin.«

Vis-à-vis davon sind nochmals sieben Zellen. An zwei Türen ist je ein blaues Papp-Viereck angebracht.
»Das zeigt an, daß sich in solch einer Zelle psychisch Gestörte befinden. Ein halbes Jahr bleiben die hier«, so Petra Dotzauer.
Eine lerne ich kennen. Blaß, mit tiefliegenden Augenrändern, erklärt sie wie einstudiert: »Ich bin gern hier allein. Und ich arbeite auch gerne.«
Der Grund für ihre Absonderung?
»Sie hat sich Nadeln unter die Haut geschoben, muß demnächst zur Operation ins Krankenhaus«, begründet Hauptmann Dotzauer, die stellvertretende Anstaltsleiterin.
Obwohl über die fensterlosen »Wasserzellen« von Hoheneck viel berichtet wurde, wird ihre Existenz seitens der Anstalt nach wie vor dementiert.
»Das ist eine Erfindung. So etwas gab es hier nicht«, streitet Oberstleutnant Veit energisch ab. Doch aufmerksam habe ich die mir von Hauptmann Petra Dotzauer gezeigten Duschräume betrachtet, wo sich nach ihren eigenen Angaben früher Arrestzellen befanden. Sie haben keine Fenster. Nach Beschreibungen von Birgit, die ich einen Tag später in Erfurt besuche, hat es sie die »Wasserzellen« mit Sicherheit gegeben. Die 44jährige Arbeiterin hat selbst einmal dort 21 Tage geschmachtet. Wenn man die drei Duschräume mit je einer Zwischenwand versehen würde, ergäben das sechs ganz schmale Zellen. Original so, wie Birgit sie beschreibt.
»Am Tag wurden Pritsche und Tischplatte in dem schmalen Kabuff hochgeklappt und an der Wand festgeschnallt. Man hatte nur einen winzigen Hocker. An den Rohren lief pausenlos Wasser runter.«
Auch Biggi aus meiner Zelle, die 42 Tage im Keller-Arrest eingelocht war, bestätigt: »Alle drei Tage einen Löffel Suppe. Pro Tag drei Scheiben trockenes Brot. Pro Tag nur zweimal einen Becher lauen Muckefuck. Dazu Kälte und Nässe mit katastrophalen Folgen wie Darmverschluß, Erkältungen, Infektionen.«
Biggi kam damals abgemagert, nur ein Schatten ihrer selbst, wieder bei uns an. Die Füße hatte sie sich erfroren – mitten im August. Monatelang litt sie an Unterleibsblutungen.

»Die Schweine! Wenn ihr wüßtet, was die alles mit mir gemacht haben! Ich hasse die alle! Ich hasse alles, was mit diesem KZ-Staat zusammenhängt! Diese Mörder! Diese Strolche! Dieses Pack!« so schimpfte sie in der Zelle herum. »Die Toilettenspülung war nur von außen zu betätigen, das haben sie gemacht, unentwegt, bis die Zelle unter Wasser stand. Ich konnte mich nicht auf die Pritsche flüchten, die haben sie tagsüber an der Wand festgeschraubt, die Schufte!«
Wir versuchen, ihren Redeschwall zu stoppen, indem wir ihr Zigaretten reichen, Süßigkeiten und Obst, doch es prasselt nur so aus ihr hervor.
»Ich hatte auch keinen Hocker da drin ... ich konnte entweder auf dem Boden sitzen oder mußte stehen ... aber bei der Nässe! Dann haben sie sich draußen noch amüsiert ... ich hörte, wie sie mit ein paar Kätzchen sprachen, die dort unten hausten ... zu denen waren sie anders als zu uns Menschen ... zu essen haben sie mir manchmal überhaupt nichts gegeben ... zu trinken auch nur kalten Kaffee ...«
Hat auch davon keiner was gewußt? Weder Anstaltsleiter Wolfgang Veit noch sein Stellvertreter Harri Grunewald? Die Wahrheit wird wohl keiner je erfahren.
Je länger ich durch den Anstaltskomplex geführt werde, desto mehr nimmt meine Spannung zu. Wann begegnet mir die erste »Wachtel«, die ich noch von damals kenne? Oder eine von den »Erzieherinnen«? Normalerweise können sie rein äußerlich keine Identität feststellen. Damals hatte ich schulterlanges dunkles Haar, sah abgemagert und verhärmt aus. Heute trage ich eine Kurzhaarfrisur mit blonden Strähnen. Abgesehen von der Kleidung, die uns damals förmlich verunstaltete. Wenn überhaupt, dann kann mich eigentlich nur eine Erzieherin erkennen, die ich auch Rosenmontag im Fernsehfilm über die Anstalt entdeckte: Frau Obermeister Demmler. Doch sie begegnet mir nicht.
Mein Herz klopft bis zum Hals. Neugier, Erinnerung und längst nicht überwundener Haß auf unsere Peiniger rütteln meine Gefühle durcheinander. Das altbekannte Schlüsselrasseln, das man noch jahrelang im Ohr hat und durch das man bei jedem noch so kleinen Geräusch zusammenzuckt, erlebe ich nun erneut. Obwohl, das unentwegte Schlüsselrasseln, Gitterknallen,

Stampfen von Häftlingskolonnen, die von der Arbeit kamen oder zur Schicht gebracht wurden, erlebe ich heute nicht in diesem Ausmaß. Im Gegenteil. Im Vergleich zu den siebziger Jahren wirkt alles eher wie ausgestorben. Damals gab's Unmengen an Personal auf den Gängen. Geschrei und Kommandos, Drohungen und Prügel waren an der Tagesordnung.
Mit Gummiknüppeln ist das Personal auch heute ausgestattet. Mich interessiert: Kommen sie zur Anwendung?
Drei Häftlinge, die ich befrage, erklären zögernd: »Geschlagen wird nicht.« Ich runzle die Stirn und eine Jüngere, mit Blick auf den etwas weiter entfernt stehenden Anstaltsleiter, ergänzt: »Seit der Wende nicht mehr.« Das klingt schon eher glaubwürdig.
Damals waren brutale Schläge gang und gäbe. Ich erinnere mich an einen besonders schlimmen Fall. Auf der Krankenstation begegnete ich einer Frau, deren Schulter und rechter Schenkel violett-schwarz gefärbt waren. Auf meine Frage nach dem Grund antwortete mir Martha: »Man hat mich auf ein Metallbett ohne Matratzen geworfen. Dann haben sie mich an Händen und Füßen mit Handschellen festgemacht. Und dann haben sie zu dritt mit dem Schlagstock auf mich eingeschlagen.« Sogar die Namen dieser Bestien erfuhr ich: »Frau Meister Wieland, Meister Richter und Oberwachtmeister Gores.«
Letztere war ohnehin äußerst gefürchtet wegen ihrer Brutalität. Sie trug den Namen »Bulldogge«. Ein Erlebnis ist besonders bezeichnend für sie. Während unserer »Freistunde«, die bei den politischen Haftinsassen meist nur aus zehn Minuten bestand, mußten wir bei sengender Hitze mal nicht nach dem Kommando »Links, links, links, zwo, drei, vier ...« marschieren, sondern Gymnastikübungen machen. In voller Kluft. Einige fielen um. Einige weigerten sich, weiter mitzumachen. Zwei Frauen lagen ohnmächtig am Boden. Als wir helfen wollten, stieß uns die »Bulldogge« beiseite und brüllte uns fürchterlich an.
Marschieren nach Kommando in der Freistunde und diese Schikane mit Gruppengymnastik sind abgeschafft.
Oberstleutnant Veit: »Früher, in den siebziger Jahren, da ging es militärisch zu. Aber dazu hatten die Strafgefangenen nicht viel Lust.« Wie wahr.

Heute gibt es andere sportliche Möglichkeiten.
»Wir haben extra einen Volleyballplatz gebaut, doch den wollten die Häftlinge nicht«, bedauert Veit. »Aber Tischtennis spielen sehr viele. In jedem Geschoß steht eine Platte.«
Wie gern hätte ich mich damals auch als Ausgleich zu meiner Doppelzwangsarbeit sportlich betätigt. Aber da gab es Tischtennis nur auf der Jugendstation, wo 14- bis 17jährige Mädchen eingesperrt waren.
»Sehr rege wird der Seniorensport in einem Zirkel genutzt«, fügt Oberstleutnant Veit stolz hinzu. »Und einmal im Jahr findet auf dem Hof ein Sportfest statt mit Weitwerfen und allem Drumherum. Anschließend gibt's dann immer eine große Fete mit kaltem Büfett. Das richten die Häftlinge aus allem an, was sie zur Verfügung haben. Da geht es gesitteter zu als bei uns im Ferienheim«, erklärt der Anstaltsleiter freimütig. »Aber, aber schreiben Sie das nicht«, meint er, erschrocken über die eigenen Worte.
Auf dem Innenhof hat sich einiges verändert. Mehrere Holzbänke sind aufgestellt worden, auf denen die Gefangenen während der Pause oder Freistunde sitzen dürfen. In Begleitung von Oberstleutnant Veit und Hauptmann Dotzauer betrete ich diesen tristen, verhaßten Platz.
»Das ist hier nicht sehr schön«, meint Veit, »an der Seite wollen wir Hochwiesen anlegen. Das soll hier alles viel schöner werden.«
Den Plan dafür präsentiert er mir später in seinem Dienstzimmer. Auch die zahlreichen Schilder an den Seiten, auf denen »Verbotene Zone« steht, sollen verschwinden. Wer über die Linie tritt, muß mit Bestrafungen rechnen. Wer riskiert das schon.
»Kommen Sie aufs Foto mit mir«, fordere ich ihn auf. Nicht drängend, nicht bestimmend, ganz ruhig und sanft.
»Ach nein, ich möchte nicht«, ziert er sich plötzlich, obwohl er sich kurz zuvor in seinem Dienstzimmer von allen Seiten ablichten ließ.
Ich gebe mich nicht so schnell geschlagen, zupfe ihn an seinem Uniformhemd und locke: »Herr Veit, kommen Sie, sonst glaubt mir doch keiner, daß Sie mich persönlich hier herumgeführt haben.« Es funktioniert, er willigt ein.

Natürlich möchte ich gern mit den fünf Häftlingen sprechen, die von einer »Wachtel« auf erhöhtem Podest – auch das ist neu – beaufsichtgt werden. Sie rauchen, unterhalten sich, verspeisen ihre Pausenbrote.
»Die Strafgefangenen wollen nicht mehr mit Journalisten reden«, erklärt Veit, »sie kommen sich langsam vor wie die Affen im Käfig, weil in letzter Zeit etliche Journalisten hier waren.«
Liegt es daran, daß ich eine Frau bin, oder, bedingt durch die Erfahrungen an diesem Ort, besonders behutsam auf sie zugehe – ich stoße bei keiner auf Ablehnung. Nachdem ich ihnen erklärt habe, daß ich in einer Kölner Zeitung über das Gefängnis berichten will, geben sie mir bereitwillig Auskunft und lassen sich sogar mit mir fotografieren.
»Ich bin hier wegen Diebstahl am sozialistischen Eigentum«, erklärt die 56jährige Inge, die Älteste in diesem kleinen Kreis. Ich bin verblüfft, kann es mir aber nicht verkneifen, in die Runde zu werfen: »Da müßten doch hier ganz andere Leute sitzen – Margot Honecker ... und Egon Krenz.«
Ich sehe die Freude in ihren Gesichtern, daß mal einer ausspricht, was sie alle denken. Noch trauen sie sich nicht, diese neue Offenheit auch kundzutun. Nach 40jähriger Schweigsamkeit. Beifälliges Nicken und wie aus einem Munde kommt es: »Allerdings, das meinen wir auch.«
Die Verbitterung ist groß. Verständlich, wenn man täglich mit immer höheren Summen konfrontiert wird, die die sozialistische Staatselite beiseite schaffte, während sich die kleinen Bürger vergleichsweise nur an ein paar läppischen Mark bereicherten. Wenn man von dem Luxus hört, den sich die Parteibonzen und Apparatschiks Jahrzehnte auf Kosten des Volkes gönnten, während manche Frau hier wegen des täglichen Kampfes ums Überleben mit Mord, Totschlag oder schwerer Körperverletzung endete, kann man die Wut der Inhaftierten verstehen.
Wenig später erklärt mir Hauptmann Petra Dotzauer: »Ich kann nicht abschalten. Mich beschäftigt auch zu Hause diese Ungerechtigkeit. Wenn man Eigentumsdelikte bestraft, aber die Großen, die Staatsfunktionäre laufen läßt.«
Kein Wunder, daß es in der Anstalt zu massiven Hunger- und

Arbeitsstreiks kam. »Wir haben die Anträge aller Frauen weitergegeben. Im Juni kommt eine Kommission vom Ministerium der Justiz und wird die Fälle überprüfen«, so Hauptmann Dotzauer. »Wir können aufgrund des Verhaltens und der Arbeitsleistung eine vorzeitige Entlassung vorschlagen. Das Gericht entscheidet«, fügt sie mit einem Anflug des Bedauerns hinzu und zuckt fast unmerklich mit den Schultern.

Und wieder holen mich die Erinnerungen ein ...

Am 27. November 1974 zum Besuchstermin mit meinem Mann erfuhr ich: Sein Gnadengesuch nach der Hälfte der Strafzeit war abgelehnt worden. Die fadenscheinige Begründung: Ich »hätte noch nicht bereut, drücke mich vor der Arbeit.« Ausgerechnet ich. Bei 16 Stunden Zwangsarbeit täglich. Acht Stunden Elektromotoren im Drei-Schicht-System und acht Stunden Anfertigung von Kunstartikeln wie Wandteppiche in allen möglichen Größen, handgemalte Porzellanteller, Lederwaren, Trachtenpuppen und vieles mehr – nach eigenen Entwürfen. Was für eine Wahl hatte ich? Und so schuftete ich nach der Ablehnung weiter bis zum Entlassungstag am 29. Mai 1979.

Und weiter geht der Rundgang. Meine Nerven sind bis aufs äußerste gespannt. Ich wittere zwar keine Gefahr, weder durchs Personal noch durch Attacken krimineller Häftlinge. Aber ich habe Angst um die Fotos, die wir überall machen dürfen. Das sind Zeitdokumente. Nicht wiederholbar. Wer weiß, ob nach uns je wieder Reporter in diesem Umfang Auskunft erhalten.

Es geht Gänge hoch, Gänge runter. Schlüsselrasseln, Gitterscheppern – alles wie gehabt. Auch wenn das riesige Zellenhaus weitaus ruhiger wirkt als damals. Eher vergleichbar mit dem Juli 1973, als ich nach Hoheneck kam. Im Oktober 1972 hatte eine Amnestie für fast leere Zellen gesorgt. Doch dann ging es ruckzuck. Im Oktober 1973 war der Knast wieder rappelvoll. Entsprechend zahlreich auch das Personal. Gereizt und nervös die Stimmung.

Wer weiß, wie lange es jetzt so leer bleibt. Die frappierende Umwälzung im Land kann Straftaten nicht ausschalten. Drogendelikte, Raub, bewaffnete Überfälle und Betrügereien im großen Stil werden hinzukommen.

Nur eins ist sicher: Republikflüchtlinge kann es nun nicht mehr geben – die meistgehaßten Häftlinge der DDR. Auf der einen Seite vom Personal wegen der Gesinnung. Andererseits von den Mitinhaftierten, vor allem den Lebenslänglichen, die alle paar Monate mitansehen mußten, daß diese Frauen auf Transport gingen – in den Westen. Freigekauft für Millionen von Mark von der Bundesregierung vor Ablauf der regulären Strafzeit. Moderner Menschenhandel.
Lenin verkündete schon Jahrzehnte früher: »Wer nicht für uns ist, ist gegen uns – ist ein Feind, der unterdrückt werden muß.«
Der Haß und die Schikanen untereinander wurden seitens des Personals zusätzlich geschürt. Allzu gegenwärtig klingen mir Sätze im Ohr, wie der von Frau Oberleutnant Dietrich bei meinem ersten Gespräch mit ihr in Hoheneck: »Republikflucht kommt gleich nach dem Massenmord!«
Oder das Gegeifere einer wegen Mordes zu langer Haft verurteilten Kalfaktorin, die das Essen austeilte: »Die Politischen, diese Staatsverbrecher, die haben kein Anrecht auf Nachschlag!«
Und die Sprüche von Seppl, einer Kindermörderin, die das umgebrachte Baby noch zwei Wochen in ihrer Heimatstadt spazierenfuhr: »Ihr seid nur Kroppzeug! Viechzeug! Man sollte euch abknallen!«
»Für das Gesindel wären selbst die Kugeln zu schade!« erdreistete sich ausgerechnet die ehemalige KZ-Aufseherin Ilse Göritz.
All diese Angriffe stürzen erneut auf mich ein, lösen Entsetzen aus. Auch nach 15 Jahren noch.
Im Vergleich zu meiner Haftzeit, in der keinerlei Betätigungen außer der Akkordarbeit gestattet waren, hat sich heute eine Menge geändert. Damals durften nur die Lebenslänglichen und Langstrafer ab und zu fernsehen. Keine einzige Politische. Außer mir. Der Grund: Ich erklärte ihnen, daß ich diese künstlerischen Arbeiten nur ausführen könne, wenn ich ab und zu eine optische Anregung in diesem Häftlingsgrau und Anstaltsmuff erhielte. Das sah man ein. Je nach Lust und Laune durfte ich dann hin und wieder mal zum Fernsehen.

»Jetzt kann jeder so oft gehen, wie er will. Täglich. Am Wochenende sogar bis früh vier Uhr«, erklärt mir Hauptmann Petra Dotzauer vielsagend. Ich zweifle. Bei den hochgesteckten Arbeitsnormen wird sich kaum am Ende des Ganges in der eigens dafür eingerichteten Kaffeestube mit Farbfernseher jemand so lange aufhalten. Dennoch, für die eingesperrten Frauen bedeutet es eine enorme Erleichterung.
Weiterer Fortschritt: Die Türen werden um vier Uhr geöffnet – je nach Schicht – und um 23 Uhr wieder verschlossen. In der Zwischenzeit befestigen die Häftlinge von innen ein weißes Band, so daß die Tür nicht aufgehen kann. Das Personal muß dadurch erst zum Öffnen auffordern – mein Gott, wie unvorstellbar wäre das zu meiner Zeit gewesen!
Zählappell heißt jetzt Bestandsüberprüfung. Zweimal täglich findet diese Prozedur nach wie vor statt. Morgens um 6.15 Uhr (am Wochenende um 7.15 Uhr) und abends um 18.00 Uhr. »Das dauert etwa eine halbe Stunde«, erfahre ich.
Damals brauchten sie dafür oft Stunden. Erstens, weil viel mehr Häftlinge eingesperrt waren, zum anderen, weil sie sich häufig verzählten.
»Ab nächsten Monat können die Häftlinge allein in die Freistunde gehen, zur Arbeit, zum anstaltseigenen Einkauf«, erklärt Hauptmann Dotzauer. »Schon jetzt dürfen sie allein zum Friseur gehen.«
Ungläubig schaue ich sie an. »Habe ich richtig gehört? Wo gibt es denn hier einen Friseur?«
»Bitte, hier lang, den zeige ich Ihnen«, versichert die stellvertretende Anstaltsleiterin. Hinauf geht es in die vierte Etage dieses grauenvollen Zellenhauses, durch diverse Gittertüren.
Ich traue meinen Augen kaum: Im ehemaligen Durchgang vom Zellenhaus zur Turmtreppe erblicke ich einen Raum mit drei Waschbecken und drei Trockenhauben.
»Kommt da eine Friseuse von draußen in die Anstalt?« forsche ich weiter. »Nein, nein, hier frisieren sich die Häftlinge gegenseitig«, erklärt Petra Dotzauer. Ich denke an unsere mit Muckefuck gewaschenen Haare, die am nächsten Tag schon wieder fettig waren. An die Prozeduren mit Lockenwicklern, die wir

meist die ganze Nacht über drin ließen, damit wir am nächsten Tag einigermaßen menschlich aussahen. Ein Frisiersalon im Knast, kaum zu fassen!
Dabei verbindet mich mit diesem Gang wieder eine aufregende Erinnerung ...
Eine heikle Szene Anfang 1975. Das »Künstlerzimmer«, rechts von dem jetzigen Frisierraum angesiedelt, in dem wir wochentags zu sechst und sonntags zu dritt unsere Produkte fertigten, wurde nicht abgeschlossen, da wir die gegenüberliegende Toilette benutzen mußten. Die ursprüngliche Planung, uns in den winzigen Arbeitsraum einen Kübel zu stellen, verwarfen sie nach mehreren Diskussionen.
Auch in dieser Etage wurden wegen Überfüllung der übrigen Arrestzellen Frauen am Ende des Ganges in Arrest untergebracht. Die Matratzen mußten tagsüber vor der Tür abgelegt werden, damit sich keine Arretierte auch nur ein paar Minuten hinlegen konnte. Wir wollten diesen Frauen ein paar Scheiben Brot, belegt mit billigster Blutwurst (im Knast pietätlos »tote Oma« genannt) zukommen lassen. Christine war die Mutigste und rannte ganz nach hinten, um die Brote zu verstauen. Birgit stand in der Mitte. Ich paßte vorn auf einen Zugang und von oben aufs gesamte Zellenhaus auf.
Doch plötzlich rasselte es und über die Turmtreppe tauchte der nur kurz auf Hoheneck tätige Anstaltsleiter auf. In seinem Gesicht sah man keine Regung, als wir drei völlig verdattert und zitternd vor ihm standen. Wir machten uns auf das Allerschlimmste gefaßt: Arrest.
Ein Wunder geschah. Er blickte uns fest in die Augen, beinahe mit einem Anflug von Traurigkeit, weil er unsere entsetzliche Angst bemerkte – und setzte seinen Gang durch das Zellenhaus fort. Leider blieb er nur für ganz kurze Zeit in der Anstalt. Möglich, daß er dem unerhört harten Leben und den grausamen Bedingungen in diesem Frauenzuchthaus psychisch nicht gewachsen war.
Wir verlassen das Zellenhaus und überqueren den Außenhof. Im Nebengebäude wird mir eine für ein Gefängnis hervorragend ausgestattete Krankenstation gezeigt. So habe ich sie beim

besten Willen nicht in Erinnerung. Sie ist erweitert und modernisiert worden. Alles blitzt, wirkt steril. Von den Häftlingszellen angefangen bis zur medizinischen Ausstattung. Die Ärztin, Medizinalrat Dr. Regine Guhl (und in ihrer Eigenschaft als Polizeiangehörige mit dem Titel Oberrat versehen), ist bereits elf Jahre in der Anstalt. Stolz zeigt sie mir jedes Behandlungszimmer: Zahnarzt, Gynäkologe, Hals-Nasen-Ohren-Arzt und praktischer Arzt.

»Schwere Fälle kommen nach Karl-Marx-Stadt. Infektionskrankheiten, Tbc, Gelbsucht und Geschlechtskrankheiten, Diabetiker und innere Krankheiten werden hier behandelt. Aus allen Einrichtungen des Strafvollzuges«, erklärt sie.

»Für mich war das schon eine Umstellung, denn ich habe vorher auf dem Land gearbeitet«, gibt die Fachärztin für Allgemeinmedizin und Mutter einer 15jährigen Tochter zu. »Der Kontakt zum Patienten ist ganz anders. Hier gibt es viele Erkrankungen, mit denen ich sonst nicht konfrontiert worden bin.«

Dazu gehören Selbstbeschädigungen: Nadeln werden unter die Haut geschoben, Gabeln, Löffel, Messer und sogar Bettfedern geschluckt.

»Das machen die Strafgefangenen, um ins Krankenhaus zu kommen, um ihre Probleme abzureagieren«, begründet Frau Doktor. »Das war ein ganz alter Bau. In den letzten fünf Jahren wurden andere Bedingungen geschaffen. Da hängt man dran. Ich habe viele Patienten unter den Häftlingen, die mir nach der Entlassung noch schreiben«, versichert sie.

Nachprüfen kann ich das sowieso nicht. Noch aus den Jahren 1984/85 gibt es ganz andere Augenzeugenberichte. In der »Freiheitsglocke«, der monatlich erscheinenden Zeitschrift der VOS (Vereinigung der Opfer des Stalinismus, der Gemeinschaft ehemaliger politischer Häftlinge), schrieben sie. Jana Kruschwitz, 20 Jahre:

»Am 10.5.84 wurde ich in die Strafvollzugseinrichtung Hoheneck gebracht. Dort mußte ich im Arbeitskommando ›Planet II‹ Knöpfe an Bettwäsche nähen. Die festgelegte Arbeitsnorm wurde von keiner der Inhaftierten erreicht. Die durchschnittliche Normerfüllung lag bei ca. 80 Prozent. Ich habe bewußt nur ca.

60 Prozent erfüllt und bekam wegen Arbeitszurückhaltung für zwei Monate Einkaufsreduzierung. Wegen Verweigerung einer Grippeimpfung bekam ich Brief-, Paket- und Fernsehsperre.
In einer Zelle von ca. 8 x 4 Meter waren zwölf Frauen untergebracht. Eine Zelle war durch einen Waschraum mit einer zweiten Zelle verbunden. Für 24 Personen gab es zwei Toiletten und sechs Wasserhähne. Die Zellen waren überbelegt, ca. 800 Gefangene, davon ca. 50 Prozent Politische. Den wegen krimineller Delikte inhaftierten Frauen wurden verschiedene Funktionen übergeben, zum Beispiel Schichtleiter auf Arbeit oder Kommandoführer, so daß diese das Sagen über uns Politische hatten. Beim geringsten Verstoß wurde Arrest angeordnet. Die medizinische Betreuung war unzureichend. Man erhielt entweder gar keine oder nur unwirksame Medikamente, zum Beispiel Kalktabletten statt Kopfwehtabletten. Eine zahnmedizinische Behandlung fand nicht statt, sondern bei Zahnschmerzen wurde sofort gezogen. Die Gynäkologin untersuchte zehn Frauen mit einem Handschuh. Impfungen wurden nur mit einer Spritze durchgeführt. Eine Freundin von mir, Andrea Lindner, wurde im Arrest zusammengeschlagen, weil sie es gewagt hatte, nach ihren Tabletten zu rufen. Die Verpflegung war zwar ausreichend, aber weder vitaminreich noch abwechslungsreich. Altes Brot wurde in Holzkisten feucht gelagert, was bei vielen Frauen zu Aufschwemmungen führte. Abends gab es grundsätzlich nur Margarine. Die Getränke – Malzkaffee – wurden mit gewissen Zusätzen bereitet, was bei den meisten das Ausbleiben der Menstruation zur Folge hatte. Vor und nach der Besuchszeit wurden Leibesvisitationen durchgeführt.
Wegen Überbelegung im Sommer 1984 wurden erleichterter Strafvollzug und allgemeiner Strafvollzug nicht mehr voneinander getrennt, d.h. Vergünstigungen des erleichterten Strafvollzugs wie öfteres Briefeschreiben, offene Zellen, mehr Fernsehbesuche entfielen.
Die Überbelegung der Frauenhaftanstalt Hoheneck im Sommer 1984 resultierte aus der großen Anzahl von Festnahmen und Verurteilung von Personen, die Ausreiseanträge gestellt hatten. Personen, die sich in der inoffiziellen Friedensbewegung in der DDR engagierten.«

Und auch die 21jährige Annett Plötner berichtet:
»Seit 1984 hatte ich fünf Ausreiseanträge gestellt, die jedoch alle abgelehnt wurden. Ich suchte jede Woche die Abteilung Inneres beim Rat der Stadt auf, um mich dort nach der Bearbeitung meines Antrages zu erkundigen. Meistens wurde ich bereits vom Pförtner abgefangen und zurückgewiesen, ohne mit den zuständigen Personen überhaupt sprechen zu können. Da ich keinen anderen Rat wußte, schickte ich meine persönlichen Daten und die Kopie eines Antrages an die Ständige Vertretung in der Hoffnung, daß man mir dort weiterhelfen könne. Zugleich telefonierte ich mit einem guten Freund in West-Berlin und informierte ihn über die Vorkommnisse und Verhaftungen in Jena. Am 30. April 1984 wurde ich von Angehörigen des Ministeriums für Staatssicherheit am Arbeitsplatz aufgesucht und mit der Begründung »zur Klärung eines Sachverhalts« aufgefordert mitzukommen, was ich auch tat. Man warf mir § 219 (ungesetzliche Verbindungsaufnahme) und § 218 (Zusammenschluß zur Verfolgung gesetzwidriger Ziele) vor. Dieser Paragraph wurde damit begründet, daß ich mich gelegentlich mit anderen Personen getroffen hatte, die auch einen Ausreiseantrag gestellt hatten. Die »Treffen« fanden meist zufällig statt, so zum Beispiel in einer Gaststätte oder bei einer Tanzveranstaltung. Am 22. Juni 1984 wurde ich wegen §§ 218 und 219 zu 18 Monaten Haft verurteilt.
Da ich von Beruf Krankenschwester bin, kann ich mir sicherlich eine Beurteilung der medizinischen Betreuung zutrauen. Ich halte die medizinische Betreuung für sehr mangelhaft, da es sehr lange Wartezeiten – etwa zwei Wochen – gibt, bevor man bei Krankheit oder Beschwerden einem Arzt vorgestellt wird. Auch bei akuten Erkrankungen wird man in der Regel als Simulantin angesehen. So hatte ich im Januar 1985 während der Nachtschicht eine Nierenkolik. Daraufhin wurde ich in die Krankenstation gebracht, worunter eine Einzelzelle zu verstehen ist, in die Personen gelegt werden, wenn sie sich krank melden. Dort wartete ich von ein Uhr nachts bis 15 Uhr, ohne daß sich jemand um mich kümmerte. Gegen 15 Uhr beschwerte ich mich, woraufhin tatsächlich der Anstaltsarzt erschien und mich anschrie,

daß ich nicht die einzige Strafgefangene sei, der es nicht gut ginge, und auch als Krankenschwester mir kein Urteil über die Behandlung zustünde, und er mich nicht behandeln werde. Ohne Behandlung mußte ich mit den anderen Inhaftierten wieder zur Arbeit.
In Hoheneck mußte ich für den VEB ESDA – Herstellung von Strumpfhosen – im Dreischichtsystem arbeiten. Bei der Herstellung der Strumpfhosen entstehen durch hohe Temperaturen giftige Gase, was zu Übelkeit, Kopfschmerzen, Bindehautentzündungen und Schwellung, in schlimmen Fällen sogar bis zur Verätzung der Nasenschleimhaut führt.
Inhaftierte Frauen, die Kinder haben, sind besonders stark belastet, weil ihre Kinder teilweise in Heimen untergebracht sind und, wie in einem mir bekannten Fall, sogar in mehreren Häusern. Einer Mitgefangenen wurde sogar das Sorgerecht für eines ihrer drei Kinder ohne Begründung entzogen, so daß sie weder eine Nachricht von ihrem Kind erhielt, noch dem Kind schreiben durfte.«
Die 28jährige Marion Strupp wurde am 4.7.1984 nach Hoheneck überführt:
»Dieser Sammeltransport wurde unter besonderen Sicherheitsmaßnahmen durchgeführt, und wir waren auf einer Grundfläche von 1 x 1,10 Meter zu viert, zeitweise sogar zu fünft, elf Stunden lang ohne Unterbrechung unterwegs. Aufgrund einer Verhaftungswelle war die Anstalt Hoheneck zum Zeitpunkt meiner Ankunft überbelegt. Die Zellen, die in der Regel mit 18 Personen belegt waren, wurden mit einem dritten Bett aufgestockt, so daß 26 Häftlinge in der Zelle untergebracht werden konnten. Für diese 26 Personen gab es nicht ausreichend Sitzgelegenheiten, zwei Toiletten und sechs Waschbecken. Die Verpflegung war eintönig, geschmacklos und vitaminarm, Obst gab es so gut wie gar nicht, Gemüse sehr selten.
Die Arbeitsnormen in Hoheneck waren sehr hoch und wurden nur von etwa 40 Prozent der Inhaftierten erreicht. Bevorzugt wurden die wegen krimineller Delikte verurteilen Frauen behandelt. So erfolgte die Verteilung leichterer und normgünstigerer Arbeitsplätze und Posten fast ausschließlich an kriminelle

Gefangene, die dann nicht selten versuchten, politisch Inhaftierte zu unterdrücken, was von der Leitung des Strafvollzugs geduldet wurde. Bei politisch Inhaftierten werden sehr häufig bereits bei geringsten Vergehen Bestrafungen ausgesprochen, so zum Beispiel Abbruch der Besuchszeit, weil eine Inhaftierte von ihrer Mutter beim Besuch gestreichelt wurde. Die medizinische Betreuung ist vollkommen unzureichend. So betragen die Wartezeiten für einen Arzttermin mindestens zwei Wochen. Die zahnärztliche Betreuung besteht in den meisten Fällen nur aus »Zähneziehen«, ohne daß versucht wird, durch eine Behandlung Zähne zu retten.
Im November 1984 beging eine Inhaftierte Selbstmord, indem sie sich mit einer Plastiktüte erstickte.«
Und noch eine Augenzeugin aus diesem Jahr soll zu Wort kommen: Marina Barth, 24 Jahre alt:
»Am 28.8.84 gelangte ich auf Transport nach Hoheneck. Ich kam in das Kommando Planet I. Wir mußten in drei Schichten arbeiten. Untergebracht war ich in einem Raum mit 26 Frauen. In dieser Zelle waren durchwegs dreistöckige Betten und zwischen den Betten ca. 50 cm Zwischenraum. Zwei kleinere Heizungen mußten den Schlafraum erwärmen, bei Außentemperaturen von minus 27 Grad Celsius. Der Waschraum mit zwei Toiletten und fünf Waschbecken war sehr klein, und meist hatte man nur kaltes Wasser zum Waschen. Politische Häftlinge wurden ständig benachteiligt. Kriminelle hatten mehr Freiheiten und auch sonst alle Vergünstigungen, auch bessere Arbeitsplätze. Die medizinische Betreuung war sehr schlecht. Das Essen war zwar ausreichend, jedoch von sehr schlechter Qualität. Wir sollten auch das Brot essen, in das die Küchenschaben ihre Eier abgelegt hatten – und taten es wohl oder übel.
Die Bekleidung war unzureichend. Es gab keine Strumpfhosen, obwohl der letzte Winter sehr hart war.
Als ich Hoheneck am 28. Februar 1985 verließ, waren dort ca. 500 Frauen aus politischen Gründen inhaftiert.«
Berichte, die für sich sprechen und vieles, was bereits veröffentlicht wurde, bestätigen. Doch die alten Verhältnisse erwähnt keiner mehr. Jetzt bemänteln sie, verniedlichen, schieben das

Unangenehme einfach beiseite. Irgendwann wird wohl Gras drüber wachsen ...
Heute verfügt die Krankenstation über 45 Betten. Zwölf Vertragsärzte und drei Hauptamtliche sind tätig.
Petra Dotzauer: »Es war möglich, im Beruf als Ärztin eingegliedert zu werden.« Damit meint sie Republikflüchtlinge, unter denen sich viele Mediziner befanden. Allein in meiner letzten Zelle waren drei Ärztinnen.
»Sie konnten sich hier weiterbilden, haben dadurch auch die Möglichkeit gehabt, sich von der Masse der Strafgefangenen etwas abzunabeln«, erklärt die stellvertretende Anstaltsleiterin. Wie schön das klingt. Wenn es nur so gewesen wäre! Während meiner Haft gab es das jedenfalls nicht. Ich erlebte mehrere Ärztinnen, deren Finger durch die harte und ungewohnte Arbeit im Elektromotoren-Kommando derart deformiert waren, daß sie selbst bestätigten: »Operieren können wir mit diesen klobigen Dingern nie mehr.«
Ich erfahre, daß ein Gynäkologe, selbst wegen Republikflucht in Haft, später als Frauenarzt in Hoheneck eingesetzt wurde.
Hauptmann Dotzauer: »Den mußten wir wieder wegschicken. Der war zu hübsch.«
Eine glatte Lüge. Von einer ehemaligen »Politischen« aus Hoheneck bekomme ich anschließend die Erklärung: »Da lügen sie auch jetzt noch so penetrant. Er mußte weg, weil das Personal entdeckt hatte, daß seine Frau unter den weiblichen Häftlingen war.«
Bei der Entlassung blieb vielen Frauen der gynäkologische Stuhl nicht erspart. Eine nicht medizinisch ausgebildete »Wachtel« schaute nach, ob in der Scheide Kassiber mit Nachrichten oder Gegenstände versteckt waren. Auch Birgit Böckmann aus Erfurt mußte sich dieser beschämenden Tortur unterziehen. »Mein Protest half nichts. Und da ich endlich nach meinen voll abgesessenen dreieinhalb Jahren raus wollte, ließ ich die Wachtmeisterin fummeln«, empört sich auch heute noch die 44jährige.
Bei einer Tasse Kaffee im Büro der Anstaltsärztin betrachte ich Hauptmann Dotzauer etwas genauer. Das streng zurückgekämmte Haar läßt ihr Gesicht noch härter erscheinen. Da spielt

auch die Umgebung keine Rolle. Das Dienstzimmer wirkt fast wie ein in der DDR übliches Wohnzimmer mit Anbauwand, Grünpflanzen und grobgemusterten Polsterstühlen. Petra Dotzauer ist unverheiratet, hat eine 15jährige Tochter. Warum gab sie ihren Beruf als Kindergärtnerin auf und ging in die Anstalt?
»Es war mein Wunsch. Ganz früher schon als freiwilliger Helfer bei der Volkspolizei. Ein Betreuer erklärte mir damals alles über den Frauen-Strafvollzug. 15 Jahre bin ich jetzt hier. Als Wachtmeisterin habe ich angefangen.«
Die Lederjacke hat sie inzwischen abgelegt und sitzt in einer Streifenbluse mit hochgekrempelten Ärmeln vor mir. Heute hat die 36jährige Hochschulabschluß.
»Wir haben zwölf Akademiker hier«, betont Anstaltsleiter Veit mit Nachdruck, »ich bin Diplom-Jurist.«
Stellvertreterin des Leiters des Strafvollzuges wurde Petra Dotzauer vor drei Jahren. »Fähigkeiten und Fertigkeiten muß man haben. Die fachliche Befähigung muß da sein. Ich wurde auf einen Qualifikations-Lehrgang geschickt. In der DDR gibt es fünf Frauengefängnisse, eines davon für Jugendliche.« Und eine gehörige Portion Stolz schwingt mit, als sie berichtet: »Ich war beim Studium der Diplom-Staatswissenschaften die einzige Frau.«
In der Anstalt möchte auch sie unbedingt bleiben.
»Die individuelle Arbeit an den Strafgefangenen kann jetzt intensiver durchgeführt werden. Selbst wenn man das Gefühl hatte, es anders machen zu wollen, stand immer der Zwang dahinter. Es macht mir Spaß, eine menschlichere Näherung zu praktizieren.« Und wie bereits von Veit angesprochen, betont auch sie: »Wir sind dazu da, die Strafgefangenen zu verwahren. Wir verteidigen sie nicht, wir sprechen auch nicht Recht.« Im nächsten Moment fügt sie resolut hinzu: »Aber verbrüdern kann man sich nicht.«
Auf die politischen Häftlinge angesprochen, die es ja heute nicht mehr gibt, meint sie: »Ich habe mich mit vielen persönlich unterhalten und hatte den Eindruck, daß man diese Probleme hätte mehr beachten müssen.« Aus ihrem Gedächtnis kramt sie einen Fall. »Eine Ärztin wollte gern in Entwicklungsländern helfen. Sie hatte von der Uni eine Absage erhalten. Dann plante

sie ihre Flucht, wurde verhaftet, kam nach Hoheneck. Von seiten der Organe wurde zu pauschal entschieden.«
Und weil ich das Thema »Politische« angeschnitten habe, erzählt mir die Anstaltsärztin Regine Guhl: »Da hat sich doch kürzlich ein ehemaliger politischer Häftling hier eingeschlichen. Unter falschem Namen.« Petra Dotzauer ergänzt: »Er gab sich als Beleuchter des drehenden Fernsehteams aus.«
Ich gestehe, mir wird etwas mulmig. Ob sie mittlerweile wissen, daß ich Hoheneck das letztemal unter anderen Umständen sah? Meine Unruhe steigert sich.
Die Ärztin läßt sich nicht fotografieren. »Ich werde nicht so gut auf Fotos«, ziert sie sich.
Dann beruhige ich mich selbst. Schließlich habe ich mich weder mit falschem Namen angemeldet, noch mit einem anderen Beruf. Von Köln aus war ich bereits seit vier Monaten mit meinem vollständigen Namen avisiert. Wollen sie mich testen? Ist es Zufall, daß sie ausgerechnet mir diesen Fall erzählen? Immerhin befinde ich mich jetzt schon fast drei Stunden in der Anstalt. Eine weitere Tasse Kaffee lehne ich ab. Ich verabschiede mich von der dunkelhaarigen Ärztin und ihrer Sekretärin. Hauptmann Petra Dotzauer begleitet mich weiter durch das altbekannte Gemäuer.
Wir stehen vorm Kinosaal. Auch er ist – wie alles hier – abgeschlossen. In den fünfziger Jahren war es ein Kirchenraum, wo etwas abgegrenzt von den Häftlingen die Stollberger am Gottesdienst teilnehmen konnten.
»Die Orgel ist schon lange kaputt«, erklärt Hauptmann Dotzauer, »da hoffen wir, daß uns die Kirche jetzt hilft, sie zu reparieren.« Momentan wird der Saal für Vorträge, Vorlesungen aus Büchern und Kino genutzt. »Diesen Samstag gibt es ›Dirty Dancing‹, verrät die stellvertretende Anstaltsleiterin, »mal gibt es was Ernstes, mal was Lustiges.«
Zu meiner Zeit präsentierten sie uns fast ausschließlich Filme über die Nazizeit. »Ernst Thälmann – Sohn seiner Klasse« liegt mir auch heute noch im Magen. Weil wir den ganzen Film über Vergleiche zwischen der Gestapo und der Stasi anstellten und dabei kamen die DDR-Schergen sehr viel schlechter weg ...

Die Häftlinge, mit denen ich Kontakt haben darf, mustere ich etwas genauer. Die Kleidung überrascht mich. Während wir 1973 bis 1975 alte, eingefärbte Polizei-Uniformen trugen, sehen die Frauen jetzt in ihren leichteren Kleidungsstücken wesentlich angenehmer aus.
Hauptmann Petra Dotzauer informiert mich: »Demnächst ist Privatkleidung für die Strafgefangenen erlaubt.«
Eine der inhaftierten Frauen fügt hinzu: »Jetzt schon dürfen wir unsere eigenen Schuhe tragen.«
Ich schaue in die Runde. Die eine trägt braune Halbschuhe, eine hat helle Sandalen an, eine andere braune. Alle tragen sie leichte, schmale Stoffhosen – uns standen für Sommer wie Winter ein dickes Kostüm und ein Kleiderrock zur Verfügung. Schon jetzt ist zu sehen: Die strenge Einheitskleidung herrscht nicht mehr vor. Die Blusen weichen in der Farbe voneinander ab, auch die übergezogenen Jacken. Auch Haarschmuck ist erlaubt. Damals rissen sie den Frauen jedes kleine bunte Bändchen aus den Locken.
Diese Veränderung registriere ich mit Freude, denn gerade für Frauen ist es wichtig, daß sie sich ein wenig mit kleinen Dingen verschönern können. Wir sahen damals so grauenvoll aus, bezeichneten uns selbst als »Klageweiber« und »Dohlen«.
Eine Szene aus dem knallharten Winter 1974 fällt mir ein ...
Wir hatten Nachtschicht. Mit leichten Sommerschuhen mußten wir eine halbe Stunde vor Arbeitsbeginn durch den tiefen Neuschnee nach Kommando marschieren: »Links, links, links, zwo, drei, vier ...« Im Nu waren wir völlig durchnäßt und fingen an zu meutern.
Plötzlich schrie die »Wachtel Brüllelse«: »Hätten Sie sich Ihre Stiefel doch aus dem Westen mitgebracht!«
Wir tobten. Eine rief: »Dann lassen Sie uns doch mal schnell rüber, damit wir sie anziehen können.« Viele erkälteten sich in dieser Nacht, manche bekamen sogar Fieber.
Neben Zirkeln mit Stricken, Sticken, Basteln, Musik, Malen und Literatur gibt es nun auch katholischen und evangelischen Gottesdienst.
»Das gab's schon immer«, will mich Oberstleutnant Veit überzeugen. Doch das stimmt so nicht. Erst 1974 wurde Gottes-

dienst eingeführt, 1973 tat sich in dieser Hinsicht überhaupt nichts. Auf Betreiben von Bärbels Eltern, einer wegen Republikflucht verurteilten Ärztin. Nicht, weil die Anstalt sich darum bemüht hatte. Und da konnte auch nicht jeder teilnehmen. Sondern man mußte schon seine Norm erfüllt haben und eine einwandfreie Führung vorweisen können. Also nur als Auszeichnung durfte man sich beim Pastor Trost holen. Egal, welcher Konfession man war, es gab nur den einen.
Einmal im Monat kann man sich in der Bibliothek ein Buch ausleihen – wie gehabt.
»Briefe dürfen wir täglich schreiben und auch erhalten«, klären mich die Strafgefangenen auf. Damals gab es nur einen im Monat, eine Seite – und auch nur eine Seite durften wir an eine einzige Person schreiben, die vorher schriftlich festgelegt wurde. Einmal im Vierteljahr wurde ein Kinderbrief genehmigt. Das war barbarisch.
Weiter erfahre ich: Pakete sind einmal im Quartal gestattet. Früher gab es das nur als ganz besondere Auszeichnung. Und während zu meiner Zeit nur einmal im Vierteljahr eine halbe Stunde Besuch von einem Angehörigen gestattet war, ist das jetzt alle acht Wochen erlaubt.
Hauptmann Dotzauer: »Ab sofort soll es sogar alle vier Wochen sein – eine Stunde. Sondersprecher zwei Stunden.«
Das ist gut so. Der Kontakt nach draußen hat viele Häftlinge vor dem Selbstmord bewahrt. Wenn man derartig abgeschottet und ständig grausamen Schikanen ausgesetzt ist, dann hält einen nur der Gedanke an seine Angehörigen aufrecht. Ich selbst habe es mehrere Male erlebt, in der völligen Verzweiflung mit Gedanken zu spielen, die einem normalerweise fremd waren. Mein Sohn hielt mich am Leben.
Und weil es wichtig für die Inhaftierten ist, Kontakt nach draußen zu haben, war das stets auch das beste Druckmittel des Personals, sich die Gefangenen gefügig zu machen, Angst zu verbreiten.
Der Rundgang durch die Anstalt wird fortgeführt. Vier Stunden sind jetzt um. Zunehmend kämpfe ich gegen einen Schwächeanfall. Meine Beine sind weich wie Watte. Mein Herz krampft sich zusammen. Mein Magen revoltiert. Wenn keiner schaut, strei-

che ich sanft über Magen- und Herzgegend. Die Erinnerungen holen mich knallhart ein. Vor allem auf meiner Etage, vor meiner Zelle. Habe ich mir zu viel zugemutet? Nur nicht schwach werden jetzt. Tief durchatmen, so kann man am besten der sich ankündigenden Ohnmacht begegnen. Es kostet unerhörte Kraft, in diesem Zustand völlig teilnahmslos, sachlich und unbewegt zu erscheinen, den Stenoblock in der Hand, pausenlos Notizen machend. In meiner Handtasche habe ich außerdem zwei meiner Bücher verstaut, ein Hardcover- und ein Taschenbuch. Es hätte ja sein können, daß sie mich darauf angesprochen hätten. Jetzt empfinde ich es eher als Last. Nicht umfallen, befehle ich mir. Meine Gedanken wechseln von Sekunde zu Sekunde. Jetzt das relativ leere Gefängnis, damals überbelegt bis unters Dach. Heute nicht abgeschlossene Türen, ohne die bedrohlich wirkenden Eisenriegel, die stets ein nervtötendes Schlüsselrasseln zur Folge hatten. Ich stelle fest: Das Schlüsselbund ist bedeutend kleiner geworden.
Mehrfach betrete ich bei meiner Besichtigung auch die »Schleuse«, einen Durchgang zum Innenhof und Zellenhaus. Das war ein beliebter Ort für brutale Züchtigungen. Wir hörten oft die unmenschlichen, verzweifelten Schreie von gepeinigten Frauen, die in diesem Gang vom Personal regelrecht zusammengedroschen wurden. Nur wir haben das gehört? Von den Verantwortlichen niemand? Automatisch beschleunige ich meine Schritte, um ganz schnell diese grausame Zone zu verlassen.
Oberhalb dieses garagenähnlichen Durchgangs hatten die Kollegen der Staatssicherheit ihr Domizil. Wenn »James« – ein Stasi-Mitarbeiter Mitte Vierzig, mit Halbglatze und Brille – am Fenster in der ersten Etage stand und die Politischen beim Hofrundgang beobachtete, wußten wir, es wurde wieder ein Transport gen Westen vorbereitet.
»Machen Sie mal auf«, fordert Hauptmann Petra Dotzauer an der Zelle 53 in der ersten Etage des Zellenhauses. Ein Häftling löst das weiße Band, das die Tür von innen festhält. An einem Schrank erblicke ich ein weißes, langes Brautkleid. Meinen verwunderten Blick fängt die stellvertretende Anstaltsleiterin auf.
»Die Strafgefangene hat vor ein paar Tagen geheiratet. Da wur-

de sie zur Trauung gefahren.« Ich erfahre weiter: Die junge Frau war bei ihrer Inhaftierung schwanger. Zur Entbindung kam sie ins Krankenhaus, mußte aber anschließend wieder ins Gefängnis. Das Baby kam ins Heim. Als ihr Freund das inzwischen zweijährige Kind von dort abholen wollte, erfuhr er, daß dem nur stattgegeben werde, wenn er mit der Mutter des Kindes verheiratet sei. Deshalb fand die Hochzeit während der Haft statt.
»Das Kleid wird in den nächsten Tagen abgeholt«, bemerkt Hauptmann Dotzauer. Zu meiner Zeit wäre das im Leben nicht denkbar gewesen. Jedes noch so kleine Teil, ob Gegenstand oder ein ausgeschnittenes Zeitungsfoto wurden bei den laufend stattfindenden Razzien vernichtet oder einkassiert.
An einer Zellentür innen steht ein Spruch: »Ich glaube, der Mensch wird nicht nur durchhalten: Er wird als Sieger hervorgehen, er ist unsterblich, nicht nur, weil er allein von allen Geschöpfen eine unermüdliche Stimme hat, sondern weil er eine Seele hat, ein Christ ist, der des Mitgefühls, des Opfers, der Qual und des Duldens fähig ist.« Daß die Tür nicht übermalt wurde, überrascht mich. Noch mehr aber, daß ich den Spruch abschreiben darf.
Eine Tür ist kreuz und quer mit Metallstreben zugeschraubt. Das sieht bedrückend aus.
»Als hier Streik war, haben sie die Türen eingetreten«, erfahre ich von Hauptmann Dotzauer. »Wir fordern eine Generalamnestie«, lautete eine Parole auf einem Bettuch, das die Häftlinge aus dem Fenster hielten. Viele Sprüche und Losungen wurden nach Verkündung des Amnestie-Erlasses Anfang Dezember aus der Gefängnisburg gehängt – gut sichtbar für die Stollberger Bevölkerung. Die Stimmung unter den Häftlingen war so geladen, daß seitens des Personals Ausbrüche befürchtet wurden.
Die katholische Kirche und andere Kreise planten eine Menschenkette, die rund um die Strafanstalt gebildet werden sollte. Obwohl diese Aktion nicht zustande kam, erinnert sich Anstaltsleiter Veit mit Grausen: »Als das hier los ging mit den Demonstrationen, was meinen Sie denn, wir hatten Angst! Angst um unser Leben! Daß die hier stürmen werden.« Schön zu hören, daß auch einmal auf dieser Seite jemand Angst verspürte.

Mein Einwand folgt direkt: »Bei den Befestigungen?«
Veit: »Na, ich bitte Sie, das kann man doch mit Leitern stürmen!« Und auch das kann ich noch nicht ganz hinnehmen.
Ich frage: »Trotz wütend kläffender, scharfer Hunde rund ums Gefängnis, hoher Mauer mit Glassplittern drauf und dem Elektrozaun?«
»Ach, Elektrozaun!« wehrt er ab. »Fassen Sie doch mal an, da merken Sie gar nichts weiter. Der steht unter einer minimalen Spannung – wie bei den Kühen auf der Wiese«, schwächt er ab. Mich reizt es ganz und gar nicht, das auszuprobieren. Allzugut sind mir noch die Schmerzen der Mitinhaftierten in Erinnerung, die beim Deckenschütteln damit in Berührung kamen. Warum führt er es mir eigentlich nicht selbst vor? Doch das frage ich ihn lieber nicht, einen provokatorischen Unterton könnte ich gewiß nicht ganz zurückhalten.
Die Hunde bellen immer noch rund um die Anstalt, obwohl er beteuert: »Die kommen in den nächsten Wochen weg.«
Hungerstreik, Arbeitsstreik. Der wirtschaftliche Schaden in diesen Wochen war groß für die Anstalt. Jetzt hat sich alles wieder normalisiert. »Nur noch acht Gefangene verweigern die Arbeit«, erklärt Veit.
Ein Mann im Ort machte sich in den aufregenden Tagen besonders verdient: Superintendent Martin Kreher.
»Ihm verdanken die Häftlinge, daß die Pforten jetzt offener sind«, erklärt der Anstaltsleiter. Patenschaften wurden seitens der Bevölkerung für die Häftlinge übernommen. Dazu gehört auch der Umgang mit Strafgefangenen während ihres Urlaubs, wenn sie keine Angehörigen haben. Oder, was auch vorkommt, diese nichts mehr von ihnen wissen wollen. Seit 1977 schon soll es das als besondere Auszeichnung geben.
»Sieben Tage dürfen die Strafgefangenen im Jahr nach Hause fahren«, erzählt mir Hauptmann Petra Dotzauer. »Eine ist letztens nicht wiedergekommen – vielleicht lebt sie inzwischen bei Ihnen im Westen.« Bei guter Führung und hundertprozentiger Arbeitsleistung können die Häftlinge jetzt sogar Ausgang erhalten. Angehörige dürfen dann mit Ihnen von neun bis 15 Uhr durchs Städtchen Stollberg bummeln. In Privatkleidung.

Und für die, die aus Hoheneck nicht raus können, Lebenslängliche und Langstrafer, wurde eigens ein »Urlaubszentrum« geschaffen: Wohnzimmer mit Fernseher und Radio, normalen Möbeln, Gardinen, Tischdecken, Schlafzimmer, Küche, eigene Dusche.
»Das steht zwar nicht im Gesetz, ist aber von Berlin anerkannt worden«, klärt mich Hauptmann Dotzauer auf. Sie sagt es fast ohne Regung im Gesicht, aber ein wenig spürt man doch, daß sie auf die kleinen Neuerungen in der Anstalt – ob freiwillig oder erzwungen – stolz ist. Momentan befindet sich Ramona in diesem abgesonderten Trakt, sie soll sich auf ihre in wenigen Tagen bevorstehende Entlassung vorbereiten.
Seit etwa zwei Jahren soll diese Regelung bestehen. Hauptmann Petra Dotzauer: »Um den Urlaub für die Strafgefangenen haben wir gekämpft mit Berlin. Wir dürfen sie sogar während dieser Zeit bezahlen. Besondere Verdienste hat sich dabei Strafvollzugsrat Gisela Forberg erworben.« Sie ist Anstalts-Psychologin. Zu meiner Zeit gab es diese Planstelle nicht.
Das Urlaubszentrum befindet sich in der 5. Etage – dem ehemaligen Dachgeschoß, wo das sogenannte »Lumpenkommando« schuftete. Dort arbeiteten außer der Bandleiterin nur politische Gefangene, die die Norm in den anderen Betrieben – Elektromotoren ELMO, Strumpfhosen ESDA und Bettwäsche PLANET – nicht schafften. Ihre Tätigkeit bestand darin, alte, abgetakelte Uniformen aufzutrennen, die sie vorher vom Hof bis zum Dachboden schleppen mußten. Die schwarz und dunkelblau eingefärbten Lumpen wurden neu zugeschnitten, zusammengenäht – fertig war die Häftlingskleidung.
Hauptmann Petra Dotzauer berichtet von einem neuen Arbeitskommando: »Strafgefangenen-Kleidung wird hier im Haus produziert – das ist ein eigener Betrieb des Ministeriums des Inneren.«
Die im »Lumpenkommando« Beschäftigten erhielten eine derart geringfügige Entlohnung, daß sie sich nicht einmal das Nötigste für ihre Körperpflege kaufen konnten. Sie waren auf die Kameradschaft von Mithäftlingen angewiesen. Rund um die Uhr waren dort etwa 100 Frauen im Einsatz. Unerträgliche Luft

erschwerte die Arbeit zusätzlich, weil die Dachluken nur halb geöffnet werden konnten – auch sie waren vergittert! Wie heißt es im Kapitel I, § 3 des Strafvollzugsgesetzes der DDR: »Den Strafgefangenen ist der Schutz ihres Lebens, ihrer Gesundheit und Arbeitskraft zu gewährleisten.« Gut fürs Papier!
Gunhild, die wegen Republikflucht zu dreieinhalb Jahren verurteilt war, bekam für 60 bis 70 Prozent Soll-Erfüllung im »Lumpenkommando« ganze vier Mark im Monat. »Man muß sich die Dachbodenbedingungen vorstellen. Im Winter schrecklich kalt, im Sommer unerträglich heiß«, berichtet sie. »Ich half mir bei großer Hitze, indem ich um die Handgelenke feuchte Lappen wickelte und mir auch einen aufs Herz legte.« Von anderen weiß ich, daß fast täglich Frauen ohnmächtig zusammenbrachen.
Das Dachgeschoß, der ehemalige Schandfleck, wurde inzwischen total ausgebaut: Linoleum auf dem Fußboden, die Wände und Decken weiß getüncht, Stuhlreihen für Disco-Abende und Weihnachtsfeiern, Sitzgruppen mit Polstersesseln und Tischen. An den Wänden hängen von Häftlingen gemalte Ölbilder, auch Zeitschriften-Regale sind befestigt. In der angrenzenden Küche kann zu Feierlichkeiten Kaffee bereitet werden. Ein Handarbeitsraum mit selbst gebastelten Püppchen und witzigen Tieren befindet sich – abgegrenzt – mittendrin.
»Diese Produkte wurden früher an den Demokratischen Frauenbund und an Kindergruppen verkauft«, erklärt Hauptmann Dotzauer.
Beim Rundgang entdecke ich einen Briefkasten an der Wand – das gab es auch schon 1973. Die Häftlinge konnten an die Anstaltsleitung, aber auch an die Staatssicherheits-Mitarbeiter schreiben.
»Hier können mich die Strafgefangenen schriftlich um ein Gespräch bitten. Ich schaue aber vorher nicht in die Akte, um objektiv zu bleiben«, versichert Anstaltsleiter Oberstleutnant Wolfgang Veit. Ich sage es ihm zwar nicht, aber da kommen mir doch erhebliche Zweifel.
Während zu meiner Zeit Gnadengesuche von den Angehörigen gestellt werden mußten, erfahre ich von der stellvertretenden

Anstaltsleiterin Petra Dotzauer: »Wir können aufgrund des Verhaltens und der Arbeitsleistung eine vorzeitige Entlassung vorschlagen. Das Gericht entscheidet.« Aus ihren Worten klingt beinahe ein Bedauern mit, als wenn sie damit andeuten wollte, daß sie mit den getroffenen Entscheidungen ganz und gar nicht immer einer Meinung ist.
Brennend interessieren mich die Lesbierinnen, die zu meiner Haftzeit unter den Kriminellen reichlich zu finden waren. Sie ließen sich immer wieder Tricks einfallen, um zu ihren Freundinnen zu gelangen.
Ein Fall endete mit einer wüsten Schlägerei. Eine Kaffeeholerin hatte sich von einer neuen »Wachtel« in die Zelle ihrer Freundin einschließen lassen. Die Verantwortliche des Verwahrraumes protestierte und drückte auf den Lichtschalter, der draußen signalisierte: Hier wird Personal gebraucht. Daraufhin wurde sie von den beiden Freundinnen mörderisch verprügelt. Auch jetzt sind mehrere Zellen mit Frauen belegt, die diese Neigung früher schon hatten oder jetzt hier neu für sich entdecken.
»Das wird es immer geben. Wir lassen die mit Freundinnen in eine Zelle. Das gibt weniger Aggressionen«, erklärt Hauptmann Dotzauer.
Es ist 17.30 Uhr. Noch einmal geht es die Gänge entlang, Treppen hinunter, durch Gittertüren und schwere Holztüren hindurch, begleitet von dem sich unangenehm einprägenden Schlüsselrasseln.
»Ich bringe Sie jetzt zum Leiter«, eröffnet mir Hauptmann Dotzauer, »er wollte Sie nochmal sprechen.« Ich bin zwar völlig geschafft, habe viel, sehr viel gesehen und notiert in diesen quälenden Stunden. Doch das kann ich jetzt nicht abschlagen. Also heißt es: Letzte Kraft zusammenreißen, letzte Reserven aktivieren, um dieses Gespräch auch noch durchzustehen.
Und wieder stürmt die Frage auf mich ein: Weiß er inzwischen, wer ich bin? Wußte er es die ganze Zeit über und hat sich nur nichts anmerken lassen?
Anstaltsleiter Veit und Stellvertreter Grunewald empfangen mich erneut im Arbeitszimmer des obersten Bosses dieses grauenvollen Zuchthauses. Sofort ist auch wieder sein guter Geist

zur Stelle – die Sekretärin bietet Kaffee an. Man merkt den beiden Staatsdienern an, daß sie äußerst gespannt sind. Sie hocken vor mir, als wenn sie eine unangenehme Pflicht erfüllt hätten und nun auf alles, auch das härteste Urteil gefaßt sind.
»Haben Sie alles gesehen, was Sie wollten?« fragt er lauernd, aber unsicher.
»Ja«, antworte ich kurz, »sogar die Wasserzellen.«
»Na, die gibt es ja hier nicht«, wehrt er die Behauptung mit versteinertem Gesicht ab.
»Eben drum, deshalb hab' ich sie ja auch besichtigt.« Den tiefen Sinn meiner Worte, daß ich weiß, was früher anstelle der Duschräume war, versteht er nicht in dem Moment.
Nachdem er sich gefaßt hat, fragt er: »Und wie war Ihr Eindruck?«
Der mich begleitende Fotograf ergreift das Wort und antwortet: »Tja, es ging eigentlich. Ich habe mir das alles noch viel schlimmer vorgestellt.«
Ich glaube nicht richtig gehört zu haben. Hat er denn keine Augen im Kopf gehabt? Hat er denn nicht das versteckte Leid in den Augen der Häftlinge gesehen? Hat er sich denn blenden lassen von solchen Äußerlichkeiten wie Fernsehraum und Frisierzimmer? Und außerdem: Kann er denn gar nicht nachempfinden, wie mir zumute ist? Hätte er nicht lieber schweigen können? Ich bin wütend auf ihn und kann mich nur schwer beherrschen. Schließlich kennt er meine Geschichte. Und allein die Achtung vor diesen grausamen Erlebnissen hätte ihn hier besser den Mund halten lassen. Doch die soeben heruntergespielten Eindrücke holen ihn am nächsten Tag ein, als er die Fotos entwickelt: »Ich mußte ganz schön heulen, als ich das alles noch einmal sah«, bekennt er. »Ich bin mir gar nicht richtig bewußt gewesen, in welche Gefahr wir uns begeben hatten.« Und einen Tag später noch weint er am Telefon, ist völlig fertig mit den Nerven – so leid er mir jetzt tut, es versöhnt mich wieder.
Doch die Worte des Fotografen scheinen Oberstleutnant Veit gar nicht so brennend zu interessieren. Er wendet sich mir zu und fragt gezielt: »Und Sie, wie fanden Sie es denn? Welchen Eindruck hatten Sie denn?«

Was soll ich ihm sagen? Daß ich kaum noch kann? Daß mir nach diesem viereinhalbstündigen Rundgang, treppauf-treppab, nun beinahe die Luft wegbleibt? Daß die Erinnerungen mit einer enormen Wucht auf mich niederprasseln? Ich weiche aus. Ich erkläre, daß ich weder einen Friseursalon erwartet hätte noch ein Urlaubszimmer. Auch nicht, daß sich die Häftlinge schminken dürfen. Ich warte auf seine Frage, ob ich denn nicht im Vergleich zu damals enorme Verbesserungen festgestellt hätte. Doch sie kommt nicht.
Ich werde hin- und hergerissen, ihm meine Bücher über Hoheneck auf den Tisch zu legen, die ich die ganze Zeit über in meiner Handtasche mit mir herumtrug. Hat er das 1984 erschienene Werk denn wirklich nicht gelesen? Hat es ihm die Stasi in all den Jahren wirklich nicht präsentiert? Hat er denn nach meiner relativ langfristigen Anmeldung wahrhaftig keinerlei Recherchen über meine Person angestellt, ehe er mich empfing? Weiß er immer noch nicht, wer ich bin? Zunehmend werde ich unruhiger und entscheide dann: Jetzt bringe ich das Thema nicht mehr auf diesen Punkt. Meine Reportage darf ich nicht gefährden. Alle Filme müssen mit nach draußen.
Ein neuer Gesprächsstoff ist schnell gefunden. Ob er Gewissensbisse hat, frage ich ihn.
»Ich sehe schon meine Schuld«, gibt er erstmal zu. Meine Verwunderung hält nicht lange an, denn die Erklärung folgt blitzschnell: »Daß ich nicht häufig genug protestiert habe, wenn ich überbelegt wurde. Das hätte zwar nichts genützt. Die Rechtsanwendungen zu dieser Zeit waren übertrieben. Wenn ich alle Asozialen von der Straße nehme – drei bis fünf Jahre – das geht nicht. Das läßt sich im Gefängnis nicht heilen.«
Seine eigentliche Schuld, nämlich 15 Jahre lang die brutalen Übergriffe seiner Erfüllungsgehilfen zumindest geduldet zu haben, weder für bessere Bedingungen bezüglich Arbeit, Unterbringung und Essen gesorgt zu haben, dazu bekennt er sich nicht. Vieles, was mir heute vorgeführt wurde, erreichten die Häftlinge ja nur unter Druck. Doch auf einen Wendehals mehr oder weniger kommt es in diesen Tagen nicht an.
In die Zukunft blickt er optimistisch: »Das ist eine gute Ent-

wicklung jetzt, die wir nicht geglaubt und gekannt haben. Wir übernehmen viel aus der Bundesrepublik.«
Dann gibt es ein bißchen Unterricht in Phraseologie, wie ich ihn noch aus meiner Oberschulzeit kenne. Auch wenn es mich anödet, höre ich zu. Wie sollte er wohl das eingebleute Wissen und Agitieren von 40 Jahren so schnell ablegen können? Und dann fängt er unvermittelt an zu schimpfen: »Die Neuen bereichern sich auch schon wieder. Der Meckel soll 16 000 Mark Monatsgehalt bekommen! Steht in einem Leserbrief des ›Neuen Deutschland‹!« Bereitwillig kramt er mir das Exemplar aus seinem Aktenschrank.
Nach über 15 Jahren halte ich dieses gehaßte Wurstblatt mal wieder in der Hand. Im Gefängnis war es damals die einzig gestattete Zeitung. Mitunter bekamen wir sie zerschnippelt in die Zelle, wenn Artikel oder Nachrichten drin standen, die uns »Politische« hätten interessieren können.
Ich studiere den Leserbrief aufmerksam. Auf »ein offenes Wort« an den Ministerpräsidenten Lothar de Maizière schreibt Michael Czollek (Die Nelken): »Sie, Herr Ministerpräsident, Sie und Ihre Regierung haben für unser Volk bisher schon so Enormes geleistet, daß die Erhöhung der Ministereinkommen um etwa 400 Prozent vollauf gerechtfertigt ist. Um genau zu sein: Minister Oskar Fischer verdiente 4200 Mark, Minister Meckel bekommt 16 000 Mark. Staatssekretäre erhalten zwischen 10 000 und 13 000 Mark. Wirklich, Herr Ministerpräsident, ich kann das bestens verstehen: Wenn ich in Ihrer Position wäre, würde ich die Einkommen von mir und meinesgleichen auch kräftig erhöhen. Damit kein Mißverständnis aufkommt, ich bin Invalidenrentner und Pflegegeldempfänger. Aber Ihr Unterhändler, Herr Krause, hat schon Recht, wenn er meint, um fünf Mark mehr oder weniger sollte man nicht feilschen. 20 Mark Pflegegeld im Monat, die braucht man nicht zu erhöhen. In der Höhe ist es sowieso egal, ob man sie bekommt oder nicht.«
Ausgerechnet im »ND« erscheint dieser Brief – das verblüfft mich. Zufall? Oder kann man wirklich hoffen, daß sich in einigen Köpfen was getan hat?

Immer und immer wieder blicke ich auf meine Uhr. Heimlich stoße ich meinen Fotografen an, um ihn zum Aufbruch zu drängeln. Erstens haben wir um 18 Uhr einen weiteren Termin im Ort wegen meiner in ein paar Tagen anstehenden Buchlesung. Außerdem schwirrt mir der Kopf. Es ist 17.55 Uhr.
Veit bietet sich an: »Wir könnten jetzt noch so viel erzählen.« Nein, ich will nicht mehr. Ich habe genau fünf Stunden tapfer durchgehalten. In den letzten Minuten kämpfte ich mit weichen Knien immer wieder gegen einen Schwächeanfall. Der Drang nach draußen wird stärker. Die Luft ist dick. Ich will raus. Freiheit atmen.
Ich habe genug gesehen und gehört. Wenn sich all das, was sich äußerlich in der Anstalt geändert hat, auch in den Köpfen des Personals vollzog, dann läßt das hoffen. Hoffen auf einen menschlicheren Strafvollzug. Hoffen auf keine zusätzlichen Schikanen im schweren Lebensabschnitt eines jeden Betroffenen, warum immer auch er an solch einer Stätte sein muß.
Hauptmann Petra Dotzauer begleitet mich. Kaum habe ich die letzte Tür passiert und atme erstmal kräftig durch, da höre ich hinter mir ihre Stimme: »Kommen Sie nochmal her!«
Während mein Fotograf sich in Bewegung setzt und mitsamt seiner umgehängten Kamera aufs Tor zusteuert, raune ich ihm zu: »Ab, weg ins Auto.«
Doch er hört nicht, schreitet ahnungslos auf die gewaltige Pforte zu. Ich nähere mich langsam, denn inzwischen ruft mir die Stellvertreterin persönlich zu: »Nein, Sie meine ich, kommen Sie noch mal her!« Meine Alarmlämpchen sind angeschaltet, als ich mich der Tür bis auf zwei Meter Entfernung nähere, durch die mich keine zehn Pferde mehr bringen könnten.
»Was wünschen Sie, bitte?« frage ich abwartend. »Der Leiter wollte nochmal Ihren Namen wissen«, ruft sie mir zu. Ja, ist es denn möglich? Da bin ich wochenlang telefonisch mit ihm in Kontakt, habe auch heute ordnungsgemäß bei jedem neuen Gesicht meinen Namen genannt – und jetzt fragt er nochmal nach?«
»Ellen Thiemann«, antworte ich laut und deutlich, »steht auch im EXPRESS, den ich Ihnen mitgebracht habe.«

Dann mache ich kehrt. Ab ins Auto, nichts wie fort. Eine Attacke aufs Filmmaterial würde mir jetzt gerade noch fehlen. Normalerweise sollte nach der Wende so etwas nicht mehr passieren, doch zu viele Nachrichten über das weitere Treiben von Stasi-Schergen lassen einen besonders vorsichtig reagieren. Wie sagte doch Ex-Stasi-Minister Erich Mielke noch auf einer geheimen Dienstbesprechung am 10. Juli 1989: »Ein großer Teil derer, die jetzt weggehen, sind große Drecksäcke. Auch wenn es so miese Säcke sind, die da weggehen, bleibt die Tatsache, daß Arbeitskräfte weggehen.«

Und wem ist nicht sein geradezu lächerlich anmutender Auftritt in Erinnerung, als er vor Millionen-Publikum am Fernseher hinausschrie: »Ich liebe euch doch alle.« Zu einem Zeitpunkt, wo für ihn der Ofen ein für allemal aus war.

Am 31. August 1989 meckerte er noch in einer Dienstbesprechung über die »lieben« DDR-Bürger: »Der Sozialismus ist so gut; da verlangen sie immer mehr und mehr. So ist die Sache. Ich denke immer daran, als wir erlebten, ich konnte auch keine Bananen essen und kaufen, nicht, weil es keine gab, sondern weil wir kein Geld hatten, sie zu kaufen. Ich meine, das soll man nicht so schlechthin nehmen; das soll man ideologisch nehmen, die Einwirkung auf die Menschen.« Und über die, die der DDR den Rücken gekehrt hatten, wetterte er mit haßerfülltem Kauderwelsch: »Und wenn man die Zusammenhänge nicht sieht, da kann man natürlich schimpfen. Aber die Sache ist so, es ist eine Tatsache, die Leute zurückzuholen. Machen riesige Kampagne und Hunderte wollen zurück. Aber was sagen unsere guten Bürger? Die wollen sie nicht sehen, daß sie jetzt wieder zurückkommen; die haben uns verraten usw. Das sind doch Probleme, was machen wir jetzt? Jetzt müssen wir klug dabei überlegen, daß wir den großen politischen Nutzen daraus ziehen; so ist die Sache.«

Nicht zu vergessen: Eben dieser Mielke wurde rechtmäßig als Mörder entlarvt. Am 9. August 1931 hatte er auf Befehl der KPD-Führung vor dem Kino »Babylon« auf dem damaligen Bülowplatz in Ost-Berlin zwei Offiziere der Weimarer Schutzpolizei – Anlauf und Lenk – erschossen. Er entkam damals ins Aus-

land, besuchte später die Lenin-Hochschule in Moskau und killte anschließend im Auftrag Stalins Trotzkisten im Spanischen Bürgerkrieg.
Auf der Fahrt zum Zentrum von Stollberg versuchte ich mich abzulenken, indem ich in den beiden in Plastik eingeschlagenen Broschüren blättere: die »Verfassung der Deutschen Demokratischen Republik« und das »Strafvollzugsgesetz«. Oberstleutnant Veit drückte sie mir zum Abschied noch in die Hand. Doch ich kann mich nicht konzentrieren. Zuerst muß ich meinen Fotografen fragen, ob der das alles denn wirklich nicht so schlimm gefunden hätte.
»Da ich schon mehrfach solche Anstalten in der Bundesrepublik aufsuchte, wirkte es auf mich sicher nicht so schlimm wie auf jemanden, der das zum erstenmal sieht«, antwortet er mir. Fügt dann aber noch entschuldigend hinzu: »Ich habe das bewußt bißchen runtergespielt, denn ich merkte schon, unter welcher Spannung du die ganze Zeit über gestanden hast.«
Beim Abendessen mit der Buchhändlerin und ihrem Ehemann lassen wir alles noch einmal an uns vorbeiziehen.
Viel erzählen möchte ich nicht, denn mir dröhnt der Kopf, als wenn eine Dampfwalze drübergefahren wäre.
Ich erfahre: Zwei Tage vorher hatte sich Veit mein Buch zweimal beim Superintendenten bestellt, es allerdings noch nicht erhalten, weil die Buchhändlerin nur 150 insgesamt zur Verfügung hatte. Nachdem die ersten 50 Stück weggingen wie warme Semmeln, vertröstete sie alle Interessenten auf den Tag der Buchlesung. Der Verkaufsstopp rettete eventuell sogar meine Reportage.
Sigrid Lindner erzählt: »Etliche im Ort sprachen mich schon an. Eine Fleischverkäuferin, die bis 1979 in der Anstalt als Aufseherin gearbeitet hatte, erkundigte sich sehr intensiv.«
Klar, daß jetzt viele in diesem kleinen Städtchen um ihr Ansehen fürchten. Bei 13 000 Einwohnern kennt ja fast jeder jeden.
»Komme ich auch mit vor?« fragte die ehemalige »Wachtel«, »hat sie was Schlechtes über mich geschrieben? Ich war jung und unerfahren, brauchte Geld. Ich habe dort gut verdient. Nee, nee, zur Lesung komme ich nicht, das traue ich mich nicht.«

Und während die anderen Fleischverkäuferinnen gemeinsam die Veranstaltung besuchen, hatte sie sich morgens schon krank gemeldet.
22. Mai 1990. Meine erste Lesung auf dem Gebiet der ehemaligen DDR. Und dann ausgerechnet in Hoheneck! Aufgrund des starken Andranges mußte die Veranstaltung in einen Kirchensaal verlegt werden. Etwa 150 Menschen sind erschienen. Der Pfarrer spricht einleitende Worte, zum Schluß ein Gebet. Sehr genau mustere ich die Anwesenden im Saal, aber ich erkenne niemanden vom Personal aus dem Gefängnis.
Eineinhalb Stunden lauschen sie meinen Erzählungen und den Passagen aus dem Buch, die ich vorlese. Alle sind sehr betroffen. Vielen rinnen die Tränen übers Gesicht, auch Männern. Minutenlang ist keiner dazu fähig, mir in der angebotenen Diskussion irgendeine Frage zu stellen. Als sie sich einigermaßen gefaßt haben, kommen die ersten zaghaften Fragen.
Warum ist das Personal so brutal mit den Häftlingen umgegangen? Hatten Sie genug zu essen? – Wie war die Entlohnung? – Wie war das Verhältnis zwischen Politischen und Kriminellen? – Sind die Aufseher überhaupt Menschen? – Warum wählt jemand diesen Beruf?
Ich erkläre den fassungslosen Stollbergern, daß das Personal zwar Anweisungen befolgte, die gemäß der Anstaltsordnung bestanden, doch Schikanen und unmenschliche Züchtigungen nirgendwo im Gesetz stehen. »Da kann man immer noch eins draufsetzen. Abhängige zusätzlich knechten und piesacken. Aber glücklicherweise gab es auch eine Handvoll menschliche Aufseher, die uns quasi unbewußt das Überleben ermöglichten.«
Und weitere Fragen folgen: Werden Sie versuchen, den Namen Ihres Vernehmers ausfindig zu machen, um gegen ihn zu klagen? – Erfordert Ihr Auftreten in Stollberg nicht enorme Überwindung und Mut? – Hatten Sie damals Kontakt nach draußen?
Ich erkläre, daß der Kontakt nach draußen nur zu dem Angehörigen bestand, der alle drei Monate für eine halbe Stunde auf Besuch kommen durfte. Ein abfälliges Raunen geht durch den Saal, als ich erwähne, daß man sich dabei gegenübersitzen muß-

te, die Aufseherin dazwischen. Diese entschied dann ganz willkürlich, was man von den Mitbringseln – Obst, Gebäck, Schokolade – mit in die Zelle nehmen durfte. Ich führe ein Beispiel von Birgit Böckmann an, die ich wenige Tage vorher in Erfurt wiedersah – nach 15 Jahren – und der noch heute die Tränen in die Augen treten, wenn sie sich erinnert: »Ich hatte Sprechzeit mit der Leutnant Suttinger. Mein Vater brachte mir vier Pflaumen mit. Eine einzige durfte ich behalten – diese grausame Bestie.«
Die Zuhörer sind in Bewegung geraten. Sie tuscheln miteinander. Margarete Suttinger, inzwischen Oberleutnant a.D., ist im Ort gut bekannt, aber weniger gern gelitten. »Sie hat zwei Söhne und eine Tochter. Die Kinder wurden mit militärischem Drill erzogen, mußten sich zu Hause anstellen und Ohren sowie Hände vorzeigen, bevor sie die Wohnung verließen. Ihr Ehemann, offenbar ein Trinker, beherrscht die ganze Familie«, erfahre ich von einer Stollbergerin.
Und dann stellt mir ein junger Mann eine Frage, die ich noch bei keiner Lesung zu hören bekam, und die mich eigenartig berührt: »Was haben Sie von uns Stollbergern gedacht? Verspürten Sie uns gegenüber Haß?«
Ich beruhige ihn. Über die im Ort lebenden Menschen haben sich die Häftlinge keine derartigen Gedanken gemacht.
Eine Besucherin aus dem Publikum raunt mir noch zu: »Die Ehefrau vom Anstaltsleiter Veit ist Leiterin des hiesigen Intershops – seit ungefähr drei Jahren.«
Schau an. Er verwahrte böse Republikflüchtlinge, sie verkaufte die »kleinen bunten Kinkerlitzchen« aus dem Westen, die man uns in den Stasiverhören vorwarf, zu begehren.
Die von mir signierten Bücher, die die Buchhandlung zur Verfügung hat, sind im Nu vergriffen. »Schade, schade, ich wollte doch so gern ein großes Buch«, mault eine Frau enttäuscht. Mit zwei Taschenbüchern gibt sie sich dann dennoch zufrieden.
Eine Stollbergerin hatte Glück: Sie kaufte gleich sechs große Bücher. Für je 25 Mark Ost. »Eins hatte ich bereits gelesen – es ist ja alles so erschütternd. Die anderen sind für Freunde«, erklärt sie mir und drückt mir einen Blumenstrauß, ein liebevoll eingepacktes Geschenk und einen Brief in die Hand. Darin steht:

»Mit großem Interesse habe ich Ihr Buch gelesen. Mir fehlen einfach die Worte, Ihnen zu sagen, wie mich dieser Erlebnisbericht bewegt hat. Ich bewundere Ihr Durchstehvermögen in der Haft und nach der Entlassung. Seit fünf Jahren wohne ich im Neubau in Stollberg und treffe hier fast täglich Hoheneck-Wärterinnen der alten und neuen Garde. Auch bin ich seit 1970 fast täglich mit dem Bus am ›Schloß‹ vorbeigefahren. Erst Jahre später wurde mir ein wenig bewußt, was sich hier abspielte. Durch einige DMH-Einsätze kam auch ich als Schwester in die ›Höhle des Löwen‹. Lange immer bewegten mich die Schreie der Frauen durch die vergitterten Fenster. Ihnen und allen politischen Gefangenen wurde so großes Unrecht angetan. Nun bin ich sehr dankbar, daß Sie den Mut aufbrachten, diese Dinge an die Öffentlichkeit zu bringen ...«
Die meisten der im Ort lebenden Menschen haben sich so gut wie keine Gedanken gemacht. Sie hatten sich an den Anblick dieses übermächtigen Kolosses gewöhnt. So auch Rosli, eine Rentnerin, die nebenbei noch putzen geht: »Wir dachten, da sind nur Verbrecher drin.«
»Schreiben Sie bitte ins Buch ›Für Paul: Sei froh, daß Du diese Zeit niemals wirst erleben müssen.‹ Das ist für meinen Sohn«, bittet mich eine junge Mutter. Paul ist zum gegenwärtigen Zeitpunkt vier Jahre alt.
Erst Tage nach der Lesung erfahre ich: Im Publikum saßen auch vier »Wachteln«. Und die Buchhändlerin von »Wort und Werk« informiert mich: »Die Anstalt hat die Lesung sehr gut gefunden.« Sie haben drei Bücher gekauft. Mindestens 500 Exemplare gingen für DDR-Mark, inzwischen auch weit über 500 für Westmark über den Ladentisch. Keine Frage, das Informationsbedürfnis ist groß. Ein Hundeführer der Anstalt äußerte jetzt: »Anstaltsleiter Oberstleutnant Veit ist durch das Buch ein gebrochener Mann.«
Drei Tage später: Buchlesung in Dresden, meiner Geburtsstadt, die ich 33 Jahre nicht gesehen habe. In der Buchhandlung »Wort und Werk« werden im Anschluß an meinen Vortrag ähnliche Fragen gestellt wie in Stollberg.
Eine Frau aus dem Publikum fordert: »Sie müssen von drüben

aus was unternehmen, daß die Menschen besser aufgeklärt werden. Sie sollten etwas ausarbeiten, die Kirche in ihrem Bestreben unterstützen, damit es in den Anstalten menschlicher zugeht.«
Zuspruch und Beifall erhalte ich, als ich meinerseits die Dresdner dazu auffordere, selbst nicht nachzulassen, daß die Schuldigen alle an den Pranger gestellt werden. Ein Mann mittleren Jahrgangs nennt sie beim Namen: »Egon Krenz, Markus Wolf, Erich Mielke, Margot und Erich Honecker, Kurt Wünsche und wie sie alle heißen, gehören auf Nimmerwiedersehen eingelocht!«
Während ich mehrere Blumensträuße in Empfag nehme von wildfremden Menschen, pirscht sich ein Ehepaar vor zu mir. »Wir hatten Ihnen geschrieben, heute möchten wir Ihnen als Dankeschön für Ihren Mut diese Blumen überreichen.« Es ist ein Ehepaar aus Meißen, deren Brief mich einen Monat früher über Umwege erreichte. Darin schrieb die Ehefrau: »Es ist bereits 22 Uhr. Ich sitze in unserem Wohnzimmer und habe mir gerade eine Tasse Kaffee gekocht, weil ich das unbändige Gefühl und Bedürfnis habe, Ihnen unbedingt ein paar Zeilen der Hochachtung zu überbringen. Ich habe soeben Ihr Buch ausgelesen (habe es erst vor zwei Tagen gekauft), und bin davon innerlich so aufgewühlt, daß ich Ihnen sofort sagen muß, wie mich Ihr Schicksal bewegt. Ich merke bereits, daß ich in ein paar Sätzen nicht das ausdrücken kann, was ich gerne möchte ... Ich finde das an Ihnen und vielen anderen Unbekannten Geschehene so ungeheuerlich, so verabscheuungswürdig, daß ich es, wie schon vorn bemerkt, nicht in Worte fassen kann. Und ist es nicht ein Verbrechen sondersgleichen, daß solche Leute wie Herr Mielke und Gefolge noch frei herumlaufen, ja teilweise noch gedeckt werden?«
Nach einem etwa 38jährigen Mann, der mir weiße Rosen mit der Bemerkung überreicht »Auf daß nie wieder solche Schergen an die Macht kommen«, tritt eine Frau auf mich zu, deren Gesicht mir irgendwie bekannt vorkommt.
»Ich kam damals in Köln zu Ihnen in die Zeitung. Sie wollten sich für mich einsetzen.« Eine bei einem Auslands-Gastspiel geflüchtete Opernsängerin. Unter Druck der Stasi war sie wieder

in die DDR zurückgegangen, ohne mich zu verständigen. Durch Zufall erfuhr ich es bei einem meiner Anrufe. »Sie waren sicher sehr wütend auf mich«, forscht sie, »entschuldigen Sie vielmals, doch man hat mir von hier derart zugesetzt, daß ich einfach nicht anders konnte.« Naja, wenigstens hat sie den Mut, sich zu erkennen zu geben. Ihren Job als Opernsängerin ist sie los. »Ich bin als Souffleuse eingestellt worden«, gibt sie kleinlaut zu. Eine Tätigkeit, die sie im Westen nicht annahm, weil sie unbedingt singen wollte. So ist das im Leben.

Das Wiedersehen mit Dresden nach so vielen Jahren versöhnt mich absolut nicht. Wut stößt in mir hoch, unbändige Wut, was diese arroganten Apparatschiks aus dem schönen Elbflorenz gemacht haben. Da täuschen auch keine Interhotels, Prachtstraßen und die prunkvolle Semper-Oper darüber hinweg. Meine Grund- und meine Oberschule wirken verwittert. Viele wunderschöne Villen sehen aus, als wenn sie jeden Moment zusammenkrachen würden. Tränen treibt es mir in die Augen, als ich vor meinem Wohnhaus stehe. Nebenan, das Eckgebäude, ist völlig verkommen. Alle Fensterscheiben sind zerschlagen, der Dachboden ist eingefallen. Die Allee vorm Haus, auf der wir »Völkerball« und »Wer hat Angst vorm Schwarzen Mann« spielten, ist mit stinkenden Mülltonnen vollgestellt.

Überall begegne ich Parolen wie »100 Mark für das Volk, 100 Millionen für die Bande – welche Schande!« – »Schweizer Banken habt Erbarmen, sperrt die Konten der Barbaren.« – »Sozialismus heißt: Mit nichts, durch nichts, zu nichts.« – »40 Jahre Gemeinheit, jetzt wollen wir die Einheit.« – »Stasi in die Produktion, nur für Arbeit gibt es Lohn.« – »Die Stasi in die Kohle, dem Volk zum Wohle.« – Die Reihe ließe sich beliebig fortsetzen. Die Wut ist groß im Volk. Eine Stippvisite in Pillnitz führt mich über die Elbe – eine verdreckte, widerliche Kloake. »Die Stasileute sollten unseren Fluß reinigen«, ereifert sich eine Mitfahrerin. »Nee, trinken müßten die das!« fordert eine andere. Endlich können diese Menschen Dampf ablassen. Und sie lassen ihn reichlich ab, wenn sie merken, daß sie auf Zustimmung stoßen.

Die Straßen mit ihren zahlreichen Schlaglöchern und aus dem Boden herausragenden Bahnschienen bilden alle paar Meter ge-

fährliche Unfallquellen. Sie erinnern an die Nachkriegszeit. Man wird das Gefühl nicht los, daß hier buchstäblich nichts geschehen ist. Alles ist verkommen und verrottet.
Apropos Straßenbahn. Nach einer Fahrt von meiner Tante, die in Kleinzschachwitz lebt, bis zur Innenstadt, dröhnt mir der Kopf.
»Das sind tschechische Bahnen«, klärt sie mich auf, »wir haben uns schon dran gewöhnt.« Mein Gott, vor 30 Jahren gab es bessere! Dafür fuhren aber die Bonzen all die Jahre mit Luxuskarossen aus dem »kapitalistischen Ausland«, vom »imperialistischen Klassenfeind«.
Wie soll der kleine Mann, der von der »Diktatur des Proletariats« träumte, dabei aber nicht merkte – oder es nicht wahrhaben wollte –, daß da ein übergangsloser Wechsel von der braunen zur roten Barbarei sich vollzog, das je begreifen können?
Mit gnadenlosem politischem Terror versuchten einige Machtbesessene, das Volk zu unterdrücken. Andersdenkende wurden gedemütigt, verfolgt, physisch und psychisch geschunden, zum Tode verurteilt oder kurzerhand liquidiert, in psychiatrischen Anstalten gefoltert und als Versuchskaninchen benutzt.
In den »Sächsischen Neuesten Nachrichten« entdecke ich am 29. Mai 1990 einen Aufruf mit der Bitte um Vergebung, »dem festen Willen, die Wunden der Vergangenheit zu heilen«, ist die Stadtverordnetenversammlung Bautzen in ihre Legislaturperiode getreten. Das Parlament hat sich mit einem Aufruf an die Öffentlichkeit in Ost und West gewandt. »Wir bitten alle, die in den Mauern unserer Stadt zu Unrecht gelitten haben, um Vergebung«, heißt es. Die Stadtverordneten ersuchen in dem Schreiben um Hilfe, »damit Bautzen von dem Fluch befreit wird, die Stadt des ›Gelben Elend‹ zu sein.« Sie solle wieder zu einem Kleinod deutscher Baukunst sowie zu einem Zentrum deutscher und sorbischer Kunst und Kultur werden, wünschen sich die Parlamentarier.
Auch der Rektor der Technischen Universität Dresden strebt ernsthaft eine Vergangenheitsbewältigung an. Er fordert künftig, nicht nur der Opfer des Faschismus, sondern auch der Opfer

des Stalinismus zu gedenken. Seit 1957 gehört das Gebäude des ehemaligen Gerichts und der Haftanstalt zur TU Dresden und beherbergt unter anderem die Mahn- und Gedenkstätte sowie das Museum des antifaschistischen Widerstandskampfes. Wie durch die Wende ans Licht kam, wurden bis 1960 im ehemaligen Gericht politische Gefangene inhaftiert und sogar enthauptet.
Es ist verdammt viel zu tun, von allen Bürgern auf beiden Seiten. Die Menschen in Mitteldeutschland zwischen der Insel Rügen und dem Erzgebirge dürfen jetzt nicht in Panik verfallen, wenn nicht alles vom ersten Tag an perfekt funktioniert. Exakte Kalkulationen sind notwendig. Noch manche Hürde wird zu nehmen sein. Das geht nicht von heute auf morgen. Das muß trainiert werden.
Aber eins sollte sich jeder vor Augen halten: Nach 40 Jahren dauernder Gewaltherrschaft wurde die Freiheit erzwungen. Von heute auf morgen – und zwar unblutig.

*

Als 1984 mein Buch »Stell dich mit den Schergen gut – Erinnerungen an die DDR« erschien, war das eine Aufarbeitung der grausamen Erlebnisse aus der DDR-Gefängniszeit. Nach dem Zusammenbruch der DDR-Diktatur wurde es um »Meine Wiederbegegnung mit dem Zuchthaus Hoheneck« und eindrucksvolle Gefängnisfotos erweitert.
Bereits 1992 brachte die Einsichtnahme in meine Stasi-Akten neue, erschreckende Erkenntnisse. Geradezu niederschmetternd waren die hochbrisanten Dokumente über die Spitzeltätigkeit meines Ex-Mannes, die ich im Jahr 2000 in den Händen hielt. Vorangegangen war die SPIEGEL-Enthüllung über IM »Mathias« alias Klaus Thiemann im November 1999, die in aller Deutlichkeit zeigte, dass er der eifrigste Stasispitzel unter den DDR-Sportredakteuren war. »Er wollte gar nicht mehr aufhören«, heißt es da zu seinem Denunziantentum. Denn noch am 15. Dezember 1989 (die Berliner Mauer war am

9. November gefallen!) lieferte er einen umfangreichen Spitzelbericht ab und erhielt noch einmal einen Judaslohn von 200 Mark. Aufgrund umfangreicher Originalunterlagen erschien 2005 »Der Feind an meiner Seite – Die Spitzelkarriere eines Fußballers«. Viele Ungereimtheiten konnten durch die erneute Akteneinsicht zu IM »Mathias« aufgeklärt werden. Die Anschwärzungen von Freunden, Kollegen, Geliebten, namhaften Fußballspielern und Trainern in Ost und West, Sportjournalisten in ganz Europa sowie von Funktionären wurden entlarvt. »Wir haben nie gemeinsame Fluchtpläne geschmiedet«, lügt der verräterische Ehemann heute. In »Der Feind an meiner Seite« schildere ich unsere erste Fluchtplanung von 1971. Bei der zweiten Fluchtplanung 1972 wurde mein Sohn im Autoversteck entdeckt. Ich erhielt 1973 drei Jahre und fünf Monate übelsten Zuchthauses nur deswegen, weil ich meinen Ehemann nicht verriet – trotz Folter mit Schlafentzug, bewusstseinsverändernden Drogen, Isolationshaft, massiven Bedrohungen. Einer, der das irrsinnige Strafmaß am besten zu beurteilen vermag, ist Rechtsanwalt Wolfgang Vogel: »Das war unverhältnismäßig hoch.« In den Stasi-Unterlagen fand ich eine Aufzeichnung über die ursprünglich vorgesehene Höhe von etwa einem Jahr. Der Preis wäre meine Aussagewilligkeit über meinen Mann gewesen!

Wichtig ist, dass unsere furchtbaren Erlebnisse weder in Vergessenheit geraten noch beschönigt werden. Das bestätigte auch Bundespräsident Horst Köhler im April 2007 in Berlin, als er mich zu einer Veranstaltung mit Zeitzeugen und Schülern eingeladen hatte: »Wir müssen denjenigen entschieden widersprechen, die das Unrecht von damals mit einem Schlussstrich aus der Erinnerung tilgen wollen – für die Seelen der Opfer gibt es diesen Schlussstrich nicht.« Und zu meinen Büchern schrieb er mir: »Ich bin froh, dass Sie Ihr Erzähltalent genutzt und Ihre Erfahrungen in zwei so fesselnden Büchern festgehalten haben. Mir ist es ein Anliegen, dass gerade die jungen Menschen erfahren, wie das Unrechtsregime der DDR beschaffen war. Bücher wie die Ihren können wesentlich dazu beitragen.«

Köln, im Juli 2007 *Ellen Thiemann*